『석보상절』권24와『월인석보』권25의 역주 및 비교 연구

언어와 정보사회 학술 총서 01

『석보상절』 권24와 『월인석보』 권25의
역주 및 비교 연구

장요한 조지연 정혜선
박미영 정한데로 김한별

역락

간행사

언어는 자연물로 존재하는 동시에 역사성과 사회성도 띤다. 따라서 언어의 정체를 온전히 밝히려면 자연물로서의 언어를 탐구하는 과학적 자세와 더불어 역사적, 사회적 존재로서의 언어를 이해하기 위한 인문학적, 사회학적 자세도 필요하다. 이러한 관점에서 서강대학교 언어정보연구소는 다양한 활동을 기획, 실행해 오고 있는바, 이제 새로이 "『언어와 정보사회』 학술 총서"를 선보인다. 이 총서는 학술지 『언어와 정보사회』와 상호보완적이며, 특히 짧은 논문에 담기 어려운 긴 호흡과 깊은 통찰을 필요로 하는 연구에 초점을 둔다. 이 총서를 통해 지금까지의 연구가 노정하고 있는 한계를 넘어선 새로운 이해의 지평이 개척되길 기원한다.

서강대학교 언어정보연구소

머리말

 이 책은 2012년 서강대학교 언어정보연구소의 지원으로 수행한 연구 결과로서, 2011년 서강대학교 정기 국어사 자료 강독회에서 진행한 연구 결과를 바탕으로 연구 과정에서 제기된 쟁점들을 소개하고 미진했던 문제들을 연구·보완하여 엮은 것이다. 이 연구 과제에는 장요한(현 계명대 한국어문학과 조교수), 정혜선(국립국어원 학예연구사), 조지연(이하 서강대 박사과정), 박미영, 정한데로, 김한별이 참여하였는데,『석보상절』권24와 『월인석보』권25의 언해문과 저경 대응, 현대어 풀이, 주요 어휘 해설과 주요 현상의 연구사 정리를 통해 두 문헌의 언어학적 특성을 살필 수 있는 기초 자료를 제공하고자 한 것이다. 이에 자료 강독 발표 자료를 바탕으로 강독회에서 주요하게 다루었던 국어학적 현상을 추려 해당 전공자가 연구사와 쟁점을 정리하고,『석보상절』권24와『월인석보』 권25의 저경은 그간의 논의(이호권 2001 ; 김기종 2003, 2005 ; 강순애 2005 ; 김영배 1972, 2009)를 정리하여『석보상절』권24와『월인석보』권25의 언해본과 저경의 내용을 대비하여 제시하였다. 내용의 이해를 도모하기 위해 불교 용어는 부록으로 정리하였다.

 『석보상절』권24와『월인석보』권25는 유사한 저경을 바탕으로 언해된 것으로, 비록 두 언해문이 10여 년 정도의 간행 연도 차이를 두고 간행되었지만 언해의 태도가 큰 차이를 보이기 때문에 매우 흥미로운 비교 대상이 아닐 수 없다. 두 언해문을 대비하여 보면 우선 문장 구성의 차이가 크다는 것을 알 수 있다. 예컨대 조사의 출현이나 어순 도치, 접속과 종결 구성, 접속어미 출현 등이 대표적 경우들이다. 이러한 차이 때문에 두 언해문이 동일한 이야기를 담고 있지만 전혀 다른 책처럼 느껴지기도 한다.

　이와 같은 언해의 차이는 『석보상절』 권24와 『월인석보』 권25의 언해 성격, 즉 번역의 태도와 관련된다. 주지하는 바와 같이 『석보상절』 권24가 저경을 의역하여 번역한 데 비하여 『월인석보』 권25는 축자역의 전통을 따라 번역한 것이다. 『월인석보』 권25의 언해문과 저경을 비교해 보면, 한자를 가능한 한 모두 번역하려는 태도와, 한문의 순서를 유지하면서 언해하려는 태도가 특징적이다. 하지만 『석보상절』 권24는 당시 우리의 언어 사용이나 담화 상황을 염두에 두고 번역한 듯하다. 특히 『석보상절』 권24가 담화 상황을 염두에 둔 번역을 하고자 한 것은 '曰'의 번역 어휘에서 알 수 있다. 『월인석보』 권25에서는 '曰'을 대부분 '닐오디'나 '술보디' 정도로만 번역하고 있으나 『석보상절』 권24에서는 간절히 애원하는 상황에서는 '비로디'로도 번역하고 있어 상황 맥락이 번역 과정에 참조되었음을 짐작케 한다.

　이 책에서는 이러한 점을 가능한 한 두드러지게 나타내기 위하여 『석보상절』 권24와 『월인석보』 권25의 해당 저경을 소주제로 나누어 한눈에 언해문과 저경을 대비할 수 있도록 기술하였다. 이를 통하여 두 언해문에 나타난 국어학적 특징뿐 아니라 저경과의 대비를 통하여 각 문헌의 언해 태도를 확인할 수 있게 하였다. 이로써 현재까지 출간된 주석본과 차별을 두기 위해 노력하였다.

　이 책이 나오기까지 실로 많은 분들의 도움이 있었다. 서정목(徐禎穆), 곽충구(郭忠求), 이정훈(李庭勳) 교수님은 후학들이 10년 이상 국어학 자료 강독회를 진행해 오면서 선뜻 내놓을 만한 결과물이 없어 의기소침하고 있을 때마다 낙담하지 않도록 지속적인 응원과 격려를 보내주셨다. 이뿐만 아니라 이 연구가 서강대 언어정보연구소의 지원을 받아 간행될 수 있는 귀중한 기회도 주셨다. 특히 남미정, 배은나, 황정인, 박소은, 박소연, 이하얀 선생님은 이 연구에 직접 참여하지는 않았지만 함께 국어사 자료 강독회에 참석하여 많은 도움을 주신 분들이다. 국어학 전공자가 한 주에 1회 모여 진행하는 서강대 국어학 자료 강독회는 문헌 강독 발표와 토론, 연구 논문 발표로 진행된다. 중세국어 문헌자료는 물론 근대국어, 개화기국어 자료까지 섭렵하여 연구 활동에 도움이 될 수 있도록 진행되고 있다. 10년이 넘게 이렇게 귀중한 강독회가 진행될 수 있도록 노력해 오신 여러 선배님이 없었으면 이 책은 세상을 보지 못했을 것이다. 이 자리를 빌려 깊은 감사의 말씀을 드린다.

2014년 1월 3일
저자 일동

1. 이 책은 두 문헌을 비교·대조하여 연구하는 것이 목적이므로 필연적으로 어느 하나를 기준으로 삼고 다른 하나를 이에 대응할 수밖에 없다. 이에 이 책에서는 『석보상절』권24를 기준으로 삼았다. 『석보상절』권24의 내용을 삽화별로 1차 분류한 다음, 각 분류에 속하는 내용들을 이야기 단락별로 재분류하여 제시하였다. 그리고 각 이야기 단락에 대응하는 『월인석보』권25의 내용을 『석보상절』권24의 아래에 연결하여 제시하였다.

2. 이 책의 자료 제시 순서는 아래와 같다.

   ① 단락 제목
   ② 단락 권차
   ③ 언해문(『석보상절』권24 / 『월인석보』권25)
   ④ 현대역(『석보상절』권24 / 『월인석보』권25)
   ⑤ 저경(『석보상절』권24 / 『월인석보』권25)과 특성
   ⑥ 주석

   『석보상절』에 대응하는 『월인석보』의 내용이 없는 경우, 혹은 그 반대의 경우에는 절 제목에 그 사실을 밝히고 본문에는 제시하지 않았다. 또한 『석보상절』과 『월인석보』의 저경이 완전히 동일한 경우에는 둘을 따로 제시하지 않고 한 번만 제시한 후, 역시 그 사실을 절 제목에 밝혀두었다. 『석보상절』과 『월인석보』에 결락된 부분이나 저경이 알려져 있지 않은 부분은 해당란에 '해당 부분 없음'으로 표기하였다.

3. 언해문 본문 중간에는 장차 표기를 하지 않고, 각 이야기 단락마다 해당 장차를 상단에 제시하였다. 언해문의 띄어쓰기는 현행 한글 맞춤법에 따르지만 연철 때

문에 띄어쓰기가 어려운 경우에는 그대로 붙여 적었다.

4. 언해문을 현대역할 때에는 1차적으로 분석해낸 각 형태소의 기능을 살려 풀이한 뒤에 이것을 현대국어의 실상에 맞도록 의역하였다.

5. 저경은 해당 언해문에 맞추어 제시하되 언해문과 저경 사이에 나타난 특이 사항은 '*'로 표시하여 간략한 설명을 제시하였다.

6. 주석은 주요 어휘 항목을 중심으로 간략하게 분석하고 분석에 따른 설명을 제시하였다. 주요 현상에 대해서는 많은 내용이 삽입되어 다소 글 구성의 균형이 떨어지더라도 가능한 한 선행 연구를 종합, 정리하여 기술하도록 하였다.

7. 불교 용어는 별도로 부록에 정리하였다.

『석보상절』 권24와 『월인석보』 권25의 편찬과 언해 양상

1. 연구 목적

이 책은 『석보상절』 권24와 『월인석보』 권25의 언해문과 저경 대응, 현대어 풀이, 주요 어휘 해설과 주요 현상의 연구사 정리, 불교 용어 정리 등을 통해 두 문헌의 언어학적 특성을 살필 수 있는 기초 자료를 제공하고자 한 것이다.

『석보상절』과 『월인석보』가 지닌 국어학적 가치를 여기에서 되풀이하여 언급할 필요는 없을 것이다. 그만큼 많은 연구가 이루어져 왔고 각 자료의 역주서들도 이미 출간되어 있다. 국어학적 연구가 아닌 다른 측면의 연구 성과들도 상당량이 축적되어 있다. 그럼에도 불구하고 다시 『석보상절』과 『월인석보』에 관심을 둘 수밖에 없는 이유는 두 자료가 가진 공통점과 차이점이 아직 명확히 드러나지 못했다고 판단하기 때문이며, 1년에 걸친 세미나와 그를 상회하는 기간의 후속 연구 후에도 그 정체를 무엇이라고 분명하게 단정하기 어려운 형식들이 존재하기 때문이다. 따라서 이 책은 다음의 세 가지에 초점을 두고 연구를 진행하였다.

첫째, 『석보상절』 권24와 『월인석보』 권25의 언해문을 대응하고 각각의 저경을 면밀히 검토하여, 두 언해문에 나타난 언해 양상과 저경의 반영 양상을 비교·대조함으로써 각 문헌에 나타난 개별 특징을 구체화한다. 중세국어 자료 연구에서 특정 언해문의 해당 저경을 검토하는 일은 언해문 연구와 반드시 병행되어야 하는 작업이다. 『석보상절』 권24와 『월인석보』 권25는 저경과 내용이 서로 대응되는 편이지만 유사한 내용의 서로 다른 저경을 바탕으로 한 경우도 있고 동일한 저경을 기초로 하였음에도 불구하고 그 구성이나 언해 양상이 차이를 보이는 경우도 있기 때문에 언행 양상과 저경의 반영 양상을 비교·대조하는 일은 문헌의 특성을 파악하는 데에 중요한 작업이 될 것이다.

둘째, 『석보상절』 권24와 『월인석보』 권25의 구성 및 표기 방식 등을 비교·대조하고, 여기서 포착되는 음운·형태·통사론적 특징에 대해 그간의 국어학적 선행 연구를 종합적으로 검토함으로써 국어학적 연구 대상으로서 두 자료가 지니는 가치를 조명한다. 다만 기존 논의의 답습과 단순한 형태 분석 제시는 지양하고, 전문을 현대역하는 과정에서 나타나는 쟁점을 소개하고 저경의 언해 양상에서 일정하게 포착되는 차이를 밝히는 데에 중점을 두었다.

셋째, 『석보상절』과 『월인석보』를 대주제와 소주제 형식으로 구분하여 주요 어휘에 대해 국어사적 주석을 제시함으로써 국어학 전공자에게 두 언해문의 강독 자료를 제공한다. 지금까지 출간된 『석보상절』 권24와 『월인석보』 권25가 각각의 영인과 주석으로 이루어졌던 데 비해 이 연구서는 두 언해문의 유사 내용을 대비하여 제시하여 언해 양상을 고려한 주석으로 이루어졌다는 점에서 차이가 있다.

2. 연구사

『석보상절』 권24와 『월인석보』 권25의 연구는 크게 국어학적 연구와 언해문과 해당 저경에 대한 대응 연구로 나누어 볼 수 있다. 『석보상절』

권24와 『월인석보』 권25의 국어학적 연구로는 김문오(1999)와 김영배(2001, 2005), 원순옥(2005) 등이 대표적이고, 언해문과 해당 저경에 대한 연구는 강순애(1998, 2005), 김기종(2003, 2005), 김영배(2009) 등이 대표적이다. 이에 국어학적 연구 성과와 저경에 대한 연구 성과를 중심으로 정리하도록 하겠다.

우선 국어학적 연구로서 김문오(1999)에서는 『석보상절』과 『월인석보』 소재 『석보상절』의 유의적 대응 표현을 살펴보면서 『석보상절』 권24와 『월인석보』 권25를 다루었다. 이 논의에서 유의적 대응 표현들은 다음과 같이 분류된다. 1) 대응 어휘 간 어원상의 변동이 있는 경우(고유어를 한자어로, 한자어를 고유어로 대치한 경우), 2) 대응 어휘 간 어원상의 변동이 없는 경우(고유어를 다른 고유어로, 한자어를 다른 한자어로 대치한 경우), 3) 기타(고유어와 한자어의 결합체를 전부 고유어로 대치한 경우, 전부 한자어로 대치한 경우, 또 다른 고유어와 한자어의 결합체로 대치한 경우/고유어를 고유어와 한자어의 결합체로 대치한 경우). 『석보상절』 권24와 『월인석보』 권25의 대응 표현으로, 1)의 예로는 '믿나랗<석보상절24 : 51b-52a> → 本國'<월인석보25 : 14b>, 2)의 예로는 '방하<석보상절24 : 15a-15b> → 호왁<월인석보25 : 77b>', 3)의 예로는 '貴ᄒᆞ다<석보상절24 : 41a> → 쉽디 몯ᄒᆞ다<월인석보25 : 114a>'를 들 수 있다.

김영배(2001)에서는 『월인석보』 권25를 중심으로 표기, 음운, 어휘를 살피고 있는데, 어휘에 관한 것은 이 논의를 수정, 보완하여 김영배(2005)에서 소개하고 있기 때문에 표기, 음운에 관한 것만 소개하고자 한다. 표기와 음운 부분에서 이 연구는 'ㅸ'의 쓰임을 용언어간, 부사화접미사, 명사화접미사, 선어말어미로 살펴본 뒤 이 문헌의 언어 상태가 정음 창제 시대의 모습을 보여주는 자료임을 확인하였다.

김영배(2005)는 『월인석보』 권25에 나타난 희귀어에 관한 연구인데,

이 연구에서는 이전의 고어사전에 실려 있지 않던 새로운 어휘를 소개하였다[예 : 누웨(蠶), 눌실(經絲), 더도리(饊) 등]. 그리고 이전에 고어사전에 실려 있었지만 그 출전이 월인석보의 간행연대보다 늦은 문헌이어서 이 문헌의 용례를 해당 표제어 용례 앞에 실어야 할 어휘를 제시하였다[녀모(四角), ㅂᄉᄎ다(砕), 변ᄌ(邊子) 등]. 또한 정확한 뜻을 알기 어려운 어휘로 'ᄌ젼'을 제시하였다.

원순옥(2005)에서는 『석보상절』 권24와 『월인석보』 권25에 반영된 고유어와 한자어의 대응 관계를 정리함으로써 두 문헌 찬술자의 고유어와 한자어에 대한 태도를 살펴보았다. 이 논의에서는 1) 고유어를 한자어로 바꾼 예, 2) 고유어 표현을 한자어로 바꾼 예, 3) 한자어를 고유어 및 고유어 표현으로 바꾼 예, 4) 한글 표기를 한자 표기로 바꾼 예로 나누어 어휘 예를 제시하였다. 1)의 예는 '조차 깃ᅀᆞᆸ-<석보상절24 : 8a>→隨喜ᄒ-<월인석보25 : 63b>', 2)의 예는 '다ᄅᆞᆫ 世界옛 부톄<석보상절24 : 3b> → 他方佛<월인석보25 : 10b>', 3)의 예는 '百年 後에<석보상절24 : 17a> → 一百 ᄒᆡ 디내야<월인석보25 : 82a>', 4)의 예는 '뎐디ᄒᆞ야<석보상절24 : 4b> → 傳持ᄒᆞ야<월인석보25 : 12a>'이다. 이 논의에서는 석보상절에서는 고유어가 많이 쓰이고 월인석보에서는 한자어가 상대적으로 많이 쓰였다는 기존 연구 결과를 재확인하였다.

다음으로 언해문과 해당 저경에 대한 연구 성과를 살펴보기로 하자. 강순애(1998)에서는 『월인석보』 권25의 발굴과 서지 사항, 그리고 『월인석보』의 저본 경전에 대해서 상세하게 기술하였다. 특히 『월인석보』 권25의 체제를 정밀하게 검토하여 내용에 따라 구분하고, 이어서 저경의 내용을 사건에 따라서 나누어 저경의 내용 및 성격을 분석하여 제시한 점은 『월인석보』 권25의 내용과 저경의 관계를 이해하는 데 상당한 도움이 된다. 그런데 『월인석보』 권25의 언해문과 저경의 직접적인 대응 양상은 언급되지 않아 아쉬움이 남는다.

　김기종(2003)에서는『석보상절』권24와『월인석보』권25의 구성 방식과 저본의 대한 검토가 이루어졌다. 특히 언해문과 저본의 관계를 고려하여 삽화 구성 방식의 차이점과 언해문의 축약 및 첨가 내용을 조사하여 저본의 수용 양상을 기술하였다는 점에서 의의가 있다고 하겠다. 이어서 김기종(2005)에서는『석보상절』전권의 구성과 저경, 그리고 언해문과 저경의 내용 구성을 조사하여 저본의 수용 양상을 기술하였다.

　김영배(2009)에서는『석보상절』권24와『월인석보』권25의 구체적인 문장을 대비하여 합편의 구체적인 과정을 설명하고자 하였다. 이 과정에서 추가된 내용이나 순서가 바뀐 내용 등이 기술되었다. 하지만 이 연구에서도『석보상절』권24와『월인석보』권25에 나타난 구체적인 언해의 양상이 드러나지 않은 것은 매우 아쉬운 점이라 할 수 있다.

3.『석보상절』권24와『월인석보』권25에 나타난 언해 양상

　『석보상절』권24와『월인석보』권25의 동일 저경을 중심으로 두 언해문의 언해 양상을 검토한 결과, 두 언해문에 보이는 가장 두드러진 특징은 직역과 의역의 번역 차이가 나타난 곳이 많다는 것이다. 주지하는 바와 같이 먼저 간행된『석보상절』권24가 의역의 성격을 지닌 것에 비해『월인석보』권25는 축자역에 따른 직역의 성격을 지니고 있다. 이러한 번역의 성격은 두 언해문의 곳곳에서 확인할 수 있다. 그러나 단순한 직역과 의역의 번역 차이뿐 아니라 한자의 언해나 조사의 언해, 높임법 선어말어미와 접속어미의 언해 등에서도 일정한 언해 양상의 차이가 확인된다. 두 언해문에 나타난 특징적 언해 양상을 아래와 같이 제시하기로 한다.

　　* 『석보상절』권24와 『월인석보』권25의 언해 특성

　　① 한자 '卽', '時', '彼'의 언해 양상
　　② 조사의 언해 양상
　　③ 높임법 선어말어미의 언해 양상
　　④ 접속어미의 언해 양상
　　⑤ 도치문의 언해 양상
　　⑥ 수사 표현의 언해 양상
　　⑦ 기타 언해 양상

　그럼, 한자 '卽', '時', '彼'의 언해 양상부터 살펴보기로 하자. 한자 '卽', '時', '彼'의 언해 양상은 두 언해문에서 일정한 차이를 보이기 때문에 매우 흥미롭다. 해당 예를 제시하면 아래와 같다.

　　(1) 가. 比丘ㅣ 蓮ㅅ 곳 우희 안자 잇거늘 즉자히 그 奇別을 王의 알왼대(見彼比丘鐵鑊中蓮華上坐 生希有心卽以啓王)<석보상절24：16a>
　　　　가´. 比丘ㅣ 鐵鑊 쏘배 蓮華 우희 안잿거늘 兒主ㅣ 希有心을 내야 즉재 王의 닐어늘(見彼比丘鐵鑊中蓮華上坐 生希有心卽以啓王)<월인석보25：78b-79a>
　　　　나. 그제ᅀᅡ 王이 즁님내의 우브터 아래 니르리 손ᅀᅩ 진지ᄒᆞ야 供養ᄒᆞ고(王卽稽首敬禮衆)<석보상절24：48a>

　위 (1 가, 가´)처럼 '卽'은 『석보상절』권24와 『월인석보』권25에서 각각 '즉자히'와 '즉재'로 번역되어 나타난다. 후에 간행된 『월인석보』권25에서 『석보상절』권24의 '즉자히' 부분을 '즉재'로 바꾸어 언해한 것으로 판단된다. 형태적으로만 보면 '즉재'는 '즉자히'의 축약형으로 보

인다. 한편, (1 나)에서와 같이 『석보상절』 권24에서 '그제사'로 번역된
예가 확인되기도 한다.

(2) 가. <u>그저긔</u> 阿育王이 比丘의 말 듣고 부텻 法에 ᄀ장 恭敬ᄒ야 信ᄒᄫᆯ
ᄠᅳᆯ 내니라(時阿育王聞彼比丘所說　於佛法所生大敬信)<석보상절2
4：16b>

가′. <u>그제</u> 阿育王이 比丘의 말 듣고 佛法에 ᄀ장 敬信혼 ᄆᅀᄆᆯ 내니라
(時阿育王聞彼比丘所說 於佛法所生大敬信)<월인석보25：79b>

나. <u>그ᄢᅴ</u> 훈 부톄 겨샤디 일후미 沸沙ㅣ러시니(時世有佛名曰沸沙)<석보
상절24：10a>

나′. <u>그제</u> 부톄 겨샤디 일후미 沸沙ㅣ러시니(時世有佛名曰沸沙)<월인석
보25：65b>

다. <u>그ᄢᅴ</u> 阿育王이 塔올 다 供養ᄒ고 道場菩提樹 아래 다시 가(爾時王供
養上種種事恒遍 至菩提道場樹)<석보상절24：41a>

다′. <u>그ᄢᅴ</u> 王이 菩提道場樹에 가(爾時王供養上種種事恒遍 至菩提道場樹)
<월인석보25：114a>

라. <u>이슥고</u> 賓頭盧 尊者ㅣ 無量 阿羅漢 ᄃ리고(時尊者賓頭盧 將無量阿羅
漢次第相隨)<석보상절24：44a>

라′. <u>그제</u> 賓頭盧 尊者ㅣ 無量 阿羅漢 ᄃ리고(時尊者賓頭盧 將無量阿羅漢
次第相隨)<월인석보25：118b>

위 (2)에서와 같이 '時'가 『석보상절』 권24와 『월인석보』 권25에서 번
역 차이를 보이는데, 『석보상절』 권24에서는 주로 '그저긔', '그ᄢᅴ' 등으
로 번역되고 (2 라)처럼 '이슥고'로 번역된 한 예가 확인된다. 『월인석
보』 권25에서는 '그제', '그ᄢᅴ'로 번역되어 나타난다. 그런데 『석보상절』
권24에서 '그저긔'로 번역된 '時'는 『월인석보』 권25에서 '그제'로만 번
역되고 '그ᄢᅴ'로 번역되는 일은 흔치 않다.

다음은 '彼'의 언해 양상을 보인 것인데 '彼'는 '그'와 '뎌'로 번역되

는 일이 많다.

(3) 가. 그 나라히 즉자히 降服ᄒᆞ니(彼國卽便降伏)<석보상절24：12b>
　　가′. 뎌 나라히 즉재 降伏ᄒᆞ야(彼國卽便降伏)<월인석보25：72b>
　　나. 그 모딘 노미 王끠 닐오ᄃᆡ(時彼凶人啓王言)<석보상절24：14a>
　　나′. 뎌 兇人이 王끠 닐오ᄃᆡ(時彼凶人啓王言)<월인석보25：76b>

　위 (3)에서와 같이 '彼'의 번역이 『석보상절』 권24와 『월인석보』 권25에서 다르게 나타나기도 하는데, 이때 '그'와 '뎌'의 기능을 구분하여 '彼'의 번역이 달리 나타난 것인지 아니면 '그'와 '뎌'의 기능이 중복되어 자유롭게 나타난 것인지는 보다 정밀한 검토가 필요하다. 한편, 아래처럼 '그'와 '뎌'는 '此'의 번역어로도 사용된다.

(4) 가. 그 比丘ㅣ ᄒᆞ마 주긇 둘 알오 勇猛精進ᄒᆞ야 坐禪호ᄃᆡ(時此比丘知將死不久 勇猛精進坐禪息心)<석보상절24：15a>
　　가′. 뎌 比丘ㅣ 勇猛精進ᄒᆞ야 坐禪ᄒᆞ야(時此比丘知將死不久 勇猛精進坐禪息心)<월인석보25：77b>

　아래는 조사의 언해 양상을 보인 예이다. 동일한 서술어를 취하고 있지만 조사 표시가 다르게 나타난 경우이기 때문에 조사 연구에 참고할 만하다.

(5) 가. 阿育이 닐오ᄃᆡ 나옷 王 ᄃᆞ외요미 맛당ᄒᆞ면 諸天이 와 내 머리예 므를 브스리라 ᄒᆞ니 즉자히 諸天이 므를 브스니라(時阿育心念口言 我應正得王位者 諸天自然來以水灌我頂 尋聲諸天卽以水灌阿育頂<석보상절24：12b-13a>
　　가′. 나옷 王位를 得홇 사ᄅᆞ민댄 諸天이 自然히 와 믈로 내 뎡바기예 븟고 ᄒᆞᆫ 기블 머리예 미리라 즉재 諸天이 믈로 阿育의 뎡바기예 븟고

(時阿育心念口言 我應正得王位者 諸天自然來以水灌我頂 尋聲諸天卽
以水灌阿育頂)<월인석보25 : 73a>

나. 夫人이 두리여 도로 촌 져즐 브스니(還復令以冷乳灌之)<석보상절24 :
42a>

나′. 夫人이 쪼 촌 져즈로 브스니(還復令以冷乳灌之)<월인석보25 :
115b>

다. 袈裟와 四億萬兩ㅅ 보비로 五部衆을 布施ㅎ고(施僧衣已 復以三衣幷
四億萬兩珍寶)<석보상절24 : 48a-b>

다′. 三衣와 四億萬兩 珎寶로 五部衆의게 施ㅎ고(施僧衣已 復以三衣幷四
億萬兩珍寶)<월인석보25 : 130a>

라. 阿育王이 나라해 무로딕(傳云王訪諸臣民)<석보상절24 : 18b>

라′. 王이 臣民ᄃ려 무로딕(傳云王訪諸臣民)<월인석보25 : 79b>

마. 王이 ᄀ장 두리여 沙門의손딕 사ᄅᆞᆷ 브려 니른대(王大恐懼遣使報僧)
<석보상절24 : 22a>

마′. 王이 ᄀ장 두려 使者 브려 쥬의게 닐어늘(王大恐懼遣使報僧)<월인
석보25 : 85a>

바. 尊者ᄂᆞᆫ 양직 端正ㅎ고(白尊者曰尊者顏貌端正)<석보상절24 : 34b>

바′. 尊者ㅅ 양ᄌᆞᄂᆞᆫ 端正ㅎ시ㄱ(白尊者口尊者顏貌端正)<월인석보25 : 97a>

사. 阿育王이 太子 法益이 八萬 四千 塔 셰ᅀᆞ혼 나래 나니(是起八萬四千
塔日所生也)<석보상절24 : 49b-49a>

사′. 法益太子ᄂᆞᆫ 八萬 四千 塔 셸 나래 나니(是起八萬四千塔日所生也)
<월인석보25 : 140a>

아. 王이며 臣下ㅣ 다 ᄀ장 깃거ㅎ더라(時王及諸群臣生大歡喜)<석보상
절24 : 48a>

아′. 王과 羣臣돌쾌 ᄀ장 歡喜ㅎ더라(時王及諸群臣生大歡喜)<월인석보2
5 : 127a>

위 (5 가, 가′, 나, 나′)은 모두 '븟–'을 서술어로 취한 예로, 중세국어
에서 '븟–'은 『석보상절』 권24의 예인 (5 가, 나)와 같이 '(NP에) NP룰
븟–' 구성을 취하는 것이 보통이다. 그런데 『월인석보』 권25의 예인 (5

가´, 나´)은 'NP로 붕-' 형식을 취하고 있다. 이때 『월인석보』 권25에서 '-로'를 취한 것은 축자역에 따른 번역 때문에 나타난 언해로 생각된다.

위 (5 다, 다´)은 '布施ㅎ-'가 서술어로 사용된 예이다. '布施ㅎ-'는 중세국어에서 'NP(익/익게) NP롤 布施ㅎ-' 구성이나 'NP(익/익게) NP로 布施ㅎ-' 구성으로 실현된다. 그런데 위 (5 다)는 'NP(익/익게)' 자리에 'NP을'이 실현되어 눈에 띈다. 그러나 이러한 양상은 생소하지 않다. 이승욱(2007)에서 중세국어에서 '-올/롤'의 기능 영역이 오늘날과 같지 않을 수도 있다고 가정하면서 '-올/롤'의 분포를 지적한 바 있다.

다음 (5 라, 라´, 마, 마´)은 화법동사인 '묻-', '니르-/닐ㅇ-' 서술어의 처격어 자리에 '나라해', '臣民두려', '沙門의손디', '쥬의게'가 각각 나타난 예이다. 무정체일 때는 '-에'를 취하고, 유정체일 때는 '-두려', '-의손디', '-익게' 등을 취하는 것으로 보인다. '-두려'와 '-의손디'는 위 (5)처럼 화법 동사에만 나타나는 것이 특징적이다. 이 외에도 처격어가 존칭일 때는 '-ㅅ긔'도 확인된다.

위 (5 바~사´)은 『석보상절』 권24에서는 주어에 '-ㅣ'가 통합한 경우와 『월인석보』 권25에서는 주어에 '-눈'이 통합한 경우를 보인 예이다. 주격 조사 '-ㅣ'와 보조사 '-눈'의 분포는 곳곳에서 확인할 수 있는 현상으로 위 (5 바~사´)와 같은 경우는 흔한 일이다.

위 (5 아, 아´)은 명사 연결 구성으로서 (5 아)는 '-이며'와 통합한 예이고, (5 아´)은 '-과'와 통합한 예이다. (5 아, 아´)는 동일한 구성이지만 다른 조사 통합을 보이기 때문에 '-이며'와 '-과'의 쓰임에 참고될 수 있다.

다음은 높임법에서의 언해 차이를 보이기 위해 모은 예들이다.

　　(6) 가. 尊者ᄂᆞᆫ 양직 端正ᄒᆞ고 술히 보ᄃᆞ랍거시ᄂᆞᆯ(尊者顏貌端正身體柔軟)

　　　　　＜석보상절24 : 34b-35a＞

　　가. 尊者ㅅ 양ᄌᆞ는 端正ᄒᆞ시고 모미 보ᄃᆞ랍거시ᄂᆞᆯ(尊者顏貌端正身體柔
　　　　軟)＜월인석보25 : 97a-b＞

　　나. 王이 ᄯᅡ해 ᄂᆞ려 업데여 절ᄒᆞ고 供養ᄒᆞᅀᆞᆸ고 塔 셰니라(時王五體投地
　　　　供養禮拜卽立佛塔)＜석보상절24 : 35b-36a＞

　　나ʹ. 王이 五體投地ᄒᆞ야 供養 禮拜ᄒᆞᅀᆞᆸ고 즉재 부텻 塔ᄋᆞᆯ 셰ᅀᆞᆸ니라(時
　　　　王五體投地供養禮拜卽立佛塔)＜월인석보25 : 99a＞

　　위 (6)에서와 같이 접속문 구성에서 '-(ᄋᆞ)시-'와 '-ᅀᆞᆸ-'의 통합이『석
보상절』권24와『월인석보』권25에서 차이를 보인다.『석보상절』권24
에서는 높임의 대상에 대해서 높이되 중복하지 않는 경향이 있고,『월
인석보』권25에서는 서술어마다 높임 형태를 통합하여 중복하여 높이
는 경향이 있다. 물론 "阿難이 다시 묻ᄌᆞᄫᅩ디 世尊이 아래 므슴 功德을
ᄒᆞ시관디 이런 한 塔ᄋᆞᆯ 世尊 위ᄒᆞᅀᆞᄫᅡ 이르ᅀᆞᄫᆞ리잇고"(阿難歡喜重白佛言
如來先昔造何功德 而乃有此多塔之報)＜석보상절24 : 9b-10a＞처럼 이러한 경향
에 맞지 않는 예도 확인된다. 그러나 두 언해문의 유사한 내용을 견주
다 보면 위 (6)과 같은 경우가 종종 확인된다.

　　한편, 아래는『석보상절』과『월인석보』편찬자의 높임에 대한 관점
을 엿볼 수 있는 대목이다.

　　(7) 가. 王이 그 上座ᄭᅴ 가 닐오디 내 ᄒᆞ롯 內예 八萬 四千 佛塔ᄋᆞᆯ 閻浮提예
　　　　　세오져 ᄒᆞ노이다 耶舍ㅣ 닐오디 됴ᄒᆞ시이다(王詣彼所白上座曰 我欲
　　　　　一日之中　立八萬四千佛塔遍此閻浮提　意願如是　時彼上座白言善哉)
　　　　　＜석보상절24 : 24a-b＞

　　　　나. 王이 그에 가 上座ᄭᅴ ᄉᆞᆲ보디 내 ᄒᆞ롯 內예 八萬 四千 塔을 셰여 閻
　　　　　浮提예 ᄀᆞᄃᆞᆨ게 코져 ᄒᆞ노이다 上座ㅣ 닐오디 됴ᄒᆞ실쎠(王詣彼所白
　　　　　上座曰 我欲一日之中　立八萬四千佛塔遍此閻浮提　意願如是　時彼上座
　　　　　白言善哉)＜월인석보25 : 90a＞

위 (7 가, 나)는 동일한 저경을 두고 있지만 '닐오디'와 '솔ᄫᅡ디', 그리고 '됴ᄒᆞ시이다'와 '됴ᄒᆞ실ᄊᆡ'의 언해 차이가 확인된다. 왜 이러한 차이가 나타나게 되었는지는 편집자의 관점을 고려하면 추정 가능하다. 즉, 『석보상절』의 편찬자는 화자로서 '上座'를 높이되 왕을 '上座'보다 더 존자로 인식하여 '上座'에는 'ᄭᅴ'를 통합하였지만 '닐오디'를 고수한 것이다. 이는 후행 문장인 '됴ᄒᆞ시이다'에서도 확인된다. 그렇지만 『월인석보』 편찬자는 '上座'를 왕보다 더 존자로 보고 '솔ᄫᅡ디'뿐 아니라 왕을 청자로 한 후행 문장에서도 '됴ᄒᆞ실ᄊᆡ'로 표현한 것이다. 이와 같은 편찬자의 높임에 대한 관점이 문헌의 곳곳에 드러난다.

다음은 접속어미의 언해 양상을 보인 예이다. 두 언해문의 유사 내용을 비교하여 검토하다 보면 아래처럼 접속어미가 다르게 실현되는 경우를 흔히 볼 수 있다.

(8) 가. 王이 <u>무른대</u>(時王問諸比丘)<석보상절24 : 43a>

　　가′. 王이 諸比丘의 <u>무로ᄃᆡ</u>(時王問諸比丘)<월인석보25 : 117a>

　　나. 大衆돌히 다 우ᅀᆞ며 王도 <u>우ᅀᆞ며</u> 닐오ᄃᆡ(大衆見之皆盡發笑)<석보상절24 : 47a>

　　나′. 大衆이 보고 다 웃거늘 王도 <u>우ᅀᅥ</u> 닐오ᄃᆡ(大衆見之皆盡發笑)<월인석보25 : 125a>

　　다. 太子ㅣ 德과 지조왜 <u>ᄀᆞ자란ᄃᆡ</u> ᄯᅩ 나라해 보내샤(宜可鎭撫邊要以取百姓之心)<석보상절24 : 49b>

　　다′. 太子ㅣ 德과 지조왜 <u>ᄀᆞ자시니</u> ᄀᆞ새 보내샤(宜可鎭撫邊要以取百姓之心)<월인석보25 : 140b>

　　라. 그ᄢᅴ 혼 흥졍바지 아ᄃᆞ리 出家ᄒᆞ야 諸國에 두루 <u>ᄃᆞ니다가</u> 次第로 乞食ᄒᆞ야(爾時商主之子 厭世間苦 出家 學道遊行諸國 次第乞食)<석보상절24 : 14a-b>

　　라′. 그제 혼 흥졍바지 아ᄃᆞ리 世間 受苦 슬히 너겨 出家ᄒᆞ야 道理 비화 諸國에 두루 <u>ᄃᆞ녀</u> 次第로 乞食ᄒᆞ다가(爾時商主之子 厭世間苦 出家

學道遊行諸國 次第乞食)<월인석보25 : 76b-77a>

위 (8)와 같이 유사한 의미 맥락에서 접속어미를 달리 사용하는 예는 해당 접속어미의 의미를 파악하고 접속문의 범주를 풀이하는 데에 도움이 된다.

한편, 아래는 두 언해문이 문장 종결과 접속을 달리 취한 경우이다.

(9) 가. 그 안해 사름 罪 줄 연자올 地獄 ᄀ티 밍ᄀ니라(於其中間作治罪之法 狀如地獄)<석보상절24 : 14a>

　　가′. 그 소배 罪 줄 法을 地獄 ᄀ티 밍ᄀ라놀(於其中間作治罪之法狀如地 獄)<월인석보25 : 76b>

　　나. 그 부텨를 아래 보ᅀᆞᄫᆡ더라(見佛在世)<석보상절24 : 19a>

　　나′. 부텨 겨싏 저글 보ᅀᆞᄫᆡ더니(見佛在世)<월인석보25 : 80a>

　　다. 阿難이ᄃ려 니ᄅ샤ᄃ 나 涅槃호 百年 後에 長者의 아ᄃᆞᆯ 優婆掬多ㅣ 라 호리 出家ᄒᆞ야 道理 비호리라 ᄒᆞ시니(告阿難曰 於我般涅槃後 百 歲之後當有長者子　名優波崛多　當出家學道號無相佛)<석보상절24 : 33a>

　　다′. 阿難이ᄃ려 니ᄅ샤ᄃ 나 般涅槃 後 百歲後에 長子의 아ᄃᆞᆯ 일후미 優波崛多ㅣ라 호리 出家ᄒᆞ야 道理 비화 號ㅣ 無相佛이리라 ᄒᆞ시니 이다(告阿難曰 於我般涅槃後 百歲之後當有長者子 名優波崛多 當出家 學道號無相佛)<월인석보25 : 93b-94a>

위 (9 가, 나)는『석보상절』권24에서 종결어미로 실현된 예이고, (9 다)는『석보상절』권24에서 접속어미로 실현된 예이다. 그런데 그에 해당하는『월인석보』권25의 예들인 (9 가′, 나′)은 접속어미로 실현되고, (9 다′)은 종결어미로 실현되었다. 앞서 살펴본 (8)의 접속어미의 언해 차이와 달리 위 (9)는 문장의 형식을 달리 취한 예로서 문장의 종결과 접속의 언해 양상을 확인할 수 있는 경우라고 하겠다.

『석보상절』 권24와 『월인석보』 권25의 의역과 직역이라는 번역 특징은 두 언해문이 가지는 두드러진 특징이다. 저경을 비교해 보면 이를 분명하게 확인할 수 있다. 두 언해문에 보이는 이러한 번역의 경향성은 축자역에 따른 것으로 보이는데, 다음에 살펴보는 절의 도치나 수사 표현의 방식, '曰'의 번역 등은 이 번역의 경향성을 확인할 수 있는 주요 예들이라 할 수 있다. 아래 예부터 살펴보자.

(10) 가. 그 모딘 노미 잡고 아니 내며 닐오디 <u>이에 든 사루믄 죽디빙</u> 나디
몯ᄒᄂ니라 ᄒᆞ야ᄂᆞᆯ(凶惡卽往執比丘言 入此中者 無有得出於此而死)
<석보상절24 : 14b>

가´. 凶惡이 잡고 닐오디 예 든 사루미 낧 줄 업스니 <u>예서 주그리라</u>(凶
惡卽往執比丘言 入此中者 無有得出於此而死)<월인석보25 : 77a>

나. 그저긔 王이 <u>金 銀 瑠璃 玻瓈</u>로 네 가짓 도골 ᄆᆡᆼᄀᆞ라 香乳와 香湯
올 담고(時王各辦四寶瓮 金銀琉璃頗梨盛諸香乳及諸香湯)<석보상절
24 : 42b>

나´. 그제 王이 各各 네 보비옛 도골 ᄆᆡᆼᄀᆞ니 <u>金 銀 琉璃 頗梨러니</u> 香乳
와 香湯과 담고(時王各辦四寶瓮 金銀琉璃頗梨盛 諸香乳及諸香湯)
<월인석보25 : 115b>

다. <u>말란 아니ᄒᆞ고</u> 두 솏가라ᄀᆞᆯ 드니(擧二指而不言說)<석보상절24 :
47a>

다´. 두 솏가라ᄀᆞᆯ 들오 <u>말 아니ᄒᆞ니</u>(擧二指而不言說)<월인석보25 :
125a>

위 (10)은 절이 도치되어 『석보상절』 권24와 『월인석보』 권25의 언해 차이를 확연하게 보여주는 예이다. 위 (10 가´, 나´, 다´)은 『월인석보』 권25의 언해문으로서 저경과 비교해 볼 때 저경의 순서대로 언해되었음을 알 수 있다. 그런데 (10 가, 나, 다)는 이와 다르게 밑줄 친 부분이 앞으로 도치되어 언해되었음을 알 수 있다. (10 가, 나, 다)가 저경의 순

서를 따르지 않았지만 보다 자연스럽게 느껴지는 것은 당시 우리말의 어순이나 문장의 접속 관계를 고려한 것이기 때문일 것이다. 이러한 도치 현상은 부사 '상녜'의 경우에 두드러진다.

(11) 가. 그저긔 阿育王이 宮內예 沙門二萬을 샹녜 供養ᄒᆞ거늘(時王宮內 常以四事供養二萬沙門)<석보상절24 : 21a>

가'. 그제 王이 宮內예 샹녜 二萬 沙門ᄋᆞᆯ 四事로 供養ᄒᆞ더니(時王宮內常以四事供養二萬沙門)<월인석보25 : 83b>

이처럼 의역과 직역 관계는 아래 수사 표현에서도 확인할 수 있다.

(12) 가. 엇뎨 다문 돈 ᄒᆞᆫ 나ᄐᆞ로 供養ᄒᆞ시ᄂᆞ니잇고(功德旣等何故於此供養一錢)<석보상절24 : 39b>

가'. 엇뎨 이에 ᄒᆞᆫ 도ᄂᆞ로 供養ᄒᆞ시ᄂᆞ니잇고(功德旣等何故於此供養一錢)<월인석보25 : 111b>

나. 七千 婇女ㅣ 다 깃거ᄒᆞ더라(婇女七千人咸皆歡喜)<석보상절24 : 21a>

나'. 婇女 七千이 다 깃거ᄒᆞ더라(婇女七千人咸皆歡喜)<월인석보25 : 81b-82a>

위 (12)에서 밑줄 친 부분은 수사 표현 방식으로 『월인석보』 권25의 언해본인 (12 가', 나')은 저경과 동일한 순서로 언해되었지만 『석보상절』 권24의 언해본인 (12 가, 나)는 저경과 다른 순서로 언해되었다. (12 가, 나)가 (12 가', 나')보다 자연스럽게 느껴진다.

직역과 의역의 특성과 관련하여 몇 가지 예를 더 제시하기로 한다.

(13) 가. 病ᄒᆞ야 누ᄫᅥ셔 虛空애 비로ᄃᆡ(王身有疾 伏枕慷慨曰)<석보상절24 : 32a>

가′. 王이 病ᄒᆞ야 누버셔 닐오ᄃᆡ(王身有疾 伏枕慷慨曰)<월인석보25 : 92a>

나. ᄒᆞᆫ 머리예 네 ᄂᆞ치오(一頭四面)<석보상절24 : 21b>

나′. ᄒᆞᆫ 머리오 네 ᄂᆞ치오(一頭四面)<월인석보25 : 84a>

다. 世間앳 貴ᄒᆞᆫ 보ᄇᆡ로(世間希有珍寶)<석보상절24 : 41a>

다′. 世間애 쉽디 몯호ᇙ 珎寶로(世間希有珍寶)<월인석보25 : 114a>

위 (13 가, 가′)은 '慷慨'에 대한 언해 차이를 보이는 예이다. 위 (13 가, 가′)의 장면을 고려하면 단순히 (13 가′)처럼 '닐오ᄃᆡ'로 언해하는 것보다는 (13 가)처럼 상황의 정서가 반영된 '비로ᄃᆡ'로 언해하는 것이 더 자연스럽게 느껴진다. 두 예도 의역과 직역의 차이에서 비롯된 것으로 판단된다.

(13 나, 나′)은 '一頭四面'을 언해한 것으로서 약간의 차이를 보인다. '一頭四面'은 '이마단라'라 하는 귀신으로 하나의 머리이지만 네 개의 얼굴(낯)을 가진 형체를 말한다. 따라서 '一頭四面'을 의역하면 '한 머리에 네 개의 얼굴' 정도로 표현할 수 있다. 그런데 (13 나′)은 '한 머리고 네 얼굴이고'로 언해한 것을 보면 직역의 전통을 따른 언해라 할 수 있다.

(13 다, 다′)도 언해의 성격을 확인할 수 있는 경우인데, '希有珍寶'를 『석보상절』 권24에서는 '귀한 보배'로 언해한 데 비하여 『월인석보』 권25에서는 '쉽디 몯호ᇙ 보배'로 언해하였다. '希有'를 '귀한'으로 언해한 것은 당시 우리말에 가깝게 언해하고자 하는 편찬자의 의도로 보인다. 한편, '希有'를 '쉽디 몯호ᇙ'으로 언해한 『월인석보』 권25가 흥미롭다. '쉽디 몯ᄒᆞ-'가 그야말로 '쉽지 않다'로 사용된 경우도 있지만 위 (13 다)처럼 '존귀하다' 정도로 사용된 예가 몇이 존재하는 것이다. 또 다른 예로 "나지 자다가 쉽디 몯호ᇙ ᄭᅮ믈 ᄭᅮ오니"(因晝寢中得希有夢)<석보상절23 : 27a>을 들 수 있다.

마지막으로 '므슴'이 부사 '어찌' 정도로 해석되는 예와 '-익그에서'
가 '-보다' 정도로 해석되는 예를 제시하기로 한다.

(14) 尊者ㅣ 닐오디 王이 므슴 해 무르시느고 이제 즁의게 供養ᄒᆞ쇼셔 밥
다 머그면 王이 歡喜ᄒᆞ시게 호리이다(尊者曰王何須多問 今當施設供養
於僧食竟)<월인석보25 : 123b-124a>

(15) 가. 엇뎨 布施 供養이 ᄂᆞ믹그에서 더으시니잇고(時臣白王言 何故於此布
施供養)<석보상절24 : 40b>
나. 如來ㅅ 法이 世間애 샹녜 이셔 미혹ᄒᆞ 어드본 이룰 업게 ᄒᆞ샤미
다 阿難尊者ㅅ 功이실ᄊᆡ 供養이 ᄂᆞ믹그에서 더으니라(法燈常存世
滅此愚癡冥 皆由從彼來 是故供養勝)<석보상절24 : 41a>

위 (14)는 '왕이 어찌 (이리도) 많이 물으십니까? 이제 중에게 공양하
소서. 밥을 다 먹으면 왕이 기쁘시게 하겠습니다.' 정도로 해석된다. 여
기에서 '므슴'이 '어찌' 정도의 부사로 해석되는 것이 흥미롭다. 위 (15
가)는 '어찌 보시 공양이 남의 것보다 더하십니까?' 정도로 해석되고,
(15 나)는 '여래의 법이 세간에 항상 있어서 미혹하고 어두운 이를 없게
하심이 모두 아난존자의 공이시므로 공양이 남의 것보다 더한 것이다.'
정도로 해석된다. 이때 '-익그에서'가 '-의 것보다' 정도로 해석된다.

4. 『석보상절』 권24와 『월인석보』 권25의 편찬과 저경

4.1. 『석보상절』 편찬과 『석보상절』 권24의 저경

『석보상절』은 세종 29년인 1447년에 수양대군이 세종의 명으로 편찬

한 책이다. 석가의 일대기를 중심으로 편찬한 것으로『석가보』와『석가 씨보』를 중심 저경으로 하고 있다. 주지하는 바와 같이 이『석보상절』의 편찬 동기는『월인석보』권1의 권두에 실린 <석보상절서>와 <어제 월인석보서>의 내용에서 확인할 수 있다. 해당 내용을 제시하면 아래와 같다.

(1) 가. 近間애 追薦ᄒᆞᅀᆞᄫᆞᆯ 因ᄒᆞᅀᆞᄫᅡ 이저긔 여러 經에 ᄀᆞᆯᄒᆡ여 내야 各別히 ᄒᆞᆫ 그를 밍ᄀᆞ라 일훔지허 ᄀᆞ로디 釋譜詳節이라 ᄒᆞ고 ᄒᆞ마 次第 혜여 밍ᄀᆞ론 바룰 브터 世尊ㅅ 道 일우샨 이리 양ᄌᆞᆯ 그려 일우ᅀᆞᆸ고 ᄯᅩ 正音으로ᄡᅥ 곧 因ᄒᆞ야 더 飜譯ᄒᆞ야 사기노니 사ᄅᆞᆷ마다 수 ᄫᅵ 아라 三寶애 나ᅀᅡ가 븓ᄌᆞᆸ긧고 ᄇᆞ라노라<석보상절서 : 4a-6b>
나. 世宗이 날ᄃᆞ려 니ᄅᆞ샤ᄃᆡ 追薦이 轉經 ᄀᆞᆮᄒᆞ니 업스니 네 釋譜를 밍ᄀᆞ라 飜譯호미 맛당ᄒᆞ니라 ᄒᆞ야시ᄂᆞᆯ 내 慈命 을 받ᄌᆞᄫᅡ 더욱 ᄉᆞ랑ᄒᆞ몰 너비ᄒᆞ야 僧祐 道宣 두 律師ㅣ 各各 譜 밍ᄀᆞ로니 잇거늘 시러보디 詳略이 ᄒᆞᆫ가지 아니어늘 두 글워롤 어울워 釋譜詳節을 밍ᄀᆞ라 일우고 正音으로 飜譯ᄒᆞ야 사ᄅᆞᆷ마다 수ᄫᅵ 알에 ᄒᆞ야<월인석보서 : 11a-12b>

위의 내용에서『석보상절』의 편찬 동기 및 편찬 방법, 언해 목적, 간행 순서 등을 확인할 수 있는데 이를 다시 정리하여 제시하면 아래와 같다.

(2) 가. 편찬 동기 : (소헌황후를) 追薦하기 위함.
나. 편찬 방법 : 여러 경에 있는 내용을 가려 냄.
다. 언해 목적 : 사람(뭇 백성)이 쉽게 읽을 수 있도록 하기 위함.
라. 간행 순서 : 한문『석보상절』－언해『석보상절』

이를 정리하자면『석보상절』은 소헌황후의 명복을 빌기 위해 편찬한

것인데 새롭게 창작하여 간행한 것은 아니고 이미 기록되어 있는 내용 중에서 석가의 일대기와 관련한 내용을 가려내어 편찬 및 간행한 것이다. 이는 위 (1 가)와 (1 나)의 '여러 經에 굴히여 내야 各別히 혼 그를 밍フ라 일훔지어 フ로되 釋譜詳節이라 ᄒ고', '僧祐 道宣 두 律師ㅣ 各各 譜 밍フ로니 잇거늘 시러 보더 詳略이 혼가지 아니어늘 두 글워를 어울워 釋譜詳節을 밍フ라 일우고'에서 확인된다.

그런데 눈에 띄는 것은 (1 가, 나)의 후반부 내용이다. 이를 그대로 받아들이면 한문본 『석보상절』을 먼저 만든 다음에 이를 번역하여 지금의 『석보상절』을 편찬한 것으로 추정하는 것은 어렵지 않다. 나아가 이를 다시 훈민정음으로 언해한 이유도 <석보상절서>와 <어제월인석보서>에서 확인된다.[1]

위 (1 가, 나)에 따르면 여러 경에 있는 내용을 선정하여 『석보상절』을 편찬한 것을 알 수 있는데, 특히 '僧祐 道宣 두 律師ㅣ 各各 譜 밍フ로니 잇거늘 시러 보더 詳略이 혼가지 아니어늘 두 글워를 어울워'의 내용으로 보아서 '승우'가 만든 『석가보』와 '도선'이 만든 『석가씨보』가 전체 글의 중심 저본이 아닌가 한다. 여러 경을 고려하되 두 경전을 많이 참고하였기 때문에 서문에 기술한 것으로 추정된다. 실제 『석보상절』의 많은 내용이 두 경전을 저본으로 하고 있다.[2]

---

[1] 이호권(2001 : 46)에서는 "命副司直 金守溫 增修釋迦譜"<세종실록 114 : 21a>의 내용을 토대로 한문본 『석보상절』이 증보 수찬된 『석가보』일 가능성이 크다고 지적한 바 있다. 나아가 한문본 『석보상절』과 현전 『석보상절』의 내용과 구성이 일치할 것임은 추측하기 어렵지 않다고 기술하였다.

[2] 현전하는 『석보상절』은 '권 3, 6, 9, 11, 13, 19, 20, 21, 23, 24'로 10권이 전해지고 있는데, 이 『석보상절』의 저경은 초기 이동림(1959), 심재완(1959)에서 부분적으로 언급되어 오다가 김영배(1972, 1998, 2009), 박금자(1997), 이호권(2001) 등에서 어느 정도 주요 저경이 밝혀졌다. 이후 김기종(2003, 2005)에서 부분적인 수정과 보완이 이루어졌다.

본 연구에서 주로 살펴보는『석보상절』권24는 법장이 결집되고 정법이 전지되는 내용 이후, 대부분이 아육왕이 팔만 사천 탑을 세우고 불법을 널리 전하는 내용으로 되어 있다. 그래서『석보상절』권24가 석가의 후일담으로 알려져 있으나 아육왕의 일대기라 할 만큼 아육왕의 내용이 50페이지 가까이 기록되어 있다. 한편,『석보상절』권24의 저경은 석가보의 '아육왕조8만4천탑기 31'이 중심 내용을 이루면서 그 외의 경전 내용이 삽입되어 있다. 지금까지 알려진 저경 내용을 토대로『석보상절』권24의 내용과 저경 부분을 내용별로 나누어 제시하면 다음과 같다.3)

번호	주된 내용	권차	해당 저경	비고
1	법장결집	1a~4a	미상	
2	정법전지	4a~7a	미상	
3	아육왕의 전세 인연	7a~11b	『석가보』 釋迦獲八萬四千天塔宿緣記 32 『석가보』 阿育王造塔八萬四天塔記 31	
4	아육왕의 즉위 과정	11b~13a	『석가보』 阿育王造塔八萬四天塔記 31	
5	아육왕의 불법 귀의	13a~23a	『석가보』 阿育王造塔八萬四天塔記 31	
6	8만 4천 탑의 조성	23a~25b	『석가보』 阿育王造塔八萬四天塔記 31	
7	아육왕의 아우 선용의 출가	25b~30a	『석가보』 阿育王弟出家造釋迦石像記 25	
8	용왕의 수정탑 조성	30a~32a	『석가보』釋迦龍宮佛髭塔記 30	

---

3) 김영배(1972, 2009), 이호권(2001), 김기종(2003, 2005)를 참고.

9	사리탑에 번을 닮	32a~32b	『석가보』 阿育王造塔八萬四天塔記 31	
10	대제자의 사리탑 공양	32b~48b	『석가보』 阿育王造塔八萬四天塔記 31	
11	아육왕 태자 법익	48b~52b	『석가보』 阿育王造塔八萬四天塔記 31	*이하 낙장

4.2. 『월인석보』의 편찬과 『월인석보』 권25의 저경

『월인석보』는 세종이 지은 『월인천강지곡』에 수양대군이 지은 『석보
상절』을 합편하여 1459년에 편찬한 것으로서 편찬 동기 및 편찬 과정
은 <어제월인석보서>의 내용에서 확인할 수 있다. 우선 아래 내용부터
살펴보자.

> (3) 가. 近間애 家둇올 맛나 무아두리 즈어 업스니 父母 뜨른 大性에 根源
> 혼다라 슬픈 무슴 뮈유미 엇데 오라며 갓가뵬매 다른리오 내 수랑
> 호디 三途ㅅ 受苦애 열오져 ᄒᆞ며 나 여희욣 道롤 求코져 홇딘댄 이
> 브리고 어듸 브트리오<월인석보서 : 14a-15a>
>
> 나. 우흐로 父母 仙駕롤 爲ᄒᆞᅌᆞᆸ고 亡兒롤 조쳐 爲ᄒᆞ야 셜리 智慧ㅅ 구루
> 믈 트샤 諸塵에 머리 나샤 부러 自性을 ᄉᆞᄆᆞᆺ 아른샤 覺地를 믄득 證
> ᄒᆞ시게 ᄒᆞ리라 ᄒᆞ야<월인석보서 : 18a-b>

위 (3 가)의 '무아두리 즈어 업스니'와 '三途ㅅ 受苦애 열오져 ᄒᆞ며',
'여희욣 道세롤 求코져 홇딘댄 이 브리고 어듸 브트리오'에서 세조가 『월
인석보』를 편찬하게 된 동기를 찾아볼 수 있는데, 이 내용을 고려해 보
면 맏아들인 도원군의 죽음에 대한 괴로움에서 벗어나고자 『월인석보』
를 편찬하게 된 것으로 추정된다. 그런데 세조가 자신의 심적 고통에

대해서 '三途ㅅ 受苦애 열오져 ᄒᆞ며'('三途'는 죄를 지은 결과로 태어나서 고통을 받는 곳을 말한다.)로 표현한 것을 보면 도원군의 병사 이외에도 조카 단종의 죽음, 사육신 사건 등에 대한 죄책감이 그의 마음을 괴롭힌 것이 아닌가 한다.[4]

한편, (3 나)의 '우흐로 父母 仙駕ᄅᆞᆯ 爲ᄒᆞ습고 亡兒ᄅᆞᆯ 조쳐 爲ᄒᆞ야'에서 『월인석보』가 또한 돌아가신 부모(세종, 소현황후)의 명복을 빌기 위해 편찬된 것임을 알 수 있다. 따라서 『월인석보』는 돌아가신 부모의 명복을 빌고, 나아가 자신의 고통에서 벗어나고자(도원군을 잃은 슬픔, 단종 죽음 등에 대한 죄책감) 편찬·간행된 것으로 추정된다.

그렇다면 『월인석보』는 어떠한 방법으로 편찬되었을까? 이를 추정할 수 있는 <어제월인석보서>의 내용을 살펴보자. 이를 제시하면 아래와 같다.

> (4) 가. 念호ᄃᆡ 이 月印釋譜ᄂᆞᆫ 先考 지ᄼᆞ샨 거시니 依然ᄒᆞ야 霜露애 애와텨 더욱 슬허ᄒᆞ노라<어제월인석보 서 16a>
>
> 나. 울워러 聿追ᄅᆞᆯ ᄉᆞ랑ᄒᆞ건댄 모로매 일 ᄆᆞ즈 일우ᅀᆞᄫᅩᄆᆞᆯ 몬져 홇디니 萬幾 비록 하나 엇뎨 겨르리 업스리오 자디 아니ᄒᆞ며 飲食을 니저 히 다ᄋᆞ며 나ᄅᆞᆯ 니ᅀᅥ<어제월인석보 서 17a-b>
>
> 다. 녯 글워레 講論ᄒᆞ야 ᄀᆞ다ᄃᆞ마 다ᄃᆞᆫ게 至極게 ᄒᆞ며 새 밍ᄀᆞᄂᆞᆫ 글워레 고텨 다시 더어<어제월인석보 서 19a-19b>

(4 가)의 내용으로 보아 『월인석보』의 편찬이 선고에서 시작된 일인 것을 알 수 있다. 그리고 (4 나)의 내용에서는 이를 마무리하기 위해 편찬 사업에 집중한 사실을 확인할 수 있다. (4 다)의 '녯 글워레 講論ᄒᆞ야 ᄀᆞ다ᄃᆞ마'는 '석보상절과 월인천강지곡에 풀이하고 의논하여 가다듬어'

---

4) 안병희(1993), 김영배(1999), 강순애(2005) 등 참고.

정도로 해석되는 구절로서 『월인석보』가 이 두 글을 가다듬어 편찬한 것임을 추정할 수 있다.

이와 관련하여 안병희(1993)에서 『월인석보』의 편성이 『월인천강지곡』을 본문으로 하면서 『석보상절』을 주석으로 하여 이루어졌다고 기술한 내용이 참고된다. 실제 『월인석보』의 구성을 보면 『월인천강지곡』을 본문으로 하면서 『석보상절』의 내용을 한 줄 아래로 내려 주석처럼 『월인천강지곡』의 내용을 보다 구체화하여 그 내용을 기록하고 있다. 그런데 사재동(1970, 1990), 강순애(1998, 2005) 등의 내용을 참고하면 『월인석보』가 『석보상절』과 『월인천강지곡』의 단순한 합편이 아니라 첨삭과 협주 삽입이 이루어지고 독특한 문학적 장면을 이룬 것으로 인정받기도 한다.

그럼, 이제 『석보상절』 권24와 유사한 내용을 이루는 『월인석보』 권25의 저경 구성에 대해서 살펴보자. 『월인석보』 권25는 제1-2장과 제145장 이후는 결락되어 있다. 앞서 언급한 바와 같이 『월인석보』 권25는 『석보상절』 권24의 내용과 동일하게 석가의 사후에 제자들이 법장을 결집하는 내용부터 아육왕의 일대기로 구성되어 있다. 지금까지 알려진 저경 내용을 토대로 『월인석보』 권25의 내용과 저경 부분을 내용별로 나누어 제시하면 아래와 같다.

번호	주된 내용	권차	해당 저경	비고 (월석/석상/협주)
1	법장결집	1a~11a	經律異相 13 景德傳燈錄 1	『석보상절』 권24
2	아난작명	11a~12a	飜譯名義集 1	협주
3	가섭의 정법전지	12a~14a	景德傳燈錄 1	『석보상절』 권24

4	삼의육물과 가섭 등에 관한 이야기	14a∼57a	法苑珠林 35 외 다수	협주
5	아난의 정법전지	57a∼62b	景德傳燈錄 1	『석보상절』권24
6	아육왕의 공업	62a∼62b		『월인천강지곡』577
7	아육왕의 전생	62b∼64b	『석가보』阿育王造塔八萬四天塔記 31	『석보상절』권24
8	아육왕과 석가의 인연	64b∼66b	『석가보』釋迦獲八萬四天塔宿錄記 32	협주
9	아육왕의 즉위 과정	66b∼73b	『석가보』阿育王造塔八萬四天塔記 31	『석보상절』권24
10	아육왕의 불법 귀의	73b∼88a	『석가보』阿育王造塔八萬四天塔記 31	『석보상절』권24
11	8만 4천 탑의 조성	88a∼91a	『석가보』阿育王造塔八萬四天塔記 31	『석보상절』권24
12	사리탑 공양	91a∼92a		『월인천강지곡』578,579
13	사리탑에 번을 닮	92a∼93a	『석가보』阿育王造塔八萬四天塔記 31	『석보상절』권24
14	대제자의 사리탑 공양	93a∼114b	『석가보』阿育王造塔八萬四天塔記 31	『석보상절』권24
15	難陀, 優槃難陀龍王의 교화	105a∼110a	增壹阿含經 28	협주
16	菩提樹와 增衆 공양	114a∼130b	『석가보』阿育王造塔八萬四天塔記 31	『석보상절』권24
17	아육왕의 아우 선용의 출가	130b∼135b	『석가보』阿育王弟塔出家造釋迦石像記 25	『석보상절』권24
18	아육왕의 발원	135b∼136a		『월인천강지곡』580, 581

19	아육왕 공덕과 죽음	136a~139a	『석가보』 阿育王造塔八萬四千塔記 31	『석보상절』 권24
20	三波提가 왕이 됨	139a~140a	『석가보』 阿育王造塔八萬四千塔記 31	『석보상절』 권24
21	태자 법익의 이야기	140a~142b	『석가보』 阿育王造塔八萬四千塔記 31	협주
22	석가의 일생	142b~143a		『월인천강지곡』 582, 583
23	석가의 일생	143a~144b	없음	협주

『석보상절』 권24와 『월인석보』 권25의 비교

제1장

법장결집

1. 『석보상절』 권24, 1a-1b / 『월인석보』 권25, 3a-4a

① 언해문

『석보상절』 권24, 1a-1b

世尊이 涅槃ᄒ거시ᄂᆞᆯ 外道ᄃᆞᆯ히 깃거 닐오ᄃᆡ 瞿曇이 이싫 저긘 教法이 블ᄀᆞᆮᄒ더니 이제ᅀᅡ 아니 오라아 ᄢᅳ리라 ᄒ거늘 梵王과 帝釋과 天王ᄃᆞᆯ히 다 와 大迦葉ᄭᅴ 請호ᄃᆡ 如來 正法眼ᄋᆞ로 尊者ᄭᅴ 付屬ᄒ시니 어셔 結集ᄒ쇼셔 그저긔 迦葉이 彌盧山 우희 사ᄅᆞᆷ 브려 퉁부플 티라 ᄒ니【彌盧山ᄋᆞᆫ 須彌山이라】그 붑 소리예셔 마ᄅᆞᆯ 닐오ᄃᆡ 부텻 無學弟子 一千이 摩竭提國 上茆城 畢鉢羅堀로 모다 오라 ᄒ더라

『월인석보』 권25, 3a-4a

(1a-2b 낙장)
(부)톄 世世예 브즈러니 受苦ᄒ샤 衆生이게 慈悲ᄒ샤 이 法을 得ᄒ샤 ᄂᆞᆷ 爲ᄒ

야 니르시니 우리도 반ᄃᆞ샤 ᄡᅥ 敎化ᄅᆞᆯ 여루리라 ᄒᆞ고 須彌山頂에 올아 犍椎
티고 偈ᄅᆞᆯ 닐오ᄃᆡ 諸佛 弟子ㅣ 부텨를 念ᄒᆞ□(거)□(든) □(반)ᄃᆞ기 부텻 恩惠
ᄅᆞᆯ 갑ᄉᆞᇦ디니 涅槃애 드디 말라 ᄒᆞ야ᄂᆞᆯ 이 犍椎 소리와 迦葉의 마리 三千大
千世界예 다 가 神力 得ᄒᆞᆫ 弟子ᄃᆞᆯ히 迦葉의게 몯거늘【畢鉢羅窟이라】迦葉이
하놄 말로 닐오ᄃᆡ 부톄 般涅槃ᄒᆞ야시ᄂᆞᆯ 法 아ᄂᆞᆫ 弟子ᄃᆞᆯ히 다 조차 滅度ᄒᆞ니
佛法이 ᄒᆞ마 滅ᄒᆞ릴ᄊᆡ 未來 衆生이 甚히 어엿버 智慧眼ᄋᆞᆯ 일허 迷惑ᄒᆞ야 어득
ᄒᆞ니 우리ᄃᆞᆯ히 佛敎ᄅᆞᆯ 받ᄌᆞᄫᅡ ᄡᅥ 法藏ᄋᆞᆯ 結集 다 ᄒᆞ고 ᄠᅳᆮ다히 滅度ᄒᆞ져

② 현대역

『석보상절』

세존께서 열반하시니 외도들이 기뻐하여 말하기를 "구담이 있을 때에는
교법이 불 같더니 이제야 오래지 않아 그 불이 꺼질 것이다." 하거늘 범왕과
제석과 천왕들이 다 와서 대가섭께 청하기를 "여래가 정법안으로 존자께 부
탁하셨으니 어서 결집하십시오." 그때 가섭이 미로산 위에 사람을 시켜 동북
[銅鐘]을 치라 하니,【미로산은 수미산이다.】 그 북소리에서 말을 이르기를
"부처의 무학제자 1천은 마갈제국 상묘성 필발라굴로 모두 오너라." 하였다.

『월인석보』

(1a-2b 낙장)
(부)처님이 세세에 부지런히 수고하시어 중생에게 자비하시고 이 법을 얻
으시어 남을 위하여 말씀하시니 "우리도 이를 받들어 교화를 열겠다." 하고,
수미산 정상에 올라 건추를 치고 게를 이르기를 "모든 부처님의 제자가 부
처님을 생각하거든 반드시 부처님의 은혜를 갚을 것이니 열반에 들지 마라."

> 하거늘, 이 건추 소리와 가섭의 말이 삼천대천세계에 다 가서 신력을 얻은
> 제자들이 가섭에게 모이거늘【필발라굴이다.】가섭이 하늘의 말로 말하기를
> "부처님이 반열반하셨으니 법을 아는 제자들이 다 좇아 멸도하니 불법이 장
> 차 멸할 것이므로 미래의 중생이 심히 불쌍하여 지혜안을 잃어 미혹하여 어
> 득하니 우리들이 불교를 받들어 법장결집을 다 하고 뜻대로 멸도하자."

③ 저경

『석보상절』: 미상

『월인석보』:『경률이상(經律異相)』권13, 가섭결집삼장출척아난사진여루(迦葉結
集三藏黜斥阿難使盡餘漏) 3【『대정신수대장경(大正新脩大藏經)』제53, 사휘부(事
彙部) 상(上), 65면】.

> 佛世世勤苦 慈悲衆生學得是法 爲人顯說 我等亦應承用開化 昇須彌山頂 鳴鍾
> 揵搥 而說偈言 諸佛弟子 若念於佛 當報佛恩 臭人涅槃 是揵搥音 及迦葉語 聲遍
> 至 三千大千世界 皆悉聞知 諸有弟子得神力者 集迦葉所 迦葉以天語告言 佛般涅
> 槃諸知法弟子 皆隨滅度 佛法欲滅 未來衆生甚可怜愍 失智慧眼 愚癡盲冥 我等應
> 當承用佛教 待結集法藏竟 隨意滅度

*『월인석보』1~2장은 낙장 되어 전해지지 않으나『월인석보』권25
의 체재로 볼 때『월인천강지곡』575~576과『석보상절』권24 앞부분의
내용이 결락된 부분으로 추정된다.

* 강순애(2005), 김기종(2005), 김영배(2009) 등에 따르면, 석가의 제자들
이 법장을 결집하는 부분에 해당하는『석보상절』의 저경은 아직까지는
알 수 없고,『월인석보』는 '經律異相 卷13', '景德傳燈錄 卷1' 등으로 구
성된 것을 알 수 있다. 이 사실에서『월인석보』편찬자가『석보상절』과

『월인천강지곡』,『석가보』,『석가씨보』 외에 여러 경전을 참고하여 『월인석보』를 편찬한 것을 추정할 수 있다. 뒤에서 확인하겠지만 경우에 따라서는『석가보』를 이루는 경전이 반영된 경우도 있다.

  *『월인석보』의 "諸佛 弟子ㅣ 부텨를 念ㅎ□(거)□(든) □(반)ᄃ기 부텻 恩惠를 갑ᄉᆞᇦ디니"에서 몇 글자가 훼손되어 있는데 분명하지는 않으나 "念ㅎ□(거)□(든) □(반)"으로 추정된다.

  ④ 주석

『석보상절』

  ● 곧ᄒᆞ더니(HHLH) : 같더니. '곧ᄒᆞ-'는 '곧#ᄒᆞ-' 구성이 복합어로 굳어진 것으로 15세기에는 이 복합어와 구 구성 두 가지가 공존한다. '곧(H)#ᄒᆞ니라(LHH)<석보상절13 : 47b>'와 같은 예의 성조 실현 양상과 비교해 보건대, 이 '곧ᄒᆞ더니'는 거성불연삼(去聲不連三)의 율동 규칙을 따르고 있어 복합어로 굳어진 것으로 볼 수 있다.
  ● 퉁부플 : 동종(銅鐘)을. '퉁[銅]+붚[鐘]+-을'로 분석된다. '붚'은 15세기 국어에서 '鼓'뿐만 아니라 '鐘'의 의미로도 사용되었다.

『월인석보』

  ● 여루리라 : 열리라. 1인칭 주어 '우리'와 호응하는 선어말어미 '-우-'가 실현되었다.
  ● 올아 : 올라. 올ㅇ-[登]+-아. '오ᄅ-/올ㅇ-'은 15세기 비자동적 교체 어간으로 자음어미 앞에서는 '오ᄅ-'가, 모음어미 앞에서는 '올ㅇ-'

이 실현되며, 어간의 성조가 LL/L인 것이 특징이다. 이와 동일한 유형의 비자동적 교체 어간으로는 '거르-/걸ㅇ-[醱], 고르-/골ㅇ-[均], 그르-/글ㅇ-[非, 解], 너르-/널ㅇ-[寬], 니르-~니르-/닐ㅇ-[謂], 다르-/달ㅇ-[異], 뎌르-~뎌르-/뎔ㅇ-[短], 두르-/둘ㅇ-[圍], 므르-/믈ㅇ-[爛], 무르-/물ㅇ-[裁], 부르-/불ㅇ-[潤, 演], 우르-/울ㅇ-[吼, 呴], 이르-/일ㅇ-[早], 즈르-/즐ㅇ-[徑]' 등이 있다. 15세기의 비자동적 교체 어간의 유형에는 이 '오르-/올ㅇ-'류 외에도 '시므-/심-'류, '흐르-/흜-'류, '그스-/긋ㅇ-'류가 더 존재한다. 이기문(1962)의 재구에 따르면 이러한 유형에 속하는 어간은 각각 '*오록-, *시목-, *흐를-, *그슥-'과 같은 형태로 소급된다.

● 갑스뵳디니 : 값을 것이니. '갚-'[報]의 종성 'ㅍ'이 8종성 법칙에 따라 'ㅂ'으로 표기되었다.

● 드디 : 들지. '드디'는 '들-'[入]의 어간말 'ㄹ'이 후행 어미의 초성 'ㄷ' 앞에서 탈락한 것을 반영한다. 현대국어에서는 'ㄹ' 탈락의 음운론적 실현 환경이 'ㄴ, ㅅ' 앞으로만 국한되는 데에 비해, 중세국어에서는 모든 치조음 앞에서 'ㄹ'이 탈락하였다.

2. 『석보상절』 권24, 1b-2b / 『월인석보』 권25, 4a-5b

① 언해문

『석보상절』 권24, 1b-2b

> 阿闍世王올 請ᄒ야 檀越 外護ㅣ 드외에 ᄒ야【檀越ᄋ 布施ᄒ야 貧窮 바ᄅ
> 롤 걷닐 씨니 施主를 檀越이라 ᄒᄂ니라 外護ᄂ 밧고로 護持홀 씨라】부텻

遺敎롤 結集ᄒ더니【遺ᄂ 기틸 씨라】阿難이 出家ᄒᆫ 後로 스므나몬 ᄒᆡ롤 부
텨 졷ᄌᆞᄫᅡ 이셔 듣ᄌᆞᄫᆫ 이리 못 ᄒ더 無學功夫에 몯 미처 잇더니 이 結集ᄒᆞᆯ
저긔 迦葉이 여슷 가짓 罪로 붕여 내텨늘【여슷 가짓 罪ᄂ ᄒᆞ나핸 겨집 出家
케 ᄒ야 부텻 正法이 五百 ᄒᆡ 減ᄒ긔 호미오 둘헨 부톄 둥 알패라 ᄒ샤 ᄆᆞᆯ
가져오라 ᄒ야시ᄂᆞᆯ 아니 받ᄌᆞᄫᆞ미오 세헨 부톄 神足 닷고ᄆᆞᆯ 닐어시ᄂᆞᆯ 줌줌
코 對答 아니ᄒᆞᅀᆞᄫᆞ미오 네헨 부텻 僧伽利 드듸ᄉᆞᄫᆞ미오 다ᄉᆞᆺ샌 겨집드를ᄒᆞᆯ
부텻 陰藏相 보ᅀᆞᆸ긔 호미오 여스센 아랫 結이 몯 다 업수미라】阿難이 내ᄃᆞ
라 ᄒᆞᆫ 수프레 가 안자 이셔 上地定을 니겨 혀근 結을 다 ᄲᅥ러ᄇᆞ려

『월인석보』 권25, 4a-5b

迦葉이 뤀ᄒᆡ야 一千 사ᄅᆞ믈 어드니 阿難이 마오 다 羅漢이러니 迦葉이
王舍城에 가 阿闍世王ᄭᅴ 닐어 每日 밥 보내에 ᄒ고 夏三月을 安居ᄒ더니 迦
葉이 보더 뉘 煩惱ㅣ 잇거뇨 오직 阿難이어늘 迦葉이 혜여 닐오더 여슷 突
吉羅罪롤 犯ᄒ니【突ᄂ 모딜 씨오 吉羅ᄂ 지을 씨라】僧 中에 다 懺悔ᄒ라
阿難이 즉재 ᄭᅮ러 合掌ᄒ야 올ᄒᆞᆫ 엇게 메왓고 신 밧고 懺悔ᄒ야ᄂᆞᆯ 迦葉이
僧 中에 니러 손 자바 나가라 ᄒ야 닐오더 네 漏롤 다아ᅀᅡ ᄒ리니 殘結이
업디옷 몯ᄒ면 네 오디 말라 ᄒ고 손ᅀᅩ 門 닫고 羅漢들콰 모다 議論호더

② 현대역

『석보상절』

아사세왕에게 청하여 단월 외호가 되게 하여【단월은 보시하여 빈궁의
바다를 건너게 하는 것이니, 시외호는 밖으로 보호하여 지키는 것이다.】부
처님의 유교를 결집하였는데【유는 남기는 것이다.】아난이 출가한 후로 20

여 해를 부처님을 좇아 들은 일이 가장 많지만 무학공부에는 못 미쳤는데, 이 결집할 때 가섭이 여섯 가지 죄를 붙여 내치거늘【여섯 가지 죄는, 하나는 여자를 출가하게 하여 부처님의 정법이 오백 해에 멸하게 한 것이고, 둘은 부처님이 "등 아프구나!"라고 하시어 "물 가져오너라."라고 하셨는데 물을 바치지 않은 것이고, 셋은 부처님이 신족 닦음을 말씀하셨는데 잠잠코 대답하지 않은 것이고, 넷은 부처님의 승가리를 디딘 것이고, 다섯은 여자들로 하여금 부처님의 음장상을 보게 한 것이고, 여섯은 이전 결을 다 없애지 못한 것이다.】아난이 내달아 한 수풀에 가 앉아서 상지정을 익혀 작은 결을 다 떨쳐 버려

『월인석보』

가섭이 1천 사람을 가려 얻으니 아난이 말고 다 나한이었는데, 가섭이 왕사성에 가서 아사세왕께 말하여 매일 밥을 보내게 하고 여름 석 달을 안거하였는데 가섭이 보되 "누가 번뇌가 있느냐?" 오직 아난이거늘 가섭이 헤아려 말하기를 "여섯 돌긴라죄를 범하였으니【놀은 모질다는 것이고, 길라는 짓는다는 것이다.】승 중에 다 참회해라." 아난이 즉시 꿇어 합장하여 오른쪽 어깨를 벗고 신 벗고 참회하거늘, 가섭이 승 중에 일어나 손잡아 "나가라." 하고 말하기를 "네가 누를 다해야 할 것이니 잔결이 없어지지 않으면 너는 오지 말아라." 하고 손수 문 닫고 나한들과 모여 의논하기를

③ 저경

『석보상절』: 미상

『월인석보』: 『경률이상(經律異相)』 권13, 가섭결집삼장출척아난사진여루(迦葉結集三藏黜斥阿難使盡餘漏) 3【『대정신수대장경(大正新脩大藏經)』 제53, 사휘부(事彙部) 상(上), 65면】.

> 迦葉選得千人 唯除阿難皆得羅漢 <u>頻婆娑羅王</u> <u>得道常敕宮中飯食千人</u> <u>阿闍世</u>
> <u>王不斷是法</u> 迦葉 <u>思惟 若常乞食 當有外道强來難問 廢闕法事</u> 到王舍城以事告王
> 王當給食 日日送來 夏三月安居 迦葉觀誰有煩惱 唯有阿難 大迦葉卽數之云 犯六
> 突吉羅罪 盡應僧中懺悔 阿難卽隨教 長跪合手 偏袒右肩脫革屣懺悔 迦葉於僧中
> 起 牽手出之 語言 汝宜盡漏 若殘結未亡 汝勿來也 便自閉門 與諸羅漢共議

　＊ 위 저경과 『월인석보』의 언해 양상을 보면 밑줄 친 내용이 생략되었
는데 밑줄 친 부분은 가섭이 1천 명의 사람을 가려 얻게 된 장면이다.

④ 주석

『석보상절』

　●이리(RL) : 일[事]이. 고정적 거성인 주격 조사 '－이'가 평성으로 실
현되었는데, 이는 어말 평성화의 결과이다. 어말 평성화에 대한 자세한
논의는 김완진(1973 : 107-125), 유필재(2012)를 참고할 수 있다.

　●하디(RH) : 하되. '하-[多](H/L)＋-오디(HH)→하디(RH)'로 분석된다.
'가-[去], 나-[出], 두-[置], 보-[見], 오-[來], 주-[授], 하-[多], ᄒᆞ-[爲,
化]' 등 단모음으로 끝나는 1음절 용언 어간의 성조는 후행 어미의 종
류에 의해 결정되는데(河野六郎 1953, 김완진 1973 : 57-61), '－오X'계 어미 앞
에서는 평성으로 실현된다. 이러한 유형의 어간과 '－오X'계 어미가 결
합할 때는 분절음과 초분절음상에서 독특한 변동이 발생한다. '－오X'계
어미의 '오'는 분절음상으로 표면에 드러나지 않으며, 성조는 어간의
평성과 '오'의 거성이 결합하여 상성으로 실현되는 것이다.

　●븥여 : 붙이어. '븥여'는 『월인석보』 저경의 "犯六突吉羅罪"의 '犯'
에 해당되는데 형태소 분석에 따른 의미 해석에 주의가 요구된다. 김영

배(2009 : 142)에서는 '붗-+-이-'로 분석하고 '붓게 하여, 붙이어' 등으로 해석될 가능성을 지적하였다. 그러나 '붗여'가 쓰인 맥락에서 사동의 의미를 도출하기가 어렵기 때문에 이 해석도 재고를 요한다.

- 알패라 : 아프구나. '알ㅍ-+-애라'로 분석할 수 있는 구성이다. '-애/에라'에 대해서는 이것을 하나의 감탄법 종결어미로 보는 견해도 있고, '-애/에-'와 '-라'를 분석하여 '-애/에-'를 선어말어미로 처리하는 견해도 있다. '-애/에-'를 선어말어미로 분석하는 견해에서는 '-애/에-'와 '-라-' 사이에 청자대우를 나타내는 선어말어미 '-이-'가 개재될 수 있다는 점을 분석의 근거로 삼는다. 반대의 견해에서는, '-이-'의 개재 문제는 '-애/에라'를 '-지라', '-지이다'와 같은 불연속 형태소로 본다면 문제되지 않고, '-애/에라', '-애/에이다'와 같이 지극히 제한된 형식으로만 나타나므로 '-애/에라'를 분석하지 않고 하나의 감탄법 종결어미로 판단한다. '-애/에-'를 분석하는 견해는 이승희(1996)을 참고할 수 있고, '-애/에라'를 하나의 감탄법 종결어미로 보는 견해는 정재영(2001)을 참고할 수 있다.

『월인석보』

- 마오(RH) : 말고. '말-[勿]+-고'는 15세기 문헌에서 '말오'와 '마오' 두 가지로 나타난다. 이때 연결어미 '-고'가 '-오'로 실현된 것은 당시의 일반적인 음운 과정인 'ㄱ' 약화로 설명할 수 있다. 문제는 '마오'로 표기된 형태를 중세국어의 일반적인 음운 과정으로 설명하기 어렵다는 것이다. 'ㄹ'은 치조음 앞에서만 탈락하기 때문이다. 그런데 동사 '말다'의 중세국어 활용 패러다임을 살펴보면, 이 현상이 단순히 음운론적 요인에 의한 것이 아닐 가능성을 발견할 수 있다.

ⓔ 말고(RH)~마오(RH)　　　　자음 어미(-고)와의 결합형

　　말라(RH)~마라(RH)　　　　'ᄋ'계 어미(-ᄋ라)와의 결합형

　　마라(LH)　　　　　　　　그 외 모음 어미(-아)와의 결합형

　　위 패러다임에서와 같이 'ᄋ'계 어미와의 결합형(말-+-ᄋ라)에서도 마치 어간말 'ㄹ'이 탈락한 것처럼 보이는 '마라'가 나타난다. 이상의 사실들은 '마오'나 '마라(RH)'와 같은 활용형이 비음운론적 요인에 의해 형성된 것일 가능성을 시사해 준다. '말다' 동사의 음운론적·형태론적 문제에 관해서는 유필재(2004)를 참고할 수 있다.

　　● 메왓고 : 한쪽 어깨를 벗고. '메밧고<석보상절9 : 29a, 월인석보25 : 105b 등>'에서 'ㅸ>w' 변화를 겪은 어형이다. '메밧-'의 형태론적 구성에 대해서는 '메-'[擔]와 '밧-'[脫]의 비통사적 합성어로 보는 시각이 일반적이다(남광우 1959 : 11, 이동석 2008 : 83-84, 세종대왕기념사업회 2009 : 43 등 참고).

　　● 네(R) : 네가. 2인칭 대명사의 주격형과 속격형은 동일한 형태로 실현되지만, 전자는 상성으로, 후자는 평성으로 실현됨으로써 그 둘의 구분이 가능하다.

3. 『석보상절』 권24 : 해당 부분 없음. /『월인석보』 권25, 5b-8b

① 언해문

『월인석보』 권25, 5b-8b

뉘 能히 毗尼法藏ᄋᆯ 結集ᄒ려뇨 長老 阿泥盧豆ㅣ 닐오ᄃᆡ 舍利佛이 第二佛

이며 憍梵波提 보ᄃ라ᄫㅣ며 和雅ᄒ며 겨르ᄅᆞᄫㅣ 사라 便安히 寂ᄒᆞ야 다 能히 毗尼藏ᄋᆞᆯ 아ᄂᆞ니 이제 天上 尸利沙樹園에 잇ᄂᆞ니라 ᄒᆞ고 下座 比丘를 브려 가 迦葉의 ᄠ들 닐오ᄃᆡ 漏盡 羅漢이 다 閻浮提예 모다 잇ᄂᆞ니 내 큰 法事ᄒ 노니 이제 ᄲᆞᆯ리 오고라 憍梵波提 疑心ᄒᆞ야 무로ᄃᆡ 싸호아 쥬ᇰ을 허로려 ᄒ ᄂᆞ녀 佛日이 滅度ᄒᆞ시녀 對答호ᄃᆡ 大師ㅣ 滅度ᄒ시니이다 우리 和上 舍利弗 이 이제 어듸 겨시뇨 對答호ᄃᆡ 몬져 涅槃ᄒᆞ시니이다 憍梵波提 무로ᄃᆡ 目連 阿難 羅睺ㅣ 이제 므슷 일 ᄒᆞᄂᆞ뇨 對答호ᄃᆡ 目連은 ᄒᆞ마 滅度ᄒ시고 阿難 ᄋᆞᆫ 시름ᄒᆞ야 우러 ᄌᆞ개 아디 몯 ᄒ시고 羅睺ᄂᆞᆫ ᄒᆞ마 羅漢ᄋᆞᆯ 得ᄒᆞ샤 ᄂᆞ외야 시름 업스시니이다 憍梵波提 닐오ᄃᆡ 우리 和上大師ㅣ ᄒᆞ마 滅度ᄒ시니 내 ᄂᆞ외 ᄂᆞ려가디 몯 ᄒ리로다 ① ᄒ고 入定ᄒᆞ야 三道 白乳光ᄋᆞᆯ 펴 迦葉 알ᄑᆡ 다ᄃᆞ라 光中에서 偈를 닐오ᄃᆡ 憍梵波提 衆中 淸淨 大德僧ᄭᅴ 머리 조ᅀᅡ 禮數 ᄒᄂᆞ니 象王이 가면 象子ㅣ 좃ᄂᆞ니 大師ㅣ ᄒᆞ마 滅度ᄒ시니 나도 ᄯᅩ 滅度ᄒ 노이다 ᄒ고 브를 化ᄒᆞ야 제 ᄉᆞ니라 阿難이 諸法을 ᄉᆞ라ᇰᄒᆞ야 殘漏를 다ᄋ 고져 ᄒᆞ야 坐禪 經行호ᄃᆡ 定力이 져글ᄊᆡ 믄득 得道 몯 ᄒᆞ얫더니 後夜애 ᄀ ᄌᆞᇰ 곳가 누버 쉬유려 ᄒᆞ야 머리 벼개예 몯 미처셔 훤히 아라

② 현대역

『월인석보』

"누가 능히 비니법장을 결집하겠느냐?" 장로 아니로두가 말하기를 "사리 불이 제2불이며, 교범바제는 부드러우며 화아하며 한가롭게 살아 편안히 고 요하여 다 능히 비니장을 아니, 지금 천상의 시리사수원에 있다." 하고 하좌 의 비구를 시켜 보내어 가섭의 뜻을 이르기를 "누진 나한이 다 염부제에 모 여 있으니, 내가 큰 법사를 하니 지금 빨리 오너라." 교범바제가 의심하여 묻기를 "싸워서 승려를 무너뜨리려 하느냐? 부처님의 빛이 멸도하셨느냐?" 대답하기를 "대사가 멸도하셨습니다." "우리 화상 사리불이 지금 어디에 계 시냐?" 대답하기를 "먼저 열반하셨습니다." 교범바제가 묻기를 "목련, 아난, 라후가 지금 무슨 일을 하시느냐?" 대답하기를 "목련은 이미 멸도하셨고,

아난은 시름하여 울고 자기를 알지 못하시고, 라후는 이미 나한을 얻으셔서 다시 시름이 없으십니다." 교범바제가 말하기를 "우리 화상대사가 이미 멸도하셨으니 내가 다시 내려가지 못하겠구나." 하고 입정하여 삼도 백유광을 펴 가섭 앞에 다다라 빛 가운데에서 게를 이르기를 "교범바제 중중청정대덕승(많은 사람들 가운데 번뇌의 더러움을 떠난 대덕스님)께 머리 조아려 예를 표하니, 코끼리 왕이 가면 어린 코끼리가 따르니 대사가 이미 멸도하셨으므로 나도 또 멸도합니다." 하고 불을 일으켜 스스로를 살랐다. 아난이 모든 법을 생각하여 남아 있는 번뇌를 다하고자 하여 좌선 경행하되 정력(定力)이 적어 이내 득도하지 못하였으니, 후야에 매우 힘겨워하여 누워 쉬려고 하는데 머리가 베개에 미치지 못하여 훤히 깨달아

③ 저경

『월인석보』:『경률이상(經律異相)』 권13, 가섭결집삼장출척아난사진여루(迦葉結集三藏黜斥阿難使盡餘漏) 3【『대정신수대장경(大正新脩大藏經)』제53, 사휘부(事彙部) 상(上), 65면】.

誰能結集毘尼法藏者 長老阿泥盧豆言 舍利弗是第二佛 憍梵波提柔軟和雅 閑居燕寂皆能知毘尼藏 今在天上尸利沙樹園 使下座比丘往傳 迦葉意云 漏盡羅漢皆會閻浮提 僧有大法事 今可疾來 憍梵波提心疑 問曰 爲鬪諍破僧耶 佛曰滅度耶 答曰 大師滅度 我和上舍利弗今在何所 答曰 先入涅槃 憍梵波提問曰 目連阿難羅睺今何所作 答曰 目連已滅度 阿難由有憂結 愁苦啼哭不能自喩 羅睺已得羅漢無復憂苦 憍梵波提言 我和上大師皆已滅度 我今不能復下【即入涅槃】① (미상) 阿難思惟諸法求盡殘漏 坐禪經行定力少不時得道 後夜疲極欲息臥 頭未至枕廓然得悟

 * 위 『월인석보』 내용은 대가섭이 아난을 떠나보내고 여러 나한들과 모여 결집을 의논하는 장면으로 『석보상절』에는 없는 부분이다. 이처럼 『석보상절』에는 없고 『월인석보』에는 있는 장면들이 왕왕 나타나는

데 이는『월인석보』편찬자가 가급적 저경을 모두 반영하고자 하는 언해 태도에서 비롯된 것으로 추정된다.

④ 주석

『월인석보』

● 내(H) : 내가. 1인칭 단수 대명사의 주격형과 속격형은 동일한 형태로 실현되지만, 전자는 거성으로, 후자는 평성으로 실현됨으로써 그 둘의 구분이 가능하다.

● 오고라 : 와 달라. '-고라'에 대한 논의는 이승희(2005)를 참고할 수 있다. 이 논의에서는 기존 논의에서 '-고라'가 'ᄒᆞᄂᆞ다체'의 '-라'보다 좀 더 높은 등급의 명령형 종결어미로 처리된 경우를 지적하며, '-고라'와 '-라'가 청자높임법상 등급이 다르지 않음을 주장하였다. 개략적인 내용은 '-고라'와 '-라'는 모두 'ᄒᆞᄂᆞ다체'에 속하지만 '-고라'가 가진 [청원]의 의미 기능 때문에 종종 '-라'보다 높은 등급이거나 정중한 표현의 어미로 여겨져 왔다는 것이다.

● 제(R) : 자기가. 1인칭 재귀대명사의 주격형과 속격형은 동일한 형태로 실현되지만, 전자는 상성으로, 후자는 평성으로 실현됨으로써 그 둘의 구분이 가능하다.

● ᄒᆞ얫더니 : 하였더니. 보조용언 '-어 잇/이시-'가 '-어 잇/이시->-엣/에시->-엇/어시->-었-'의 문법화 과정을 거쳐 과거 시제 선어말어미가 되었다는 것은 주지의 사실이다. 문제는 15세기에 존재하는 '-어 잇/이시-', '-엣/에시-', '-엇/어시-'를 자유 변이 관계에 있는 것으로 파악할 것인가 아니면 서로 다른 기능으로, 즉 서로 다른 문법화 단계를 밟

고 있는 것으로 파악할 것인가이다. 전자의 입장은 이기갑(1981), 최동주(1995)에서 제시하였는데 각각 '상태지속', '완결(결과)지속'으로 의미를 기술하였다. 후자의 입장은 허웅(1977), 한동완(1986), 정언학(2006)에서 제시하였는데, 대체로 '-엣/에시-'에 대해 '-어 잇/이시-'보다 지속의 뜻이 약화되어 완료상의 의미를 지닌 것으로 기술하였다.

• ᄀᆞᆺ가 : 가빠하여, 힘겨워하여. 중세국어에서는 심리동사와 심리형용사 간의 형태론적 관계가 투명하게 나타난다. 가령, '깃-[喜], ᄀᆞᆺ-[困], 슳-[悲], 그리-[戀], 두리-[恐]' 등의 심리동사는 형용사파생접미사를 매개로 하여 각각 '깃브-, ᄀᆞᆺᄇᆞ-, 슬프-, 그립-, 두립-' 등의 심리형용사와 일정한 대응 관계를 이루는 것이다. 한편, 중세국어의 심리동사는 '깃거ᄒᆞ-, ᄀᆞᆺ가ᄒᆞ-, 슬허ᄒᆞ-, 그려ᄒᆞ-, 두려ᄒᆞ-' 등과 같이 'V-어#ᄒᆞ-' 구성으로도 실현되었는데, 이때는 일반적으로 강조의 용법으로 쓰인 것으로 본다. 현대국어의 심리동사 '기뻐하-, 가빠하-, 슬퍼하-, 그리워하-, 두려워하-' 등은 이들이 재구조화된 결과이다.

4. 『석보상절』 권24, 2b-3b / 『월인석보』 권25, 8b-9b

① 언해문

『석보상절』 권24, 2b-3b

阿羅漢果룰 證ᄒᆞᆫ 結集ᄒᆞᄂᆞᆫ 門 밧긔 와 들아지라 ᄒᆞ야ᄂᆞᆯ 迦葉이 닐오ᄃᆡ ᄒᆞ마 無學ᄋᆞᆯ 得호라 ᄒᆞ거든 門삐ᄆᆞ로 들라 ᄒᆞ야ᄂᆞᆯ 阿難이 즉자히 삐ᄆᆞ로 드러 大衆ᄭᅴ 禮數ᄒᆞᆫ대 迦葉이 阿難ᄋᆡ 머리 ᄆᆞ니며 닐오ᄃᆡ 내 부러 너를 어셔 得道ᄒᆞ게 ᄒᆞ다니 츠기 너기디 말라 ᄒᆞ더라

『월인석보』권25, 8b-9b

大力羅漢이 ᄃᆞ외야 그 바미 僧堂애 가 門 두드려 大迦葉을 브른대 大迦葉
이 닐오디 네 엇뎨 온다 對答호디 내 오ᄂᆞᆯ 바미 漏를 다ᄋᆞ라 迦葉이 닐오디
내 門 여디 아니호리니 無學ᄋᆞᆯ 得ᄒᆞ야둔 네 門ㅅ 쇳 굼그로 오라 阿難이 즉
재 쇳 굼그로 드러 大迦葉ᄭᅴ 懺悔ᄒᆞ고 ᄂᆞ외 외다 마ᄅᆞ쇼셔 ᄒᆞ야ᄂᆞᆯ 迦葉이
머리 ᄆᆞᆫ지며 닐오디 내 부러 너를 得道케 ᄒᆞ다니 네 츠기 너기디 말라

② 현대역

『석보상절』

아라한과를 깨닫고 결집하는 문 밖에 와 "들어가고 싶다."라고 하는데,
가섭이 말하기를 "'이미 무학을 얻었다.' 하거든 문틈으로 들어라." 하였다.
아난이 즉시 틈으로 들어 대중께 예를 표하니 가섭이 아난의 머리를 만지며
말하기를 "내가 일부러 너를 어서 득도하게 하였으니 섭섭히 여기지 마라."
하였다.

『월인석보』

대력나한이 되어 그 밤에 승당에 가 문 두드려 대가섭을 불렀는데 대가섭
이 말하기를 "네가 어찌 왔느냐?" 대답하기를 "내가 오늘 밤에 누를 다하였
다." 가섭이 말하기를 "내가 문을 열지 않을 것이니 무학을 얻었거든 네가
문의 쇳구멍으로 들어오너라." 아난이 즉시 쇳구멍으로 들어 대가섭께 참회
하고 다시 "그르다 마십시오." 하는데, 가섭이 머리를 만지며 말하기를 "내가
일부러 너를 득도하게 하였으니 너는 섭섭히 여기지 마라."

③ 저경

『석보상절』: 미상

『월인석보』:『경률이상(經律異相)』권13, 가섭결집삼장출척아난사진여루(迦葉結集三藏黜斥阿難使盡餘漏) 3【『대정신수대장경(大正新脩大藏經)』제53, 사휘부(事彙部) 상(上), 65면】.

> 作大力羅漢 其夜到僧堂敲門 喚大迦葉 大迦葉言 汝何以來 答言 我今夜盡漏 迦葉言 我不與開門 汝從門鑰孔中來 阿難卽從鑰孔中入懺悔 大迦葉莫復見責 迦葉手摩其頭 我故使汝得道耳 汝無嫌恨

* 위 저경과 언해문을 비교해 볼 때, 눈에 띄는 것은 『석보상절』의 "ᄒᆞ마 無學ᄋᆞᆯ 得호라 ᄒᆞ거든"과 『월인석보』의 "無學ᄋᆞᆯ 得ᄒᆞ야든"에 해당하는 구절이 『월인석보』의 저경에 없다는 사실이다. 해당 저경에 없는 내용이 『월인석보』에 나타난 경우가 뒤에서도 몇 예가 나타나지만 『월인석보』의 언해 태도로 볼 때 자연스러운 것은 아니다. 그러나 『월인석보』 편찬자가 『석보상절』은 물론 여러 저경을 참고하였다는 점에서 이는 충분히 일어날 수 있는 일이다.

④ 주석

『석보상절』

● ᄆᆞ니며 : 만지며. 『월인석보』에서는 이에 대응하는 어사가 '몬지며'로 나타난다. 'ᄆᆞ니-'와 '몬지-'는 15세기 공시태 내에서 의미 차이를 보이지 않고 서로의 관계를 음운론적·형태론적으로 설명할 수 없으므로 쌍형어 관계에 놓인 것으로 볼 수 있다.

• ᄒᆞ다니 : 하였으니. 'ᄒᆞ-[爲]+-더-+-오-+-니'로 분석된다. 과거 시상 선어말어미 '-더-'는 '-오-'와 결합하여 '-다-'로 실현된다.

『월인석보』

• 다오라 : 다하였소. '다ᄋ-[盡]+-오-+-라'로 분석된다. 평서형 종결어미 '-다'는 선어말어미 '-오-', '-ᄋ니-, -ᄋ리-', 계사 '-이-' 뒤에서 '-라'로 교체된다.

• 굼그로 : 구멍으로. '구무/굼'[穴]은 15세기 비자동적 교체 어간으로 자음 앞에서는 '구무'로, 모음 어미 앞에서는 '굼'으로 실현되었다. 이와 동일한 유형의 비자동적 교체 어간으로는 '나모/낢[木], 녀느/녂[他]' 등이 있다.

5. 『석보상절』 권24, 3b-4a / 『월인서보』 권25, 9b-11a

① 언해문

『석보상절』 권24, 3b-4a

迦葉이 優婆離를 請ᄒᆞ야 부텻 律藏ᄋᆞᆯ 모도고 阿難이를 ᄒᆞ야 부텻 經藏ᄋᆞᆯ 모도더니 阿難이 座애 올아 앉거늘 모댓는 사ᄅᆞ미 疑心ᄋᆞᆯ 세 가지로 ᄒᆞ디 ᄒᆞᆫ 疑心ᄋᆞᆫ 부톄 아니 다시 나신가 ᄒᆞ고 ᄯᅩ ᄒᆞᆫ 疑心ᄋᆞᆫ 다ᄅᆞᆫ 世界옛 부톄 아니 오신가 ᄒᆞ고 ᄯᅩ ᄒᆞᆫ 疑心ᄋᆞᆫ 阿難이 ᄒᆞ마 부톄 ᄃᆞ왼가 ᄒᆞ더니 阿難이 닐오ᄃᆡ 如是我聞이라 ᄒᆞ니 모ᄃᆞᆫ 疑心이 다 ᄒᆞ훤히 업스니라 【如는 道理예 맛당ᄒᆞᆫ 마리오 是는 올ᄒᆞᆯ 씨오 我聞은 내 드를 씨니 如是我聞은 如ᄒᆞ며 是ᄒᆞᆫ 法을 내 부텨ᄭᅴ 듣ᄌᆞ보라 ᄒᆞ논 마리라】

『월인석보』권25, 9b-11a

○ 迦葉이 優婆離를 請ᄒᆞ야 律藏ᄋᆞᆯ 모도고 阿難이ᄂᆞᆫ 經藏ᄋᆞᆯ 모도게 터니 迦葉이 한 사ᄅᆞ미게 닐오ᄃᆡ 이 阿難比丘ㅣ 多聞 總持 ᄒᆞ야 큰 智慧 이셔 샹녜 如來를 졷ᄌᆞᄫᅡ 梵行이 淸淨ᄒᆞ야 듣ᄌᆞᄫᆫ 佛法을 므를 그르셰 옮기ᄃᆞᆺ ᄒᆞ야 나ᄆᆞᆫ 거시 업서 부톄 讚歎ᄒᆞ샤ᄃᆡ 聰敏이 第一이라 ᄒᆞ시니라 阿難이ᄃᆞ려 닐오ᄃᆡ 네 이제 法眼ᄋᆞᆯ 펴ᅀᅡ ᄒᆞ리라. 阿難이 衆僧의게 禮數ᄒᆞ고 法座애 올아 안자 닐오ᄃᆡ 如是我聞 一時佛住某處 設某經敎ㅣ라 ᄒᆞ니라 처ᅀᅥᆷ 座애 오ᄅᆞ거늘 한 사ᄅᆞ미 세 疑心을 ᄒᆞ니 ᄒᆞ나ᄒᆞᆫ 부톄 다시 나신가 ᄒᆞ고 둘흔 他方佛이 오신가 ᄒᆞ고 세흔 阿難이 成佛호가 ᄒᆞ더니 如是我聞이라 ᄒᆞ야ᄂᆞᆯ 한 疑心이 다 프러디니라 迦葉이 比丘ᄃᆞᆯᄃᆞ려 무로ᄃᆡ 阿難이 마리 외디 아니ᄒᆞ녀 다 닐오ᄃᆡ 世尊ㅅ 마래셔 다ᄅᆞ디 아니토소이다

② 현대역

『석보상절』

가섭이 우바리를 청하여 부처의 율장을 모으고 아난이를 시켜 부처님의 경장을 모았으니 아난이 좌에 올라앉거늘 모여 있는 사람이 세 가지 의심을 하였는데, 한 가지 의심은 부처님이 다시 나시지 않았는가 하는 것이고, 또 한 의심은 다른 세계에 있던 부처님이 오시지 않았는가 하는 것이고, 또 한 의심은 아난이 이미 부처님이 되었는가 하는 것이었다. 아난이 말하기를 "여시아문(如是我聞)이다." 하니 모든 의심이 다 훤히 없어졌다.【여는 도리에 마땅한 말이고 시는 옳은 것이고 아문은 내가 듣는 것이니 여시아문은 '도리에 마땅하며 옳은 법을 내가 부처님께 들었다.'라고 하는 말이다.】

『월인석보』

○ 가섭이 우바리를 청하여 율장을 모으고 아난이는 경장을 모으게 하였으니 가섭이 많은 사람에게 말하기를 "이 아난비구가 다문(多聞) 총지(總持)하여 큰 지혜가 있어 항상 여래를 따라 범행(梵行)이 청정하여 들은 불법을 물을 그릇에 옮기듯 하여 남은 것이 없어 부처님이 찬탄하시기를 '총민함이 제일이다.' 하셨다." 아난이에게 말하기를, "네가 이제 법안을 펴야 할 것이다." 아난이 승려 무리에게 예를 표하고 법좌에 올라앉아 말하기를 "여시아문 일시불주모처 설모경교(如是我聞 一時佛住某處 設某經敎)이다." 하였다. 처음 자리에 올랐는데 많은 사람이 세 가지 의심을 하니, 하나는 부처님이 다시 나셨는가 하는 것이고, 둘은 다른 지방의 부처님이 오셨는가 하는 것이고, 셋은 아난이 성불하였는가 하는 것이었으니, "여시아문(如是我聞)이다." 하거늘 많은 의심이 다 풀어졌다. 가섭이 비구들에게 묻기를 "아난의 말이 그릇되지 않은가?" 다 말하기를 "세존의 말과 다르지 않습니다."

③ 저경

『석보상절』: 『조당집(祖堂集)』 권1【『불광대장경(佛光大藏經)』 권15, 35면】.

爾時 阿難當昇座已 尊諸相好 現身如佛 衆見此端 則生三疑 一謂大師慈悲故 從涅槃起爲我等輩宣甚深法 二謂他方諸佛知我釋迦奄化故 而來此中宣揚妙法 三謂阿難轉身成佛爲衆說法耶 爾時 阿難而說是言 如是我聞 一時 佛住某城某處說某經敎 乃至人天等 作禮奉行 阿難則下法座 却復本身 諸菩薩等 知是世尊加被衆疑悉遣

『월인석보』:『경덕전등록(景德傳燈錄)』권1 제1조 마하가섭존자(摩訶迦葉尊者)
【『대정신수대장경(大正新脩大藏經)』제53, 사전부(史傳部) 3, 205~206면】.

迦葉乃白衆言 此阿難比丘 多聞總持 有大智慧 常隨如來 梵行淸淨 所聞佛法
如水傳器 無有遺餘 佛所讚歎 聰敏第一 宜可請彼集修多羅藏 大衆默然迦葉告阿
難曰 汝今宜宣法眼 ①阿難聞語信受 觀察衆心 而宣偈言 比丘諸眷屬 離佛不莊
嚴猶如虛空中 衆星之無月說是偈已 禮衆僧足升法坐而說是言 如是我聞 一時佛
住某處 說某經敎 乃至人天等作禮奉行 時迦葉問諸比丘 阿難所言不錯謬乎 皆曰
不異世尊所說

* 위 『석보상절』 권24의 저경은 김기종(2005)에서 제시한 것으로서
'祖堂集 卷1 七事記'의 내용이 『석보상절』 권24의 내용과 매우 유사하
다. 한편, 『월인석보』 권25는 언해문의 내용으로 볼 때 '景德傳燈錄 卷1'
을 저경으로 삼은 것으로 판단된다.

* 두 언해문과 저경의 관계 중에서 첫 구절인 "迦葉이 優婆離를 請ᄒ
야 부텻 律藏ᄋᆞᆯ 모도고 阿難이를 ᄒ야 부텻 經藏ᄋᆞᆯ 모도더니"와 "迦葉
이 優婆離를 請ᄒ야 律藏ᄋᆞᆯ 모도고 阿難이는 經藏ᄋᆞᆯ 모도게 터니"의 저
경이 없는 것이 특히 눈에 띈다.

* 『월인석보』 권25의 언해문과 저경의 관계에서 주목되는 부분은
'①'의 밑줄 친 부분이 언해문에 생략된 점과 "처엄 座애 오ᄅᆞ거늘 한
사ᄅᆞ미 세 疑心을 ᄒ니 ᄒ나ᄒᆞᆫ 부톄 다시 나신가 ᄒ고 둘흔 他方佛이
오신가 하고 세흔 阿難이 成佛혼가 ᄒ더니 如是我聞이라 ᄒ야ᄂᆞᆯ 한 疑
心이 다 프러디니라"의 내용이 저경에는 나타나지 않고 『석보상절』 권
24의 저경으로 보이는 『조당집』 권1에 있는 내용인 점이다. 이러한 언
해문과 저경의 관계는 『월인석보』 편찬 과정에서 여러 권의 저경을 참
고하여 『월인석보』가 간행된 것이라는 점을 말해주는 부분이다.

④ 주석

『월인석보』

● 프러디니라(HHLHH) : 풀어졌다. 율동 규칙에 따른다면 이는 HLHLH 로 실현되었어야 한다. 그렇다면 이러한 성조 실현에 대해서는 두 가지 해석이 가능하다. 하나는 '프러(HH)#디니라(LHH)'와 같은 구 구성으로 보는 것이고, 다른 하나는 '프러딘(HHL)#이라(HH)'와 같은 형식 명사 구성의 성조 패턴이 존속해 있는 것으로 해석하는 방법이다.

● 아니토소이다 : 아니합니다. '아니토소이다'의 형태 분석에서 문 제가 되는 것은 제4음절의 모음 '오'를 어떻게 설명하느냐이다. 이에 대 한 분석은 두 가지로 생각해 볼 수 있다. 먼저, 이 구성을 '아니#ㅎ-+ -돗-+-오-+-이-+-다'와 같이 분석하는 것이다. 그러나 이 문장의 주 어는 '아난의 말'이므로 1인칭 주어와 호응하는 선어말어미 '-오-'를 상 정하는 것은 타당하지 않다. 그러므로 이는 '아니#ㅎ-+-돗ㅣ ᅌᅵ-+ -다'에서 '-ᅌᅵ-'의 'ᅌ'가 선행 음절 '오'의 원순성에 동화되었다고 보는 것이 합리적일 것이다. 한편, 허웅(1975)에서는 감탄법 선어말어미 '-도소-'를 분석하기도 한다.

제2장

아난작명

1. 『석보상절』 권24 : 해당 부분 없음. / 『월인석보』 권25, 11a-12a

① 언해문

『월인석보』 권25, 11a-12a

【阿難은 歡喜라 혼 쁘디니 如來 正覺 일우싫 제 魔王이 너교디 부텻 道理
일면 내 境界 뷔리로다 호야 十八億萬 官屬 더블오 와 어즈리숩다가 몯 호야
降伏호야 이셔 너교디 菩薩은 히미 크샤 몯 이긔리로소니 아비롤 어즈료리
라 호고 淨飯王 宮 우희 가 닐오디 悉達太子ㅣ 어젯 바미 주그시니라 혼대
王이 平床애셔 뼈러디샤 오래 츰림 몯호얫다가 씨샤 너기샤디 내 아두리 지
븨 잇던딘 輪王이 두외리러니 出家호야 훈 일도 몯 일우도다 호시더니 菩提
樹神이 하눐 곳 가져 宮 우희 와 부톄 어젯 바미 成道호샤몰 慶賀호야눌 王
이 疑心호더시니 樹神이 술보디 몬졔는 魔王이 부러 어즈리더니이다 王이
ᄀ장 깃거호시더니 또 阿難이 어제 나다 드르시고 니르샤디 吉慶이 훈ᄢᅴ 모
두니라 호샤 歡喜라 일훔지호시니라 阿難이 부텨 졷ᄌᆞᄫᅡ 天宮이며 人宮이며
龍宮에 드러가 겨집 보고 著훈 무슨 업슬씨 三藏教롤 디니니라】

② 현대역

『월인석보』

【아난은 환희라 하는 뜻이니, 여래가 정각을 이루실 때 마왕이 생각하기를 '부처님의 도리가 일어나면 내 경계가 빌 것이다.' 하여 십팔억만 관속과 함께 와 어지럽히다가 못 하여 항복하여 있으면서 생각하기를 '보살은 힘이 크시어 내가 못 이길 것이니 그 아비를 어지럽히겠다.' 하고 정반왕 궁 위에 가 말하기를 "실달태자가 어젯밤에 돌아가셨다." 하니, 왕이 평상에서 떨어지시어 오래 정신을 차리지 못하고 있다가 깨시어 생각하시기를 '내 아들이 집에 있었으면 전륜왕이 되었을 것인데 출가하여 한 가지 일도 못 이루었구나!' 하셨는데, 보리수신이 하늘의 꽃을 가지고 궁 위에 와 부처님이 어젯밤에 성도하는 것을 경하하는데, 왕이 의심하셨으니 수신이 아뢰기를 "먼저는 마왕이 일부러 어지럽혔습니다." 왕이 매우 기뻐하셨으니 또 아난이 어제 태어났다고 들으시고 말씀하시기를 "길경이 함께 모였다." 하시어 환희라 이름을 지으셨다. 아난이 부처를 따라 천궁이며 인궁이며 용궁에 들어가 여자를 보고 집착하는 마음이 없으므로 삼장교를 지녔다.】

③ 저경

『월인석보』:『번역명의집(飜譯名義集)』 권1, 십대제자편(十大弟子篇) 제8【『대정신수대장경(大正新脩大藏經)』 제54, 사휘부(事彙部), 교외부(敎外部), 1064면】.

阿難 大論秦言歡喜 佛成道時 斛飯王家使來 白淨飯王言 貴弟生男王心 歡喜言 今日大吉 語來使言 是男 當字爲阿難 擧國欣慶 又名慶喜亦飜無染 雖殘思未盡 逐佛入天人龍宮 見女心無染著故 玄云持三藏教

* 위『월인석보』는 아난의 이름을 환희라고 한 것에 대한 사연을 기

록한 것으로서 마왕이 부처와 정반왕을 어지럽힌 사건부터 정반왕이 아난의 이름을 환희라고 한 사연, 그리고 아난이 삼장교를 지닌 이야기를 다루고 있다. 그런데 해당 저경은 후반부의 이야기를 중심으로 기술되어 있어 언해문에 대한 중심 저경으로 보기에는 어려움이 있다.[1]

④ 주석

『월인석보』

● 이긔리로소니 : 이길 것이니. 두 가지 형태 분석이 가능하다. 하나는 '이긔-[勝]+-리-+-롯-+-오-+-니'와 같이 인칭법 선어말어미 '-오-'가 개재한 것으로 분석하는 관점이고, 다른 하나는 '이긔-+리-+-롯-+-ᄋ니'에서 '-ᄋ니'의 'ᄋ'가 선행 음절의 원순 모음에 동화되었다고 보는 관점이다. 그런데 여기서는 1인칭 주어 '나(마왕)'가 상정되기 때문에 전자처럼 분석하는 것이 보다 합리적으로 판단된다.

---

1) 해당 저경은 강순애(1998)과 김기종(2003, 2005)에 따른 것이나 최근 해당 저경이 『유마경소권』 제3의 내용과 유사하다는 지적이 제기된 바 있다. 해당 언해문에 해당하는 『유마경소권』 제3의 내용을 제시하면 아래와 같다.

> 維摩經疏 券第三 (cf. 維摩羅詰經文疏卷第十五) 第二
> 　如來將欲成道 魔王忿怒與十八億鬼兵來惱菩薩 菩薩心正魔皆退散 便至淨飯王所說言 汝子昨夜將欲成道 爲魔所壞今已死沒 王與眷屬皆生愁苦不能自勝淨居天子卽報王言 不須懊惱 汝子已成正覺 不須憂苦 王猶疑惑 卽遣使訪問 使還啓王 太子已成正覺 王及眷屬國內臣民皆大歡喜 須臾斛飯王復更報淨飯王云 夫人生男 王重歡喜 世間欣慶豈過我等 旣値歡喜時生 爲立其名名之歡喜也

『유마경소권』 제3의 내용이 위 본문의 『월인석보』 권25(11a-12a)의 내용과 유사한 사실을 알 수 있다.

● 몬졔논 : 먼저는. '몬졔'는 15세기 문헌에서부터 '몬져<석보상절9 :
9a>, 몬저<목우자수심결언해10a>, 몬졔<능엄경언해1 : 98a>' 등 다양
한 어형으로 나타난다. 우선 '몬져~몬저', '몬졔~몬졔'에서 발견되는
'ㅈ' 뒤 'ㅕ~ㅓ'의 혼기는 파찰음의 조음 위치 변화에 따른 음성 실현
의 차이가 표기상에 드러난 것으로 볼 수 있다. 실제로 '쟐익<구급간이
방언해1 : 86b>~잘익<능엄경언해8 : 88b>', '죠개<능엄경언해7 : 83b>~
조개<월인석보2 : 51b>', '져커니<원각경언해상2-3 : 40a>~저ᄒ니<용
비어천가59>' 등의 예가 15세기 문헌에서부터 등장하기 때문이다.

문제는 '몬져~몬졔'에서의 'ㅕ[yə]~ㅖ[yəy]' 혼기이다. 15세기 문헌
에 표기된 'ㅖ'는 단모음 [e]가 아니라 하향 이중모음 [əy]를 나타내는
것이 분명하므로, 이는 'ㅕ[yə]~ㅖ[ye]'의 혼기로는 볼 수 없다. 후기 중
세국어 문헌에서 발견되는 'ㅕ[yə]~ㅖ[yəy]' 혼기의 또 다른 예로는 다
음과 같은 것들을 더 추가할 수 있다.

예 녈 씨니[行]<석보상절9 : 21b>, 녤 제<계초심학인문16b>
벼개[枕]<월인석보25 : 8b>, 湏彌山올 볘며<월인석보1 : 17a>
져비[燕]<훈민정음(해례본)58>, 졔비예<두시언해(초간본)6 : 13b>
아쳐러 ᄒᆞᄂᆞ니논[厭]<번역소학8 : 38a>, 아쳬러 홀시라<번역소학
6 : 18b>
엇뎌[何]<두시언해(초간본)8 : 29a>, 엇뎨<월인천강지곡44a>

이와 같은 현상은 순전히 음운론적 관점에서는 하향성 활음(off-glide)
/y/ 첨가 혹은 탈락으로 볼 수 있다(단, 부사 '엇뎌'와 '엇뎨'는 혼기가 아
니라 형태론적 과정에 의한 결과일 가능성이 높다. 그렇다면 부사 '몬
져~몬졔' 역시 비음운론적 요인에 의한 결과일 가능성도 배제할 수는

없을 것이다. '엇뎌'와 '엇뎌' 간의 관계에 대해서는 이현희(1985 : 234-241) 참조). 이상의 예들에 반영된 음운 현상을 /y/ '첨가'로 볼 것이냐, '탈락'으로 볼 것이냐 하는 문제는 어떠한 어형을 구형(舊形)으로 상정하는지에 따라 각기 달라질 것이다. 전자에 대해서는 오종갑(1983), 최임식(1984), 백두현(1992 : 159-176)를, 후자에 대해서는 백두현(1992 : 175-184)를 참고할 수 있다.

• 지호시니라 : (이름을) 지으셨다. 현대국어의 '짓-'에 대응하는 15세기 동사 어간은 '짓-'과 '짛-' 두 가지가 존재한다. 전자는 '지블 지어 龍을 치더니<월인천강지곡36b>'에서와 같이 '作'의 의미로 쓰이고, 후자는 '사는 짜흐로 일훔 지호니라<월인석보1 : 23b>'에서와 같이 '名'의 의미로 쓰인다.

제3장

가섭의 정법전지

1. 『석보상절』권24, 4a-4b / 『월인석보』권25, 12a-12b

① 언해문

『석보상절』권24, 4a-4b

○ 初祖 迦葉尊者ㅣ 正法으로 阿難이 맛디고【祖논 한아비니 부텻 法 뎐 디ᄒᆞ야 니ᅀᅥ ᄂᆞ려오미 한아비 짒 일 뎐디ᄒᆞ야 子孫애 니ᅀᅥ ᄂᆞ려오미 ᄀᆞᆮᄒᆞᆯ씨 祖ㅣ라 ᄒᆞ니라 西天ㄷ 祖師ㅣ 스믈 여들비니 摩訶迦葉尊者와 阿難尊者와 商那和修尊者와 優波毱多尊者와 提多迦尊者와 彌遮迦尊者와 婆須密尊者와 佛陁難提尊者와 伏馱密多尊者와 脅尊者와 富那夜奢尊者와 馬鳴尊者와 迦毗摩羅尊者와 龍樹尊者와 迦那提婆尊者와

『월인석보』권25, 12a-12b

○ 初祖迦葉尊者ㅣ 阿難이ᄃᆞ려 닐오ᄃᆡ【祖논 한아비니 부텻 法 傳持ᄒᆞ야

니서 ᄂᆞ려오미 한아비 짒 일 傳持ᄒᆞ야 子孫애 니서 ᄂᆞ려오미 ᄀᆞᆮ홀ᄊᆡ 祖ㅣ라 ᄒᆞ니라 西天ㄷ 祖師ㅣ 스믈 여들비니 摩訶迦葉尊者와 阿難尊者와 商那和修尊者와 優波鞠多尊者와 提多迦尊者와 彌遮迦尊者와 波須密尊者와 佛陁難提尊者와 伏馳密多尊者와 脅尊者와 富那夜奢尊者와 馬鳴大士와 迦毗摩羅尊者와 龍樹尊者와 迦那提婆尊者와

② 현대역

『석보상절』

○ 초조 가섭존자가 정법을 아난에게 맡기고【조는 할아버지이니 부처님의 법을 전지하여 이어져 내려옴이 할아버지 집 일을 전지하여 자손에게 이어져 내려옴과 같으므로 '조'라 한다. 서천[印度]의 조사(祖師)가 스물 여덟 명이니 마하가섭존자와 아난존자와 상나화수존자와 우바국다존자와 제다가존자와 미차가존자와 바수밀존자와 불타난제존자와 복타밀다존자와 협존자와 부나야사존자와 마명존자와 가비마라존자와 용수존자와 가나제바존자와

『월인석보』

○ 초조 가섭존자가 아난에게 말하기를【조는 할아버지이니 부처님의 법을 전지하여 이어져 내려옴이 할아버지가 집 일을 전지하여 자손에게 이어져 내려옴과 같으므로 '조'라 한 것이다. 서천[印度]의 조사(祖師)가 스물 여덟 명이니 마하가섭존자와 아난존자와 상나화수존자와 우바국다존자와 제다가존자와 미차가존자와 바수밀존자와 불타난제존자와 복타밀다존자와 협존자와 부나야사존자와 마명존자와 가비마라존자와 용수존자와 가나제바존자와

③ 저경

『석보상절』: 미상

『월인석보』:『경덕전등록(景德傳燈錄)』 권1 제1조 마하가섭존자(摩訶迦葉尊者)
【『대정신수대장경(大正新脩大藏經)』 제53, 사전부(史傳部) 3, 206면】.

迦葉乃告阿難言

④ 주석

『석보상절』

• 맛디고 : 맡기고. '맜-'[司, 任]에 사동접미사 '-이-', 연결어미 '-고'
가 차례로 통합한 구성이다

• 正法으로 阿難이 맛디고 : 정법을 아난에게 맡기고. 기존의 논의에
서는 15세기 국어의 조사 '-로'를 모두 '도구격'의 범주 안에서 다루었
다. 이에 반해 황국정(2005)에서는 한문 원문에 사용된 '以'의 영향에 의
해 '-로'가 '대상(object)'의 기능을 가지고 실현되었음을 논하였다. '도구'
의 '-로'가 통합한 구문에서는 실현되는 않는, '대상'의 '-로'가 통합한
구문에서만 실현되는 특성은 세 가지로 정리할 수 있다. 첫째, '대상'의
'-로'가 통합된 명사구는 문맥상 서술어의 목적어로 실현된다. 둘째, 내
포문의 주어가 '-로' 명사구로 실현된다. 셋째, '대상'의 '-로'가 통합한
명사구는 경우에 따라 [+animate]의 명사구를 허용하기도 한다. 15세기
국어 구문 연구에서 '-로'의 대상적인 쓰임에 대해 부분적으로 지적한
논의들로는 이현희(1994)와 장윤희(2002)가 있다. 이현희(1994)에서는 '너기

다, 혜다' 등의 사유 구문 등에서 사유의 대상이 되는 명사가 '-로'가 통합한 명사구로 실현된다는 사실을 지적하였고, 장윤희(2002)에서는 '밧고다'의 논항 실현이 현대국어와 다른 사실을 논의하였다.

2. 『석보상절』권24, 4b-5b / 『월인석보』권25, 12b-14a

① 언해문

『석보상절』권24, 4b-5b

羅睺羅多尊者와 僧伽難提尊者와 伽耶舍多尊者와 鳩摩羅多尊者와 闍夜多尊者와 婆修盤頭尊者와 摩拏羅尊者와 鶴勒那尊者와 師子尊者와 婆舍斯多尊者와 不如密多尊者와 般若多羅尊者와 菩提達磨왜라 이 菩提達磨大師ㅣ 東土애 나와 東土ㅅ 初祖ㅣ 드외니 東土ㅅ 祖師ㅣ 쏘 여스시니 菩提達磨大師와 慧可大祖禪師와 僧璨鑑智禪師와 道信大醫禪師와 弘忍大滿禪師와 慧能大鑑禪師왜라】忉利天에 올아 가 네 塔애 禮數ㅎᄉᆞᆸᄫᅡ 하딕ㅎᅀᆞᆸ고 世尊ㅅ 僧伽梨衣를 가지ᄉᆞᆸ고 雞足山애 가 滅盡定에 드러 이셔 彌勒 下生ᄋᆞᆯ 기드리ᄉᆞᆸᄂᆞ니라

『월인석보』권25, 12b-14a

羅睺羅多尊者와 僧伽難提尊者와 伽耶舍多尊者와 鳩摩羅多尊者와 闍夜多尊者와 婆修盤頭尊者와 摩拏羅尊者와 鶴勒那尊者와 師子尊者와 婆舍斯多尊者와 不如密多尊者와 般若多羅尊者와 菩提達磨왜라 이 菩提達磨大師ㅣ 東土애 나와 東土ㅅ 初祖ㅣ 드외니 東土ㅅ 祖師ㅣ 쏘 여스시니 菩提達磨大師와 慧可大師와 僧璨大師와 道性大師와 弘忍大師와 慧能大師왜라】내 올희 오래 留터

아니 호리라 이제 正法으로 네게 付囑ᄒ노니 네 이대 守護ᄒ라 내 偈를 드르
라 ᄒ고 닐오ᄃᆡ 法法本來法 無法無非法 何於一法中 有法有不法이라 ᄒ고 僧
伽梨衣 받고 雞足山애 드러 慈氏 下生올 기드리ᄂᆞ니라【忉利天에 帝釋의 셰
ᅀᆞᄫᆞᆫ 塔이 네히 잇ᄂᆞ니 髮塔과 箭塔과 鉢塔과 牙塔괘니 迦葉이 雞足山애 갏
제 가 저ᅀᆞᄫᅡ 下直ᄒᆞᅀᆞᄫᆞ니라 ○ 考王ㄱ 다ᄉᆞᆺ찻 ᄒᆡ 丙辰이라

② 현대역

『석보상절』

　나후라다존자와 승가난제존자와 가야사다존자와 구마라다존자와 사야다
존자와 바수반두존자와 마나라존자와 학륵나존자와 사자존자와 바사사다존
자와 불여밀다존자와 반야다라존자와 보리달마이다. 이 보리달마대사가 동
토[中國]에 나와 동토의 초조가 되었는데 동토의 조사가 또 여섯 명이니 보
리달마대사와 혜가대조선사와 승찬감지선사와 두신대이선사와 홍인내만선
사와 예능대감선사이다.】도리천에 올라가 네 탑에 예를 표하고 하직하여
세존의 승가리의를 가지고 계족산에 가 멸진정에 들어 있으면서 미륵의 하
생을 기다린다.

『월인석보』

　나후라다존자와 승가난제존자와 가야사다존자와 구마라다존자와 사야다
존자와 바수반두존자와 마나라존자와 학륵나존자와 사자존자와 바사사다존
자와 불여밀다존자와 반야다라존자와 보리달마이다. 이 보리달마대사가 동
토[中國]에 나와 동토의 초조가 되었는데 동토의 조사가 또 여섯 명이니 보
리달마대사와 혜가대조선사와 승찬감지선사와 도신대의선사와 홍인대만선

사와 혜능대감선사이다.】 "내가 올해 오래 머무르지 않을 것이다. 이제 정법
을 네게 부촉(付囑)하니 네가 잘 수호해라. 내 게를 들어라." 하고 말하기를
"법법본래법 무법무비법 하어일법중 유법유불법[법, 법이 본래 법이지만 법
없음도 법 아님도 없는데, 어찌하여 한 법 안에 법 있거나 법 아님이 있는
가]이다." 하고 승가리의를 받고 계족산에 들어 자씨(慈氏) 하생을 기다린다.
【도리천에 제석이 세운 탑이 넷이 있는데 발탑(髮塔)과 전탑과 발탑(鉢塔)과
아탑이니, 가섭이 계족산에 갈 때 가서 절하여 하직하였다. ○ 고왕 다섯째
해 병진년이다.

③ 저경

『석보상절』: 미상

『월인석보』: 『경덕전등록(景德傳燈錄)』 권1 제1조 마하가섭존자(摩訶迦葉尊者)
【『대정신수대장경(大正新脩大藏經)』 제53, 사전부(史傳部) 3, 206면】.

我今年不久留 今將正法付囑於汝 汝善守護 聽吾偈言 法法本來法 無法無非法
何於一法中 有法有不法說偈已 乃持僧伽梨衣入雞足山 俟慈氏下生 卽周孝王
五年丙辰歲也

*『월인석보』의 "忉利天에 帝釋의 셰ᅀᅳᄫᆞᆫ 塔이 네히 잇ᄂᆞ니 髮塔과
箭塔과 鉢塔과 牙塔괘니 迦葉이 雞足山애 갏 제 가 저ᅀᆞᄫᅡ 下直ᄒᆞᅀᆞᄫᆞᆫ
니라" 부분이 저경에는 없는데, 이는 앞서 언급한 바와 같이 『월인석보』
가 여러 경에 있는 내용을 토대로 편찬한 사실을 보여주는 부분이라
하겠다.

④ 주석

『월인석보』

• 드르라(LLH) : 들어라. 'ㄷ' 불규칙 용언 가운데 어간의 모음이 '♀'나 '으'인 '걷-[曰], 듣-[聞], 돋-[走]'은 '♀'계 모음 어미와 결합한 활용형에서 독특한 성조 실현 양상을 보인다. 즉, '걷고[步](RH), 거르며(LHH), 거러(LH)'에서와 같이 일반적인 '♀'계 모음('-♀시-'의 '♀' 제외)은 고정적 거성을 지니는 데 반해, 가령 {聞}의 경우에는 '듣디(LH), 드르며(LLH), 드러(LH)'에서와 같이 그것이 항상 평성으로 실현되는 것이다. 'ㅸ'과 'ㅿ' 말음 용언 어간도 그 어간 모음이 '♀'나 '으'인 경우에 이와 동일한 성조 분포가 나타난다. 한편, {聞}의 이러한 성조 실현 양상은 {聞}의 기저형을 공시적으로 '듣-(L)/드르-(LL)'로 상정할 수 있는 여지도 마련해 준다.

• 髮塔과 箭塔과 鉢塔과 牙塔괘니 : 발탑과 건탑과 빌탑과 아탑이니. '牙塔괘니'의 경우 '牙塔'에 나열의 기능을 하는 '과'가 통합하였는데 현대국어에서는 마지막 명사구에 '과'가 통합하지 않지만 중세국어에서는 마지막 명사구에도 '과'가 통합한다는 점에서 차이가 있다.

▌제4장 ▌
가섭 이야기

1. 『석보상절』권24 : 해당 부분 없음. / 『월인석보』권25,
   14a-16a

① 언해문

『월인석보』권25, 14a-16a

○ 三衣六物을【【六物은 여슷 가짓 거시니 僧伽梨와 鬱多羅僧과 安陁會
와 鉢多羅와 尼師壇과 漉水囊괘라】】부톄 가지라 ㅎ시니라 四分에 닐오디
三世如來 다 이런 오솔 니브시ᄂᆞ니라 僧祇예 닐오디 三衣ᄂᆞ 賢聖沙門의 보라
미라 四分에 닐오디 結使 가진 사ᄅᆞ미 袈裟 니부미 몯 ᄒᆞ리라 賢愚經에 닐오
디 袈裟 니븐 사ᄅᆞ문 반ᄃᆞ기 生死애 섈리 解脫ᄋᆞᆯ 得ᄒᆞ리라 章服儀예 닐오디
苦海를 걷나는 비며 生涯를 ᄠᅮ케 ᄒᆞᄂᆞ ᄃᆞ리라【【涯ᄂᆞ ᄀᆞᅀᅵ라】】모로매 세
홀 ᄒᆞᄂᆞ ᄠᅳ든 分別功德論애 닐오디 三時를 爲ᄒᆞ니 겨ᅀᅳ리어든 므거ᄫᅳ닐 닙
고 녀르미어든 가ᄇᆡ야ᄫᅳ닐 닙고 보미어든 中間 ᄒᆞ니를 니브라 智度論애 닐
오디 佛弟子ㅣ 中道애 住ᄒᆞᆯ씬 三衣를 닙ᄂᆞ니 外道ᄂᆞ 옷 밧고 붓그류미 업고
【【斷見에 住혼 젼치라】】白衣ᄂᆞ 므거비 니부믈 즐기ᄂᆞ니라【【常見에 住

혼 전치라】】多論애 닐오디 혼 오시 치뷔룰 몯 ᄀ리오 세 오손 ᄀ리ᄂ다 ᄒ니라 戒壇經에 닐오디 三衣ᄂ 三毒을 긋ᄂ니 五條下衣ᄂ 貪身을 긋고 七條中衣ᄂ 瞋口룰 긋고 大衣上衣ᄂ 癡心을 긋ᄂ니라【大品에 十二頭陁 오시 두 가지 잇ᄂ니 ᄒ나ᄒ 納衣니 智論애 사교디 됴ᄒ 옷 因緣으로 四方애 두루 ᄃ녀 邪命 中에 ᄢ려디ᄂ니 ᄒ다가 ᄂ미 됴ᄒ 오ᄉᆯ 바ᄃ면 親著홇 ᄠ들 내리니 ᄒ다가 親著 아니ᄒ면 檀越이 츠기 너기리라 ᄯ 됴ᄒ 오ᄉᆫ 得道 몯ᄒ 사ᄅ미 貪著 내ᄂ 짜히니 됴ᄒ 옷 因緣으로 賊難을 블러 시혹 命을 앗이ᄂ니 이러틋ᄒ 시르미 이실ᄊ 헌 누비오ᄉᆯ 닙ᄂ니라 둘ᄒ 다민 三衣니 智論애 사교디 行홇 사ᄅ미 欲이 져거 足을 아라 오ᄉᆯ 얼굴 ᄀ릴 만ᄒ고 하디 아니ᄒ며 젹디 아니홀ᄊ 三衣룰 가지ᄂ니라】】

② 현대역

『월인석보』

○ 삼의 육물을 【【육물은 여섯 가지 물건이니 승가리와 울다라승과 안타회와 발다라와 니사단과 녹수낭이다.】】 부처님이 가지라 하셨다. 『사분』에서 이르기를 "삼세 여래가 다 이런 옷을 입으신 것이다." 『승기』에서 이르기를 "삼의는 현성사문의 표적이다." 『사분』에서 이르기를 "번뇌를 가진 사람은 가사를 입지 못할 것이다." 『현우경』에서 이르기를 "가사 입은 사람은 반드시 생사에서 빨리 해탈을 얻을 것이다." 『장복의』에서 이르기를 "고해를 건너는 배이며 생애를 편안하게 하는 다리이다." 【【애는 가장자리이다.】】 모름지기 세 가지를 하는 뜻은 『분별공덕론』에서 이르기를 "삼시를 위하니, 겨울이면 무거운 것을 입고 여름이면 가벼운 것을 입고 봄이면 중간의 것을 입어라." 『지도론』에서 이르기를 "불제자가 중도에 머무르므로 삼의를 입으니 외도는 옷을 벗고 부끄러움이 없고 【【단견에 머무르는 까닭이다.】】 백의는 무겁게 입음을 즐기는 것이다. 【【상견에 머무르는 까닭이다.】】" 『다론』에서 이르기를 "한 옷이 추위를 못 가리고 세 옷은 가린다." 하였다. 『계

『단경』에서 이르기를 "삼의는 삼독을 끊으니, 오조 하의는 탐욕스러운 마음을 끊고, 칠조 중의는 노여운 말을 끊고, 대의 상의는 어리석은 마음을 끊는 것이다. 【『대품』에 십이두타 옷이 두 가지 있으니, 하나는 납의이니 『지론』에 새겨 있기를 "좋은 옷의 인연으로 사방에 두루 다녀 사명 가운데 떨어지니, 만일 남의 좋은 옷을 받으면 친착할 뜻을 낼 것이니, 만일 친착하지 않으면 단월이 섭섭히 여길 것이다. 또 좋은 옷은 득도 못한 사람이 탐착을 내는 것이니, 좋은 옷의 인연으로 적난을 불러 혹여 목숨을 빼앗기기도 하니, 이런 시름이 있으므로 헌 누비옷을 입는 것이다." 둘은 다만 삼의이니, 『지론』에 새겨 있기를 "수행하는 사람이 욕심이 적어서 만족함을 알아 옷이 모습을 가릴 만하고, 많지 않으며 적지 않으므로 삼의를 가지는 것이다."】】"

③ 저경

『월인석보』 : 미상

④ 주석

『월인석보』

● 니브시ᄂᆞ니라(LLHLHH) : 입으신 것이다. 율동 규칙에서 벗어나므로 '니브시ᄂᆞᆫ(LLHL)#이라(HH)'와 같이 분석하는 것이 타당하다. 의미상으로도 '입으신 것이다'와 같은 형식 명사 구성으로 해석하는 것이 자연스럽다. 이때 'ᄂᆞᆫ'의 성조가 평성인 것은 어말 평성화의 결과로 볼 수 있다.

● ᄃᆞ리라(LRH) : 다리[橋]이다. 제2음절의 상성은 'ᄃᆞ리(LL)+-이-(H)+-라(H)→ᄃᆞ리라(LRH)'와 같은 성조 변동의 결과이다.

● 치뵈를 : 추위를. 형용사 어간 '칩-'[寒]에 접미사 '-의'가 결합된

파생 명사이다. 이 단어는 이후 '치뷔>치위'의 변화 과정을 겪게 되는데, '치뷔<석보상절9 : 9b, 월인석보9 : 26a>'는 그 중간 단계를 반영하는 표기로 보인다. '더뷔<석보상절9 : 9b, 월인석보9 : 26a>'에 대해서도 동일한 설명이 가능하다. 김주필(2001)은 'ㅸ'의 [순음성]이 후행 모음에 영향을 미친 후 잉여 자질이 되어 사라짐으로써 'ㅸ'이 'ㅇ'[ɦ]으로 약화된다는 주장을 제기한 바 있는데, 그 근거로써 '치뷔'와 '더뷔'를 제시하기도 하였다.

2. 『석보상절』 권24 : 해당 부분 없음. / 『월인석보』 권25, 16b-18a

① 언해문

『월인석보』 권25, 16b-18a

○ 通호 일후믄 시혹 袈裟ㅣ라 ᄒᆞ며 【【믈든 비츨 從ᄒᆞ야 일훔 지ᄒᆞ니 袈裟ᄂᆞᆫ 不正色이라 혼 마리라】】 시혹 道服이라 ᄒᆞ며 시혹 出世服이라 ᄒᆞ며 시혹 法衣라 ᄒᆞ며 시혹 離塵服이라 ᄒᆞ며 시혹 消瘦服이라 ᄒᆞ며 【【煩惱ᄅᆞᆯ 損홀씨니라】】 시혹 蓮華服이라 ᄒᆞ며 【【더러븐 것 著호ᄆᆞᆯ 여흴씨니라】】 시혹 間色服이라 ᄒᆞ며 【【세 가짓 비츠로 일울씨니라】】 시혹 慈悲衣라 ᄒᆞ며 시혹 福田衣라 ᄒᆞᄂᆞ니라 各別호 일후믄 ᄒᆞ나호 僧伽梨니 雜碎衣라 혼 마리니 【【碎ᄂᆞᆫ ᄇᆞᅀᆞ출 씨라 條相이 할씨니라 ○ 西城記에 닐오디 僧伽梨ᄂᆞᆫ 승이라 ᄒᆞ며 重이라 혼 마리니 ᄇᆞ려 어울워 일우며 重複衣라 혼 마리라 重複ᄋᆞᆫ 겨필씨라】】 ᄢᅮᄆᆞᆯ 조ᇫ호ᄃᆞᆫ 일후미 王宮 聚落애 드는 오시라 【【乞食 說法 時예 닙ᄂᆞ니라】】 둘흔 鬱多羅僧이니 中價衣라 혼 마리니 【【價ᄂᆞᆫ 갑시니 갑시 두 옷 ᄉᆞ이라】】 ᄢᅮᄆᆞᆯ 조ᇫ호ᄃᆞᆫ 일후미 한 사ᄅᆞ미게 드는 오시라 【【禮誦 齋講

時예 닙ᄂ니라】】세혼 安陁會니 下衣라 혼 마리니【【뭇 아래며 아래 닙논 젼치라】】ᄲᅮᄆᆞᆯ 조ᄎᆞᆯ뎬 일후미 院內예셔 道行 雜作홇 젯 오시라【【雜作ᄋᆞᆫ 잡일홀 씨라 ○ 聚落애 들어나 한 사ᄅᆞᆷ 조ᄎᆞᆯ 저기면 몯 닙ᄂ니라】】

② 현대역

『월인석보』

　○ 통용되는 이름은 혹은 가사라 하며【【물든 빛깔을 따라서 이름 지으니 가사는 부정색이라 하는 말이다.】】혹은 도복이라 하며 혹은 출세복이라 하며 혹은 법의라 하며 혹은 이진복이라 하며 혹은 소수복이라 하며【【번뇌를 덜기 때문이다.】】혹은 연화복이라 하며【【더러운 것 붙음을 떠나보내기 때문이다.】】혹은 간색복이라 하며【【세 가지 빛깔로 이루어지기 때문이다.】】혹은 자비의라 하며 혹은 복전이라 하는 것이다. 특별한 이름은, 하나는 승가리인데 잡쇄의라 하는 말이니【【쇄는 마ᅀᆞ터시는 것이다. 조의 모양이 낳기 때문이다. ○『서역기』에서 이르기를 "승가리는 합이라 하며 중이라 하는 말이니 자르고 어울러 이루며 중복의라 하는 말이다." 중복은 겹치는 것이다.】】쓰임을 따른다면 이름이 왕궁 취락에 드는 옷이다.【【걸식 설법할 때에 입는 것이다.】】둘은 울다라승인데 중가의라고 하는 말이니【【가는 값이니 값이 두 옷 사이이다.】】쓰임을 따른다면 이름이 많은 사람에게 드는 옷이다.【【예송 재강 때 입는 것이다.】】셋은 안타회인데 하의라 하는 말이니【【가장 아래이며 아래에 입는 까닭이다.】】쓰임을 따른다면 이름이 원내에서 도행 잡작할 때의 옷이다.【【잡작은 잡일 하는 것이다. ○ 취락에 들거나 많은 사람이 따를 때면 못 입는 것이다.】】

③ 저경

『월인석보』: 미상

④ 주석

『월인석보』

• ᄇᆞ려(HL) : 잘라. 'ᄇᆞ리-(HH)'[割, 剝]와 'ᄇᆞ리-(LH)'[搯], 'ᄇᆞ리-(LH)'
[揙]는 제1음절의 성조로써 구분된다. 비록 저경은 확인되지 않지만 본
문에 나타난 'ᄇᆞ려'의 제1음절이 거성으로 실현되어 있으므로, 이 단어
는 '割, 剝'의 의미로 쓰인 것으로 볼 수 있다. 제2음절이 평성으로 나
타난 것은 어말 평성화의 영향 때문이다.

• 아래며(LHH) : 아래이며. LH로 실현된 '아래'는 공간상의 위치인
'下'를 나타낸다. 참고로, RH로 실현된 '아래'는 시간상의 위치인 '前'을
가리킨다.

3. 『석보상절』 권24 : 해당 부분 없음. / 『월인석보』 권25, 18a-20b

① 언해문

『월인석보』 권25, 18a-20b

> ○ 律 中엔 오히려 깁과 뵈와ᄅᆞᆯ 通케 ᄒᆞ얫거니와 業踈ᄃᆞᆯ핸 깁도 몯 ᄒᆞ리

라 ᄒᆞ니 疏애 닐오디 오시 梵腹이라 四無量ᄋᆞᆯ 行ᄒᆞᄂᆞ니 殺生훈 둘 아로디 니
부미 몯 ᄒᆞ리라 그 오시 體ᄂᆞᆫ 모로매 둗거ᄫᅥ며 칙칙호ᄆᆞᆯ 求ᄒᆞ고 빗나ᄆᆞᆯ 여
희욜 디니 律에 닐오디 ᄀᆞᄂᆞᆯ며 열ᄫᅳ며 生ᄒᆞ며 성긔며 綾羅錦 綺紗 縠紬 絹
等은 다 法物이 아니라【【綾은 紋 잇ᄂᆞᆫ 기비오 綺ᄂᆞᆫ ᄀᆞᄂᆞᆫ 綾이오 縠은 ᄀᆞᄂᆞᆫ
기비오 絹은 기비라】】智論애 닐오디 如來 麤布僧伽梨ᄅᆞᆯ 니브시다 ᄒᆞ며 녜
록브터 道理 잇ᄂᆞᆫ 노ᄑᆞᆫ 즁이 뵈누비예 뿌글 두고 훈 실도 섯디 아니 ᄒᆞᄂᆞ니
라 ○ 律에 닐오디 爲頭훈 비쳇 믈드륜 오손 몯 니브리니 허러 袈裟ㅅ 비츨
밍ᄀᆞ롤 디니 ᄯᅩ 일후미 壞色이니 戒本 中에 세 가짓 허러 드륜 므리 다 法답
다 호미니 ᄒᆞ나훈 靑色이오【【僧祇예 닐오디 銅靑이라 ᄒᆞ니 銅은 구리
라】】둘흔 黑色이오【【거믄 홁프르라 이젯 禪衆의 深黲과 深蒼褐이 다 黑
色이 ᄀᆞᆮᄒᆞ니라 黲은 녀튼 靑黑色이오 蒼은 프를 씨오 褐은 터러그로 ᄧᅩᆫ 뵈
라】】세흔 木蘭ㅅ 비치니【【西蜀 木蘭ㅅ 거치 븕고 거믄 비치 드ᄂᆞ니 이
젯 기피 누른 기비 져기 쩌즛ᄒᆞ니라】】이 세 비치 모로매 俗 中엣 五方 正
色과【【靑 黃 赤 白 黑이라】】五間色ᄋᆞᆯ 여희욜 디니라【【緋 紅 紫 綠 碧
이라 緋ᄂᆞᆫ ᄀᆞ장 블글 씨오 紅은 븕고 흴 씨오 綠은 프르고 누를 씨오 碧은
기피 프른 비치라】】業疏애 닐오디 錦色 斑綺ᄂᆞᆫ ᄆᆞᅀᆞᆷ믈 뮈우며【【斑은 어
르누글 씨라】】靑黃五綵眞紫上色은 世俗이 貪홀씨 디 몯 ᄒᆞ리라【【무텻
法에 얼구를 헐며 비츨 허르샤ᄆᆞᆫ 俗애셔 달아 慚愧 잇과뎌 ᄒᆞ시니 黲色은 世
俗이 ᄡᅳ디 아니 ᄒᆞ며 ᄯᅩ 正色이 아닐ᄊᆡ 道人이 니부미 正히 맛당ᄒᆞ니라 ᄯᅩ
수플 아랫 禪人이 자시 머러 믈드류미 어려ᄫᆞ니 黲淡훈 비치 해자 업고 쉬
ᄫᆞ니라 淡은 믈골 씨라】】

② 현대역

『월인석보』

○ 『율』에서는 오히려 비단과 베를 통하게 하였거니와 『업소』들에서는
비단도 못 할 것이라 하니, 『소』에서 이르기를 "옷이 범복이라 사무량을 행

하니 살생한 줄 알면서도 입는 것은 못할 것이다." 그 옷의 옷감은 모름지기 두꺼우며 촘촘함을 구하고 빛남을 떠나보낼 것이니, 『율』에서 이르기를 "가늘며 엷으며 가공하지 않은 것이며 성기며 능라금, 기사, 주름 비단, 견 등은 다 법물이 아니다."【【능은 무늬가 있는 비단이고, 기는 가는 무늬 비단이고, 곡은 가는 비단이고, 견은 비단이다.】】『지론』에서 이르기를 "여래가 추포 승가리를 입으셨다." 하며 예로부터 도리 있는 고승이 베 누비에 쑥을 두고 실 한 올도 섞지 않는다. ○『율』에서 이르기를 "으뜸가는 빛깔의 물을 들인 옷은 못 입을 것이니 헐어서 가사의 빛을 만들 것인데, 또 이름이 괴색이니 계본 중에 세 가지의 헐고 들인 물이 다 법과 같다 함이니, 하나는 청색이고【【『승기』에서 이르기를 동청이라 하니 동은 구리이다.】】 둘은 흑색이고【【검은 흙물이다. 지금의 선중과 심참색과 심창갈색이 다 흑색과 같은 것이다. 참은 엷은 청흑색이고, 창은 푸른 것이고, 갈은 털로 짠 베이다.】】 셋은 목련 빛이니【【서촉 목련의 껍질이 붉고 검은 빛이 드니 지금의 깊게 누런 비단이 적이 비슷한 것이다.】】 이 세 빛이 모름지기 속세에 있는 오방의 정색과【【청, 황, 적, 백, 흑이다.】】 오간색을 떠나보낼 것이다."【【비, 홍, 자, 녹, 벽이다. 비는 가장 붉은 것이고, 홍은 붉고 흰 것이고, 녹은 푸르고 누른 것이고, 벽은 깊게 푸른 빛이다.】】『업소』에서 이르기를 "금색(錦色) 반기(斑綺)는 마음을 움직이며【【반은 얼룩진 것이다.】】 청, 황, 오채, 진자, 상색은 세속이 탐하므로 다 못 쓸 것이다."【【부처님의 법에 모양을 헐며 빛을 허심은 속세와 달라 부끄러워함이 있게 하고자 하시니, 참색은 세속이 쓰지 않으며, 또한 정색이 아니므로 도인이 입음이 정히 마땅한 것이다. 또한 수풀 아래 있는 선인이 성(城)이 멀어 물들이기가 어려우니, 참담(黲淡)한 빛깔이 비용이 적게 들고 쉬운 것이다. 담은 맑은 것이다.】】

③ 저경

『월인석보』: 미상

④ 주석

『월인석보』

● 섯디 : 섞지. 15세기에는 '갔-[削], 겨-[経], 낛-[釣], 닭-[修], 묶-[束], 볶-[炒], 섯-[混]' 등 'ㅺ'으로 끝나는 일군의 용언 어간이 있었는데, 현대국어에서는 이들이 모두 'ㄲ' 말음 어간(깎-, 낚-, 닦-, 묶-, 볶-, 섞-)으로 재구조화하였다. 한편, 15세기 국어에서는 '돐[席], 돐[帆], 밨[外], 샀[簟](~삳), 숫[炭], 잇[苔], 퓠[小豆](~퐃)' 등의 'ㅺ' 말음 체언 어간도 존재하였다. 이들의 변화는 앞서 언급한 용언 어간과는 달리 일률적인 방향을 보여 주지 않는다. '밖(<밨)'처럼 'ㄲ' 말음 어간으로, 혹은 '돛(<돐[帆]), 숯(<숫)'이나 '팥(<퓠)'과 같이 'ㅊ, ㅌ' 말음 어간으로 재구조화한 것이 있는가 하면, '삿자리, 돗자리[席]'나 '이끼'에서와 같이 복합어에서만 그 흔적을 찾아 볼 수 있게 된 어간도 있는 것이다. 이러한 'ㅺ' 말음 어간의 재구조화 과정에 대해서는 곽충구(1980 : 51-57), 이승재(1983), 김주필(2008)을 참고할 수 있다.

● 法답다(RH) : 법과 같다. 15세기 접미사 '-답-'은 주로 '-둡-'과의 관계에 대해 논의되었는데, 여기서는 '-답-'의 성조 실현에 대해 언급하고자 한다. 왜냐하면 자음 어미 앞에서 실현된 '-답-'이 상성으로 나타난 예는 이것이 유일하기 때문이다. 15세기 국어의 상성은 합성 동사나 일부 접미사에서, 혹은 몇 가지 예외적인 경우를 제외하고는 일반적으로 제2음절 이하에서 실현되지 않는다. 또한, 모음 어미와 결합한 '-답-'은 '法다빙(LH)<월인석보23 : 86b>'에서와 같이 언제나 평성으로만 나타난다. 따라서 '-답-'이 상성으로 실현될 수 있는 환경은 '한자어 어근 뒤, 자음 어미 앞'뿐인데, 본문의 '法답다(RH)'가 바로 여기에 해당하는 것이다. 이로써 우리는 접미사 '-답-'의 성조가 'ㅸ' 말음 용언 어간의 그

것과 마찬가지로 상평 교체를 보임을 알 수 있으며, 이 접미사와 'ᄫ'
말음 용언 어간 간의 어원적 관련성에 한층 더 다가갈 수 있게 되었다.

●비쳇 믈 : 빛깔의 물. 이승희(2009)에서는 중세국어의 'NP₁앳 NP₂'
구성을 NP₁과 NP₂가 '-앳'으로 연결된 것이 아니라 [NP₁+-애]와 NP₂가
'-ㅅ'으로 연결된 구성으로 분석, 부사격조사 '-애'의 의미기능을 기준
으로 'NP₁앳 NP₂' 구성의 의미 유형을 분류하였다. 중세국어에서 부사
격조사 '-애'는 ①처소 ②출발점 ③시간 ④작용이 미치는 대상 ⑤이유,
원인 ⑥목표, 목적 대상 ⑦제한된 범위 ⑧상태로 구분하였고 이에 따라
'NP₁앳 NP₂' 구성의 의미도 크게 8가지 유형으로 분류하였다.

① 처소(NP₁에 있는 NP₂, NP₁에서 한 NP₂)

② 출발점(NP₁에서 온 NP₂, NP₁에서 나는 NP₂, NP₁ 중에서/중의 NP₂)

③ 시간(NP₁에 한/하는/할 NP₂)

④ 작용이 미치는 대상(NP₁에 작용하는 NP₂)

⑤ 이유, 원인(NP₁에 의해/따라 하는 NP₂)

⑥ 목표, 목적 대상(NP₁에 쓰는 NP₂, NP₁을 위한 NP₂)

⑦ 제한된 범위(NP₁에 속한 NP₂)

⑧ 상태(NP₁스러운 NP₂, NP₁을 가진 NP₂)

이러한 분류에 따르면 '비쳇 물'은 ⑧ 정도에 해당될 수 있다.

●ᄀᆞᆮᄒᆞ니라(HLHH) : 같은 것이다, 같다. 율동 규칙에 따른다면 이 어
형은 HHLH로 실현되었어야 한다. 따라서 'ᄀᆞᆮᄒᆞ니라'는 'ᄀᆞᆮ(H)#ᄒᆞ니라
(LHH)'와 같이 분석될 수 있다.

4. 『석보상절』 권24 : 해당 부분 없음. / 『월인석보』 권25, 20b-22a

① 언해문

『월인석보』 권25, 20b-22a

○ 律에 닐오디 모물 견조아 니버 足홀 만 ᄒ라 ᄒ니 ①몸 견주는 法은 몬져 옷 ᄀᅀᆞᄆ로 엇게로셔 밧귀머리 우희 네 가락만 견주아 쟉올 밍ᄀᆞᆯ오 녀나ᄆᆞᆫ 葉相ᄋᆞᆫ 마ᄌᆞᆯ 양ᄋᆞ로 ᄒ라 ②○ 下衣 五條ᄂᆞᆫ 一長一短ᄒ고 中衣 七條ᄂᆞᆫ 兩長一短ᄒ고 大衣 三品에 下品이 세히니 九條 十一條 十三條ㅣ니 다 兩長一短ᄒ고 中品 세흔 十五 十七 十九條ㅣ니 다 三長一短ᄒ고 上品 세흔 二十一 二十三 二十五條ㅣ니 다 四長一短ᄒ니라 鈔애 닐오디 이ᄅᆞᆯ 마초아 보아 히믈 조차 밍ᄀᆞᆯ라【【九品 中에 ᄀᅀᆞ미 ᄒ며 져구믈 조차 ᄒ나홀 어더 受持ᄒ라】】羯磨疏애 닐오디 二十五ᄯᆞ장 다ᄃᆞ로ᄆᆞᆫ 二十五有에 福田 짓고져 ᄒᄂᆞᆫ 젼치라 雙 맛디 아니호ᄆᆞᆫ 沙門이 즁ᄉᆡᆼ 어엿비 너겨 츄미 世間 陽化ㅣ ᄃᆞᆯ흘ᄊᆡ 雙 밧ᄃᆡ 아니ᄒ니라【【陽數ᄂᆞᆫ ᄧᅡᆨ 그르고 陰數ᄂᆞᆫ ᄧᅡᆨ 마ᄌᆞ니라】】길며 뎔오ᄆᆞᆫ 世間ㅅ 노니 믈 잇ᄂᆞᆫ ᄯᅡ히 노ᄑᆞ며 ᄂᆞᆺ가ᄫᆞᆯ 조차 다ᄅᆞᆮᄃᆞᆺ ᄒ니라 ᄯᅩ 諸有 利호믈 爲ᄒ니 聖이 더으고 凡이 減호믈 表ᄒ야 長이 하고 短이 져고믈 가ᄌᆞᆯ비니라【【章服儀예 닐오디 노내 믈 다마 됴ᄒᆞᆫ 穀食올 기르ᄂᆞ니 이 옷 니버 功德 나ᄆᆞᆯ 가ᄌᆞᆯ비니라】】

② 현대역

『월인석보』

○『율』에서 이르기를 "몸을 견주어 입어 족할 만큼 하라." 하니, 몸 견주는 법은 먼저 옷감으로 어깨에서 복사뼈 위에 네 손가락만큼 견주어 가사를

만드는 옷감을 만들고 나머지 엽상은 맞을 정도로 하라. ○ 하의 오조는 일
장일단으로 하고 중의 칠조는 양장일단으로 하고 대의 삼품은 하품이 셋이
니 9조, 11조, 13조이니 다 양장일단으로 하고, 중품 셋은 15·17·19조이니
다 삼장일단으로 하고, 상품 셋은 21·23·25조이니 다 사장일단으로 하는
것이다. 『초』에서 이르기를 "이를 맞추어 보아 힘에 따라 만들라. 【【구품
중에 옷감이 많고 적음에 따라 하나를 얻어 새겨 가지라.】】" 『갈마소』에서
이르기를 "이십오까지 다다름은 이십오유에 복전을 짓고자 하는 까닭이다.
쌍이 맞지 않음은 사문이 중생을 불쌍히 여겨 기르는 것이 세간의 양화(陽
化)와 같으므로 쌍이 맞지 않는 것이다. 【【양수는 짝이 맞지 않고 음수는
짝이 맞는 것이다.】】 길고 짧음은 세간의 논이 물 있는 땅이 높고 낮음에
따라 다르듯 한 것이다. 또 중생을 이롭게 함을 위하니 성인(聖人)이 늘어나
고 범인(凡人)이 줄어듦을 나타내어 좋은 점이 많고 나쁜 점이 적음을 비유
한 것이다. 【【『장복의』에서 이르기를 "논에 물을 담아 좋은 곡식을 기르니
이 옷을 입어 공덕이 생김을 비유한 것이다."】】"

③ 저경

『월인석보』: ① 『사분률행사초자지기(四分律行事鈔資持記)』 권하1 【『대정신수
대장경(大正新脩大藏經)』 제40, 율부류(律部類), 율소류(律疏部), 362면】.[1]
　　　　　　　② 『불제비구륙물도(佛制比丘六物圖)』 【대정신수대장경(大正新脩大
藏經)』 제40, 율부류(律部類), 제종부(諸宗部), 898~899면】.[2]

　① 疏云 從肩下地蝶四指以爲衣身 餘分葉相足可相稱 ② 下衣五條一長一短
　中衣七條兩長一短 大衣三品 下品有三 九條十一條十三條 並兩長一短 中品三
者 十五十七十九條並三長一短 上品三者 二十一二十三二十五條 並四長一短 鈔
云 準此爲大準隨力辨之(九品中 隨財體多少 得一受持)羯磨疏云 所以極至二十五

1) T40n1805_p0362b08~09(http://www.cbeta.org/result/normal/T40/1805_003.htm).

2) T45n1900_p0898c22~a02(http://www.cbeta.org/result/normal/T45/1900_001.htm).

④ 주석

『월인석보』

• 견조아, 견주는, 견주아 : 견주어, 견주는. 어간의 제2음절 모음이
모음조화를 지키는 예와 그렇지 않은 예가 본문에 잇달아 등장한다. 15
세기 국어에서 형태소 내부, 특히 어휘 형태소 내부에서는 모음조화가
거의 완벽하게 지켜졌다는 사실(이기문 1979 : 31)을 감안한다면, '견조-'
는 특이한 예라고 할 수 있다.

• 쟉올 : 옷감을. '쟉'의 명확한 의미에 대해서는 검토의 필요성이 있
으나 우선은 세종대왕기념사업회(2009 : 28~29)이 헤석을 따라 '가사의 재
실(才質), 가사를 만드는 옷감'으로 해석하였다.

• 밧귀머리 : 복사뼈. '발+-ㅅ#귀머리'에서 '발'의 'ㄹ'이 'ㅅ' 앞에서
탈락한 형태이다. '밠귀머리<금감경삼가해2 : 8a, 금강경삼가해4 : 19a>'
를 참고할 수 있다.

• 마초아 : 맞추어. 중세국어 문헌에서 확인되는 '마초아'는 통사적
구성의 경우와 형태적 구성의 경우가 함께 존재한다. 장요한(2011a)에서
는 'V-어' 구성이 어휘화하여 형성된 '마초아'의 두 가지 쓰임과 문장
구성을 검토하고, 어휘화 과정을 살폈다. 초기에 부사 '마초아'는 동사
'마초다(맞추다)'의 의미에 '우연히'의 의미를 획득하면서 '우연히 알맞게
(때마침)'의 의미로 사용된 것으로 보았고, 이 '마초아'가 '우연히 알맞지
않게(공교롭게도)' 구성에도 쓰이면서 '우연히' 혹은 '때마침'의 의미가

강화, 정착된 것으로 설명하였다.

●世間 陽化ㅣ ᄀᆞᆮ호ᇙᄊᆡ : 세간의 양화와 같으므로. 'A가(는) B와 같다' 처럼 현대국어에서 '같-'의 논항에는 '-과'가 연결되지만 중세국어에서는 '-과'보다 '-이'를 취하는 경우가 더 많다. 즉, 중세국어에서는 'A이 B와 같다'보다는 'A이 B이 같다'로 나타나는 것이 더 일반적인 것이다. 'ᄀᆞᆮ호-'다 구문에 대해서는 19-1.『석보상절』'눈 고ᄫᆞ미 鳩那羅 새 누니 ᄀᆞᆮ호ᇙᄊᆡ' 항목을 참고할 수 있다.

5. 『석보상절』 권24 : 해당 부분 없음. / 『월인석보』 권25, 22a-22b

① 언해문

『월인석보』권25, 22a-22b

○ 條葉의 相은 僧祇律 中에 너브면 네 가락만 ᄒᆞ고【【四寸이라】】조ᄇᆞ면 ᄀᆞᆺ麥만 ᄒᆞ라【【ᄀᆞᆺ麥은 큰 보리라】】疏애 닐오ᄃᆡ 이제 너비 지ᅀᆞ니 만ᄒᆞ니 열본 ᄇᆞᄅᆞ미 부츨ᄊᆡ니라 ᄯᅩ 條葉을 ᄒᆞ오ᄃᆡ 모로매 아랫 ᄀᆞᅀᆞᆯ 여루리라 章服儀예 닐오ᄃᆡ ᄒᆞ오ᄃᆡ 葉을 보게 ᄒᆞ면 ᄇᆞ론 양ᄌᆞᄅᆞᆯ 나토거늘 이제 다 마고 ᄒᆞ니 ᄇᆞ론 相ᄋᆞᆯ 골히욜 주리 업도다 鈔애 닐오ᄃᆡ ᄒᆞᆫ ᄌᆞᆾ ᄒᆞ고 ᄒᆞᆫ ᄌᆞᆾ 여룛 디니 ᄒᆞ다가 두 ᄀᆞᅀᆞᆯ 다 ᄒᆞ면 縵衣 ᄀᆞᆮᄒᆞ리라【【縵條ᄂᆞᆫ ᄒᆞᆫ 幅앳 ᄣᆞᆶ이오 田相 업슨 거시라 ○ 五分에 닐오ᄃᆡ 左條ᄂᆞᆫ 왼녀그로 쓰렛ᄒᆞ고 右條ᄂᆞᆫ 올ᄒᆞᆫ녀그로 쓰렛ᄒᆞ고 中條葉은 두 녀그로 쓰렛ᄒᆞᄂᆞ니라

② 현대역

○ 조엽의 모양은『승기율』에서 "넓으면 네 손가락만큼 하고【【사촌이다.】】좁으면 굉맥만큼 하라." 하였다.【【굉맥은 큰 보리이다.】】『소』에서 이르기를 "이제 넓게 짓는 사람이 많으니 얇은 바람이 부쳐지기 때문이다. 또 조엽을 꿰매되 모름지기 아래의 끝을 터놓을 것이다."『장복의』에서 이르기를 "꿰매되 엽을 보게 함은 자른 모양을 나타내는데 이제는 다 마주 합쳐 꿰매니 자른 모양을 분별할 수가 없구나."『초』에서 이르기를 "한 끝은 꿰매고 한 끝은 열리게 터놓을 것이니 만일 두 끝을 모두 꿰매면 만의와 같을 것이다."【【만조는 한 폭에 있는 첩(氎)이고 밭 모양의 무늬가 없는 것이다. ○『오분』에서 이르기를 "좌조는 왼쪽으로 비스듬하고, 우조는 오른쪽으로 비스듬하고, 중조엽은 양쪽으로 비스듬한 것이다."

『월인석보』

③ 서경

『월인석보』:『사분률산번보궐행사초(四分律刪繁補闕行事鈔)』권하1【『대정신수대장경(大正新脩大藏經)』제40, 율부류(律部類), 율소류(律疏部), 106면】.[3]

左條葉左靡 右條葉右靡 中條葉兩向靡

④ 주석

『월인석보』

• 보리라(LRH) : 보리[麥]이다. 제2음절의 상성은 '보리(LL)+ㅡ이ㅡ(H)+

─────────

3) T40n1804_p0106b10(http://www.cbeta.org/result/normal/T40/1804_003.htm).

-라(H)→보리라(LRH)'와 같은 성조 변동의 결과이다.

• 양ㅈ를 : 모습을. 본래 한자어였던 '樣子'는 점차 고유어로 인식됨
에 따라 한글로 표기되었다.

• 쓰렛ᄒᄂ니라 : 쓰레하다, 비스듬하다. 한 쪽으로 향해 있다. '쓰렛
하-'는 형용사 어간이므로 현재 시제 선어말어미 '-ᄂ-'와 결합할 수
없는 것이 원칙이다. 그러나 중세국어의 형용사는 동사적 용법으로 해
석되는 것이 있다. 가령, 형용사 어간 '둏-'이 '좋다'라는 뜻 이외에도
동사 '좋아지다'로도 해석될 수 있는 것이 좋은 예이다.

6. 『석보상절』 권24 : 해당 부분 없음. / 『월인석보』 권25,
   22b-23b

① 언해문

『월인석보』 권25, 22b-23b

　○ 쏘 닐오디 옷 아래 ᄌ조 ᄒᆞ야딜ᄊᆞ 갓ᄀ로 닙고 비예 ᄃᆞ닗 저권 므리
葉 中에 들ᄊᆞ 順히 니브라 章服儀예 닐오디 南山이 무루디 요ᄉᆞᄉᆡ예 西域 쥬
을 보니 衣葉 ᄒᆞ니 만토소니 엇데오 對答ᄒᆞ디 이는 부텨 滅道ᄒᆞ신 後에 二百
年만 ᄒᆞ야 北天쓴 쥬이 外道와 흔디 住ᄒᆞ야 잇더니 外道ㅣ 믜여 ᄀᆞ만니 눌카
ᄫᆞᆫ 갈ᄒᆞ로 衣葉 中에 녀허 王孫디 흔ᄢᅴ 가 外道ㅣ 닐오디 沙門釋子ㅣ 눌카ᄫᆞᆫ
갈홀 가져 王올 害호려 ᄒᆞᄂᆞ이다 ᄒᆞ고 어더 내야눌 나랏 比丘를 다 주기더
니 耶舍 阿羅漢이 絶命難올 爲ᄒᆞ야 比丘ᄃᆞᆯ홀 權으로 마고 호라 ᄒᆞ니 뎌 方애
셔 이룰 因ᄒᆞ야 權으로 밍ᄀᆞ디븨 부텨 ᄒᆞ샨 이리 아니라】】

---

② 현대역

『월인석보』

○ 또 이르기를 "옷 아래가 자주 해지므로 거꾸로 입고 빗속에 다닐 때에는 물이 엽(葉) 안에 들므로 바르게 입으라."『장복의』에서 이르기를 "남산이 묻기를 '요새 서역의 승려를 보니 의엽(衣葉)을 꿰맨 사람이 많으니 어째서인가?' 대답하기를 "이는 부처님이 멸도하신 후에 이백 년 정도 지나 북서천[北印度]의 승려가 외도와 한 데 살고 있었는데, 외도가 꺼려 가만히 날카로운 칼을 의엽 속에 넣고 왕에게 함께 가서 외도가 말하기를 '사문석자가 날카로운 칼을 가지고 왕을 해하려 합니다.' 하고 칼을 찾아내니 왕이 나라의 비구를 다 죽였다. 야사 아라한이 절명난을 위하여 비구들에게 '임시방편으로 마주 합쳐 꿰매라.' 하니 이는 그 북방에서의 일로 인하여 임시방편으로 만든 것이지 부처님이 하신 일이 아니다."】】

③ 저경

『월인석보』: ① 『미사새부화혜오분률(彌沙塞部和醯五分律)』 권12 【『대정신수대장경(大正新脩大藏經)』 제22, 138면】.[4]

② 『사분률명의표석(四分律名義標釋)』 권17 【『만신찬속장경(卍新纂續藏經)』 제44, 531면】.[5]

① 有諸比丘雨時倒著衣水入葉中爛裏 (以是白佛 佛言) 雨時不應倒著若不雨隨意
② 南山問天人云 比見西域僧來 多縫衣葉者何 答 此佛滅後 將二百年 北天竺僧 與外道同住 外道嫉之 密以利刀 內衣葉中 同往王所 外道告王 沙門釋子 內藏

---

4) T22n1421_p0138c18~19(http://www.cbeta.org/result/normal/T22/1421_020.htm).

5) X44n0744_p0531c05~08(http://www.cbeta.org/result/normal/X44/0744_017.htm).

④ 주석

『월인석보』

● 어더 : 찾아. 중세국어의 '얻-'은 '得'의 의미 외에도 '求, 搜'와 같은 의미로도 사용되었다.

● 갈홀 : 칼을. 'ㅎ' 종성 체언 중에서 '갏[刀], 곻[鼻], 밣[臂]' 등은 어간 초성의 평음이 유기음화를 겪어 각각 '칼, 코, 팔'로 재구조화된다.

7. 『석보상절』 권24 : 해당 부분 없음. / 『월인석보』 권25, 23b-24b

① 언해문

『월인석보』 권25, 23b-24b

○ 律에 닐오디 ᄀᆞ눌오 열ᄫᅮ미 몯 ᄒᆞ리니 大衣 새ᄂᆞᆫ 二重이오 녀나ᄆᆞᆫ 二衣ᄂᆞᆫ 다 一重이라 ᄒᆞ며 十誦 中에 大衣 눌ᄀᆞ니ᄂᆞᆫ 四重이오 녀나ᄆᆞᆫ 二衣ᄂᆞᆫ 다 二重이라 ᄒᆞ며 薩婆多 中에 大衣 三重이니 一重은 새오 二重은 눌ᄀᆞ니라 ᄒᆞ니라 그러나 重複ᄒᆞᆫ 相이 여러 마리 ᄀᆞᆮ디 아니ᄒᆞ니 多論올 마초아 보건댄 三衣ᄅᆞᆯ 겨펴 호앳다가 緣故ㅣ 잇거든 ᄠᅳ더 ᄂᆞᆫ호아 가져 ᄃᆞ니ᄂᆞ니라 ᄒᆞ니 이 마ᄅᆞᆯ 븓건댄 오직 온 오ᄉᆞᆯ 어울워 ᄒᆞ니 祖師 니부미 ᄯᅩ 예셔 다ᄅᆞ디 아니컨

마론 感通傳에 다드라 天人이 各別훈 지수믈 뵈야놀 사르미 疑心흐리 하더
니 이제 다 혀 니르노라 뎌어긔 닐오디 大衣 겨펴 지쇼매 스숭니미 이제 行
흐샤디 그러나 葉下애사 세 겨비니 엇뎨 올흐리잇고 흐고 짓논 法을 묻거늘
내 오술 자바 뵈요디 이 葉相 눈드렁을 表흐니 브룬 옷 즈젼을 안해 나사가
호오디 葉의 穬麥만 디낧 디니 이는 條內는 바톨 表흐고 葉上온 渠相올 表흐
니【渠는 거리라】엇뎨 올티 아니흐리오 이젠 通히 布縵으로 흐느니 흐나흐
론 브료미 아니오 둘흐론 겨퓨미 만흐니 흐마 本來ㅅ 법이 아니며 着흐며 着
훈 외요미 잇느니라 業疏애 닐오디 아랫 두 오슨 時節을 조춣 디어니와 이
大衣는 모로매 重複흐야사 흐리라

② 현대역

『월인석보』

○『율』에서 이르기를 "가늘고 엷은 것은 못 쓸 것이니 대의(大衣) 새것은
두 겹이고 다른 이의(二衣)는 다 한 겹이다." 하였으며, 『십송』에서는 "대의
낡은 것은 네 겹이고 다른 이의는 다 두 겹이다." 하였으며, 『살바다』에서는
"대의는 세 겹이니 한 겹은 새것이고 두 겹은 낡은 것이다." 하였다. 그러나
중복된 부분이 여러 말이 같지 않으니, 『다론』에 맞추어 보면 "삼의를 겹하
여 꿰맸다가 연유가 있으면 뜯어 나누어 가지고 다닌다." 하였으니, 이 말에
의하면 오직 온전한 옷을 아울러 꿰매니 조사(祖師)가 입는 것이 또 여기와
다르지 않건만 『감통전』에 다다라 천인이 각별하게 지은 것을 보이거늘 의
심할 사람이 많더니 이제 다 끌어 말한다. 거기에서 이르기를 "'대의를 겹하
여 지음에 스승님이 이제 행하시되, 그러나 엽 아래에만 세 겹이니 어찌 옳
겠습니까?' 하고 짓는 법을 묻는데, 내 옷을 잡아 보이되 '이 엽의 모양은 논
두렁을 나타내니 자른 옷 조각을 안으로 나아가 꿰매되 엽의 굉맥(穬麥)만큼
지나게 할 것이니, 이는 조(條)의 안은 밭을 나타내고 엽의 위는 거(渠)의 모
습을 나타내니【거(渠)는 개천이다.】어찌 옳지 않겠는가? 지금은 두루 무늬

없는 비단으로 짓는데, 하나로는 자른 것이 아니고 둘로는 겹한 것이 많으니, 이미 본래의 법이 아니며 입고 입는 그릇됨이 있다.'"『업소』에서 이르기를 "아래의 두 옷은 시절을 따를 것이지만 이 대의는 모름지기 중복해야 할 것이다."

③ 저경

『월인석보』: 불제비구육물도(佛制比丘六物圖), 『대정신수대장경(大正新脩大藏經)』 제45, 제종부(諸宗部) 2, 899면.

律云 不得細薄 大衣新者二重 餘二衣丙一重　十誦中 大衣故者四重 餘二衣並二中 薩婆多中 大衣三重 一重新二重故次明重法 然重複之相 諸出不同 若準多論 三衣 有緣摘分持行 據此但是 全衣合綴 祖師所著 亦不殊此 至感通傳天人方示別製 人多疑之今爲俱引 彼云大衣重作 師此行之 然於葉下 乃三重也 豈得然耶 卽問其所作 便執余衣 此示之 此葉相者 表稻田之塍疆也 以割截衣暇 就裏刺之 去葉䌼麥許 重縫 此則條內表田 葉上表渠相 豈不然耶 今則通以布縵 一非割截 二又多重 旣非本暇 非無著著之失 三明成不業疎云 下二隨時 若是大衣 必修重複

④ 주석

『월인석보』

● 뎌어긔 닐오디 : 거기에서 이르기를. 언해문에 사용된 지시사 '뎌'[彼]에 대한 해석은 그것이 현장지시적(demonstrative) 용법으로 사용된 것인지, 아니면 문맥지시적(anaphoric) 용법으로 사용된 것인지에 따라 달라진다. 박진호(2007 : 123-126)에 따르면 국어의 지시사 가운데 '이, 그' 계

열은 현장지시와 문맥지시의 용법을 모두 지니지만, '저' 계열은 현장지시에만 사용된다. 한편, 중국어의 현장지시사는 근칭(proxal)과 원칭(distal)의 2원 체계로 이루어져 있는데, 이는 한문의 '此'와 '彼'에 각각 대응되며 둘 다 문맥지시적 용법도 지닌다. 따라서 한문에서 문맥지시에 쓰인 '彼'는 '저'가 아닌 '그'로 해석하는 것이 타당하다. 본문의 '뎌어긔 닐오디'를 '거기에서 이르기를'로 번역한 것도 그러한 이유에서이다.

● 븓건댄 : 붙으면, 의지하면, 근거로 하면. '븥-[附]+-거-+-ㄴ댄'으로 분석할 수 있는 구성이다. 중세국어의 '븥-'은 동사 어간으로 쓰이는 예가 있고, '-어'가 통합한 활용형 '브터'가 문법화되어 보조사로 기능하는 예가 있다. 해당 문맥에서는 '븥-'이 목적어 논항을 취하는 전형적인 동사 어간으로 쓰이고 있다.

8. 『석보상절』 권24 : 해당 부분 없음. / 『월인석보』 권25, 24b-25b

① 언해문

『월인석보』 권25, 24b-25b

○ 三衣롤 다 모로매 브룛 디니【【業疏애 닐오디 갈호로 버려 沙門의 옷 밍ㄱ로몬 도ᄌ기 밧기디 아니케 ᄒᄂ논 전ᄎ라】】 ᄀ숨곳 격거든 葉을 브티라 四分 中에 大衣롤 다쐐예 일우디 몯 홇뎬 尼ᄂ 提코 僧은 吉ᄒ리라【提ᄂ 波羅提提舍尼니 뎌를 向ᄒ야 뉘으츠라 혼 ᄠᅳ디니 提舍尼罪ᄂ 黑繩地獄애 ᄠᅥ러디여 三十三千 목숨으로 千歲니 人間ᄋ론 三億六十千歲나 人間 一百年이 하ᄂᆞᆯ 훈 밤나지라 吉온 突吉羅ㅣ니 突吉羅罪ᄂ 活地獄애 ᄠᅥ러디여 四天王 목

숨으로 五百歲니 人間ᄋ론 九百千歲라 人間 쉰 히 하ᄂᆞᆳ ᄒᆞᆫ 밤나지라 ○ 鼻奈
耶애 七條ᄂᆞᆫ 四日이오 五條ᄂᆞᆫ 二日이라】】

② 현대역

『월인석보』

   ○ 삼의를 다 모름지기 자를 것이니【【『업소』에서 이르기를 "칼로 잘라 사문의 옷을 만드는 것은 도적이 벗기지 못하게 하려는 까닭이다."】】옷감 이 적으면 엽을 붙여라. 『사분』에서는 "대의를 닷새에 만들지 못하면 여승 은 제(提)하고 승은 길(吉)하는 것이다." 하였다.【【제(提)는 바라제제사니이 니 그것을 향하여 뉘우치라 하는 뜻이니, 제사니죄는 흑승지옥에 떨어져 삼 십삼천 목숨으로 1천세인데 인간 세상으로는 3억 60천세이다. 인간 세상의 1 백년이 하늘의 한 밤낮이다. 길(吉)은 돌길라이니 돌길라죄는 활지옥에 떨어 져 사천왕 목숨으로 5백세인데 인간 세상으로는 9백천세이다. 인간 세상의 쉰 해가 하늘의 한 밤낮이다. ○ 『비나야』에서는 "칠조는 4일이고 오조는 2 일이다." 하였다.】】

③ 저경

『월인석보』: 불제비구육물도(佛制比丘六物圖), 『대정신수대장경(大正新脩大藏經)』 제45, 제종부(諸宗部) 2, 899면.

(九明作衣法) 三衣並須 (일부 미상) 割截 財少難辨 則聽揲葉 (五條一種 得開 揲葉) 四分中 大衣五日 不成 尼提僧吉 (일부 미상)【準鼻奈耶 七條四日 五條二 日】

④ 주석

『월인석보』

● 뻐러디여(LHHL) : 떨어져. '떨어지-'는 현대국어에서는 합성동사 어간으로 볼 수 있지만 중세국어에서는 아직 '뻐러#디-'와 같은 구 구성으로 보는 것이 합리적이다. 합성동사 어간으로 볼 경우 '뻐러디여(LHHL)'에 실현된 성조가 율동 규칙에 위배된다는 사실도 이를 뒷받침해 준다. 한편, '뻐러디-'와 의미상 구분되지 않는 '뻐디-'도 15세기 문헌에서 발견된다(뻐딜<용비어천가9 : 39a>, 뻐디여<석보상절9 : 37a>). 이 '뻐디-'는 '뜨-[浮]+-어#디-[落]'와 같이 분석할 수도 있고, '뻐러디-'에서 '러'가 탈락한 것으로 볼 수도 있는데, 이 문제는 『제망매가』의 '浮良落尸'에서 '良'자를 어떻게 해독하느냐와도 직결된다. 후자의 가능성과 관련해서는 '믈허러디-'[壞]와 '믈허디-', 그리고 '아쳐러ᄒᆞ-'[嫌]와 '아쳐ᄒᆞ-'에서와 같이 '-라+자음' 구조에서 '라'가 탈락하는 변화(이현희 1988 : 221)가 참고된다.

9. 『석보상절』 권24 : 해당 부분 없음. / 『월인석보』 권25, 25b-26b

① 언해문

『월인석보』 권25, 25b-26b

十誦애 모로매 믈러 ᄒᆞ고 【【딩침이라】 】 바ᄅᆞ ᄒᆞ디 말라 【【횡침이라】】 알폰 緣에셔 벙으로미【【緣은 옷 변지라】】 네 가라개 鉤를 브티고 뒤흔 緣에셔 벙으로미 여듧 가라개 紐를 브티라 쪼 鉤紐 브티는 짜해 너모 반듹혼 거슬 브튫 디니 굳게 ᄒᆞ논 ᄠᅳ디어늘 壇子ㅣ라 ᄒᆞ니 외니라 三千威儀예 닐오디 四角올 브티라 ᄒᆞ니라 四分에 닐오디 혀 모히 正케 ᄒᆞ논 ᄠᅳ디어늘 世俗이 닐오디 四天王이라 ᄒᆞ니 쪼 외니라 四分에 닐오디 엇게 우희 모로매 브텨 ᄠᅢ 묻ᄂᆞᆫ 짜ᄒᆞᆯ 마ᄀᆞ라 ᄒᆞ니라

② 현대역

『월인석보』

　『십송』에서는 "모름지기 물러나 꿰매고【【박음질이다.】】 바로 꿰매지 말라.【【홈질이다.】】 앞은 연(緣)에서 사이가 벌어진 것이【【연은 옷 가장자리이다.】】 네 손가락 되는 곳에 구(鉤)를 붙이고, 뒤는 연에서 사이가 벌어진 것이 여덟 손가락 되는 곳에 유(紐)를 붙이라. 또 구와 유를 붙이는 곳에 네모반듯한 것을 붙일 것이니 굳게 하는 뜻인데 단자라고 하는 것은 그릇된 것이다." 하였다. 『삼천위의』에서 이르기를 "사각을 붙이라." 하였다. 『사분』에서 이르기를 "당기어 모서리가 바르게 하려는 뜻인데 세속에서 말하기를 사천왕이라 하니 이 또한 그릇된 것이다." 『사분』에서 이르기를 "어깨 위에 모름지기 붙여 때 묻는 곳을 막으라." 하였다.

③ 저경

『월인석보』: 불제비구육물도(佛制比丘六物圖), 『대정신수대장경(大正新脩大藏經)』 제45, 제종부(諸宗部) 2, 899면.

十誦 須却刺 不得直縫 前去緣四指施鈎(音紋鉤也) 後去緣八指施紐 今時垂臂

前八後四 俱顛倒也 又安鉤約(紐)處撲以方物 本在助牢 而目云壇子非也 三千威儀
云 四角安撲 四分云 挽令角正等 世云 四天王者亦非也 四分 肩上須撲障垢膩處

④ 주석

『월인석보』

• 뎡침, 힝침 : 박음질, 홈질. 이 두 단어에 대한 자세한 설명은 세종
대왕기념사업회(2009 : 19-22)를 참고할 수 있다.

• 브튫디니 : 붙일 것이니, 붙어야 하니. '븥-[附]+-이-+-우-+-ㅭ#
ᄃᆞ+-이-+-니'로 분석할 수 있는 구성이다. 이때 첫 번째 '-이-'는 사
동접미사, '-우-'는 대상법 선어말어미이다.

10. 『석보상절』 권24 : 해당 부분 없음. / 『월인석보』 권25, 26b-27a

① 언해문

『월인석보』 권25, 26b-27a

○ 大衣 니버 나모 돌히며 홀기며 프리며 지디 말며 싸 쓰롬 트렛 種種앳
이룰 호미 몯 ᄒᆞ리라 決正二部律에 大衣 니버 ᄆᆞ술해 드러 師僧 上座롤 뵈디
빙 各別ᄒᆞᆫ 사ᄅᆞ미게 절 말라【【부텻긔와 衆僧의게 禮數ᄒᆞ리라】】十誦애
닐오디 간 싸해 衣鉢올 가져 뎐녀 잇던 싸홀 그리디 말라 ᄒᆞ다가 三衣롤 디
니디 아니 ᄒᆞ야 ᄆᆞ술해 들면 罪롤 犯ᄒᆞ리라

② 현대역

『월인석보』

○ 대의를 입고 나무, 돌, 흙, 풀을 지지 말며 땅을 쓰는 것 등의 갖가지 일을 하지 못할 것이다. 『결정이부율』에서는 "대의를 입고 마을에 들어 사승 상좌를 뵈어야지 다른 사람에게는 절하지 말라." 하였다. 【【부처님께와 중승에게 예를 표할 것이다.】】『십송』에서 이르기를 "간 곳에서 의발을 가지고 다니던 곳을 그리워하지 말라. 만일 삼의를 지니지 않고 마을에 들면 죄를 범할 것이다."

---

③ 저경

『월인석보』: 불제비구육물도(佛制比丘六物圖), 『대정신수대장경(大正新脩大藏經)』 제45, 제종부(諸宗部) 2, 899면.

著大衣不得搏木石土草 掃地等種種作務 不應爲之 決正二部律 著大衣入村 見師僧上座 別人不得禮 得禮佛及衆僧 十誦 所行之處 與衣鉢俱 無所顧戀 (猶如飛鳥) 若不持三衣 入聚落犯罪

---

④ 주석

『월인석보』

● 나모 돌히며 홀기며 프리며 지디 말며 : 나무, 돌, 흙, 풀을 지지 말며. 보조사 '-이며'는 'N₁이며 N₂이며 … Nₙ이며'에서와 같이 둘 이상의

항목을 나열할 때 사용되었다. 다만, 여기서 '나모' 다음에는 '-이며'가
사용되지 않아 '木石'이 '나모돓'과 같이 하나의 합성어로 분석될 가능
성도 있다.

  ● 트렛 : 들의, 등의. '트렛'은 '틀+엣'으로 분석되는데, 이는 '듧
[等]+-에+-ㅅ' 구성에서 기원한 것으로 보인다. 흔히 명사파생접미사
로 알려진 '-듧'이 15세기에는 명사적인 기능을 수행하였다는 것은 주
지의 사실인바, 그렇다면 여기서의 '틀'도 앞서 4-6에서 언급하였던
'갏[刀]>칼', '곻[鼻]>코', '밣[臂]>팔'과 동일한 변화를 비교적 이른 시
기에 겪은 단어로 볼 가능성이 있다.

  ● 간(R) : 간. '가-[去]+-오-+-ㄴ'으로 분석된다. 동사 어간 '가-'의
성조는 후행 어미의 종류에 따라 평성이나 거성으로 나타나는데, 여기
서는 선어말어미 '-오-' 앞에서 평성으로 실현된 후 '-오-'의 거성과
결합하여 상성으로 실현되었다.

  11. 『석보상절』 권24 : 해당 부분 없음. / 『월인석보』 권25,
      27a-28a

① 언해문

『월인석보』 권25, 27a-28a

  ○ 三千威儀예 닐오디 니븛 제 佛塔과 上座와 三師끠 向티 말며 쏘 뒤도디
말며 이베 므디 말며 두 소누로 어러비 말라 鼻奈耶애 닐오디 엇게 우희 도
도텨 닙고 봀토개 드리우디 말라 ᄒᆞ니라 感通傳에 닐오디 쳐ᅀᅥ믜 다숫 사롬

濟度ᄒ시고 袈裟ᄅᆞᆯ 왼불해 엱고 坐具ㅣ 袈裟 아래 잇게 ᄒ얫더시니 버거 졈고 고ᄫᆞᆫ 比丘ㅣ 城에 드러 乞食홇 제 겨지비 ᄉᆞ랑ᄒ야커늘 衣角이 왼녁 엇게예 잇게 ᄒ고 坐具로 지즐오라 ᄒ얫더시니 버거 外道ㅣ 닐오ᄃᆡ 엇뎨 안ᄂᆞᆫ 뵈로 法衣 우희 노ᄒ리오 ᄒ야늘 도로 衣角ᄋᆞᆯ 왼불해 엱고 坐具ᄅᆞᆯ 아래 두라 ᄒ얫더시니 ᄆᆞᆺ 後에 比丘ㅣ 옷 니부믈 ᄀᆞᄌᆞ기 아니 ᄒ야늘 外道ㅣ 譏弄호ᄃᆡ 婬女 ᄀᆞᆮᄒ며 象의 고히 ᄀᆞᆮ도다 ᄒ야늘 우희 鉤紐를 브티고 衣角ᄋᆞᆯ 왼불해 ᄉᆞᄆᆞ차 겯 아래 두어 드리디 아니케 ᄒ라 ᄒ시니라

② 현대역

『월인석보』

　○『삼천위의』에서 이르기를 "입을 때 불탑과 상좌와 삼사께 향하지 말며 또 뒤돌지 말며 입에 물지 말며 두 손으로 경망하게 하지 말라." 『비나야』에서 이르기를 "어깨 위를 도드라지게 입고 팔꿈치에 드리우지 말라." 하였다. 『감통전』에서 이르기를 "처음에 다섯 사람을 제도하시고 가사를 왼팔에 엱고 좌구가 가사 아래에 있게 하셨는데, 다음에 젊고 고운 비구가 성에 들어 걸식할 때 여인이 사랑하니 '의각이 왼쪽 어깨에 있게 하고 좌구로 눌러라.' 하셨는데, 다음에 외도가 말하기를 '어찌 앉는 베를 법의 위에 놓겠습니까?' 하니, 도로 '의각을 왼팔에 엱고 좌구를 아래에 두어라.'고 하셨는데, 맨 나중에 비구가 옷 입는 것을 가지런히 하지 않으니 외도가 기롱하기를 '음녀 같으며 코끼리의 코 같구나!' 하는데, '위에 구유(鉤紐)를 붙이고 의각을 왼팔을 지나 겨드랑이 아래 두어 드리우지 않게 해라.' 하셨다."

③ 저경

『월인석보』: 율상감통전(律相感通傳), 『대정신수대장경(大正新脩大藏經)』 제45, 제종부(諸宗部) 2, 880~881면.

(일부 미상) 佛初度五人 (爰及迦葉兄弟) 並制袈裟左臂 坐具在袈裟下 (줄임) 少比丘儀容端美 入城乞食 多爲女愛 由是佛制衣角在左肩 後爲風飄 聽以重物鎭上 比丘不撻佛意 (줄임) 還以衣角 居于左臂 坐具還在衣下 於後比丘披著袈裟 多不齊整 諸離車子譏言 (無有威儀 所披衣服) 狀如嬌女 猶如象鼻 由此始制 上安鉤紐 令以衣角達于左臂 置於腋下 不得令垂如上過也

④ 주석

『월인석보』

● 도도텨 : 아주 도드라지게 하여, 아주 도드라져, '돋-'[覒, 旭]에서 피생된 '도노-'에 다시 강세접미사 '-티-'가 결합한 단어로 보인다.

12. 『석보상절』 권24 : 해당 부분 없음. / 『월인석보』 권25, 28a

① 언해문

『월인석보』 권25, 28a

○ 善見에 닐오디 大衣 七條ㅣ 너븐 ᄀᅀᆞ론 여듧 가라기오 긴 ᄀᅀᆞ론 一㩲手 內예 들오면 受호몰 일티 아니ᄒᆞ고 五條ᄂᆞᆫ 너븐 ᄀᅀᆞ로 네 가라기오 긴

ㄱ수로 一榒手 內예 들우면 일티 아니ㅎ고 녀나ᄆᆞᆫ 짜해 죠고맛 솝톱만 들워
도 受호ᄆᆞᆯ 일흐리니 깁고 受持ᄒᆞ라 多論애 오직 緣ᄇᆞᆺ 그츠면 受를 일흐리라
善見에 袈裟옷 크거든 조리고 젹거든 보타라

② 현대역

『월인석보』

O『선견』에서 이르기를 "대의 칠조가 넓은 테두리로는 여덟 손가락이고
긴 테두리로는 일걸수 안에 뚫으면 받음을 잃지 않고, 오조는 넓은 테두리
로 네 손가락이고 긴 테두리로 일걸수 안에 뚫으면 잃지 않고, 다른 곳에 조
그만 손톱만큼만 뚫어도 받음을 잃을 것이니 깁고 새겨 가지라." 『다론』에서
는 "오직 연만 끊어지면 받음을 잃을 것이다." 하였다. 『선견』에서는 "가사
가 크면 줄이고 작으면 보태라." 하였다.

③ 저경

『월인석보』: 불제비구육물도(佛制比丘六物圖), 『대정신수대장경(大正新脩大藏經)』
제45, 제종부(諸宗部) 2, 900면.

善見 大衣 七條 廣邊八指 長邊一榒手內穿不失受 五條廣邊四指 長邊一榒手
內穿不失 餘處穿如小指甲許失受 補竟受持 多論 但使緣斷則失受 善見袈裟若大
減却 若小以物裨之

④ 주석

『월인석보』

● 들우면 : 뚫으면. 15세기 국어에서 규칙 활용을 하던 'ㅸ' 말음 용언 어간들은 'ㅸ'의 소실 이후 'ㅂ' 불규칙 활용 패러다임을 지니게 되었다. 이후 이 어휘들은 각기 다른 활용 패러다임을 보이게 되는데, 일부는 'ㄺ' 말음 어간으로(볿-[踐]>밟-, 뾻-[澁]>떫-, 엷-[薄]>엷-), 혹은 모음 어미 결합형으로(ᄀᆞᆶ-[粒]>가루-, ᄉᆞᆲ-[白]>사뢰-) 재구조화하였으며, 어휘 자체가 소멸하거나(ᄅᆞᆲ-[哀], 엶-[難]) 다른 어휘로 대체되기도 하였다(엷-[苦]>서럽-, 애ᄃᆞᆲ-[憾]>애달프-). 그런데 '듧-'[穿]만은 다른 'ㅸ' 말음 어간들의 변화 유형과는 달리 'ㄶ' 말음 어간인 '뚫-'로 재구조화하여 특이한 면모를 보인다. '듧-'의 통시적 변화에 대해서는 곽충구(1980 : 60-62), 정윤자(2007), 배영환(2011 : 279-292)을 참고할 수 있으며, 'ㅸ' 말음 어간의 활용 패러다임 변화에 대한 종합적 고찰은 징경새(2013)을 참고할 수 있다.

● 緣ᄫᅥᆺ : 연을. 하귀녀(2004)에서 '-ᄫᅥᆺ', '-봇'은 '-곳/-옷'과 분포, 의미면에서 유사한 점이 있으나 '-곳/-옷'과는 상보적 분포를 보이지 않고 음성적 유사성도 없으므로 이형태 관계로 볼 수는 없는 것으로 판단하였다. 석독구결, 음독구결 자료에서 이들과 동일한 기능을 가진 형식은 '-火七'이라고 할 수 있는데, '-火七'이 선대형이며 이것이 그대로 반영된 형태가 '-ᄫᅥᆺ'이다. 이 '-ᄫᅥᆺ'이 음운 변화를 경험하여 '-봇'의 형태를 갖게 되었고 이 형태들의 후대형이 '-곳/-옷'인 것으로 판단하였다.

13. 『석보상절』 권24 : 해당 부분 없음. / 『월인석보』 권25, 28a-29b

① 언해문

『월인석보』 권25, 28a-29b

○ 부톄 寶藏佛ㅅ게 發願ᄒ샤ᄃᆡ 願ᄒᆞᆫᄃᆞᆫ 내 成佛혼 제 내 袈裟ㅣ 다ᄉᆞᆺ 功德이 잇게 호ᄃᆡ ᄒᆞ나ᄒᆞᆫ 내 法 中에 드러 出家ᄒᆞ야 袈裟 니븐 사ᄅᆞ미 시혹 重ᄒᆞᆫ 禁을 犯커나 시혹 邪見을 犯커나 ᄒᆞ다가 三寶애 허러 信티 아니 ᄒᆞ야 여러 가짓 重ᄒᆞᆫ 罪ᄅᆞᆯ 지은 四衆이 一念 中에 恭敬心을 내야 三寶ᄅᆞᆯ 尊重히 너기면 반ᄃᆞ기 授記ᄅᆞᆯ 주어 三乘 中에 退轉티 아니 호ᄆᆞᆯ 得호미오 둘흔 天龍鬼神人과 非人괘 袈裟 니븐 사ᄅᆞ미게 恭敬 供養 尊重 讚歎ᄒᆞ며 이 袈裟 少分을 보면 三乘 中에 므르디 아니 호ᄆᆞᆯ 得호미오 세흔 鬼神이며 사롬이며 餓鬼 畜生애 니르리 袈裟 少分을 得ᄒᆞ면 飮食이 ᄀᆞᄃᆞ기 足ᄒᆞ며 願을 조차 ᄲᆞᆯ리 일우ᄆᆞᆯ 得호미오 네흔 衆生이 서르 싸호며 天龍八部人 非人이 서르 싸홇 제 이 袈裟ᄅᆞᆯ 念ᄒᆞ면 慈心을 내요미오 다ᄉᆞᆺ손 兵馬ㅣ며 官訟ᄒᆞᄂᆞᆫ 가온ᄃᆡ 袈裟 少分을 가져 恭敬 尊重ᄒᆞ면 侵勞ᄒᆞ며 업시우리 업서 샹녜 ᄂᆞ미게셔 더우미니 ᄒᆞ다가 내 袈裟ㅣ 이런 다ᄉᆞᆺ 일 聖功德을 일우디 몯 ᄒᆞ면 十方世界 現在諸佛을 소기ᅀᆞᆸᄂᆞᆫ 디라 未來世예 菩提ᄅᆞᆯ 몯 일우오리이다 ᄒᆞ시니라

② 현대역

『월인석보』

○ 부처님이 보장불께 발원하시기를 "원하건대 내가 성불할 때 내 가사가 다섯 공덕이 있게 하되, 하나는 내 법 중에 들어 출가하여 가사를 입은 사람이 혹여 중한 금기를 범하거나 혹여 사견을 범하거나 만일 삼보를 헐어 믿

지 않아 여러 가지 무거운 죄를 지은 사중(四衆)이 전심으로 염불하여 공경심을 내어 삼보를 존중히 여기면 반드시 수기를 주어 삼승 중에 퇴전하지 아니함을 얻는 것이고, 둘은 천룡, 귀신, 인간과 인간이 아닌 존재가 가사 입은 사람에게 공경·공양·존중·찬탄하며 이 가사의 작은 부분을 보면 삼승 중에 물러나지 아니함을 얻는 것이고, 셋은 귀신이며 사람이며 아귀, 축생에 이르기까지 가사의 작은 부분을 얻으면 음식이 가득이 채워지며 소원을 좇아 빨리 이룸을 얻는 것이고, 넷은 중생이 서로 싸우며 천룡팔부, 인간, 인간이 아닌 존재가 서로 싸울 때 이 가사를 생각하면 자비심을 내는 것이고, 다섯은 전투나 송사 중에 가사의 작은 부분을 가지고 공경·존중하면 침노하며 업신여길 사람이 없어져 항상 남보다 나을 것이니, 만약 내 가사가 이런 다섯 가지 일의 신성한 공덕을 이루지 못하면 시방세계의 현재 모든 부처님을 속이는 것이므로 미래세에 보리를 못 이룰 것입니다." 하셨다.

③ 저경

『월인석보』:『법원주림(法苑珠林)』 권05, 법복편(法服編) 제30, 공능부(功能部) 제2【『대정신수대장경(大正新脩大藏經)』 제53, 사휘부(事彙部) 상(上), 556면】.

　釋迦牟尼佛 昔於過去寶藏佛所發菩提心 願我成佛時 令我袈裟有五功德 一者 我成佛已 若有衆生入我法中出家著袈裟者 或犯重禁 或犯邪見 若於三寶輕毀不信 集諸重罪比丘比丘尼優婆塞優婆夷 若於念中生恭敬心尊重佛法僧 如是衆生乃至一人必與授記 於三乘中得不退轉 二者我成佛已 天龍鬼神人及非人 若能於此著袈裟者 恭敬供養尊重讚歎 其人若得見此袈裟少分 卽得不退於三乘中 三者若有衆生爲飢渴所逼 若貧窮鬼神下賤諸人 乃至餓鬼畜生 若得袈裟少分乃至四寸 其人卽得飮食充足 隨其所願疾得成就 四者若有衆生共相違反 起賊想展轉鬪諍 若諸天龍八部人及非人共鬪諍時 念此袈裟 尋生悲心 柔軟之心 無怨賊心 寂滅之心 調伏善心 五者有人若在兵甲鬪訟斷事之中 持此袈裟少分至此輩中 爲自護故 供養恭敬尊重袈裟 是諸人等無能侵毁觸嬈輕弄 常得勝他過此諸難 若我袈裟不能成就如是五事聖功德者 則爲欺誑十方世界現在諸佛 於未來世不成菩提作佛

④ 주석

『월인석보』

● 사룸이며 : 사람이며. 연철 표기되어 있지 않은 것이 특이하다. 『월
인석보』 권25에서 모음 어미와 결합한 '사룸'의 다른 예들은 '사르미,
사르미며, 사르몬, 사르물' 등과 같이 모두 연철 표기되어 있다.
● 니르리 : 이르기까지. 한문의 'A, B, C 乃至 Z'와 같은 구성의 '乃至'
는 항목을 모두 나열하지 않고 중략할 때 사용된다. 이러한 '乃至'는 석
독구결에서 '乃(丷)ㅕ至ㅣ'로 읽고, 중세 한글 문헌에서는 '～에 니르리'
로 번역된다(박진호 2011).

14. 『석보상절』 권24 : 해당 부분 없음. / 『월인석보』 권25, 29b-31a

① 언해문

『월인석보』 권25, 29b-31a

○ 녜 達尼迦ㅣ 그윗 거슬 일버어늘 瓶沙王이 三寶롤 信敬ᄒ더니 達尼迦
ㅣ 袈裟 니벳거늘 보고 묻디 아니ᄒᆞᆫ대 比丘ㅣ 부텻긔 술ᄫᅩ디 이 達尼迦ㅣ 아
래 엇던 業을 시므관디 瓶沙王이 이리 敬ᄒᄂ니잇고 부톄 니르샤디 過去에
ᄒᆞᆫ 金翅鳥王이 이쇼디 모미 ᄀᆞ장 커 두 ᄂᆞᆯ갯 ᄉᅀᅵ 六千餘 里러니 샹녜 海中
에 드러 龍ᄋᆞᆯ 자바먹거든 龍둘히 샹녯 法에 金翅鳥롤 므싀여 샹녜 袈裟롤 求
ᄒᆞ야 宮門 우희 뒷거든 金翅鳥ㅣ 袈裟 보고 恭敬心을 내야 나ᅀᅡ 드러 龍ᄋᆞᆯ
자바먹디 아니 ᄒᄂ니 金翅鳥ㅣ 龍 머굻 저기면 ᄂᆞᆯ개로 바ᄅᆞᆯ 텨든 므리 갈

아 디여 龍이 나거든 자바먹ᄂᆞ니 그제 ᄒᆞᆫ 龍이 金翅鳥의게 ᄣᅩ처 즉재 袈裟ᄅᆞᆯ 뎡바기예 이여 ᄀᆞᆺ술 조차 ᄃᆞᆮ더니 그제 金翅鳥ㅣ 婆羅門이 ᄃᆞ외야 龍ᄋᆞᆯ ᄣᅩ차 ᄃᆞ르며 種種ᄋᆞ로 구지조ᄃᆡ 네 엇뎨 袈裟ᄅᆞᆯ 더디디 아니 ᄒᆞᄂᆞᆫ다 龍이 주긇가 두려 더 구디 자바 ᄇᆞ리디 아니터니 그제 바ᄅᆞᆺ ᄀᆞᅀᅢ ᄒᆞᆫ 仙人이 잇거늘 龍이 두려 仙人이게 니거늘 金翅鳥ㅣ 仙人 보고 나ᅀᅡ 드디 몯거늘 仙人이 즉재 나 金翅鳥 爲ᄒᆞ야 說法ᄒᆞ고 金翅鳥 ᄀᆞᄅᆞ쳐 龍 向ᄒᆞ야 서르 懺悔ᄒᆞ고 各各 가게 ᄒᆞ니 녯 仙人ᄋᆞᆫ 이젯 내 모미 긔오 金翅鳥ᄂᆞᆫ 瓶沙王이 긔오 龍ᄋᆞᆫ 達尼迦ㅣ 긔라 녜 袈裟ㅅ 히믈 니버 金翅鳥이 머구믈 免코 이제 ᄯᅩ 내 袈裟ㅅ 因緣ᄋᆞ로 王難ᄋᆞᆯ 버스니 이럴ᄊᆡ 袈裟ㅅ 威力이 不可思議라

② 현대역

『월인석보』

○ 옛날에 달니가가 관청의 물건을 훔쳤는데 병사왕이 삼보를 믿고 공경하니, 달니가가 가사를 입고 있어도 그것을 보고 묻지 아니하므로 비구가 부처님께 아뢰기를 "이 달니가가 예전에 어떤 업을 심었기에 병사왕이 이리 용서합니까?" 부처님이 말씀하시기를 "과거에 한 금시조왕이 있었는데 몸이 매우 커서 두 날개 사이가 6천여 리였다. 항상 바다 가운데 들어가 용을 잡아먹으니 용들이 항상 금시조를 무서워하여 항상 가사를 구하여 궁문 위에 두었는데, 금시조가 가사를 보고 공경심을 내어 들어와 용을 잡아먹지 아니하였다. 금시조가 용을 먹을 때면 날개로 바다를 치는데 물이 갈라져 용이 나타나면 잡아먹는다. 그때 한 용이 금시조에게 쫓기어 즉시 가사를 정수리에 이고 가장자리를 따라 달아나니, 그때 금시조가 바라문이 되어 용을 쫓아 달리며 갖가지로 꾸짖기를 '너는 어찌 가사를 던지지 아니하는가?' 용이 죽을까 두려워 가사를 더 단단히 잡고 버리지 않았다. 그때 바닷가에 한 선인이 있었는데 용이 두려워 선인에게 가니 금시조가 선인을 보고 더 나아가지 못하였는데, 선인이 즉시 나와 금시조를 위하여 설법하고 금시조를 가르

처 용을 향하여 서로 참회하고 각각 가게 하니, 옛 선인은 지금의 나이고 금시조는 병사왕이고 용은 달니가이다. 옛 가사의 힘을 입어 금시조에게 먹히는 것을 면하고 지금 또 내 가사의 인연으로 병사왕의 위험을 벗어나니, 이렇기 때문에 가사의 위력이 불가사의이다."

③ 저경

『월인석보』:『법원주림(法苑珠林)』 권35, 법복편(法服編) 제30, 제난부(濟難部) 제4【『대정신수대장경(大正新脩大藏經)』 제53, 사휘부(事彙部) 상(上), 557면】.

(濟難部第四 如僧祇律云)昔佛在世時 尊者達尼迦闇取官材罪在不捨 時瓶沙王信敬三寶 見達尼迦身著袈裟 雖取官材釋然不問 比丘見已而白佛言 此達尼迦宿殖何業 爲瓶沙王原恕乃爾 佛告比丘 乃往過去 爾時有一金翅鳥王 其身極大 兩翅相去六千餘里 常入海中取龍食之 諸龍常法畏金翅鳥 常求袈裟著宮門上 鳥見袈裟生恭敬心 便不復前行食彼諸龍 鳥食龍時 以翅博海水擗龍現而取食之 時有一龍爲鳥所逐 即取袈裟戴著頂上 尋岸而走 時金翅鳥化作婆羅門 追逐龍後種種罵言 汝今何不放此袈裟 龍畏死故急捉不捨 爾時海邊有一仙人 龍時恐怖投趣仙人 鳥見仙人不敢復前 仙人即出爲鳥說法 教鳥向龍共相懺悔已各去 佛告比丘 昔仙人者今我身是 金翅鳥者瓶沙王是 爾時龍者達尼迦是 昔蒙袈裟得免鳥食 今復蒙我袈裟因緣得脫王難 出家修道獲阿羅漢 是故當知 袈裟威力不可思議

④ 주석

『월인석보』

• 일버셔늘(LLHH) : 훔치거늘. '일벗-'[盜]은 '일벗ᄂᆞ다(LRLH)<두시언해(초간본)6 : 42a>, 일버ᅀᅡ(LLH)<월인천강지곡상 : 2a>'에서와 같이 제2

음절이 상평 교체를 보인다. 김성규(1998 : 28)에서는 단일어 가운데 제2
음절에 상성을 갖는 유형 자체가 거의 없다는 점에서 '일벋-'의 단일
어간으로서의 자격을 의심하였지만, 이것이 단일 어간이 아니라는 적
극적인 증거도 없다고 하였다. 어원적인 탐구가 필요한 어간이다.

●버스니 : 벗으니. 중세국어에서 '脫'의 의미를 지닌 동사로는 '밧다'
와 '벗다'가 공존하였으나 그 쓰임에 차이가 있었다. 즉, '밧다'는 '옷,
冠, 甲' 등과 같이 구체적이고 물질적인 대상에 대하여 쓰인 데 반해,
'벗다'는 '얽민욤, 受苦, 苦惱, 죽사리' 등과 같이 추상적이고 정신적인
대상에 대하여 쓰인 것이다.

15. 『석보상절』 권24 : 해당 부분 없음. / 『월인석보』 권25, 31a-31b

① 언해문

『월인석보』 권25, 31a-31b

○ 龍王이 世尊끠 술보디 이 海 中에 無數 가짓 龍을 네 가짓 金翅鳥ㅣ 샹
네 자바먹ㄴ니 願훈둔 부톄 擁護ㅎ샤 샹녜 便安케 ㅎ쇼셔 世尊이 니버 겨신
皁衣를 바ㅅ샤 海龍王ㄷ려 니르샤디 네 이 오술 가져다가 龍둘홀 논호아 주
라 훈 시룰 맛나도 金翅鳥ㅣ 犯觸디 몯ㅎ리며 禁戒 디니는 사르몬 願ㅎ논 이
룰 반두기 得ㅎ리라 그 龍둘히 너교디 부텻 皁衣 甚히 져그니 어듸던 차
도르리오 그 부톄 龍이 疑心을 아르시고 龍王ㄷ려 니르샤디 비록 三千大
千世界예 잇는 사르미게 各各 如來ㅅ 皁衣를 논호아 주어도 乃終내 다ᄋ디
아니 ㅎ리라 그 龍이 無央數百千萬 그ᅴ 논호아 주어도 그 오시 녜라온 듯
ㅎ더라 부톄 니르샤디 如來ㅅ 옷 보니는 즉재 龍이 모믈 버서 賢劫 中에 다

> 無着을 得ᄒ야 반ᄃ기 般泥洹ᄒ리라

② 현대역

『월인석보』

○ 용왕이 세존께 말하기를 "이 바닷속에서 무수한 종류의 용을 네 종류의 금시조가 항상 잡아먹으니, 원하건대 부처님이 옹호하시어 항상 편안하게 하십시오." 세존이 입고 계신 조의를 벗으시고 바다 용왕에게 말씀하시기를 "네가 이 옷을 가져다가 용들에게 나누어 주어라. 한 올 실만 만나도 금시조가 범하지 못할 것이며 금계를 지닌 사람은 원하는 일을 반드시 얻을 것이다." 그때 용들이 생각하기를 '부처님의 조의가 심히 작으니 어찌 두루 돌리겠는가?' 그때 부처님이 용의 의심을 아시고 용왕에게 말씀하시기를 "비록 삼천대천세계에 있는 사람에게 각각 여래의 조의를 나누어 주어도 결코 다하지 않을 것이다." 그때 용이 무앙수 백천만 조각으로 나누어 주어도 그 옷이 예전과 같은 듯하였다. 부처님이 말씀하시기를 "여래의 옷을 본 사람은 즉시 용의 몸을 벗어 현겁 중에 다 무착을 얻어 반드시 반니원할 것이다."

③ 저경

『월인석보』:『법원주림(法苑珠林)』권35, 법복편(法服編) 제30, 제난부(濟難部) 제4【『대정신수대장경(大正新脩大藏經)』제53, 사휘부(事彙部) 상(上), 557면】.

(又海龍王經云) 爾時有龍王 而白世尊曰 於此海中無數種龍 有四種金翅鳥 常食斯龍及龍妻子 願佛擁護常得安隱 於是世尊脫身皂衣 告海龍王 汝取是衣分與諸龍 皆令周遍 有值一縷者 金翅鳥王不能犯觸 持禁戒者所願必得 爾時諸龍各懷

> 驚懼 各心念言 是佛皂衣甚爲小少 安得周遍大海諸龍 時佛則知龍心所疑 告龍王
> 言 假使三千大千世界所有人民 各分如來皂衣終不減盡 譬如虛空 隨其所欲則自
> 然生 時龍卽取佛衣 而分作無鞅數百千萬段 各各分與 隨其所乏 廣狹大小自然給
> 與 其衣如故給不知盡 當敬此衣 如敬世尊 如敬塔寺 佛言 觀如來衣者卽脫龍身
> 於是賢劫中皆得無著當般泥洹

④ 주석

『월인석보』

● 져그니 : 작으니. 중세국어의 '젹-'은 '작다'와 '적다'의 의미를 모
두 지니고 있었다. 현대국어에서는 '작-'과 '적-'이 형태에 따라 의미가
분화되어 있는데, 이는 맞춤법 규정이라고 하는 비언어적인 요인에 의
한 결과이다(박진호 2011).

16. 『석보상절』 권24 : 해당 부분 없음. / 『월인석보』 권25,
31b-32b

① 언해문

『월인석보』 권25, 31b-32b

> 그쩨 네 金翅鳥王이 各各 千 眷屬과 훈쁴 와 부텻긔 슬ᄫᅩ디 오늘 우리 三
> 寶애 오ᄉᆞᄫᅡ 알ᄑᆡᆺ 罪ᄅᆞᆯ 뉘으처 禁戒ᄅᆞᆯ 바다 디니ᅀᆞᄫᅩ리니 오ᄂᆞᆯ브터 샹녜 無
> 畏로 一切 龍인게 施ᄒᆞ야 正法을 擁護ᄒᆞ야 滅盡에 다ᄃᆞᆮ드록 부텻 ᄀᆞᄅᆞ치샤ᄆᆞᆯ

어긔디 아니 호리이다 부톄 네 金翅鳥王도려 니르샤디 너희 아래 金仁佛ㅅ 時節에 네 比丘ㅣ 드외얫더니 일후미 欣樂과 大欣樂과 上勝과 上友왜러니 이 네 比丘ㅣ 戒法에 어긔여 供養을 貪ᄒ야 身口意를 護持티 아니 ᄒ야 모딘 일 지소미 만호디 金仁佛 供養홈도 ᄯᅩ 몯 니르 혜리러니 이 젼ᄎ로 地獄애 ᄠᅥ러 디디 아니 ᄒ야 이 禽獸에 ᄠᅥ러디여 前後에 殺生호미 몯 니르 혜리라 부톄 神足을 나토샤 宿命을 아라 지손 罪福을 다 念케 ᄒ야시ᄂᆞᆯ 우리ᄃᆞᆯ히 모미 주 긇 만뎡 모딘 일 犯티 아니 호리이다 ᄒ야ᄂᆞᆯ 부톄 爲ᄒ야 經 니르샤 決斷호 마ᄅᆞᆯ 심기샤디 彌勒佛 時예 第一會예 다 度脫을 得ᄒ리라

② 현대역

『월인석보』

　　그때 네 금시조왕이 각각 천 명의 권속과 함께 와 부처님께 아뢰기를 "오 늘 우리가 삼보에 와 예전의 죄를 뉘우치고 금계를 받아 지닐 것이니 오늘 부터 항상 무외를 일체 용에게 베풀어 정법을 옹호하여 멸진에 다다르도록 부처님의 가르침을 어기지 않겠습니다." 부처님이 네 금시조왕에게 말씀하 시기를 "너희가 예전에 금인불 시절에 네 비구가 되었는데 이름이 흔락과 대흔락과 상승과 상우였다. 이 네 비구가 계법을 어기어 공양을 탐하여 몸, 입, 뜻을 보호하여 지니지 못하고 모진 일 지은 것이 많았으나 금인불을 공 양한 것도 또 이루 다 헤아릴 수 없으니, 이런 까닭으로 지옥에 떨어지지 않 고 이 금수에 떨어져 전후에 살생한 것을 이루 다 헤아릴 수 없을 것이다." 부처님이 신족을 나타내시어 숙명을 알아 지은 죄와 복을 다 생각하게 하시 니 "우리들이 몸이 죽을망정 나쁜 일을 범하지 않겠습니다." 하는데, 부처님 이 이들을 위하여 경을 말씀하시고 결단한 말을 전하시니 "미륵불 시절에 제1회 설법에서 다 도탈을 얻을 것이다."

③ 저경

『월인석보』:『법원주림(法苑珠林)』 권35, 법복편(法服編) 제30, 제난부(濟難部)
제4【『대정신수대장경(大正新脩大藏經)』 제53, 사휘부(事彙部) 상(上), 557면】.

爾時四金翅鳥王各與千眷屬俱白佛言 今日吾等自歸三寶 悔過前犯奉持禁戒 從
今日始常以無畏施一切龍 擁護正法到于滅盡 不違佛教 佛告四金翅鳥王 汝等先
於金仁佛時 爲四比丘 名曰欣樂大欣樂上勝上友 是四比丘違犯戒法 貪於供養不
護身口意 作惡衆多 供養金仁佛亦不可計 以是之故不墮地獄 墮此禽獸 前後殺生
不可稱計 佛現神足令識宿命 所作罪福普悉念之 我等寧沒身命不敢犯惡 佛爲說
經授其決言 彌勒佛時在第一會皆當得度

④ 주석

『월인석보』

● ㄱㄹ치샤몰 : 가르침을. 중세국어의 'ㄱㄹ치-'는 '敎'와 '指'이 의미
를 모두 지니고 있었으나 현대국어에서는 '가르치-'[敎]와 '가리키-'
[指]가 형태에 따라 의미가 분화되어 있다.

17. 『석보상절』 권24 : 해당 부분 없음. / 『월인석보』 권25,
    32b-34a

① 언해문

『월인석보』 권25, 32b-34a

○ 부톄 니ㄹ샤디 내 녜 一切 衆生 爲ㅎ야 여러 가짓 苦行ㄹ 닷가 大悲心

을 니르와다 모미며 머리며 누니며 귀며 고히며 혀둘홀 브료미 各各 毗福羅
山이 곧ᄒᆞ며【毗福羅山ᄋᆞᆫ 天竺에셔 사ᄅᆞ미 샹녜 보아 수비 信홀씨 니르시니
라】ᄯᅩ 象馬 國城 妻子를 ᄇᆞ려 三千 阿僧祇劫을 디내야 一切 苦惱 衆生과 正
法 비우스며 賢聖 헐며 慚愧 업슨 善티 몯ᄒᆞᆫ 衆生과 一切 淨佛 國土애셔 ᄇᆞ
룐 衆生ᄋᆞᆯ 어엿비 너겨 이러틋ᄒᆞᆫ 衆生들ᄒᆞᆯ 爲ᄒᆞᆫ 젼ᄎᆞ로 發願ᄒᆞ야 五濁惡世예
이셔 無上道를 일워 三塗 苦惱 衆生ᄋᆞᆯ 救ᄒᆞ야 善道와 涅槃樂애 便安히 두노
니 衆生이 내 法 中에 날 爲ᄒᆞ야 出家ᄒᆞ야 鬚髮 갓고 袈裟 니버 비록 戒를 受
티 아니커나 受ᄒᆞ얏다가 허러 犯ᄒᆞ야도 이 사ᄅᆞᄆᆞᆯ 護持 供養ᄒᆞ면 큰 果報를
得ᄒᆞ리니 ᄒᆞ물며 ᄀᆞ초 持戒ᄒᆞᄂᆞ니를 供養호미ᄯᆞ녀 ᄒᆞ다가 未來世예 國王 大
臣과 公事ᄒᆞᇙ 사ᄅᆞ미 내 弟子와 袈裟 니븐 사ᄅᆞ미게 구지저 辱ᄒᆞ며 티며 얽ᄆᆡ
며 브리며 財物 資生ᄒᆞᇙ 거슬 아ᅀᆞ면 이 사ᄅᆞᄆᆞᆫ 三世 諸佛ㅅ 眞實 報身을 허
논 디며 一切 天人 眼目ᄋᆞᆯ 불아 내논 디며 一切 諸佛ㅅ 正法을 숨겨 天人들
히 地獄애 ᄢᅥ러디게 ᄒᆞᄂᆞᆫ 디라

② 현대역

『월인석보』

○ 부처님이 말씀하시기를 "내가 예전에 일체 중생을 위하여 여러 가지
고행을 닦아 대비심을 일으켜 몸이며 머리며 눈이며 귀며 코며 혀들을 버린
것이 각각 비복라산과 같으며【비복라산은 천축[印度]에서 사람이 항상 보
아 쉽게 믿으므로 그렇게 말씀하신 것이다.】또 코끼리와 말과 나라와 성과
처자를 버리고 삼천 아승기겁을 지내고, 일체 고뇌에 빠진 중생과 정법을
비웃으며 현성을 헐뜯으며 부끄러움이 없고 선하지 못한 중생과 일체 정불
국토에서 버린 중생을 불쌍히 여겨, 이러한 중생들을 위하는 까닭으로 발원
하여 오탁악세에서 무상도를 이루어 삼도 고뇌에 빠진 중생을 구하여 선도
와 열반락에 편안히 두니, 중생이 내 법 중에 나를 위하여 출가하여 수염과
머리를 깎고 가사를 입고 비록 계를 받지 않거나 받았다가 헐어 범하여도

이 사람을 보호하고 공양하면 큰 과보를 얻을 것이니, 하물며 갖추어 지계하는 사람을 공양하는 것이야 어떻겠는가? 만일 미래세에 국왕, 대신과 공무를 수행할 사람이 내 제자와 가사 입은 사람에게 꾸짖고 욕하고 치고 얽매고 부리고 생계를 위한 재물을 빼앗으면 이 사람은 삼세 모든 부처님의 진실 보신을 무너뜨리는 것이며 일체 천인의 안목을 발라내는 것이며 일체 모든 부처님의 정법을 숨겨 천인들이 지옥에 떨어지게 하는 것이다."

③ 저경

『월인석보』:『법원주림(法苑珠林)』 권35, 법복편(法服編) 제30, 위손부(違損部) 제6【『대정신수대장경(大正新脩大藏經)』 제53, 사휘부(事彙部) 상(上), 559면】.

(又大集月藏經云) 佛言 我昔爲於一切衆生 修諸苦行起大悲心 捨身頭目耳鼻舌等 各如毘福羅山 及捨象馬國城妻子 經於三千阿僧祇劫 悲愍一切苦惱衆生 及謗正法毀呰賢聖 無慚無愧不善衆生 及於一切淨佛國土所棄衆生 爲如是等諸衆生故 發願在於五濁惡世成無上道 法爲救三塗苦惱衆生 安置善道及涅槃樂 若有衆生 於我法中爲我出家 剃除鬚髮被著袈裟 雖不受戒及受毀犯 若有護持供養是人 得大果報 何況供養具持戒者 若未來世 國王大臣及斷事者 於我弟子及著袈裟罵辱打縛 或驅使及奪財物資生之具 是人則壞 三世諸佛眞實報身 則挑一切天人眼目 則隱一切諸佛正法 令諸天人墮於地獄

④ 주석

『월인석보』

● ᄇᆞ륜(LH) : 버린. 'ᄇᆞ리-(HH)'[割, 剜]와 'ᄇᆞ리-(LH)'[捨]는 제1음절의 성조로써 구분된다. 본문의 'ᄇᆞ륜'은 후자의 활용형이다.

18. 『석보상절』 권24 : 해당 부분 없음. / 『월인석보』 권25, 34a-34b

① 언해문

『월인석보』 권25, 34a-34b

그ᄢᅵ 憍陳如와 梵天王이 부텻긔 ᄉᆞᆯᄫᅩᄃᆡ ᄒᆞ다가 부텨 爲ᄒᆞᅀᆞᄫᅡ 鬚髮 갓고 袈裟 니버 禁戒ᄅᆞᆯ 受티 아니커나 受ᄒᆞ얫다가 허러 犯ᄒᆞ야도 王이어나 大臣이어나 公事ᄒᆞᆯ 사ᄅᆞ미 구지저 辱ᄒᆞ며 티며 ᄆᆡ면 언맛 罪ᄅᆞᆯ 어드리잇고 부톄 梵王ᄃᆞ려 니ᄅᆞ샤ᄃᆡ 내 너 爲ᄒᆞ야 어둘 닐오리라 아모 사ᄅᆞ미나 萬億 부텻 피ᄅᆞᆯ 내면 罪 만ᄒᆞ려 져그려 梵王이 對答ᄒᆞᅀᆞᄫᅩᄃᆡ 다ᄆᆞᆫ ᄒᆞᆫ 부텻 모매 피ᄅᆞᆯ 내야도 罪 無量無邊커니 ᄒᆞᄆᆞᆯ며 萬億 부텻 피 내요미ᄯᆞ니잇가 뎌 罪業 果報ᄅᆞᆯ 能히 니ᄅᆞᆶ 사ᄅᆞ미 乃終내 업스리이다

② 현대역

『월인석보』

그때 교진여와 범천왕이 부처님께 아뢰기를 "만일 부처님을 위하여 수염과 머리를 깎고 가사를 입고 금계를 받지 않거나 받았다가 헐어 범하여도 왕이거나 대신이거나 공무를 수행하는 사람이 꾸짖어 욕하며 치며 얽매면 죄를 얼마나 얻겠습니까?" 부처님이 범왕에게 말씀하시기를 "내가 너를 위하여 간략히 말하겠다. 어떤 사람이 만억 부처님의 피를 내면 죄가 많겠는가, 적겠는가?" 범왕이 대답하기를 "단지 한 부처님의 몸에 피를 내어도 죄가 무량무변한데 하물며 만억 부처님의 피를 내는 것이야 어떻겠습니까? 그 죄업 과보를 능히 말할 사람은 결코 없을 것입니다."

③ 저경

『월인석보』:『법원주림(法苑珠林)』 권35, 법복편(法服編) 제30, 위손부(違損部)
제6【『대정신수대장경(大正新脩大藏經)』 제53, 사휘부(事彙部) 상(上), 559면】.

時憍陳如及梵天王 而白佛言 若有爲佛剃除鬚髮 被著袈裟不受禁戒 受已毀犯
若王大臣及斷事者 罵辱打縛得幾許罪 佛告梵王 我今爲汝且略說之 若人出於萬
億佛血得罪多不 梵王答佛 若人但出一佛身血 其罪尙多無量無邊 何況具出萬億
佛血 終無有能廣說 彼人罪業果報

④ 주석

『월인석보』

● 닐오리라 : 말하겠다. '니를-~니르-/닐ㅇ-'[謂]은 15세기에 비자동
저 교체를 보이는 어간이나. 이와 같은 유형의 15세기 비자동적 교체
어간에 대해서는 1-1.『월인석보』의 '올아' 항목을 참고할 수 있다.

● 뎌 罪業 果報롤 : 그 죄업 과보를. '뎌'를 '그'로 현대역한 것에 대
해서는 4-7.『월인석보』의 '뎌어긔 닐오디' 항목을 참고할 수 있다.

19. 『석보상절』 권24 : 해당 부분 없음. / 『월인석보』 권25, 34b-35b

① 언해문

『월인석보』 권25, 34b-35b

부톄 梵王ᄃᆞ려 니ᄅᆞ샤ᄃᆡ 날 爲ᄒᆞ야 머리 갓고 袈裟 니븐 사ᄅᆞ미 禁戒ᄅᆞᆯ 受티 아니커나 受ᄒᆞ얫다가 犯ᄒᆞᆫ 사ᄅᆞᄆᆞᆯ 어즈려 구지저 辱ᄒᆞ며 티며 미면 萬 億 부텻 피 낸 거긔셔 罪 어두미 더하리니 엇뎨어뇨 ᄒᆞ란ᄃᆡ 이 사ᄅᆞ미 날 爲 ᄒᆞ야 出家ᄒᆞ야 머리 갓고 袈裟 니브면 비록 戒ᄅᆞᆯ 受 아니커나 시혹 受ᄒᆞ얫다 가 허러 犯ᄒᆞ야도 이 사ᄅᆞ미 오히려 能히 諸天人 爲ᄒᆞ야 涅槃道ᄅᆞᆯ 뵈리며 이 사ᄅᆞ미 곧 ᄒᆞ마 三寶 中에 敬信ᄒᆞᆫ ᄆᆞᅀᆞᄆᆞᆯ 得ᄒᆞ야 一切 九十五道애 더어 그 사ᄅᆞ미 반ᄃᆞ기 涅槃애 ᄲᆞᆯ리 드러 一切 在家 俗人의게 더으니라 이럴ᄊᆡ 天人 이 供養ᄒᆞ야ᅀᅡ ᄒᆞ리라 ᄒᆞ다가 國王이 出家ᄒᆞᆫ 사ᄅᆞ미 큰 罪業 지ᅀᅥ든 보고 오 직 法다ᄫᅵ 國土와 뎔 밧긔 내좃디ᄫᅵ 티며 구지저 辱ᄒᆞ며 一切 제 罪다ᄫᅵ 몯 ᄒᆞ리라 ᄒᆞ다가 티며 구지즈면 이 사ᄅᆞ미 곧 ᄒᆞ마 解脫애 므르며 一切 人天 善道ᄅᆞᆯ 여희여 阿鼻地獄애 一定히 가리니 ᄒᆞᄆᆞᆯ며 부텨 爲ᄒᆞ야 出家ᄒᆞ야 ᄀᆞ초 持戒ᄒᆞᆫ 사ᄅᆞᄆᆞᆯ 튜미ᄯᆞ녀

② 현대역

『월인석보』

부처님이 범왕에게 말씀하시기를 "나를 위하여 머리를 깎고 가사를 입은 사람이 금계를 받지 않거나 받았다가 범한 사람을 어지럽히고 꾸짖고 욕하 고 치고 얽매면 만억 부처님의 피를 낸 그것보다 죄를 얻는 것이 더할 것이

니 어째서인가 하니, 이 사람이 나를 위하여 출가하여 머리를 깎고 가사를 입으면 비록 계를 받지 않거나 혹은 계를 받았다가 헐어 범하여도 이 사람이 오히려 능히 모든 천인을 위하여 열반도를 보일 것이며, 이 사람이 곧 벌써 삼보 중에 공경하여 믿는 마음을 얻어 일체 구십오도보다 나아 그 사람이 반드시 열반에 빨리 들어 일체 재가의 속인보다 나을 것이다. 이렇기 때문에 천인이 공양해야만 할 것이다. 만일 출가한 사람이 큰 죄업을 지으면 국왕이 이를 보고 오직 법대로 국토와 절 밖으로 내쫓아야지 일체 제 죗값대로 치고 꾸짖고 욕하지 못할 것이다. 만일 치고 꾸짖으면 이 사람이 곧 벌써 해탈에서 물러나며 일체 인천의 선도를 떠나보내어 아비지옥에 분명히 갈 것이니, 하물며 부처님을 위하여 출가하여 갖추어 지계한 사람을 치는 것이야 어떻겠는가?"

③ 저경

『월인석보』:『법원주림(法苑珠林)』 권35, 법복편(法服編) 제30, 위손부(違損部) 제6【『대정신수대장경(大正新脩大藏經)』 제53, 시휘부(事彙部) 상(上), 559면】.

佛告梵王 若有惱亂罵辱打縛爲我剃髮被著袈裟 不受禁戒受而犯者 得罪多被出萬億佛血 何以故 是人爲我出家剃髮被著袈裟 雖不受戒或受毀犯 是人猶能爲諸天人示涅槃道 是人便已於三寶中心得敬信 勝於一切九十五道 其人必能速入涅槃勝於一切在家俗人 是故天人應當供養 若有國王見出家人作大罪業 止得如法擯出國土及在寺外 不得鞭打及以罵辱 一切不應如其身罪 若故打罵 是人便已退失解脫 及離一切人天善道 必定歸趣阿鼻地獄 何況鞭打爲佛出家具持戒者

④ 주석

『월인석보』

- 내좃디비 : 내쫓지. '억지적 반의'(김완진 1974 : 112) 혹은 '긍정 대상'

(안병희·이광호 1991 : 257)의 어미로 알려진 '-디비'는 'ㅸ'의 소실 이후 '-디위, -디외, -디웨'로도 나타난다. '-디비'는 긍정의 대상을 강조하고 그 반대 사태를 부정할 때에 사용되는 종속 접속어미이며, 그 뒤에 항상 부정어가 오는 것이 특징이다. 본문의 '오직 法다비 國土와 뎔 밧긔 내좃디비 티며 구지저 辱ᄒ며 一切 제 罪다비 몯 ᄒ리라'를 현대역하면 '오직 법대로 국토와 절 밖으로 내쫓아야지 일체 제 죗값대로 치고 꾸짖고 욕하지 못할 것이다' 정도가 되는데, 이처럼 현대국어의 접속어미 '-지'는 '-디비'로 소급된다. '티며 구지저 辱ᄒ며 一切 제 罪다비 몯·ᄒ리라'의 현대역에 대해서는 바로 아래 항목 참고할 수 있다. 한편, '-디비'와 관련된 음운사적 문제에 대해서는 김완진(1964, 1972, 1974), 이기문(1972a : 127-128)를 참고할 수 있다.

●티며 구지저 辱ᄒ며 一切 제 罪다비 몯 ᄒ리라 : 일체 제 죗값대로 치고 꾸짖고 욕하지 못할 것이다. 저경의 '不得鞭打及以罵辱 一切不應如其身罪' 부분을 언해한 것으로, 직역하면 '치며 꾸짖으며 욕하며 일체 제 죄값대로 못 할 것이다'로 풀이할 수 있을 것이나, '일체 제 죗값대로 치고 꾸짖고 욕하지 못할 것이다' 정도로 의역하였다.

20. 『석보상절』 권24 : 해당 부분 없음. / 『월인석보』 권25, 35b-37b

① 언해문

『월인석보』 권25, 35b-37b

○ 如來 涅槃 臨ᄒ샤 셕 ᄃ리 몯 미처 겨샤 文殊師利 命ᄒ샤 네 戒壇所애

가 붑 텨 四方 菩薩와 比丘 天龍八部 等을 블러 祇桓애 몯게 ᄒ라 文殊ㅣ 모
도아시ᄂᆞᆯ 世尊이 文殊大衆ᄃᆞ려 니ᄅᆞ샤ᄃᆡ 내 처엄 城 나마 山애 드러 道 비호ᇙ
제 값 업슨 寶衣로 鹿皮 갓옷 밧고아 니부니 樹神이 모믈 現ᄒᆞ야 소내 僧伽
梨ᄅᆞᆯ 자바 날ᄃᆞ려 닐오ᄃᆡ 悉達太子하 이제 道理 닷ᄀᆞ시ᄂᆞ니 一定ᄒᆞ야 正覺ᄋᆞᆯ
得ᄒᆞ시리니 過去 迦葉佛 涅槃ᄒᆞ싫 제 이 뵈 僧伽梨 大衣ᄅᆞᆯ 내게 付囑ᄒᆞ샤ᄃᆡ
이대 守護ᄒᆞ얫다가 仁者ㅣ 世間애 나거시든 悉達ᄭᅴ 받ᄌᆞᄫᅡ라 ᄒᆞ시더이다 ᄒᆞ
야ᄂᆞᆯ 내 그제 大衣 바도려 홇 제 ᄯᅡ히 ᄀᆞ장 뮈더니 樹神이 닐오ᄃᆡ 이제 太子
ㅣ 爲ᄒᆞ야 오ᄉᆞᆯ 여러 福田相ᄋᆞᆯ 뵈ᅀᆞᆸ노이다 ᄒᆞ고 여러늘 내 福田相ᄋᆞᆯ 보고 즉재
金剛三昧定에 드로니 ᄯᅡ히 ᄯᅩ ᄀᆞ장 뮈더니 樹神이 ᄯᅩ 닐오ᄃᆡ 太子ㅣ 이제 순
진 俗人이샤 이 法衣 닙디 몯ᄒᆞ시리니 頂上애 두샤 恭敬 供養ᄒᆞ시면 佛道 求
ᄒᆞ샤매 魔ㅣ 어즈리디 몯ᄒᆞ리이다 내 樹神의 마ᄅᆞᆯ 브터 즉재 뎡바기예 이유
니 처엄 잃 제 大地 震動ᄒᆞ야 내 모믈 몯 이긔어늘 뎌 地神 堅牢ㅣ 金剛ㅅ ᄀᆞ
ᄉᆞᆯ 從ᄒᆞ야셔 金剛山ᄋᆞᆯ 소사 내야 내 ᄃᆞ뇨ᄆᆞᆯ 조차 곧마다 나ᄅᆞᆯ 바다ᅀᅡ 始作ᄒᆞ
야 便安히 住호라 내 그제 六年 苦行ᄒᆞ야 모미 시드로ᄃᆡ 오ᄉᆞᆯ 순지 頂上애
두어 잇비 아니 너기다니 오직 梵王이 ᄌᆞᄌᆞ 와 날 보고 내 ᄀᆞᆺ는가 ᄒᆞ야 내
伽梨ᄅᆞᆯ 가져 梵天에 올아가니 ᄯᅡ히 ᄯᅩ ᄀᆞ장 뮈오 日月이 光明 업거늘 地神이
ᄯᅩ 梵王ᄃᆞ려 닐오ᄃᆡ 네 오ᄉᆞᆯ 가져 도로 頂上애 놋ᄉᆞᄫᆞ라 梵王이 그리ᄒᆞ니 大
地 便安ᄒᆞ고 日月이 도로 ᄇᆞᆰ더라

② 현대역

『월인석보』

○ 여래가 열반에 임하신 지 석 달이 못 미처 계시어 문수사리에게 명하
시어 "네가 계단소에 가 북을 쳐 사방 보살과 비구, 천룡팔부 등을 불러 기
환에 모이게 해라."라고 하였다. 문수가 그들을 모았는데 세존이 문수와 대
중에게 말하기를 "내가 처음 성을 넘어 산에 들어 도를 배울 때 값비싼 보
의를 사슴 가죽 옷[鹿裘]으로 바꾸어 입으니 수신(樹神)이 몸을 나타내어 손

에 승가리를 잡고 나에게 말하기를 '실달태자여, 이제 도리를 닦으시니 반드시 정각을 얻으실 것이니 과거 가섭불이 열반하실 때 이 베로 짠 승가리 대의를 내게 부촉하셨는데, 잘 수호하고 있다가 인자가 세상에 나시면 실달께 바치라고 하셨습니다.' 하였는데, 내가 그때 대의를 받으려 할 때 땅이 크게 움직이더니 수신이 말하기를 '이제 태자를 위하여 옷을 열어 복전상을 보이겠습니다.' 하고 열었는데, 내가 복전상을 보고 즉시 금강삼매정에 드니 땅이 또 크게 움직이더니, 수신이 또 말하기를 '태자가 지금 아직 속인이시어 이 법의를 입지 못하실 것이니 정수리 위에 두시고 공경·공양하시면 불도를 구하시는 것에 마(魔)가 어지럽히지 못할 것입니다.' 내가 수신의 말에 따라 즉시 정수리에 그 법의를 이니 처음 일 때 대지가 진동하여 내 몸을 못 이기었는데, 그 지신(地神) 견로가 금강의 가장자리를 따라서 금강산을 솟아 나게 하여 내가 다니는 곳마다 따라 다녀 나를 받들자 비로소 편안히 있었다. 내가 그때 6년을 고행하여 몸이 시들되 옷을 이미 정수리 위에 두고 고단히 여기지 않았으니, 오직 범왕이 자주 와 나를 보고 내가 힘들어 하는가 하여 내 가리를 가지고 범천에 올라가니 땅이 또 크게 움직이고 해와 달이 광명이 없어지는데, 지신이 또 범왕에게 말하기를 '네 옷을 가지고 도로 정수리 위에 놓아라.' 범왕이 그리하니 대지가 평안해지고 해와 달이 도로 밝아졌다.'"

③ 저경

『월인석보』:『법원주림(法苑珠林)』 권35, 법복편(法服編) 제30, 감응연(感應緣)【『대정신수대장경(大正新脩大藏經)』 제53, 사휘부(事彙部) 상(上), 560면】.

如來臨涅槃三月未至前 命文殊師利 汝往戒壇所鳴鍾 召四方菩薩幷及比丘天龍八部等 使集祇桓 文殊依命告集已 世尊告文殊大衆言 我初踰城入山學道 以無價寶衣貿得鹿裘著 有樹神現身 手執僧伽梨 告我言 悉達太子 汝今修道定得正覺 過去迦葉涅槃時 將此布僧伽梨大衣付囑於我 令善守護待至仁者出世 令我付悉達

我於于時欲受大衣 地便大動 樹神告言 今爲汝開衣示福田相 樹神旣開我見福田
相 卽入金剛三昧定 地又大動 樹神又言 汝今猶是俗人 未合被此法衣 當置于頂上
恭敬供養 令汝求佛道不爲魔嬈 我依樹神 卽以頭頂戴之 我初戴時大地震動 不勝
我身 彼地神堅牢從金剛際踊出金剛山 隨我所行處處承我 始得安住 我時六年苦
行身體旣羸 衣猶頂上不敢辭疲 唯有梵王數來見我 深起大悲愍我勞苦 將我伽梨
上至梵天 地又大動日月無光 地神又告梵言 汝可持衣還安頂上 梵王依敎 大地乃
安 日月還明

④ 주석

『월인석보』

• 놋ᄉ바라 : 놓아라. 15세기 문헌에서 용언 어간말 'ㅎ'에 대한 표기
는 후행하는 어미의 음절초 자음의 종류에 따라 다음과 같이 서로 다
르게 나타난다. 첫째, 장애음 'ㄱ, ㄷ' 앞에서는 어간말 'ㅎ'이 해당 자
음과 축약되어 'ㅋ, ㅌ'으로 각각 실현된다(나코져[生]<석보상절21 :
7b>, 나티<석보상절11 : 39a>). 둘째, 'ㅅ' 앞에서는 'ㅅ'으로 실현된다
(젓ᄉ오며[恐]<능엄경언해7 : 28b>, 저쏩바<월인석보1 : 10a>). 셋째, 'ㄴ'
앞에서는 'ㄷ'이나 'ㄴ'으로 실현된다(젇ᄂ니라[恐]<남명집언해하37b>,
전는<법화경언해4 : 23a>). 본문의 '놋ᄉ바라'의 '놋'은 바로 두 번째 경
우에 해당하는 예이다.

21. 『석보상절』권24 : 해당 부분 없음. / 『월인석보』권25, 37b-39a

① 언해문

『월인석보』권25, 37b-39a

내 쏘 梵王ᄃ려 닐오ᄃᆡ 네 僧伽梨 내 頂上애 잇ᄂᆞᆫ 뜨들 아ᄂᆞᆫ다 모ᄅᆞᄂᆞᆫ다
對答ᄒᆞᄃᆡ 모ᄅᆞ노이다 내 닐오ᄃᆡ 이ᄂᆞᆫ 未來옛 모딘 比丘 比丘尼ᄃᆞᆯᄒᆡ 내이 解
脫法服ᄋᆞᆯ 恭敬 아니 ᄒᆞ릴ᄊᆡ 頂上애 두어 天魔外道ᄅᆞᆯ 것거 降伏히요려 ᄒᆞᄂᆞᆫ
전ᄎᆞ라 내 河애 드러 沐浴ᄒᆞ고 두 牧女의 젓粥 바ᄃᆞᇙ 저긔【菩薩이 道樹에 가
싫 제 天人이 善生村主의 두 ᄯᆞᆯᄃᆞ려 닐오ᄃᆡ 네 못 처ᅀᅥ믜 바ᄇᆞᆯ 施ᄒᆞᅀᆞᄫᆞ라
그제 두 ᄯᆞ리 ᄒᆞᆫ 일후믄 難陁ㅣ오 두 일후믄 婆羅ㅣ러니 져ᄌᆞ로 粥 ᄡᅮ더니
그 가마 우희 種種 瑞相이 現커ᄂᆞᆯ 바리예 다마 菩薩ᄭᅴ 받ᄌᆞᄫᅡᄂᆞᆯ 좌시고 바리
ᄅᆞᆯ 尼連河애 더뎌시ᄂᆞᆯ 天帝釋이 天上애 가져다가 塔 일어 두ᅀᆞᆸ고 供養ᄒᆞᅀᆞᆸ
ᄂᆞ니라 ○ 如來ㅅ 모미 ᄒᆞ마 無量阿僧祇劫에 飮食을 受티 아니커신 마ᄅᆞᆫ 聲聞
ᄃᆞᆯ 爲ᄒᆞ샤 니ᄅᆞ샤ᄃᆡ 두 牧牛女의 젓粥을 몬져 바도라 ᄒᆞ시니라 牧牛ᄂᆞᆫ 쇼 칠
씨라】이 大衣ᄅᆞᆯ 니버 즉재 第三禪樂ᄋᆞᆯ 得ᄒᆞ야 한 受苦ㅣ 다 다ᄋᆞ며 내 菩提
樹에 안자 처섬 法輪 轉ᄒᆞᇙ 제 樹神이 塔ᄋᆞᆯ 가져와 내게 올이고 이 오ᄉᆞᆯ 바사
塔 中에 두게 ᄒᆞ니라 내 成佛ᄒᆞᆫ 後로 이제 쉰 ᄒᆡᄅᆞᆯ 이 大衣ᄅᆞᆯ 恭敬ᄒᆞ야 重히
너겨 守護ᄒᆞ야 손소 ᄲᅡ라 샹녜 金剛神을 브려 寶塔ᄋᆞᆯ 바다 ᄶᅡ해 노티 아니케
ᄒᆞ고 ᄆᆡ샹 法輪 轉ᄒᆞᇙ 제 곧 이 오ᄉᆞᆯ 니버 成道ᄒᆞᆫ 後로 쉰 디위ᄅᆞᆯ 니부니 내
涅槃ᄒᆞ려 ᄒᆞ노니 모로매 付囑ᄒᆞᇙ 디 이시리라

---

② 현대역

『월인석보』

내가 또 범왕에게 말하기를 "네가 승가리가 내 정수리 위에 있는 뜻을 아

느냐, 모르느냐?" 대답하기를 "모릅니다." 내가 말하기를 "이는 미래에 있는 모진 비구와 비구니들이 나의 해탈 법복을 공경하지 않으므로 정수리 위에 두어 천마외도를 꺾어 항복시키려 하는 까닭이다." 내가 강에 들어가 목욕하고 두 목녀(牧女)의 젖죽을 받을 때에【보살이 도수에 가실 때 천인이 선생촌주의 두 딸에게 말하기를 "네가 맨 처음에 밥을 보시해라." 그때 두 딸이 하나는 이름이 난타이고 다른 하나는 이름이 파라였는데, 젖으로 죽을 쑤더니 그 가마 위에 갖가지 상서로운 조짐이 나타나거늘 바리에 담아 보살께 바쳤는데 보살이 드시고 바리를 이련하에 던지셨는데 천제석이 천상에 가져다가 탑을 이루어 두고 공양한다. ○ 여래의 몸이 이미 무량아승기겁에 음식을 받지 않으셨지만 성문들을 위하시어 말씀하시기를 "두 목우녀의 젖죽을 먼저 받았다."라고 하셨다. 목우는 소를 치는 것이다.】이 대의를 입고 즉시 제삼선락을 얻어 많은 괴로움이 모두 다하며 내가 보리수에 앉아 처음 법륜을 굴릴 때 수신이 탑을 가져와 내게 올리고 이 옷을 벗어 탑 안에 두게 하였다. 내가 성불한 후로 이제 쉰 해를 이 대의를 공경하여 중히 여겨 수호하고 손수 빨아 항상 금강신을 부려 보탑을 받아 땅에 놓지 않게 하고, 매양 법륜을 굴릴 때 곧 이 옷을 입어 성도한 후로 쉰 번을 입으니, 내가 열반하려 하니 모름지기 부촉할 데가 있을 것이니."

③ 저경

『월인석보』:『법원주림(法苑珠林)』 권35, 법복편(法服編) 제30, 감응연(感應緣)【『대정신수대장경(大正新脩大藏經)』 제53, 사휘부(事彙部) 상(上), 560면】.

太子又告梵王 汝知僧伽梨在我頂上意不 答言不知 太子言 此爲未來諸惡比丘比丘尼等 不敬我解脫法服故 以衣在頂上住 爲摧伏天魔外道故 我入河浴 受二牧女乳糜時 被著此大衣卽得第三禪樂 衆苦皆盡 我坐菩提樹初轉法輪 爾時樹神將塔來奉上我 令我脫此服安置塔中 我自成佛來于今五十載 敬重此大衣守護自濯 常使金剛神擎持寶塔 未嘗置地 每轉法輪便被此服 自成道來被著五十度 我欲涅槃須有付囑

④ 주석

『월인석보』

● ᄒᆞ마 : 이미. 중세국어의 부사 'ᄒᆞ마'는 시간적으로 과거의 사태에 대해서도, 미래의 사태에 대해서도 모두 사용되었다. 전자는 한문의 '旣'자에 대응하는 것으로 '이미, 벌써' 정도의 의미를 나타내며, 후자는 한문의 '將'자에 대응하여 '장차'의 의미를 나타낸다. 본문에서 'ᄒᆞ마'가 쓰인 부분에 대한 저경은 찾을 수 없지만, 여기서의 용법은 문맥상 전자의 것으로 판단할 수 있다.

22. 『석보상절』 권24 : 해당 부분 없음. / 『월인석보』 권25, 39a-41a

① 언해문

『월인석보』 권25, 39a-41a

○ 부톄 文殊와 諸比丘 天龍八部 等ᄃᆞ려 니ᄅᆞ샤ᄃᆡ 이ᄂᆞᆫ 迦葉佛 驪布 僧伽梨니 큰 威德이 잇ᄂᆞ니 내 佛眼ᄋᆞ로 보니 諸天龍 鬼神과 十地菩薩ᄃᆞᆯ히 이 大衣를 터럭 귿마도 뮈우디 몯ᄒᆞᄂᆞ니 오직 如來옷 이 衣塔ᄋᆞᆯ 받ᄂᆞ니라 ᄒᆞ시고 세 볼 戒壇ᄋᆞᆯ 값도ᄅᆞ샤 南面 西階로 戒壇애 오ᄅᆞ샤 西面을 從ᄒᆞ야 北녀그로 도ᄅᆞ샤 北面에 가 셔샤 世尊이 衣塔ᄋᆞᆯ 더디샤 空中에 올이시니 衣塔이 放光ᄒᆞ야 百億國土를 차 비취니 一切 苦趣ㅣ 光明 닙ᄉᆞᄫᅡ 다 더러 天樹妙樂國土ㅣ ᄃᆞᆺ더니 如來 音聲 내샤 諸佛ᄭᅴ 너비 告ᄒᆞ샤ᄃᆡ 내 涅槃코져 ᄒᆞ노니 녯 迦葉佛ㅅ 驪布 僧伽梨를 내게 付囑ᄒᆞ샤 未法 衆生ᄋᆞᆯ 住持ᄒᆞ시니 諸來十方佛 等이 願ᄒᆞ온ᄃᆞᆫ 各各 ᄒᆞᆫ 오ᄉᆞᆯ ᄇᆞ리샤 未法을 모다 디니쇼셔 十方諸佛이 즉재 各各

僧伽梨를 바슨샤 牟尼佛끠 施호야시놀 世尊이 바다시놀 魔王이 부텨끠 솔봉
디 내 黃金珠寶로 옷 다뭀 塔을 밍ㄱ라 받줍고져 호노니 願혼든 어엿비 너기
샤 드르쇼셔 世尊이 許호야시놀 곧 神力으로 혼 念 ㅆ싀예 한 塔이 다 일어
늘 世尊이 즈개 大衣로 자ㅂ샤 낫나치 寶塔 中에 녀허시놀 魔衆이 부텨끠 솔
봉디 이 塔을 엇던 사ㄹ미게 付囑호시며 엇던 짜해 便安히 두시리잇고 그제
如來 호마 涅槃호려 즉재 羅雲이ㄷ려 니ㄹ샤디 네 阿難이 블러오라 阿難이
오나눌 世尊이 放光호샤 大千을 차 비취시니 百億 釋迦ㅣ 다 祇桓애 몯거시
눌 世尊이 즉재 坐로셔 니ㄹ샤 戒壇애 오ㄹ샤 ㅆ 阿難이ㄷ려 니ㄹ샤디 네 震
旦國에 가 淸涼山窟에 文殊師利ㄷ려 命호디 내 迦葉 僧伽梨를 付囑호려 호노
라 호라 諸來釋迦佛이 즉재 文殊와 彈指ㅅ 스싀예 戒壇애 오나시눌 부톄 文
殊와 諸來大衆ㄷ려 니ㄹ샤디 내 이제 涅槃호릴씨 너를 迦葉佛 衣塔을 맛뎌
내 遺法을 디니게 코져 호노니 내 涅槃애 든 後에 迦葉 衣塔을 내 戒壇 北에
두어 열두 힌룰 디내라 ㅆ 四天王ㄷ려 니ㄹ샤디 네 天樂 가져 샹녜 衣塔을
供養호라

② 현대역

『월인석보』

○ 부처님이 문수와 모든 비구, 천룡팔부 등에게 말씀하시기를 "이는 가
섭불의 추포(麤布) 승가리이니 큰 위덕이 있다. 내가 불안으로 보니 모든 천
룡·귀신과 십지보살들이 이 대의를 털끝만큼도 움직이지 못하니 오직 여래
만이 이 의탑을 받든다." 하시고, 세 번 계단을 감도시고 남면 서계로 계단
에 오르시어 서면을 따라 북녘으로 도시고 북면에 가 서시어 세존이 의탑을
던지시고 공중에 올리시니, 의탑이 빛을 내쏘아 백억 국토를 두루 비추니
일체 고취가 광명을 입어 다 사라져 천수묘락국토와 같아지니, 여래가 음성
을 내시어 모든 부처님께 널리 고하시기를 "내가 열반하고자 하니 옛 가섭
불의 추포 승가리를 내게 부촉하시어 말법 중생을 주지하시니 오신 모든 시
방불 등이 원하건대 각각 한 옷을 버리시어 말법을 모아 지니소서." 시방의

모든 부처님이 즉시 각각 승가리를 벗으시어 모니불께 보시하니 세존이 받으셨는데, 마왕이 부처님께 아뢰기를 "내가 황금과 진주와 보물로 옷을 담을 탑을 만들어 바치고자 하니, 원하건대 불쌍히 여기시어 청을 들어주소서." 세존이 허락하시니 곧 신력으로 한 생각 사이에 많은 탑이 다 만들어지니 세존이 자기 대의를 잡으시고 일일이 보탑 안에 넣으시는데, 마중(魔衆)이 부처님께 아뢰기를 "이 탑을 어떤 사람에게 부촉하시며 어떤 땅에 편안히 두실 것입니까?" 그때 여래가 곧 열반하려 즉시 나운이에게 말씀하시기를 "네가 아난이를 불러 오너라." 아난이 왔는데 세존이 빛을 내쏘시어 대천을 두루 비추시니 백억 석가가 다 기환에 모이시는데, 세존이 즉시 자리에서 일어나시고 계단에 오르시어 또 아난이에게 말씀하시기를 "네가 진단국에 가서 청량산굴에서 문수사리에게 명하여 '내가 가섭 승가리를 부촉하려한다.'고 해라." 오신 모든 석가불이 즉시 문수와 탄지지간에 계단에 오시니부처님이 문수와 오신 모든 대중에게 말씀하시기를 "내가 이제 열반할 것이므로 너에게 가섭불 의탑을 맡겨 내 유법을 지니게 하고자 하니, 내가 열반에 든 후에 가섭 의탑을 내 계단 북쪽에 두고 열두 해를 지내라." 또 사천왕에게 말씀하시기를 "네가 천락을 가지고 항상 의탑을 공양해라."

③ 저경

『월인석보』:『법원주림(法苑珠林)』 권35, 법복편(法服編) 제30, 감응연(感應緣)【『대정신수대장경(大正新脩大藏經)』 제53, 사휘부(事彙部) 상(上), 560면】.

佛告文殊及諸比丘天龍八部等 此是迦葉佛廲布僧伽梨有大威德 我以佛眼觀諸天龍鬼神及十地菩薩等 未能動此大衣如毛髮許 旣不能動唯有如來擎此衣塔 三匝繞戒壇 從南面西階升于戒壇上 從西面北轉至于北面上立 世尊擲衣塔上空中 衣塔放光遍照百億國土 一切苦趣蒙光皆除 猶如天樹妙樂國土 如來發聲普告諸佛我欲涅槃 有古迦葉佛廲布僧伽梨 付我住持末法衆生 諸來十方佛等 願各捨一衣共持末法 十方諸佛聞是語已 卽各脫僧伽梨以施牟尼佛 世尊受已魔王又白佛言

伏願哀愍聽 我欲施黃金珠寶用作盛衣塔 願見聽許 世尊許已 便以神力於一念頃
衆塔皆成 成已 世尊自將大衣一一內寶塔中 魔衆白佛 不知此塔付囑何人安置何
處 於是如來臨欲涅槃 卽告羅雲 汝命阿難來 阿難來已 世尊放光遍照大千 百億釋
迦俱集祇桓 諸佛集已 世尊卽從坐起升于戒壇 又告阿難 汝往震旦國 於淸涼山窟
命文殊師利 我欲付囑迦葉僧伽梨 諸來釋迦佛 卽與文殊 於一彈指頃來至戒壇 佛
告文殊及諸來大衆 我今涅槃 欲付汝迦葉佛衣塔持我遺法 我入涅槃後 將迦葉衣
塔置我戒壇北經于十二年 又告四天王 汝將天樂常供養衣塔

④ 주석

『월인석보』

● 갌도ᄅ샤(LRLH) : 갊도시어. 15세기 문헌에서 '갊돌-'[匝]은 '감똘-'
로도 나타난다. '갊돌-'은 '감-'[卷]과 '돌-'[回]이 결합한 비통사적 합
성어임은 분명한데, 두 어간에 개재한 'ㅅ'의 정체는 아직 명확하지 않
다. 일반적으로 '용언 어간+용언 어간' 합성어에서는 사이시옷이 개재
하지 않기 때문이다. 한편, '갊돌-'은 성조의 측면에서도 독특한 면을
보인다. '용언 어간+용언 어간' 합성어에서는 구성성분 어간의 성조가
교체되지 않는 것이 일반적인데, 둘 다 상평 교체 어간인 '감-'과 '돌-'
이 결합된 '갊돌-'의 어간 성조는 '감쏘ᄂ니(LRLH)<월인석보1 : 30a>,
갊도라(LLH)<석보상절21 : 40a>'에서 알 수 있듯이 LR/LL이기 때문이다.
즉, 제1구성성분의 성조가 평성화한 것이다. 동일한 'R/L+R/L' 구성인
'닐뮈-'의 경우에는 RH로 나타나는데, 이는 제2구성성분의 성조가 거
성화한 것으로 '갊돌-'의 경우와 좋은 대조를 보인다. '용언 어간+용언
어간' 합성어의 성조에 대한 더욱 자세한 사항은 유필재(2005a)를 참고할
수 있다.

• 羅雲이ᄃ려 : 나운이에게. 중세국어 문헌에서는 본문의 '羅雲이ᄃ려' 외에도 '須達이와<석보상절6 : 35a>, 阿難이도<석보상절23 : 32a>'에서와 같이 인명명사가 '-이'와 결합되어 있는 어형을 발견할 수 있다. 이러한 '-이'의 실현은 수의적이어서 '阿育의 어미 阿育이ᄃ려 무로ᄃᆡ<월인석보25 : 71a>'에서와 같이 동일한 문장 내의 동일한 인명명사에 대해서도 '-이' 결합형과 비결합형이 공존하는 것이 특징이다. 현대국어의 '영식이, 순돌이'에서와 같이 자음으로 끝나는 평칭의 인명명사에 결합하는 '-이'도 이와 본질적으로 다르지 않은 것으로 보인다. 이와 같은 '-이'에 대해서 허웅(1975 : 39)에서는 "오직 소리를 고루기 위해 들어간 것"으로 보았으나, 고영근(1968), 송철의(1977), 최전승(1982) 등에서는 명사파생접미사로 보았다. 이광호(1986)에서는 이러한 '-이'를 화용론적 속성을 가진 언어성분으로 보고 '-이'의 실현을 통사적인 현상으로 간주하였으며, 이러한 입장은 구본관(1997 : 114-118)에서도 기본적으로 유지되고 있다.

23. 『석보상절』 권24 : 해당 부분 없음. / 『월인석보』 권25, 41a-43a

① 언해문

『월인석보』 권25, 41a-43a

> ○ 또 부톄 文殊師利ᄃ려 니ᄅᆞ샤ᄃᆡ 네 神力으로 祇桓中堂 西寶樓 上애 가 내 珠玉函ᄋᆞᆯ 가져 大衆을 뵈라 내 처엄 城 나마 父王宮 여희여 四十里예 뎌

叢林에 다드라 모미 져기 곳브거늘 쉬다니 樹神이 모물 現ㅎ야 내게 닐오디
太子ㅣ 이제 道理 닷ㄱ시ᄂ니 一定ㅎ야 金色身을 得ㅎ야 三界大師ㅣ 드외시
리니 迦葉佛 涅槃ㅎ싫 제 내거긔 珠函과 깁 僧伽梨를 付囑ㅎ샤 太子의 付囑
ㅎ라 ㅎ시니이다 내 神드려 닐오디 네 깁 僧伽梨는 내 쁢 거시 아니로다 내
先老의 마를 드르니 諸佛이 出世ㅎ샤 蠶衣를 닙디 아니 ㅎ시ᄂ다 ㅎ느니【蠶
은 누웨라】내 이제 道理 닷거니 엇뎨 산 것 害혼 거슬 내게 맛뎌 니브라 ㅎ
ᄂ다 네 魔ㅣ라 부러 와 어즈리놋다 樹神이 닐오디 太子ㅣ 大智人이샤디 엇
뎨 멀터븐 마롤 ㅎ시ᄂ고 諸佛이 慈悲ㅎ샤 實로 蠶衣롤 아니 닙거시니와 이
시론 化ㅎ야 난 거시라 산 것 害혼 거시 아니니 太子ㅣ 이제 珠函을 바드샤
여르시면 그 가온디 字ㅣ 잇ᄂ니이다 ㅎ야ᄂ놀 내 즉재 函을 여러 여러 가짓
奇特혼 이롤 보니 큰 毗尼와 修多羅藏과 迦葉 遺教ㅣ 다 그 가온디 이시며
僧伽梨 조쳐 보니 뎌 부톄 손소 遺書를 쓰샤 樹神의게 付囑ㅎ샤 내게 付囑게
ㅎ시니 迦葉佛書에 닐오디 내 처엄 成道ㅎ야ᄂ놀 大梵天王이 내게 施ㅎ니 뎌
시론 化出ㅎ디비 고티 혼 거시 아니라 梵天王은 經絲롤 施ㅎ고【經絲는 놀시
리라】堅牢地神王은 緯絲롤 施ㅎ니【緯絲는 시시리라】뎌 두 施主ㅣ 어우러
혼 法衣를 일워 내게 施ㅎ야늘 내 成道 後로 샹녜 이 오술 니버 잢간도 損失
티 아니ㅎ야 이제 悉達손디 付囑ㅎ노니 成佛ㅎ야든 내 僧伽梨롤 가져 祇桓
中에 누고 毗尼 轉홇 저기어든 날 爲ㅎ야 니브라

② 현대역

『월인석보』

○ 또 부처님이 문수사리에게 말씀하시기를 "네가 신력으로 기환중당 서
보루 위에 가서 내 주옥함을 가지고 대중에게 보여라. 내가 처음 성을 넘어
부왕의 궁을 떠나 40리에 저 총림에 다다라 몸이 적이 피곤해 쉬었는데, 수
신이 몸을 나타내어 내게 말하기를 '태자께서 이제 도리를 닦으시니 반드시
금색신을 얻어 삼계의 큰 스승이 되실 것이니, 가섭불이 열반하실 때 나에

게 주함과 비단 승가리를 부촉하시어 태자께 부촉하라고 하셨습니다.' 내가
수신에게 말하기를 '네 비단 승가리는 내가 쓸 것이 아니다. 내가 선로의 말
을 들으니 모든 부처님이 세상에 나오시어 잠의를 입지 않으신다 하니【잠
은 누에이다.】내가 이제 도리를 닦았으니 어찌 산 것을 해한 것을 내게 맡
겨 입으라 하느냐? 네가 마귀라서 일부러 와 어지럽히는구나!' 수신이 말하
기를 '태자께서 큰 지혜를 가진 분이신데 어찌 거친 말을 하시는가? 모든 부
처님이 자비하시어 실로 잠의를 안 입으시거니와 이 실은 저절로 난 것이라
산 것을 해한 것이 아니니, 태자께서 이제 주함을 받으셔서 여시면 그 가운
데에 글자가 있습니다.' 하는데, 내가 즉시 함을 열어 여러 가지 기이한 일을
보니 큰 비니와 수다라장과 가섭의 유교가 다 그 가운데에 있으며, 승가리
를 아울러 보니 그 부처님이 손수 유서를 쓰시고 수신에게 부촉하시어 내게
부촉하게 하시니, 가섭불의 유서에서 이르기를 '내가 처음 성도하는데 대범
천왕이 내게 보시하니 그 실은 저절로 난 것이지 누에고치에서 뽑은 것이
아니다.' 범천왕은 경사를 보시하고【경사는 날실이다.】견로지신왕은 위사
를 보시하니【위사는 씨실이다.】그 두 시주가 함께 한 법의를 만들어 내게
보시하였는데, 내가 성도한 이후로 항상 이 옷을 입고 잠깐도 손실치 않아
이제 실달에게 부촉하니, 성불하거든 내 승가리를 가지고 기환 안에 두고
비니를 전할 때면 나를 위하여 입어라.

③ 저경

『월인석보』:『법원주림(法苑珠林)』 권35, 법복편(法服編) 제30, 감응연(感應緣)
【『대정신수대장경(大正新脩大藏經)』 제53, 사휘부(事彙部) 상(上), 561면】.

又佛告文殊師利 汝以神力往祇桓中堂西寶樓上 取我珠玉函將示大衆 我初踰城
離父王宮 四十里到彼叢林 身小疲怠 權時止息 時彼樹神現身告我言 汝今修道定
得金色身 爲三界大師 迦葉佛涅槃時 付囑我珠函幷絹僧伽梨 令我轉付囑汝 我語
神言 汝絹僧伽梨非我所用 我聞先老所言 諸佛出世不著蠶衣 我今修道如何害生
以付我著 汝今是魔故來相惱 樹神告言 汝大智人何輒麤言 諸佛慈悲實不著蠶衣

④ 주석

『월인석보』

● 쉬다니 : 쉬었더니. 선어말어미 '-ᄋᆞ시-, -더-, -거-, -ᄂᆞ-'는 선어말
어미 '-오-' 앞에서 각기 '-ᄋᆞ샤-, -다-, -가/과-, -노-'로 교체되었다. 따
라서 '쉬다니'는 '쉬-[休]+-더-+-오-+-니'와 같이 분석될 수 있다.

24. 『석보상절』 권24 : 해당 부분 없음. / 『월인석보』 권25, 43a-44b

① 언해문

『월인석보』 권25, 43a-44b

이제 이 오ᄉᆞᆯ 留ᄒᆞ노니 너 涅槃 後 一百 年에 智慧 업슨 比丘ㅣ 毗尼藏ᄋᆞᆯ
ᄂᆞ호아 五部를 밍ᄀᆞ라든 百 年을 從ᄒᆞ야 後에 네 修多羅를 ᄂᆞ호아 無量部ㅣ
ᄃᆞ외야 ᄃᆞ토ᄂᆞᆫ 議論이 니러나 法이 ᄲᆞᆯ리 滅케 ᄒᆞ리니 뎌 어린 즁이 三藏ᄋᆞᆯ
모ᄅᆞᄂᆞᆫ 젼ᄎᆞ로 깁옷 닙게 타 들고 곧 누웨를 주기리라 너 成道ᄒᆞᆫ 後ㅣ면 뎌

시리 諸國에 절로 나리니 누웨 주균 거시 아니리라【부톄 니ᄅ샤ᄃ 내 三藏
敎 中에 비록 繒綵로 佛法僧을 供養ᄒ라 ᄒ나 本來 누웨 이베셔 난 絲綿이
아니라 내 이 閻浮洲와 ᄯᅩ 大洲 밧긔 千八百 大國에 다 繒帛이 이쇼ᄃ 絲綿
이 다 겨지븨 이베셔 나디ᄫᅵ 누웨 이베셔 난 거시 아니니 衆生 命을 殺害 아
니ᄒᆫ 다시며 福業의 感ᄒᆫ 다ᄉ로 겨지븨 이브로셔 나ᄂ니 실 어더 옷 짓고
져 홇 저기어든 모로매 然香ᄒ고 ᄲᅩᇰ나모 아래 가면 곧 두 化女子ㅣ 나모 아
래 나 八歲女ㅣ ᄀᆮᄒ리니 이베셔 시롤 내어든 뎌 나랏 사ᄅᆷᄃᆞᆯ히 오직 繖車롤
밍ᄀᆞ라【【繖車ᄂ 실 혀ᄂᆞᆫ 술위라】】뎌 시를 繖車 우희 가져와 足호 만코
마라ᄃᆞᆫ 化女ㅣ 즉재 업ᄂᆞ니 내 繒綵 니브라 호ᄆᆞᆫ 이 女絲와 하ᄂᆞᇁ 繒綵디ᄫᅵ
산 것 주겨 실 아ᅀᅡ 쓰라 호미 아니라】

② 현대역

『월인석보』

　　이제 이 옷을 남기니 네가 열반한 지 1백 년 후에 지혜 없는 비구가 비니
장을 나누어 오부를 만들거든 백 년을 따라 후에 네 수다라를 나누어 무량
부가 되어 다투는 의논이 일어나 법이 빨리 멸하게 할 것이니, 그 어리석은
승려가 삼장을 모르는 까닭에 비단옷 입게 하였다 듣고 곧 누에를 죽일 것
이다. 네가 성도한 이후이면 그 실이 모든 나라에 절로 날 것이니 누에를 죽
인 것이 아니다.【부처님이 말씀하시기를 "내가 삼장교에서 비록 '비단으로
불법승을 공양하라.'고 하였으나, 본래 누에 입에서 난 사면이 아니라 내 이
염부주와 또 대주 밖의 천8백 대국에 다 비단이 있으되, 사면이 다 여인의
입에서 나는 것이지 누에 입에서 난 것이 아니니 중생의 목숨을 살해하지
않은 탓이며 복업이 감동한 탓으로 여자의 입에서 나니, 실을 얻어 옷을 짓
고자 할 때면 모름지기 향을 피우고 뽕나무 아래에 가면 곧 두 화녀자가 나
무 아래에서 나서 8세 여자와 같을 것이니, 입에서 실을 내거든 그 나라의
사람들이 오직 쇄거를 만들어【【쇄거는 실 뽑는 수레이다.】】그 실을 쇄

거 위에 가져와 충분할 만큼 얻고 그치면 화녀가 즉시 없어지니, 내가 비단을 입으라고 하는 것은 이 여자의 실과 하늘의 비단이지 산 것을 죽여 실을 빼앗아 쓰라 함이 아니다."】

③ 저경

『월인석보』:『법원주림(法苑珠林)』 권35, 법복편(法服編) 제30, 감응연(感應緣)【『대정신수대장경(大正新脩大藏經)』 제53, 사휘부(事彙部) 상(上), 561면】.

今留此衣 汝涅槃後一百年 初有無智比丘分毘尼藏遂爲五部 從百年後分汝修多羅 當爲無量部 諍論由興令法速減 由彼愚僧不閑三藏 聞開著繪衣卽爲殺蠶 汝若成道後 彼絲自出諸國 非是殺蠶 又釋迦佛初成道時乃至涅槃 唯服糞布僧伽梨及白氎三衣 未曾著蠶衣繪帛 何爲惡比丘等謗讟我云 毘尼教中開許著之 初成道時 愛道比丘尼 手執金縷袈裟 持施與我 我不敢受 令持施僧 況我三界大師服著蠶衣 我於三藏教中雖聽用繪綵供養佛法僧 然本非是蠶口出絲綿 我此間浮洲及以大洲之外 有千八百人國 並有繪帛絲綿 皆從女口出之 非是蠶口中出 由不殺害衆生命故 福業所感故 從女口中出 問何以得知 答曰 若欲得絲作衣時卽須然香至桑樹下 便有二化女子 從彼樹下出形 如八歲女 從口中吐絲 彼國人等但設維車 從女口中取絲 轉至維車上 取足便止 化女卽減 我聽著繪綵者 是此女絲及天繪綵 本非害生取絲而用 云何謗我害生取絲用邪

④ 주석

『월인석보』

● 누웨롤 : 누에를. 『훈민정음』 해례본(29b)에서부터 현대국어 어형과 동일한 '누에'가 나타난다. 하지만 15세기의 다른 문헌에서 나타나는

'누웨<월인석보25 : 42a>'라든가 현대 동남방언이나 동북방언에서 쓰이는 '누베, 니비' 등을 고려할 때, 이 단어는 기원적으로 '*누ᄫᅦ'(혹은 '*누ᄢᅦ')에 소급하는 것으로 볼 수 있다.

• 뎌 나랏 사ᄅᆞᆷᄃᆞᆯ히 : 그 나라의 사람들이. '뎌'는 '彼國人等'의 '彼'를 축자적으로 언해한 것이다. 한문에서 문맥지시적 용법으로 사용된 '彼'는 국어에서 현장지시적 용법만 갖는 '저'보다는 현장지시와 문맥지시에 모두 쓰이는 '그'로 번역하는 것이 더 타당하다. 이와 관련해서는 4-7. 『월인석보』의 '뎌어긔 닐오ᄃᆡ' 항목을 참고할 수 있다.

25. 『석보상절』 권24 : 해당 부분 없음. / 『월인석보』 권25, 44b-45b

① 언해문

『월인석보』 권25, 44b-45b

그럴ᄊᆡ 내 樹神을 맛뎌 이제 옮겨 너를 맛디노니 이 函 中엔 다 내 遺教ㅣ니 ᄯᅩ 네게 付囑ᄒᆞ야 遺法을 住持ᄒᆞ노라 ᄒᆞ얫더니 내 다 닐거 보니 ᄯᅡ히 즉재 六種 震動ᄒᆞ고 珠函이 절로 열오 ᄯᅩ 큰 光明을 펴더니 樹神이 ᄯᅩ 내게 닐오ᄃᆡ 이 衣函ᄋᆞᆯ 왼녁 엇게 우희 두시고 샹녜 恭敬ᄒᆞ시고 다ᄅᆞᆫ ᄃᆡ 두디 마ᄅᆞ쇼셔 珠函이 엇게예 이시면 諸魔ᄅᆞᆯ 能히 것그며 外道ᄅᆞᆯ 降伏ᄒᆡ와 ᄲᆞᆯ리 成佛ᄒᆞ시리이다 내 函 바ᄃᆞᆫ 後로 샹녜 엇게 우희 두어 졋粥 바ᄃᆞ며 菩提樹 아래 안ᄌᆞᇙ 저긔 니르러 帝釋이 내게 와 函ᄋᆞᆯ 아ᅀᅡ 여러 僧伽梨ᄅᆞᆯ 내야 나ᄅᆞᆯ 닙게 ᄒᆞ고 ᄯᅩ 迦葉佛 麤布 僧伽梨ᄅᆞᆯ 아ᅀᅡ 깁옷 우희 니피고 梵王과 帝釋괘 ᄯᅩ 뵈 大衣ᄅᆞᆯ 施ᄒᆞ야ᄂᆞᆯ 내 아랫 양ᄋᆞ로 바다 세 ᄇᆞᆯ 오ᄉᆞᆯ 니보니 둘흔 迦葉佛 오시오 ᄒᆞ나ᄒᆞᆫ 내 해라 大梵天王이 와 닐오ᄃᆡ 내 보ᅀᆞᄫᆞ니 過去 諸佛도 三大衣ᄅᆞᆯ 니브시면 ᄯᅡ히 이긔ᄃᆞᆯ 몯ᄒᆞᄂᆞ니 世尊이 二大衣ᄅᆞᆯ 아ᅀᆞ샤 本處에 도로 노ᄒᆞ

시고 내 施ᄒᆞᇫ본 오ᄉᆞᆯ 니브샤ᅀᅡ 大地 便安히 住ᄒᆞ리이다 ᄒᆞ야ᄂᆞᆯ 내 王 마ᄅᆞᆯ
브투니 大地 便安히 住ᄒᆞᄂᆞ니라

② 현대역

『월인석보』

　그러므로 내가 수신에게 맡겨 이제 옮겨 너에게 맡긴다. 이 함 안에 있는
것은 모두 내 유교인데 또 네게 부촉하여 '유법을 주지한다.'라고 하였으니,
내가 다 읽어 보니 땅이 즉시 여섯 가지로 진동하고 주함이 절로 열리고 또
큰 광명을 펴니, 수신이 또 내게 말하기를 '이 의함을 왼쪽 어깨 위에 두시
고 항상 공경하시고 다른 데 두지 마소서. 주함이 어깨에 있으면 모든 마귀
를 능히 꺾으며 외도를 항복시켜 빨리 성불하실 것입니다.' 내가 함을 받은
이후로 항상 어깨 위에 두고 젖죽을 받으며 보리수 아래 앉을 때에 이르러
제석이 내게 와 함을 빼앗아 열고 승가리를 내어 나를 입게 하고, 또 가섭불
의 추포 승가리를 빼앗아 비단옷 위에 입히고 범잉과 세식과 노 베로 짠 대
의를 보시하였는데, 내가 예전처럼 받아 세 겹 옷을 입으니 둘은 가섭불의
옷이고 하나는 내 것이었다. 대범천왕이 와 말하기를 '내가 보니 과거 모든
부처님도 삼대의를 입으시면 땅이 이기지를 못하니, 세존이 이대의를 빼앗
으시어 본처에 도로 놓으시고 내가 보시한 옷을 입으셔야만 대지가 편안히
있을 것입니다.' 하는데, 내가 왕의 말을 따르니 대지가 편안히 있었다."

③ 저경

『월인석보』:『법원주림(法苑珠林)』 권35, 법복편(法服編) 제30, 감응연(感應緣)
【『대정신수대장경(大正新脩大藏經)』 제53, 사휘부(事彙部) 상(上), 561면】.

故我將付樹神 今轉付汝 此函中並是我遺教 亦將付汝住持遺法 我旣讀書已 地

卽六種震動珠函自開又放大光 樹神又告我言 可將此衣函置汝左肩上 常起恭敬勿
安餘處 珠函在肩能摧諸魔及伏外道 令速成佛 我自受函來 常在肩上 乃至受乳糜
菩提樹下坐時 帝釋來至我所從肩上取函 開取僧伽梨令我披著 又取迦葉佛䑛布僧
伽梨安于絹衣上 梵王將帝釋復施布大衣 我依前納受 旣披三重衣 二是迦葉佛衣
一是我許 大梵天王來告我言 我見過去諸佛 亦披三大衣地所不能勝 世尊宜可去
二大衣 還安本處 著我所施衣 大地方得安住 我遂依王言 大地乃安住爾

④ 주석

『월인석보』

• 볼 : 겹의. '볼'은 '겹'[重], '번'[回], '벌'[個] 등 수량을 세는 단위와
관련된 의미를 나타낸다. 성조는 모두 거성으로 동일하며, 형태상으로
는 현대국어의 '벌'과 직접적으로 관련된다. 한편, 평성으로 실현된 '볼'
은 '臂'를 가리키며 현대국어의 '팔'에 대응하는 단어이다.

26. 『석보상절』 권24 : 해당 부분 없음. / 『월인석보』 권25, 45b-47a

① 언해문

『월인석보』 권25, 45b-47a

○ 그쁴 文殊ㅣ 부텨끠 솔ᄫᆞ샤ᄃᆡ 이제 죠고맛 疑心이 이셔 決ᄒᆞᅀᆞᆸ고져 ᄒᆞ
노이다 부톄 니르샤ᄃᆡ 네 ᄠᅳ들다빅 ᄒᆞ라 내 大衆을 보니 ᄆᆞᅀᆞ매 다 疑心이 잇

ᄂᆞ니 알ᄑᆡ 니ᄅᆞ샤ᄃᆡ 迦葉佛ㅅ 小珠函이 오직 기릐 三寸三分이라 ᄒᆞ더시니 僧伽梨 ᄒᆞᆫ 오ᄉᆞᆯ 다마도 몯 바ᄃᆞᇙ가 식브니 엇뎨 ᄒᆞᄆᆞᆯ며 迦葉佛ㅅ 三藏教迹 一切經典을 다ᄆᆞ리잇고 부톄 文殊 大衆의게 니ᄅᆞ샤ᄃᆡ 이 諸佛力 不可思議니 오직 부텨와 부텨왜ᅀᅡ 能히 알리니 너희 境界의 혜아ᄅᆞᇙ 디 아니라 世尊이 ᄯᅩ 文殊師利ᄅᆞᆯ 函 바ᄃᆞ라 ᄒᆞ시고 世尊이 니러 절ᄒᆞ시고 솑가라ᄀᆞ로 函애 觸ᄒᆞ시니 큰 城門 여ᄃᆞᆺ ᄒᆞ더니 大衆이 一切 한 이ᄅᆞᆯ 보ᅀᆞᄫᆞ니 珠塔과 絹衣와 金銀樓觀이 그 數ㅣ 十萬이오 諸三藏ᄋᆞᆯ 담고 ᄯᅩ 天樂이 샹녜 供養ᄒᆞ며 臺ㅅ 노ᄑᆡ 四十里오 塔 노ᄑᆡ 열 由旬이로ᄃᆡ 그러나 函이 더으며 듀미 업서 本來ㅅ 三寸이러니 十方諸來佛 等이 各各 牟尼ᄅᆞᆯ 讚歎ᄒᆞ샤ᄃᆡ 能히 惡世예 衆生ᄋᆞᆯ 너비 度脫ᄒᆞ시ᄂᆞ다 ᄒᆞ시고 各各 僧伽梨와 ᄒᆞᆫ 珠函ᄋᆞᆯ 施ᄒᆞ샤 牟尼尊者ᄅᆞᆯ 돕ᄉᆞᄫᆞ샤 遺法을 住持ᄒᆞ야시ᄂᆞᆯ 부톄 文殊 命ᄒᆞ샤 佛函을 열라 ᄒᆞ시니 그 가온ᄃᆡ 各各 大衣臺觀 三藏教迹이 이셔 迦葉佛塔과 다ᄅᆞ디 아니터니 부톄 文殊ᄃᆞ려 니ᄅᆞ샤ᄃᆡ 네 이 塔 가져 祇桓애 도라가 戒壇 北臺 內예 便安히 두어 내 涅槃홇 제ᄅᆞᆯ 기드리라 반ᄃᆞ기 付囑홇 ᄃᆡ 이시리라 文殊ㅣ 다시 묻ᄌᆞᄫᆞ샤ᄃᆡ 涅槃 後에 이 函塔ᄃᆞᆯᄒᆞᆯ 엇던 사ᄅᆞ미며 엇던 고대 付囑ᄒᆞ시리잇고

② 현대역

『월인석보』

○ 그때 문수가 부처님께 아뢰기를 "지금 조그만 의심이 있어 풀고자 합니다." 부처님이 말씀하시기를 "네 뜻대로 해라." "내가 대중을 보니 마음에 다 의심이 있으니 앞에서 말씀하시기를 '가섭불의 작은 주함이 오직 길이가 세 치 세 푼이다.' 하셨는데, 승가리 한 벌을 담아도 못 담을까 싶으니 하물며 어찌 가섭불의 삼장교의 흔적 일체 경전을 담겠습니까?" 부처님이 문수와 대중에게 말씀하시기를 "이 모든 불력은 불가사의라 오직 부처님과 부처님만이 능히 알 것이니 너희 경계로 헤아릴 수 있는 바가 아니다." 세존이 또 문수사리에게 "함을 받아라."라고 하시고 세존이 일어나 절하시고 손가

락을 함에 대시니 큰 성문이 열리듯 하였다. 대중이 일체 많은 일을 보니 주탑과 비단옷과 금은누각이 그 수가 10만이고 모든 삼장을 담고 또 천락이 항상 공양하며 대의 높이가 40리이고 탑의 높이가 열 유순인데, 그러나 함이 늘어나거나 줄어듦이 없어 본래의 세 치이니, 시방의 오신 모든 부처님 등이 각각 석가모니를 찬탄하시기를 "능히 악계에서 중생을 널리 도탈하시는구나!" 하시고 각각 승가리와 한 주함을 보시하시고 석가모니 존자를 도우시어 유법을 주지하시는데, 부처님이 문수에게 명령하시어 불함을 열라고 하시니, 그 가운데 각각 대의를 둔 대와 누각, 삼장교의 흔적이 있어 가섭불탑과 다르지 않았다. 부처님이 문수에게 말씀하시기를 "네가 이 탑을 가지고 기환에 돌아가 계단 북대 안에 편안히 두고 내가 열반할 때를 기다려라. 반드시 부촉할 데가 있을 것이다." 문수가 다시 여쭈시기를 "열반 후에 이 함탑들을 어떤 사람과 어떤 곳에 부촉하시겠습니까?"

③ 저경

『월인석보』:『법원주림(法苑珠林)』 권35, 법복편(法服編) 제30, 감응연(感應緣) 【『대정신수대장경(大正新脩大藏經)』 제53, 사휘부(事彙部) 상(上), 561면】.

爾時文殊便白佛言 今有少疑欲有所決 未知許不 佛告文殊 可隨汝意 我觀大衆心皆有疑 前云 迦葉佛小珠函 唯長三寸三分 盛彼僧伽梨一衣亦恐不受 何況容受迦葉佛三藏教跡一切經典邪 佛告文殊大衆等 是諸佛力不可思議 唯佛與佛乃能知之 非汝等境界之所籌度 世尊又令文殊師利捧函 世尊起禮 以指觸函如開大城門大衆咸睹 一切衆事 珠塔絹衣金銀樓觀 其數十萬盛諸三藏 復有天樂而常供養 臺高四十里 塔高十由旬 然函無增減 依本三寸 十方諸來佛等 各讚牟尼 能於惡世廣度衆生 各施僧伽梨及一珠函 用助牟尼尊者住持遺法 佛命文殊令開佛函 其中各有大衣臺觀三藏教跡 一如迦葉佛塔 平等無異 佛告文殊 汝將此塔還至祇桓戒壇北臺內安置 待我涅槃時 自當有付囑 因此文殊重問 世尊涅槃後 此函塔等當付何人何處

④ 주석

『월인석보』

● 決ㅎ숩고져 ㅎ노이다 : 풀고자 합니다. 연결어미 '-고져'는 중세국어에서 [원망]의 의미를 드러내는 연결어미로 쓰였다. 중세국어에서 자신의 행동이나 동작을 통해서 어떤 내용을 희구하고자 할 경우에는 '-고져'가 쓰이고 제3자의 행동이나 동작을 통해서 어떤 내용을 희구하고자 할 경우에는 '-과뎌'가 쓰이는 것이 일반적이다(안병희 · 이광호 1990 : 311). 위 언해문에서도 '-고져'가 쓰인 상, 하위문의 주어가 '文殊'로 동일한 것과 '文殊'가 자신의 행동을 통해서 어떤 내용을 희구하고자 하는 것을 알 수 있다.

● 식브니 : 싶으니. 현대국어의 보조형용사 어간 '싶-'에 대응하는 중세국어형으로는 '식브-, 시브-, 신브-, 십브-' 등이 있다. 이 중에서 15세기에 일반적으로 사용된 것은 '식브-'이며 나머지 셋은 특정 문헌에서만 한두 예씩 발견될 뿐이다. 하지만 '식브-'는 17세기 <현풍곽씨 언간>과 『두시언해』(중간본)을 끝으로 더 이상 문증되지 않는 반면, '시브-'는 20세기까지 '시프-', '싶-' 등과 함께 꾸준히 쓰이게 된다. 이러한 사실은 15세기 중앙어에서 선대형인 '식브-'가 후대형인 '시브-'에 의해 대체된 것일 가능성이 높음을 시사해 준다.

27. 『석보상절』권24 : 해당 부분 없음. /『월인석보』권25, 47a-49b

① 언해문

『월인석보』권25, 47a-49b

世尊이 大衆돌히게 니르샤디 이제 文殊의게 付囑ᄒ야 戒壇 上애 두어 三年 디내야 東南角애 옮겨 두어 三十年을 디내야 이 히 디난 後에 西印度 頻伽羅山頂 光明池 南애 옮겨 住케 ᄒ노니【印度ᄂᆞᆫ 나랏 일후미라】如來 滅度 後 四十五年 디나면 ᄒᆞᆫ 惡王이 世間애 出現ᄒ야 佛法을 ᄒ야ᄇ리며 僧尼 보차ᄆᆞᆯ 몯내 니르리니 그쁴 魔王 兵衆과 四天王 等이 큰 돌흘 ᄂᆞ리와 惡王ᄋᆞᆯ 지즐워 주겨든 娑竭龍王이 뎌 宮殿을 쩌디워 큰 모시 ᄃᆞ외아 ᄒ야든 惡王 種族이 나ᄆᆞᆫ 것 업스리니 오직 伽藍과 民衆돌히 이시리라 西印度ㅅ 사ᄅᆞᄆᆞᆫ 甚히 盛ᄒ야 뎌리 十三萬이 잇고 僧이 六十萬이 잇고 ᄯᅩ 菩薩衆이 ᄯᅩ 그지업시 잇고 經이 十三萬藏이 잇고 金縷字經이 八萬藏이 잇고 金銀七寶像이 크니ᄂᆞᆫ 노ᄑᆡ 一百 자히오 져그니ᄂᆞᆫ 丈 六이라 모도아 一百三十萬이 잇고 녀나ᄆᆞᆫ 져그니ᄂᆞᆫ 數ᄅᆞᆯ 몯 니ᄅᆞ 혜리니 이 經像ᄋᆞᆫ 다 忉利天王 工匠이 相ᄋᆞᆯ ᄀᆞ초 밍ᄀᆞ니 이 因緣으로 그 衣塔돌히 뎌 山애 가 住ᄒ리라 像法末時 一千七百 ᄒᆡ예 니르러 내 이 閻浮提와 ᄯᅩ 四天下돌해 惡比丘ㅣ 만ᄒ야 伽藍ᄋᆞᆯ 지소디 禪慧ᄅᆞᆯ 닷디 아니ᄒ며 ᄯᅩ 經을 닑디 아니ᄒ며 文字ᄅᆞᆯ 모ᄅᆞ며 비록 알 리 이셔도 一千에 ᄒᆞ둘히 이시리니 뎌 惡世예 니르러 文殊師利 ᄒ야 衣函塔 等을 바다 諸國에 두루 ᄃᆞ녀 人民을 敎化ᄒ야 衣塔을 짓게 ᄒ고 神通力으로 大千에 너비 니펴 뎌 惡比丘 等이 모딘 일 고텨 됴ᄒᆞᆫ 일 닷가 三藏ᄋᆞᆯ 닑게 ᄒ야 法이 오래 住케 ᄒ야 ᄒᆞᆯ욜 일 다 ᄒ고 도로 衣塔 가져 미 고대 뒷다가 彌勒 ᄂᆞ릃 제 다ᄃᆞ라 文殊師利ᄅᆞᆯ 塔 가져 彌勒佛ᄭᅴ 付囑게 ᄒ노니 이 便安히 두논 ᄯᅡ히니 서르 付囑호미라 ○ ᄯᅩ 如來 成道 後 第二十一 年에 부톄 大目連ᄃᆞ려 니ᄅᆞ샤디 네 祇桓戒壇 北에 가 봄 펴 十方僧을 普賢 觀音菩薩 等 ᄀᆞᆮᄒ니ᄅᆞᆯ 브르며 내 分身 百億 釋迦佛을 조쳐 뫼호아 各各 樓觀 ᄐᆞ고 戒壇所애 오게 ᄒ라 ᄒ야시ᄂᆞᆯ 니ᄅᆞ샨 양ᄋᆞ로 뫼화ᄂᆞᆯ 부톄 普賢菩薩ᄃᆞ려 니ᄅᆞ샤디 네 獼猴池

예 가 내 샹녜 두루 둔니돈 싸해 헌 僧伽梨 衣角애 죠고맛 珠塔이 잇ᄂᆞ니 가져오라 普賢이 가져 祇桓애 오신대

② 현대역

『월인석보』

　　세존이 대중들에게 말씀하시기를 "이제 문수에게 부촉하여 계단 위에 두어 3년을 지내고 동남각에 옮겨 두어 30년을 지내고, 이 해가 지난 후에 서인도 빈가라산정 광명지의 남쪽에 옮겨 있게 하니 【인도는 나라 이름이다.】 여래 멸도 이후 45년이 지나면 한 악한 왕이 세간에 출현하여 불법을 헐어 버리며 승니를 핍박하는 것을 이루 다 말할 수 없을 것이다. 그때 마왕의 군사들과 사천왕 등이 큰 돌을 내려 악한 왕을 눌러 죽이면, 사갈용왕이 그 궁전을 꺼지게 하여 큰 못이 되게 하면, 악한 왕 종족이 남은 것이 없을 것이니 오직 가람과 민중들이 있을 것이다. 서인도의 사람은 심히 번성하여 철이 13만이 있고 승려가 60만이 있고 또 보살, 대중이 또 그지없이 있고 경(經)이 13만 장서가 있고 금실로 된 자경이 8만 장서가 있고 금은칠보상이 큰 것은 높이가 1백 자이고 작은 것은 1장 6척이라 모두 130만이 있고 나머지 작은 것은 수를 이루 헤아리지 못할 것이니, 이 경전과 불상은 다 도리천왕 공장이 형상을 갖추어 만드니 이 인연으로 그 의탑들이 그 산에 가 세워질 것이다. 상법 말기에 1천7백 해에 이르러 내 이 염부제와 또 사천하들에 악한 비구가 많아 가람을 짓되 선혜를 닦지 않으며, 또 경을 읽지 않으며 문자를 모르며 비록 아는 사람이 있어도 1천에 한둘이 있을 것이니, 저 악한 세상에 이르러 문수사리로 하여금 의함탑 등을 받아 모든 나라에 두루 다녀 백성을 교화하여 의탑을 짓게 하고 신통력으로 대천에 널리 입혀 그 악한 비구 등이 악한 일을 고쳐 좋은 일을 닦아 삼장을 읽게 하여 법이 오래 있게 하여 할 일을 다 하고 도로 의탑을 가지고 본래 장소에 두었다가 미륵이 내려올 때 다다라 문수사리에게 탑을 가지고 미륵불께 부촉하게 하니, 이곳이

편안히 두는 땅이니 서로 부촉함이다." ○ 또 여래 성도 이후 제21년에 부처님이 대목련에게 말씀하시기를 "네가 기환 계단 북쪽에 가서 북을 쳐 시방의 승려를, 보현·관음보살 등과 같은 이를 부르며 내 분신 100억 석가불을 아울러 모아 각각 누각을 타고 계단소에 오게 해라." 하셨는데, 말씀하신 대로 모으니 부처님이 보현보살에게 말씀하시기를 "네가 미후지에 가서 내가 항상 두루 다니던 땅에 헌 승가리 의각에 조그만 주탑이 있으니 가져오너라." 보현이 가지고 기환에 오셨는데

③ 저경

『월인석보』: 『법원주림(法苑珠林)』 권35, 법복편(法服編) 제30, 감응연(感應緣) 【『대정신수대장경(大正新脩大藏經)』 제53, 사휘부(事彙部) 상(上), 561~562면】.

世尊對諸大衆 今付文殊置戒壇上 經三年已移置東南角 經三十年住 過是年已後移西印度頻伽羅山頂光明池南住 如來滅度後經四十五年 有一惡王出現於世 破損佛法逼掠僧尼 不可具述 時有魔王兵衆及四天王等 便下大石壓殺惡王 娑竭龍王陷彼宮殿成大池水 惡王種族無有遺餘 唯有伽藍及諸民衆 西印度人甚弘熾盛 寺有十三萬 僧有六十萬 及菩薩衆亦有無量 經有十三萬藏 金縷字經有八萬藏 金銀七寶像大者高百尺 小者丈六 合有一百三十萬軀 自餘小者數不可量 此之經像皆是忉利天王工匠具相造之 以是因緣故 其衣塔等往彼山住 至像法末時一千七百年 我此閻浮提及諸四天下多惡比丘 起造伽藍不修禪慧亦不讀經不識文字 縱有識者千有一二至彼惡世 令文殊師利 擎持衣函塔等遍歷諸國敎化人民令造衣塔 以神通力普被大千 令彼惡比丘等改惡修善 習讀三藏令法久住 所作既已 還將衣塔置于本處 至彌勒下時 令文殊師利將塔付彌勒佛 是爲安置處 所以相付囑也 又如來成道後 第二十一年 佛告大目連 汝往祇桓戒壇北鳴鍾召 十方僧如普賢觀音菩薩等 并乘我分身百億釋迦佛 各乘樓觀至戒壇所 依敎集已 佛告普賢菩薩 汝往獼猴池所 我常經行處有破僧伽梨衣 角有小珠塔 可持將來 普賢依敎持至祇桓

④ 주석

『월인석보』

● 몯내 니르리니 : 이루 다 말할 수 없을 것이니. '몯내(RR)'는 본래 '몯#내'와 같은 통사적 구성이나 이후에 하나의 단위로 굳어져 현대국 어의 부사 '못내'로 이어진다. 가와사키 케이고(2010 : 54-71)에 따르면 '몯내 V' 구성에 사용된 '몯내'의 본래적 의미는 'V를 끝까지 다 해 낼 수 없다' 정도이다. 그렇다면 본문의 '몯내 니르리니'[不可具述]의 경우 '너무 {커서/위대해서/많아서} 도저히 다 말할 수가 없다'는 의미가 된 다. '몯내'는 '깄-, 슳-'과 같은 심리동사와 함께 '-어 ㅎ-' 구성을 취하 여 '몯내 깃거ㅎ-'와 같이 쓰이기도 하는데, 이는 '(아무리 기뻐해도) 끝 이 없다고 하듯이 기뻐하다' 정도로 직역되며, '끝없이 기뻐하다' 정도 로 의역된다. 이 '[몯내 V-어] ㅎ-' 구문이 '못내 깃거'와 같이 'ㅎ' 활 용형 없이 쓰이게 됨으로써 비로소 '몯내'는 '끝없이, 더할 나위 없이' 정도의 의미를 지니는 정도부사로 독립하게 된다.

28. 『석보상절』 권24 : 해당 부분 없음. / 『월인석보』 권25,
    49b-52a

① 언해문

『월인석보』 권25, 49b-52a

世尊이 그 塔 바ᄃᆞ샤 즉재 大衆ᄃᆞ려 니르샤ᄃᆡ 내 처ᅀᅥᆷ 城 나묧 제 城樓 上

애 가니 城神이 나롤 讚歎ᄒ야 닐오ᄃᆡ 나ᄂᆞᆫ 이 城神이로니 이제 十三 劫을
디내얫노니 過去 諸佛을 보ᅀᆞᆸ노니 다 城 나마 道理 빗호샤 恩愛網을 ᄒ야ᄇᆞ
리시며 煩惱 도ᄌᆞᄀᆞᆯ 주기샤 無上道롤 일우샤 一切롤 度脫ᄒ시ᄂᆞ니 太子ㅣ 이
제 ᄯᅩ 그러ᄒ시니 므르디 마르쇼셔 迦葉佛 時예 나롤 小珠塔을 맛디샤 悉達
이 城 나모ᄆᆞᆯ 기드려 받ᄌᆞᄫᆞ라 ᄒ시니이다 이ᄂᆞᆫ 拘留孫佛ㅅ 四牙印塔이시니
올ᄆᆞ며 올마 서르 付囑ᄒ샤 婁至佛에 니르르시리이다 ᄒ야ᄂᆞᆯ 내 바다 塔애
절ᄒ고 큰 光明을 펴니 塔門이 절로 열어늘 四牙와 부텻 遺敎롤 보ᅀᆞᄫᆞ며 金
銀臺觀이 이쇼ᄃᆡ 그 數ㅣ 八萬이며 經律을 다 다마 이시며 ᄯᅩ 摩尼臺觀이 이
쇼ᄃᆡ 우희 샹녜 燈香ᄋᆞ로 供養ᄒ며 ᄯᅩ 겨틔 銀題字ㅣ 이쇼ᄃᆡ 釋迦文佛끠 告
ᄒ노니 네 처엄 成道혼 제 一牙印올 아ᅀᅡ 네 발 아래 印ᄒ라 千輻輪이 現ᄒ
리라 버거 一牙印올 아ᅀᅡ 네 솝바다애 印ᄒ라 萬ㄷ字ㅣ 現ᄒ리라 ᄯᅩ 一牙印
올 아ᅀᅡ 네 가슴 우희 印ᄒ라 德相이 現ᄒ리라 ᄯᅩ 一牙印을 아ᅀᅡ 네 頂上애
印ᄒ라 大圓光이 現ᄒ리라 ᄒ얫더니 내 後에 成道ᄒ야 이 네 印올 브토니 印
ᄒ몰 조차 相이 現호미 다 알뤳 말 ᄀᆞᆮ더니 印 다 ᄒ고 塔 中에 녀호니 門이
自然히 다티니라 塔基예 銘文이 이쇼ᄃᆡ【【基ᄂᆞᆫ 미티오 銘은 조슬 씨라】】
袈裟角애 두라 ᄒ얫거늘 成道혼 後로 左肩 上애 뒷노라 ᄯᅩ 諸來佛와 人天衆
ᄃᆞ려 니르샤ᄃᆡ 各各 ᄒᆞᆫ 珠塔을 施ᄒ야 未來롤 住持ᄒ라 諸佛이 施ᄒ야시ᄂᆞᆯ
다 普賢올 맛디샤 守護ᄒ야 如來 涅槃올 기드려 祇桓 中에 보내야 戒壇 北에
뒷다가 舍利 다 ᄉᆞᄫ바ᄃᆞᆫ 普賢을 ᄒ야 守護ᄒ야 二十 年을 住ᄒ얫다가 그 後
에 文殊끠 付囑ᄒ야 塔 여러 四牙롤 가졧다가 正法 末時예 니르러 閻浮諸國
에 傳持ᄒ야 佛法을 住持ᄒ다가 一千一百 年 後에 니르러 이 四牙로 百億 世
界 形像애 印ᄒ야 다 光明이 이셔 希有心을 내에 ᄒ고 後에 四洲 六欲天에
니르리 化益올 流通ᄒ다가 後에 文殊師利 彌勒佛끠 付囑ᄒ라 ᄒ시니라

② 현대역

『월인석보』

세존이 그 탑을 받으시고 즉시 대중에게 말씀하시기를 "내가 처음 성을

넘을 때 성루 위에 가니 성신(城神)이 나를 찬탄하여 말하기를 '나는 이 성의 신이니 이제 13겁을 지냈는데 과거 모든 부처님을 뵈니, 다 성을 넘어 도리를 배우시어 은애망을 헐어 버리시고 번뇌의 도적을 죽이시어 무상도를 이루시고 일체를 도탈하시니, 태자께서 이제 또 그러하시니 물러나지 마소서. 가섭불 시절에 나에게 작은 주탑을 맡기시어 실달이 성을 넘기를 기다려 바치라고 하셨습니다. 이는 구류손불의 네 어금니를 모신 탑[四牙印塔]이시니 전하고 전하여 서로 부촉하시어 누지불에 이르실 것입니다.' 하니, 내가 받아 탑에 절하여 큰 광명을 펴니 탑문이 절로 열렸는데 네 어금니와 부처님의 유교를 뵈며 금은으로 장식된 대와 누각이 있는데 그 수가 8만이며 경률을 다 담고 있으며, 또 마니(摩尼)로 꾸민 대와 누각이 있는데 그 위에 항상 등향으로 공양하며, 또 곁에 은빛 제자(題字)가 있는데 석가문불께 고하니 '네가 처음 성도한 때 어금니 도장을 하나 취하여 네 발 아래에 찍어라. 천폭륜이 나타날 것이다. 다음으로 어금니 도장 하나를 취하여 네 손바닥에 찍어라. 1만 글자가 나타날 것이다. 또 어금니 도장 하나를 취하여 네 가슴 위에 찍어라. 덕상이 나타날 것이다. 또 어금니 도장 하나를 취하여 네 정수리 위에 찍어라. 대원광이 나타날 것이다.' 하였는데, 내가 이후에 성도하여 이 네 도장에 의지하니 도장 찍음에 따라 모습이 나타나는 것이 다 앞의 말과 같았는데, 도장 찍기를 다 하고 탑 안에 넣으니 문이 자연히 닫혔다. 탑기(塔基)에 명문이 있어 【【기는 밑[本]이고 명은 쪼는 것이다.】】 '가사의 모서리에 두어라.' 하였는데, 성도한 이후로 왼쪽 어깨 위에 두었다." 또 오신 모든 부처님과 인간·하늘 대중에게 말씀하시기를 "각각 한 주탑을 보시하여 미래를 주지해라." 모든 부처님이 보시하셨는데 다 보현에게 맡기시어 "수호하여 여래의 열반을 기다려 기환 안에 보내어 계단의 북쪽에 두었다가 사리를 다 사르면 보현으로 하여금 수호하게 하고 20년을 있다가, 그 후에 문수께 부촉하여 탑을 열고 네 어금니를 가지고 있다가, 정법 말기에 이르러 염부제국에 전지하고 불법을 주지하다가, 1천1백 년 후에 이르러 이 네 어금니로 백억 세계 형상에 찍어 다 광명이 있어 희유심을 내게 하고, 이후에 사주 육욕천에 이르기까지 화익을 유통하다가, 이후에 문수사리 미륵불께 부촉해라." 하셨다.

③ 저경

『월인석보』:『법원주림(法苑珠林)』권35, 법복편(法服編) 제30, 감응연(感應緣)
【『대정신수대장경(大正新脩大藏經)』제53, 사휘부(事彙部) 상(上), 562면】.

汝往彌猴 池所 我常經行處有破僧伽梨衣 角有小珠塔 可持將來 普賢依敎持至
祇桓 世尊受此塔已 卽告大衆 我初踰城至城樓上 城神歎我言 我爲此城神 經今十
三劫 見過去諸佛 皆踰城學道 破恩愛網殺煩惱賊 成無上道度脫一切 汝今亦爾 勿
令有退 迦葉佛時付我小珠塔 待悉達踰城令我付汝 此是拘留孫四牙印之塔 展轉
相付乃至婆至佛 太子受已禮拜 塔訖 放大光明 塔門自開 便見四牙及佛遺故 有金
銀臺觀 其數八萬 并盛經律 又有摩尼臺觀 上常有燈香供養 并傍有銀題字告釋迦
文佛 汝初成道時當取一牙印印汝脚 足下千輻輪現 次取一牙印印汝手掌中 便有
萬字現 又取一牙印印汝胸臆上 便有德相現 又取一牙印印汝頂上 便獲大圓光現
我後成道依此四印 隨印現相 皆如前說 印竟內塔中門自然閉 塔基有銘文 令置袈
裟角 自成道來置于左肩上 又告諸來佛及人天衆 各施一珠塔住待未來 諸佛依言
施已 並付普賢守護 待如來涅槃 送至祇桓中安戒壇北 闍維舍利竟 令普賢守護 住
二十年已後付文殊 開塔取此四牙 至正法末時 令傳閻浮諸國佛法住持 乃至一千
一百年後 將此四牙印百億世界形像 皆有光明生希有心 後乃至四洲六欲天等流通
化益 後文殊師利將付彌勒佛

---

④ 주석

『월인석보』

• 城神이로니 : 이 성의 신이니. '城神'에 계사 '-이-', 인칭법 선어말
어미 '-오-', 연결어미 '-니'가 통합한 형식이다. '-오-'는 계사 뒤에서
형태론적으로 교체된 이형태 '-로-'로 나타난다.

• 니르르시리이다 : 이르실 것입니다. '니를-'[至]와 '니르-'는 15세기

국어에서 쌍형어 관계를 갖는다. 안병희(1959 : 37-38)에서 언급한 바와 같이, 자음어미 앞에서는 '니를-'과 '니르-'가 비슷한 빈도로 나타나지만(니를어나<월인석보8 : 47b>, 니를오<석보상절13 : 13b>; 니르거나<원각경언해상1-2 : 136a>, 니르게<석보상절19 : 38b>), 모음어미 앞에서는 '니를-'만이 발견된다(니르러<월인석보2 : 61b>). '-ㅇ시-' 앞에서는 둘 다 나타나지만 '니를-'이 더 우세한 빈도를 보인다. '니르르시리이다'는 바로 이 경우에 해당한다. 두 쌍형어간의 이와 같은 분포를 바탕으로 유동석(1987/1999 : 130-131)에서는 개신형인 '니르-'가 자음어미 앞에서부터 선대형인 '니를-'을 대치해 나가는 과정을 상정하였다. 이러한 관점에 따르면 현대국어의 '르' 불규칙 용언인 '이르-/이를-'의 패러다임은, 자음어미 앞에서는 개신형이 완전히 선대형을 대치한 것이고, 모음어미 앞에서는 여전히 선대형이 유지되고 있는 것이라고 할 수 있다.

29. 『석보상절』 권24 : 해당 부분 없음. / 『월인석보』 권25, 52a-54b

① 언해문

『월인석보』 권25, 52a-54b

○ 그쁴 世尊이 쏘 大衆ᄃᆞ려 니ᄅᆞ샤ᄃᆡ 내 처ᅀᅥᆷ 成道 時예 河애 드러 시수려 홀 제 河神이 모물 現ᄒᆞ야 寶塔ᄋᆞᆯ 자바셔 안해 黃金函이 이쇼ᄃᆡ 호 安陁會와 호 尼師檀과 호 鉢袋ᄅᆞᆯ 다ᄆᆞ며 迦葉佛 四牙ㅣ 다 函 中에 잇ᄂᆞ니 이ᄂᆞᆫ 迦葉佛이 날 맛디샤 世尊ᄭᅴ 받ᄌᆞᄫᅡᆯ라 ᄒᆞ시니 이제 沐浴 다 ᄒᆞ시란ᄃᆡ 安陁會ᄅᆞᆯ 니브쇼셔 ᄒᆞ야ᄂᆞᆯ 내 즉재 바다 니부니 ᄯᅡ히 六種 震動ᄒᆞ고 安陁會 四角애

放光ᄒ야 千百億 國土ᄅᆞᆯ 비취니 十方 諸梵王이 光明 推尋ᄒ야 내게 와 닐오
ᄃᆡ 이 白氎 五條ᄂᆞᆫ 拘留孫佛ㅅ 오시시니 부톄 涅槃ᄒ시고 올며며 올마 서르
付囑ᄒ샤 婁至佛에 니르르시리이다 釋迦佛 涅槃 後에 娑竭龍王ᄋᆞᆯ 付囑ᄒ샤
이 法衣ᄅᆞᆯ 브터 八萬 領을 지서 塔 일어 供養ᄒᅀᄫᅡ 後ㅅ 遺法을 鎭케 ᄒ쇼
셔【【鎭은 눌러 便安케 ᄒᆞᆯ 씨라】】이 安陁會 四角과 條節頭에 다 萬ㄷ 字
ㅣ 잇고【【節은 ᄆᆞ디라】】이 오손 賢劫 中에 못 처엄 지스니라 이 寶塔이
양지 五寸이 ᄀᆞᆮ거늘 내 塔을 여러 眞珠樓觀이 現ᄒ니 그 數ㅣ 八萬이오 拘留
孫佛 니ᄅᆞ샨 遺敎ᄅᆞᆯ 다ᄆᆞ며 ᄯᅩ 뎌 부텻 세 比丘ㅣ 坐禪ᄒ얫거늘 내 文殊ᄅᆞᆯ
命ᄒ오ᄃᆡ 네 내 法螺 가져 뎌 比丘ㅅ손ᄃᆡ 가 佛興世曲ᄋᆞᆯ 불라 ᄒ야ᄂᆞᆯ 文殊ㅣ
螺 부러늘 入定ᄒᆞᆫ 比丘ㅣ 즈재 니러 文殊師利ᄃᆞ려 무로ᄃᆡ 이제 어느 부톄 出
世ᄒ시뇨 文殊ㅣ 對答ᄒ오ᄃᆡ 이ᄂᆞᆫ 賢劫 中 第四釋迦佛이 出世ᄒ시니라 ᄒ야ᄂᆞᆯ
뎌 세 比丘ㅣ 다 와 내게 절ᄒ고 ᄒ녁 面에 住ᄒ야 즈재 내게 닐오ᄃᆡ 拘留孫
佛 般涅槃 時예 나ᄅᆞᆯ 安陁會와 尼師檀과 鉢袋ᄅᆞᆯ 맛디샤 나ᄅᆞᆯ 이 塔 中에 住
ᄒ오ᄃᆡ 婁至佛에 니르러ᅀᅡ 처엄 涅槃애 들라 ᄒ시니이다 迦葉佛이 ᄯᅩ 내게 四
牙ᄅᆞᆯ 付囑ᄒ시니 牟尼佛도 내게 죠고맛 爪髮ᄋᆞᆯ 施ᄒ샤 塔 中에 조처 뒷ᄉᆞᆸ다
가 世尊 涅槃 後에 塔 中ᄋᆞ로셔 내야 이 閻浮提와 大千界예 니르리 곧고대
衣塔ᄋᆞᆯ 流布ᄒ야 後ㅅ 遺法을 鎭ᄒ오리이다

② 현대역

『월인석보』

○ 그때 세존이 또 대중에게 말씀하시기를 "내가 처음 성도할 때에 강에
들어가 씻으려 할 때 하신(河神)이 몸을 나타내어 보탑을 잡아서 안에 황금
함이 있는데, 안타회 하나와 니사단 하나와 발대 하나를 담으며 가섭불의
네 어금니가 다 함 안에 있으니, 이는 가섭불이 나에게 맡기시어 '세존께 바
치라.'고 하신 것이다. '이제 목욕을 다 하셨으면 안타회를 입으소서.' 하니
내가 즉시 받아 입으니 땅이 여섯 가지로 진동하고 안타회의 네 모서리에서

빛이 뿜어져 나와 천백억 국토를 비추니, 시방의 모든 범왕이 광명을 찾아 내게 와 말하기를 '이 흰 첩(氎) 오조는 구류손불의 옷이시니 부처님이 열반 하시고 전하고 전하여 서로 부촉하시어 누지불에 이르실 것입니다. 석가불 의 열반 이후에 사갈용왕을 부촉하시어 이 법의에 의지해 8만 벌을 짓고 탑 을 이루어 공양하여 이후의 유법을 진케 하소서.'【【진은 눌러 편안하게 하 는 것이다.】】 이 안타회의 네 모서리와 조의 첫 절에 모두 1만 글자가 있고 【【절은 마디이다.】】 이 옷은 현겁 중에 맨 처음 지은 것이다. 이 보탑의 모양이 다섯 치와 같은데 내가 탑을 열어 진주로 꾸민 누각이 나타나니, 그 수가 8만이고 구류손불이 말씀하신 유교를 담았으며, 또 그 부처님의 세 비 구가 좌선하고 있는데 내가 문수에게 명하기를 '네가 내 법라를 가지고 저 비구에게 가 불흥세곡을 불어라.' 하니, 문수가 법라를 불었는데 입정한 비 구가 즉시 일어나 문수사리에게 묻기를 '지금 어느 부처님이 세상에 나셨느 냐?' 문수가 대답하기를 '이는 현겁 중의 제4석가불이 세상에 나신 것이다.' 하였는데, 그 세 비구가 다 와서 내게 절하고 한쪽 면에 있으며 즉시 내게 말하기를 '구류손불이 반열반할 때에 나에게 안타회와 니사단과 바리때 자 루를 맡기시어 나를 이 탑 안에 있게 하셨는데 누지불에 이르러서야 처음 열반에 들라 하셨습니다.' 가섭불이 또 내게 네 어금니를 부촉하시니 모니불 두 분에게 그그만 손톱과 머리카락을 보시하시어 탑 안에 아울러 두었다가 세존의 열반 후에 탑 안에서 꺼내어 이 염부제와 대천계에 이르기까지 곳곳 에 의탑을 널리 퍼뜨려 이후의 유법을 진하겠습니다."

③ 저경

『월인석보』:『법원주림(法苑珠林)』권35, 법복편(法服編) 제30, 감응연(感應緣) 【『대정신수대장경(大正新脩大藏經)』제53, 사휘부(事彙部) 상(上), 562면】.

爾時世尊又告大衆 我初成道時欲入河洗 爾時河神現身手執此寶塔 內有黃金函 盛一安陀會 并一尼師檀 及有一鉢袋 迦葉佛四牙並在函中 此是迦葉佛付我令付

世尊今澡浴竟 請披安陀會 我卽受著 地爲六種震動 而安陀會四角放光照千百億
國土 十方諸梵王尋光來至我所前白我言 此白㲲五條如拘留孫佛衣 佛涅槃已展轉
相付 乃至婁至佛 釋迦佛涅槃後付囑娑竭龍王 令依此法衣造八萬領 仍造塔供養
鎭後遺法 而此安陀會四角及條節頭 皆安萬字 此衣賢劫中最初而造而此寶塔形同
五寸 而世尊開塔現眞珠樓觀 其數八萬 盛拘留孫佛所說遺敎 又有彼佛三比丘坐
禪 佛命文殊 汝取我法螺至 彼比丘所吹佛興世曲 文殊依命吹螺 入定比丘卽起 問
文殊師利 今有何佛出世 文殊答言 此賢劫中第四釋迦佛出世 彼三比丘俱來禮佛
在一面住 卽白佛言 拘留孫佛般涅槃時 付我安陀會尼師檀及𦉥袋 令我住此塔中
乃至婁至佛 令我始入涅槃 迦葉佛又付我四牙 牟尼佛施我少爪髮 並置塔中 世尊
涅槃後從塔中出於此閻浮提乃至大千界 處處流布衣塔鎭後遺法也

④ 주석

『월인석보』

●비취니 : 비추니. '비취-'[照]는 15세기 국어에서 자동사와 타동사
의 기능을 모두 지니고 있었지만, 현대국어에서는 '비치-'가 자동사를,
'비추-'가 타동사를 각각 담당함으로써 그 기능이 형태에 따라 분화되
어 있다. 중세국어의 자타 양용동사에 직접적으로 소급될 수 있는 현대
국어의 동사들이 대부분 타동사이고, 자동사는 거기에 다른 요소가 더
해진 형태인 경우가 많다는 사실을 고려할 때(장윤희 2002 : 133-136), '비
치-'와 '비추-'의 관계는 매우 특이하다고 할 수 있다. 이러한 맥락에
서 구본관(1997 : 134)에서는 '비추-'가 '비취-'로부터 역형성된 것으로 보
았다. 즉, 중세국어 이후 능격성이 점차 해체되어 감에 따라 '비취-'가
자동사적 기능을 담당하게 되어 현대국어의 '비치-'에 이르게 되고,
'비취-'가 가지고 있던 타동사적 기능은 '비취-'에서 역형성된 '비추-'

가 담당하게 되었다는 것이다. 그리고 이러한 역형성이 가능했던 것은 의미와 통사범주를 바꾸지 않는 접미사 '-이-'에 대한 언중들의 인식이 있었기 때문이라고 하였다. 한편, '비취-'와 관련하여 중세국어의 능격문을 다룬 논의로는 고영근(1987/2010 : 263-264)도 참고할 수 있다.

30. 『석보상절』 권24 : 해당 부분 없음. / 『월인석보』 권25, 54b-55a

① 언해문

『월인석보』 권25, 54b-55a

○ 鉢多羅ᄂᆞᆫ 應器라 혼 마리니 法에 마즌 그르시니 體와 色과 量과 다 모로매 法에 마ᄌᆞᆯ 디니 體ᄂᆞᆫ 大略ㅣ 둘히니 흙과 鐵에라 비ᄅᆞᆫ ᄀᆞ스러 黑赤色ᄋᆞᆯ 밍ᄀᆞᆯ어나 시혹 孔雀이 목 비치어나 鴿色이어나 밍ᄀᆞᆯ라【【鴿ᄋᆞᆫ 뎌도리라】】 量ᄋᆞᆫ 크니ᄂᆞᆫ 서 마ᄅᆞᆯ 받고【【周ㅅ 말론 서 말이오 唐ㅅ 말론 혼 마리라】】 져그닌 말아오ᄃᆞᆯ 받ᄂᆞ니【【唐ㅅ 말론 닷 되라】】 中品은 아롫 디니라

---

② 현대역

『월인석보』

○ 발다라는 응기라고 하는 말인데 법에 맞는 그릇이니 몸체와 빛깔과 용량이 다 모름지기 법에 맞을 것이다. 몸체는 대개가 둘이니 흙과 철이다. 빛깔은 그슬려 흑적색을 만들거나 혹은 공작의 목 빛깔이나 합색을 만들어라.

【【합은 집비둘기이다.】】 용량은 큰 것은 서 말을 받고 【【주나라의 말로는 서 말이고, 당나라의 말로는 한 말이다.】】 작은 것은 말가웃을 받으니 【【당나라 말로는 닷 되이다.】】 중품은 알 것이다.

③ 저경

『월인석보』: 미상

④ 주석

『월인석보』

• 말이오(HHH) : 말[斗]이고. '말+-이-'가 분철 표기되어 있는 것이 특이하다. 특히, 바로 뒤따르는 '마리라'에서는 그것이 연철 표기되어 있어 이와 좋은 대조를 이룬다. 또한, 이 둘은 성조 실현에서도 차이를 보인다는 점도 주목할 만한데, 각각 '말이오(HHH)'와 '마리라(HLH)'로 나타나는 것이다. 즉, '말이오'는 15세기의 일반적인 연철 표기법뿐만 '거성불연삼(去聲不連三)'이라고 하는 율동 규칙까지 위배하고 있는 어형인 것이다.

• 말아오돌 : 말가웃을. '가온'[斗]은 현대 동남방언형인 '가붓'을 고려할 때 '*가볻'(혹은 '*가볼')으로 재구될 수 있다. 한편, '말가온>말아온'의 변화는 'ㄱ'이 'ㄹ' 뒤에서 약화되었음을 보여 준다.

31. 『석보상절』 권24 : 해당 부분 없음. / 『월인석보』 권25, 55a-55b

① 언해문

『월인석보』 권25, 55a-55b

○ 十誦애 닐오디 鉢온 恒沙 諸佛ㅅ 보라미라 善見에 닐오디 三乘 聖人이 다 디새 바리롤 자부시ᄂᆞ니라 五分律 中에 나모 바리롤 쓰면 偸蘭罪롤 犯ᄒᆞ 리라【【偸蘭은 크다 혼 마리오 遮ᄂᆞᆫ 善道롤 막다 혼 마리니 偸蘭遮罪ᄂᆞᆫ 嘷 吼地獄애 ᄠᅥ러디여 兜率天 목수므로 四千 歲리니 人間 數론 五十億 六十千 歲리니 人間 四百 年이 하ᄂᆞᆳ 혼 밤나지라 嘷吼ᄂᆞᆫ 우를 씨라】】僧祇예 닐오 디 外道인 보라미며 ᄠᅢ 무들씨니라

② 현대역

『월인석보』

○『십송』에서 이르기를 "발은 항사의 모든 부처님의 표시이다."『선견』 에서 이르기를 "삼승의 성인이 다 질그릇 바리를 잡으신다."『오분율』에서는 "나무바리를 쓰면 투란죄를 범할 것이다." 하였다.【【투란은 크다고 하는 말이고, 차는 선도를 막는다고 하는 말이니, 투란차죄는 호규지옥에 떨어져 도솔천 목숨으로 4천 세일 것인데 인간의 수로는 50억 60천 세이겠으니, 인 간의 4백 년이 하늘의 한 밤낮이다. 호규는 울부짖는 것이다.】】『승기』에서 이르기를 "외도의 표시이며 때가 묻기 때문이다."

③ 저경

『월인석보』: 미상

32. 『석보상절』 권24 : 해당 부분 없음. / 『월인석보』 권25, 55b-56b

① 언해문

『월인석보』 권25, 55b-56b

○ 尼師檀은 坐具ㅣ라 혼 마리라 四分律에 기리는 부텻 二搩手ㅣ오【【부텻 一搩手ㅣ 周尺 二尺이니 二搩手는 四尺이라】】너븨는 一搩手 半이니 이 本來ㅅ 法이라 律에 닐오디 迦留陁夷 모미 커 모즈래 안자 부텻긔 술ᄫᆞᆫ대 너븨와 기리와 各各 半搩手를 더으라 ᄒᆞ시니라 戒疏애 닐오디 더으샤ᄆᆞᆫ 緣을 밍ᄀᆞᄅᆞ시니 本來ㅅ 法을 從ᄒᆞ고 그 밧긔 各別히 더으라 그러나 迦留ㅣ 至極 쿠디 半搩手ᄲᆞᆫ 더으시니 이젯 사ᄅᆞ미 젹거니 모즈래 안졷 주리 이시리여 鈔애 닐오디 法다ᄫᆡ 지슬 사ᄅᆞᄆᆞᆫ 처ᅀᅥᆷ 法에 마초아 그처 緣을 둘옳 디니 ᄒᆞ다가 안졷 제 무루피 ᄣᅡ해 가거든 더으샨 法을 브터 ᄒᆞᆫ 머리 ᄒᆞᆫ 겨테 브티라 後에 天人이 祖師ᄃᆞ려 닐오디 비록 네 ᄀᆞᅀᅢ 둘어 다 브텨도 외디 아니ᄒᆞ리라

---

② 현대역

『월인석보』

○ 니사단은 좌구라고 하는 말이다. 『사분율』에서는 "길이는 부처님의 2걸

수이고【【부처님의 1걸수가 주나라 척도로 2척이니, 2걸수는 4척이다.】】 너비는 1걸수 반이니 이는 본래의 법이다.” 하였다. 『율』에서 이르기를 “가 류타이가 몸이 커 모자라게 앉아 부처님께 아뢰기를 ‘너비와 길이를 각각 반 걸수씩 더하라 하셨다.’” 『계소』에서 이르기를 “더하시는 것은 가선을 만 드시는 것이니 본래의 법을 따르고 그 밖에는 별도로 더하라.” 그러나 가류 가 지극히 큰데도 반 걸수만 더하셨는데 요즘 사람은 작으니 모자라게 앉을 일이 있겠는가? 『초』에서 이르기를 “법대로 지은 사람은 처음의 법에 맞추 어 그쳐 가선을 두를 것이니, 만일 앉을 때 무릎이 땅에 닿으면 더하신 법에 의해 한 머리 한 곁에 붙여라.” 이후에 천인이 조사에게 말하기를 “비록 네 가장자리에 둘러 다 붙여도 그르지 않을 것이다.”

③ 저경

『월인석보』: 미상

④ 주석

『월인석보』

● 기리ᄂᆞᆫ : 길이는. 현대국어의 척도명사 ‘길이’에 대응하는 중세국어 형은 ‘기리~기릐’이다. 이 명사는 형용사 어간 ‘길-’[長]과 명사파생접 미사 ‘-의’로 분석되는데, ‘너븨, 노픠, 둗긔’ 등 다른 척도 명사들도 이 와 동일한 파생 과정을 거쳐 형성된 것이다. 한편, ‘기리’는 ‘길-’에 부 사파생접미사 ‘-이’가 결합한 것으로, 명사 ‘기리~기릐’와는 형태상으 로 구분된다. 하지만 ‘기리~기릐 : 기리’의 관계를 ‘명사 : 부사’와 같이 이분법적으로만 보아서는 안 된다. 본문의 예뿐만 아니라 아래와 같이 ‘기리’가 명사로 쓰인 예들도 있기 때문이다.

㉖ 羅睺阿脩羅王ᄋᆞᆫ 本來ㅅ 몺 <u>기리</u> 七百 由旬이오<석보상절13 : 9b>

마릿 <u>기리</u> 몸과 ᄀᆞᆯᄫᅧ며<월인석보1 : 26b>

● 쿠디(HH) : 큰데, 크되. 형용사 어간 '크-'[大]에 연결어미 '-오디'
가 결합한 구성이다. '가디[去](RH), 오디[來](RH), 보디[見](RH)' 등의 제
1음절 성조가 상성인 것과는 달리 '쿠디'의 경우에는 거성인 이유는 김
완진(1973 : 30-32)에서 밝힌 바와 같이 축약된 음절의 모음에 기인한다.
즉, 본래 평성을 지니고 있던 음절의 모음이 축약된 음절에서도 핵모음
으로 남아 있을 때에만 상성으로 실현되는 것이다. 그런데 '쿠디'의 경
우에는 음절 '크'의 모음 '으'가 축약된 음절 '쿠'의 핵모음을 이루지
못하므로 그 성조가 상성으로 실현되지 못하였다.

33. 『석보상절』 권24 : 해당 부분 없음. / 『월인석보』 권25, 56b

① 언해문

『월인석보』 권25, 56b

○ 비촌 袈裟ㅣ 곧ᄒᆞ니라 十誦애 새논 두 겨비오 눌ᄀᆞ닌 네 겨비니 ᄒᆞ오
줄 말라 鼻奈耶애 닐오디 緣을 두르라 五分律에 모로매 四角을 브티라 四分
律에 새 짓고 모로매 눌근 거스로 縱廣 一搩手를 브티라【【方 二尺이라】】

② 현대역

『월인석보』

○ 빛은 가사와 같은 것이다. 『십송』에서는 "새 것은 두 겹이고 낡은 것은 네 겹이니 홑겹으로 짓지 말라." 하였다. 『비내야』에서 이르기를 "가선을 두르라." 『오분율』에서는 "모름지기 네 모서리를 붙이라." 하였다. 『사분율』에서는 "새 것을 짓고 모름지기 낡은 것으로 세로 폭을 1걸수를 붙이라." 하였다. 【【방 2척이다.】】

---

③ 저경

『월인석보』: 미상

④ 주석

『월인석보』

● 새논 : 새것은. 현대국어의 '새'는 관형사로밖에 쓰이지 않지만, 중세국어의 '새'는 관형사뿐만 아니라 명사나 부사적 용법도 지니고 있었다. 본문에 쓰인 '새'가 바로 명사적 용법으로 쓰인 예이며, '沙彌는 새 出家ᄒᆞᆫ 사ᄅᆞ미니<석보상절6 : 2a>'와 같은 예는 '새'가 부사로 사용된 대표적인 예이다.

● ᄒᆞ오졸 : 홑을, 홑겹을. 15세기 국어의 'ᄒᆞᄫᅡ<용비어천가5 : 31a>'라든가 현대동남방언의 '호분니불, 호부', 현대동북방언의 '하붓지' 등을 고려할 때, 'ᄒᆞ옷'[單]은 '*ᄒᆞ봇'(혹은 '*ᄒᆞᄫᅩᆺ')으로 소급된다고 볼 수

있다.

34. 『석보상절』 권24 : 해당 부분 없음. /『월인석보』 권25, 56b-57a

① 언해문

『월인석보』 권25, 56b-57a

○ 漉水囊은 므레 거리는 ᄂᆞᄆᆞ치라 四分律에 漉袋 업시 半 由旬을 녀디 말라【【袋는 囊이라】】 업거든 僧伽梨ㅅ 귀로 거리라 薩婆多애 닐오디 住處롤 밍ᄀᆞ로리라 홇딘댄 몬져 므레 벌에 잇는가 보디 잇거든 다른 우므를 밍ᄀᆞ로리니 손지 잇거든 ᄇᆞ리고 가라 그러나 므리며 무티며 虛空界 다 有情의 브튼 ᄯᅡ히니 律 中에 漉囊애 ᄠᅳᇙ 것과 肉眼이 보몰 브터 디니며 犯호몰 論ᄒᆞᇙ ᄯᆞᄅᆞ미라】

② 현대역

『월인석보』

○ 녹수낭은 물을 거르는 주머니이다. 『사분율』에서는 "녹대 없이 반 유순을 가지 말라. 【【대는 낭이다.】】 그것이 없으면 승가리의 귀로 거르라." 하였다. 『살바다』에서 이르기를 "'있을 곳을 만들겠다.' 할 것이면 먼저 물에 벌레가 있는가 보되 있으면 다른 우물을 만들 것이니, 여전히 벌레가 있으면 버리고 가라." 그러나 물이며 뭍이며 허공계가 다 유정이 사는 땅이니 『율』에서는 "녹낭에 뜰 것과 육안으로 보는 것을 따라 지니며 범하는 것을 논할

따름이다." 하였다.】

③ 저경

『월인석보』: 미상

④ 주석

『월인석보』

●뚱 : 뜰. '쓰-[挹]+-우-+-ㅭ'로 분석된다. '쓰-'는 '그릇과 같은 것
에 담겨 있는 물건을 퍼내거나 덜어 내다'는 의미를 지닌 동사이다.

제5장

아난의 정법전지

1. 『석보상절』 권24, 5b-6b / 『월인석보』 권25, 57a-58a

① 언해문

『석보상절』 권24, 5b-6b

아래 阿闍世王이 迦葉尊者끠 期約호디 尊者ㅣ 入滅ᄒ싫 저긔 모로매 날ᄃ
려 니르쇼셔 ᄒ얫더니 迦葉尊者ㅣ 雞足山애 가리라 ᄒ야 阿闍世王ㄱ 손디 가
니 王이 마초아 자노라 ᄒ야 몯 보니 王ㄱ ᄭ메 집 보히 것거늘 ᄭᆡᄃ라 너교
디 당다이 迦葉尊者ㅣ 入滅ᄒ시놋다 ᄒ야 몰도 몯 기드려 雞足山애 거러 ᄃ
ᄅ니 그 뫼히 ᄒ마 어우렛더라

『월인석보』 권25, 57a-58a

二祖 阿難尊者끠 阿闍世王이 술ᄫᅩ디 如來와 迦葉과 二師ㅣ ᄒ마 다 涅槃커
시ᄂᆞᆯ 내 緣故ㅣ 하 다 몯 보ᅀᆞᄫᅩ니 尊者ㅣ 涅槃ᄒ싫 제 願ᄒᆞᆫ둔 니르쇼셔 後
에 阿難尊者ㅣ 王宮에 니거늘 門 자ᄇᆞᆫ 사ᄅᆞ미 닐오디 王이 자실ᄊ ᆡ 몯 엳ᄌᆞᄫᆞᆯ

리로소이다 王이 쑤메 七寶盖예 千萬億衆이 圍繞ᄒᆞ야 울워렛거늘 ᄇᆞᄅᆞᆷ비 텨 줄이 것거디여 보비 瓔珞이 ᄯᅡ해 다 ᄣᅥ러디거늘 놀라 ᄭᆡᄃᆞᄅᆞ니 門 자본 사ᄅᆞ미 술ᄫᅡ놀

② 현대역

『석보상절』

예전에 아사세왕이 가섭존자께 기약하기를 "존자가 입멸하실 때에 모름지기 나에게 말씀해 주소서." 하였는데, 가섭존자가 "계족산에 가겠다."라고 하고 아사세왕께 가니 왕이 마침 "잔다."라고 하여 못 보았는데, 왕의 꿈에 집의 대들보가 꺾어지는데 깨달아 생각하기를 '마땅히 가섭존자가 입멸하시는구나!' 하여 말도 못 기다리고 계족산에 뛰어가니 그 산이 이미 어우러져 있었다.

『월인석보』

이조 아난존자께 아사세왕이 아뢰기를 "여래와 가섭 두 대사가 이미 다 열반하셨는데 내가 연고가 많아 다 뵙지 못하니, 존자께서 열반하실 때 원하건대 말씀해 주소서." 이후에 아난존자가 왕궁에 갔는데 문지기가 말하기를 "왕이 주무시므로 여쭈지 못할 것입니다." 왕이 꿈에서 칠보개에 천만억 대중이 에워싸고 우러르고 있는데 비바람이 쳐 자루가 꺾어져 보배와 영락이 땅에 다 떨어졌는데, 놀라 깨달으니 문지기가 아뢰기를

③ 저경

『석보상절』: 미상

『월인석보』:『경덕전등록(景德傳燈錄)』 권1, 제2조 아난(阿難)【『대정신수대장경(大正新脩大藏經)』 제53, 사전부(史傳部) 3, 206면】.

第二祖阿難 ①王舍城人也 姓利利帝 父斛飯王 實佛之從弟也 梵語阿難陀 此云慶喜 亦云歡喜 如來成道夜生因爲之名 多聞博達智慧無礙 世尊以爲總持第一 嘗所讚歎 加以宿世有大功德 受持法藏如水傳器 佛乃命爲侍者後阿闍世王白言 仁者 如來迦葉尊勝二師皆已涅槃 而我多故悉不能睹 仁者 般涅槃時願垂告別 阿難許之 後 ②自念言 我身危脆猶如聚沫 況復衰老豈堪長久 又念 阿闍世王與吾有約 乃詣王宮 ③告之曰 吾欲入涅槃來辭耳 門者曰 王寢不可以聞 ④阿難曰 俟王覺時當爲我說 時阿闍世王夢中見一寶蓋 七寶嚴飾千萬億衆圍繞瞻仰 俄而風雨暴至吹折其柄 珍寶瓔珞悉墜於地 心甚驚異 旣寤 門者具白上事王聞語已

* 위 저경의 밑줄 친 '①, ②, ③, ④'는 언해 과정에서 생략된 부분으로서 『월인석보』가 『석보상절』과 유사하게 많은 내용을 생략하여 주요 내용만 요약 내지 축약한 것으로 해석할 수 있다.

④ 주석

『석보상절』

● 것거늘 : 꺾어지거늘. '겺-'[折]은 동일한 형태로서 자동사와 타동사의 용법을 모두 갖는 '자타 양용동사'이다. 이러한 자타 양용동사는 중세국어 시기의 문헌 자료에서 다양하게 나타난다. 고영근(1986 : 47, 51-63)에서는 중세국어 시기의 자타 양용동사 어간 목록 32개 '쁴-[孵

化], ᄀ리ᄤ-[蔽], ᄀ리-[蔽], 골-[替], 가ᄉᆡ-[變], 갇-[收], 걷-[卷], 갊-[藏], 걸-[掛], 져-[折], ᄢᅦ-[貫], 그르-[解], ᄢ-[滅], 긏-[絶], 놀라-[驚], 닛-[連], 다ᄋ-[盡], 닫-[閉], 몿-[終], 맞-[中], 밧고-[換], 배-[亡], ᄲᅢ혀-[拔], 버히-[斬], 붗-[飄], 비릇-[始], 비취-[照], 셧-[雜], 옮-[移], 움츠-/움치-[縮], 흗-[散], 헐-[亂]'을 제시하였다. 김문오(1998 : 3)에서는 '굽-[曲], 데-[爛], 및-[及], 열-[開], 일-[成], 일우-[成]'의 6개 목록을 추가하여 제시하였다. 이처럼 중세국어 시기에 자타 양용동사가 많이 출현하게 된 원인으로, 최동주(1989 : 158, 각주14)에서는 한문 원문의 간섭 때문일 가능성을 제기하였고 김문오(1998 : 12)에서는 당시의 문법 의식의 미발달 또는 자동과 타동을 엄격하게 구분해야 할 필요성을 느끼지 못했을 것을 지적하고 있다. 한편, 자타 양용동사들이 현대국어로 발전해 오면서 현저히 줄어든 변화의 원인에 대해 최동주(1989 : 159)에서는 국어 어휘부 내에서의 파생법 체계의 변화라는 견해를 제시하였다.

『월인석보』

● 울워렛거늘 : 우러르고 있거늘. '울월-'[仰]은 어중 자음 약화를 상정할 근거가 없는 단어이므로 15세기 국어의 일반적인 표기법에 따르면 '우뤌-'과 같이 연철 표기되어야 한다. 그러나 이 단어는 언제나 분철 표기되어 나타난다. 이는 지금까지 국어 음운사와 표기법 연구에서는 오랫동안 논쟁거리가 되어 온, 음절말 자음을 분철시키는 후음 'ㅇ'의 정체에 대한 논의에 해당하는 예이다. 중세국어 'ㅇ'에 대한 선행 연구는 매우 방대하여 여기에 일일이 소개하기 힘든 정도인데, 최근의 김경아(1991), 김성규(2009 : 49-55), 김옥영(2010) 등에 이 주제에 대한 연구사가 잘 정리되어 있어 이 논의들을 참고할 수 있다.

김성규(2009 : 49-52)에서 분류한 바와 같이, 이 논쟁에 대한 시각은 크게 '음운론적인 관점'과 '표기론적인 관점'으로 나뉜다. 전자는 'ㅇ'의 음가 문제와 직결되고, 후자는 '다ᄅ-/돌ㅇ-[異], 아ᅀ/앗ㅇ[弟]'과 같은 비자동적 교체 어간의 형태 · 의미론적 제약과 관련된다. 그런데 아직 적극적으로 논의된 것은 아니지만, '음운론적인 관점'에는 'ㅇ'보다는 그것에 선행하는 'ㄹ'의 음절화에 초점을 맞춘 시각도 존재한다. 신승용(2003 : 204, 각주 46)에서는 '글왈, 도톨왐' 등이 연철되지 않는 이유를 음절화 과정에서의 종성 'ㄹ'의 특성과 관련지을 가능성을 시사한 바 있다. 이는 동남방언에서 '일요일(日曜日), 일왕(日王)'이 각각 [일.요.일], [일.왕]과 같이 음절말 'ㄹ'이 y나 w 앞에서 본래 자신의 종성 위치에 그대로 유지되는 현상에 착안한 것이다. 요컨대, 음절말 자음을 분철시키는 'ㅇ'의 정체를 밝히는 작업은 여전히 국어음운사 연구에서 남아있는 과제라고 할 수 있다.

2. 『석보상절』 권24, 6b-7a / 『월인석보』 권25, 58a-62a

① 언해문

『석보상절』 권24, 6b-7a

迦葉이 처섬 그 뫼헤 들 쩌긔 닐오디 阿闍世王이 오시거나 彌勒이 下生커시나 ᄒ면 이 뫼히 열리라 ᄒ얫더니 阿闍世王이 가니 그 뫼히 열어늘 보니 迦葉이 袈裟롤 바다 드ᅀᄫ야 고즈기 안자 잇거늘 王이 울며 禮數ᄒ고 나니 그 뫼히 도로 어우니라【迦葉尊者ㅣ 阿難尊者끠 法 맛됴미 考王 다ᄉᆞᆺ찻 힛 丙辰이라】 ○ 二祖 阿難尊者ㅣ 正法으로 商那和修끠 맛디고 寂滅에 드니라【阿難

尊者ㅣ 寂滅에 드로미 厲王 열흔찻 히 癸巳ㅣ라】

『월인석보』 권25, 58a-62a

王이 목 노하 울오 毗舍離城에 가니 尊者ㅣ 恒河ㅅ 가온디 結加趺坐ᄒᆞ얫
거늘 王이 절ᄒᆞ고 偈를 닐오디 三界尊끠 머리 좃ᄉᆞ오니 悲願力으로 涅槃 마
ᄅᆞ쇼셔 毗舍離王이 ᄯᅩ 河ㅅ ᄀᆞᅀᅢ 이셔 偈를 닐오디 尊者ㅣ 엇뎨 ᄲᆞ리 寂滅場
애 가시ᄂᆞ니잇고 願ᄒᆞᆫᄃᆞᆫ 져근덛 住ᄒᆞ샤 供養ᄋᆞᆯ 바ᄃᆞ쇼셔 尊者ㅣ 二國王이
다 와 勸請ᄒᆞᄂᆞᆫ 둘 보고 偈를 닐오디 二王이 이대 嚴住ᄒᆞ샤 受苦ᄅᆞ빙 슬허
마ᄅᆞ쇼셔 涅槃이 내 寂靜에 當ᄒᆞ니 諸有ㅣ 업슨 젼치이다 尊者ㅣ ᄯᅩ 너교디
내 ᄒᆞᆫ 나라ᄒᆞᆯ 向ᄒᆞ면 녀느 나라ᄃᆞᆯ히 ᄃᆞ토리니 平等으로 有情을 度脫호리라
ᄒᆞ고 恒河ㅿ믌 가온디 寂滅에 드로려터니 그ᄢᅴ 山河大地 六種震動커늘 雪山앳
五百 仙人이 이 瑞應을 보고 虛空애 ᄂᆞ라와 尊者끠 절ᄒᆞ고 ᄭᅮ러 ᄉᆞᆲ오디 내
長老끠 佛法을 證호리니 願ᄒᆞᆫᄃᆞᆫ 大慈ᄒᆞ샤 우리를 度脫ᄒᆞ쇼셔 尊者ㅣ 줌줌ᄒᆞ
야 請을 바다 즉재 殃伽河를 變ᄒᆞ야 다 金 ᄯᅡ히 ᄃᆞ외에 ᄒᆞ고 仙衆 爲ᄒᆞ야 大
法을 니르고 尊者ㅣ ᄯᅩ 念호디 아래 度脫ᄒᆞᆫ 弟子ㅣ 당다이 와 모ᄃᆞ리라 ᄒᆞ니
아니 한 더데 五百 羅漢이 虛空ᄋᆞ로셔 ᄂᆞ려오나ᄂᆞᆯ 仙人ᄃᆞᆯ 爲ᄒᆞ야 出家ᄒᆞ야
具를 심기니 그 仙衆 中에 羅漢이 이쇼디 일후미 商那和修ㅣ러니 尊者ㅣ 法
器ㄴ 둘 아라 닐오디 네 如來 큰 法眼ᄋᆞ로 大迦葉을 맛뎌시ᄂᆞᆯ 迦葉이 入定홀
제 내게 맛뎌ᄂᆞᆯ 내 이제 쟝ᄎᆞ 滅度홀씨 네게 傳持ᄒᆞ노니 네 내 ᄀᆞᄅᆞ쵸ᄆᆞᆯ 바
다 偈를 드르라 ᄒᆞ고 닐오디 本來付有法 付了言無法 各各須自悟 悟了無無法
이라 ᄒᆞ고 虛空애 소사 올아 十八變 나토고 風奮迅三昧예 드러 四分에 分身
ᄒᆞ야 一分은 忉利天에 주고 一分은 沙竭羅龍宮에 주고 一分은 毗舍離王끠 주
고 一分은 阿闍世王끠 주어ᄂᆞᆯ 各各 寶塔 밍ᄀᆞ라 供養ᄒᆞ더라 【厲王ㄱ 열흔찻
히 癸巳ㅣ라】

② 현대역

가섭이 처음 그 산에 들 때에 말하기를 "아사세왕이 오시거나 미륵이 하생하시거나 하면 이 산이 열릴 것이다." 하였는데 아사세왕이 가니 그 산이 열리니, 왕이 보니 가섭이 가사를 받아 들고 꼿꼿이 앉아 있었는데 왕이 울며 예를 표하고 나니 그 산이 도로 닫혔다. 【가섭존자가 아난존자께 법을 맡긴 것은 고왕 다섯째 해인 병진년이다.】 ○ 이조 아난존자가 정법을 상나화수께 맡기고 적멸에 들었다. 【아난존자가 적멸에 든 것은 여왕 열한 번째 해인 계사년이다.】

『월인석보』

왕이 목 놓아 울고 비사리성에 가니 존자가 항하 가운데 결가부좌하고 있는데, 왕이 절하고 게를 말하기를 "삼계존께 머리를 조아리니 비원력으로 열반하지 마소서." 비사리왕이 또 강가에서 게를 말하기를 "존자께서는 어찌 빨리 적멸장에 기십니까? 원하선대 잠시 계시며 공양을 받으소서." 존자가 두 국왕이 다 와 권청하는 것을 보고 게를 말하기를 "두 왕이 잘 엄주(嚴住)하시어 괴롭게 슬퍼하지 마소서. 열반이 내 적정에 당면하니 제유(諸有)가 없는 까닭입니다." 존자가 또 생각하기를 '내가 한 나라를 향하면 다른 나라들이 다툴 것이니 평등으로 유정을 도탈하겠다.' 하고 항하 물 가운데에서 적멸에 들려 하니, 그때 산하대지가 여섯 가지로 진동하는데 설산에 있는 5백 선인이 이 상서로운 징조를 보고 허공을 날아와 존자께 절하고 꿇고 아뢰기를 "내가 존자께 불법을 증(證)할 것이니 원하건대 큰 자비를 베푸셔서 우리를 도탈하소서." 존자가 잠자코 청을 받아 즉시 항하를 변화시켜 다 금땅이 되게 하고 신선의 무리를 위하여 대법을 말하고, 존자가 또 생각하기를 '예전에 도탈한 제자가 마땅히 와 모일 것이다.' 하니, 오래지 않아 5백 나한이 허공에서 내려오는데 선인들을 위하여 출가하여 구족계를 전하니, 그 선인의 무리 중에 나한이 있었는데 이름이 상나화수였다. 존자가 법기인 것을 알고 말하기를 "옛날 여래가 큰 법안을 대가섭에게 맡기셨는데 가섭이 입정할 때 내게 맡겼으니, 내가 이제 장차 멸도할 것이므로 너에게 전지하니, 네가 내 가르침을 받아 게를 들어라." 하고 말하기를 "본래부유법 부료언무법 각각수자오 오료무무법[본래 부촉함에 법이 있으나, 부촉하고 난 말씀에는 법이 없다. 각각 모름지기 스스로 깨닫되, 깨닫고 나면 법 없음도 없다.]이다." 하고 허공에 솟아올라 십팔변을 나타내고 풍분신삼매에 들어 네 부분으로 몸을 나누어 한 부분은 도리천에 주고, 한 부분은 사갈라용궁에 주고, 한 부분은 비사리왕께 주고, 한 부분은 아사세왕께 주니, 각각 보탑을 만들어 공양하였다.【여왕의 열한 번째 해인 계사년이다.】

③ 저경

『석보상절』: 미상

『월인석보』:『경덕전등록(景德傳燈錄)』권1, 제2조 아난(阿難)【『대정신수대장경(大正新脩大藏經)』제53, 사전부(史傳部) 3, 206면】.

失聲號慟哀感天地 卽至毘舍離城 見阿難在常河中流跏趺而坐 王乃作禮而說偈言
稽首三界尊　棄我而至此
暫憑悲願力　且莫般涅槃
時毘舍離王亦在河側 復說偈言
尊者一何速　而歸寂滅場
願住須臾間　而受於供養
爾時阿難見二國王咸來勸請 乃說偈言
二王善嚴住　勿爲苦悲戀
涅槃當我淨　而無諸有故
阿難復念 我若偏向一國而般涅槃 諸國爭競 無有是處 應以平等度諸有情 遂於常

河中流將入寂滅 是時山河大地六種震動 雪山中有五百仙人 睹慈瑞應飛空而至 禮阿難足胡跪白言 我於長老當證佛法 願垂大慈度脫我等 阿難默然受請 卽變殑 伽河悉爲金地 爲其仙衆說諸大法 阿難復念 先所度脫弟子應當來集 須臾五百羅 漢從空而下 爲諸仙人出家受具 其仙衆中有二羅漢 一名商那和修 二名末田底迦 阿難知是法器 乃告之曰 昔如來以大法眼付大迦葉 迦葉入定而付於我 我今將滅 用傳於汝汝受吾教 當聽偈言

    本來付有法 　付了言無法
    各各須自悟 　悟了無無法

阿難付法眼藏竟 踊身虛空作十八變 入風奮迅三昧分身四分 一分奉忉利天 一分 奉娑竭羅龍宮 一分奉毘舍離王 一分奉阿闍世王 各造寶塔而供養之

* 위 언해 내용은 아난존자가 적멸에 들기 전에 정법을 상나화수께 전지하는 장면으로서, 『석보상절』은 핵심 내용만 요약하여 제시하고 있으며 『월인석보』는 이 장면의 저경을 대부분 번역하여 제시하고 있는 점이 특징적이다.

④ 주석

『석보상절』

● 고ᄌᆞ기(HHL) : 꼿꼿하게. '고ᄌᆞ기'의 의미에 대해서는 김영배(2009 : 299-300)의 기술 내용을 참고할 수 있다. 거기서는 '고ᄌᆞ기(HLH)'의 일반 적인 의미로 알려진 '극진하게, 지극하게'가 본문의 '고ᄌᆞ기(HHL) 안자 잇거늘'과 같은 문맥에는 적합하지 않다는 의미론적인 문제와, 두 '고 ᄌᆞ기'의 성조가 서로 다르게 실현되어 있다는 음운론적인 문제를 근거 로 본문의 '고ᄌᆞ기(HHL)'를 '꼿꼿이'로 풀이하였다. 그리고 '고ᄌᆞ기 (HLH)'는 '고죽ᄒᆞ다(극진하다, 지극하다)'에서 파생된 것이고, '고ᄌᆞ기

(HHL)'는 '고즉ᄒ다(웅긋하다, 높즉하다), 곧다'에서 파생된 것이나, 어원은 동일한 것으로 파악하였다. 두 '고즈기'의 어원이 동일한 것으로 본 김영배(2009)의 관점은 타당한 것으로 보인다. 왜냐하면 '고즈기'는 한문의 '專念, 一心, 專心, 繫念'과 같은 문맥에서 사용되는데, '극진하다'는 것과 심리적으로 '곧다'는 것 사이에는 의미적 유사성이 포착되기 때문이다.

그러나 김영배(2009)에서 제시한 성조상의 근거는 적절하지 않다. 왜냐하면 '꼿꼿이'의 의미로 사용된 '고즈기(HLH)'가 다음과 같이 『두시언해』 초간본에 나타나기 때문이다.

例 모몰 고즈기(HLH) ᄒ야쇼ᄆ 간곡ᄒ 톳기ᄅ 스랑ᄒᄂ 듯고[攬身思 狡兔]<16 : 45b>

요컨대, HHL과 HLH 간의 성조상의 차이는 두 '고즈기'의 의미 분화와 직접적인 관련이 없다. 두 '고즈기' 모두 동일한 성조로 실현되며, 단지 본문에 나타난 '고즈기(HHL)'가 부사파생접미사 '-이'의 성조 실현이 달리 나타나 율동규칙의 적용을 받지 않았을 뿐인 것이다. 부사파생접미사 '-이'의 성조에 대해서는 7-3. 『월인석보』 'ᄀ두기' 항목을 참고할 수 있다.

제6장

아육왕의 공업

1. 『석보상절』 권24 : 해당 부분 없음. / 『월인석보』 권25,
   62a-62b

① 언해문

『월인석보』 : 제25, 62a-62b

其五百七十七
王舍城 깊ᄀ새 闍耶이 精誠이 ᄒᆞᆫ 우훔 供養이러니
閻浮提 天下애 阿育王 功業이 八萬 四千 寶塔이러니

② 현대역

『월인석보』

기577

왕사성 길가에 사야의 정성이 한 움큼의 공양이더니
염부제 천하에 아육왕의 공업이 팔만 사천 보탑이더니

제7장

아육왕의 전생

1. 『석보상절』 권24, 7a-8b / 『월인석보』 권25, 62b-63b

① 언해문

『석보상절』 권24, 7a-8b

아래 부톄 阿難이 더브르시고 舍衛城의 드르샤 乞食ᄒ더시니 긼ᄀ새 효근 아ᄒᆡ들히 홀ᄀᆯ 뫼화 지블 밍ᄀ라 두고 이ᄂᆞᆫ 몸채라 이ᄂᆞᆫ 翼廊이라 이ᄂᆞᆫ 庫房이라 ᄒ고 ᄯᅩ 이ᄂᆞᆫ 쳔랴이라 이ᄂᆞᆫ 穀食이라 ᄒ야 에워려 노다가 ᄒᆞᆫ 올미 闍耶ㅣ라 호리 부텨 오시거늘 보ᅀᆞᆸ고 과ᄒᆞᅀᆞᄫᅡ 제 庫房애 ᄡᆞ리라 ᄒ야 뒷던 홀ᄀᆯ 우희여 부텨씌 받ᄌᆞᆸ오려 ᄒ니 킈 쟈ᄀᆞᆯ씨 제 벋 올미 毗闍耶ㅣ라 호리ᄅᆞᆯ ᄃᆞ려 닐오ᄃᆡ 내 네 우희 올아 부텨씌 布施ᄒᆞᅀᆞ바지라 ᄒ야ᄂᆞᆯ 毗闍耶ㅣ 깃거 부텻 알ᄑᆡ 굽거늘 闍耶ㅣ 毗闍耶이 엇게예 올아 부텨씌 받ᄌᆞᄫᆞᆫ대 부톄 구브샤 바리로 바다시ᄂᆞᆯ 毗闍耶ㅣ 合掌ᄒ야 조차 깃ᄉᆞᄫᅡ ᄒ더라

『월인석보』권25, 62b-63b

아리 世尊이 比丘돌 드리시고 王舍城에 드러 乞食ᄒᆞ시더니 두 童子ㅣ 호ᇇ
일후믄 闍耶ㅣ오 호ᇇ 일후믄 毗闍耶ㅣ러니 몰앳 가온더 이셔 노다가 世尊 ᄇᆞ
라ᅀᆞᆸ고 闍耶 童子ㅣ 너교더 내 麥麨로 부텨ᄭᅴ 받ᄌᆞᄫᆞ리라 ᄒᆞ고 소내 ᄀᆞᆫ 몰
애ᄅᆞᆯ 바다 世尊ㅅ 바리예 노ᄊᆞᇦ바ᄂᆞᆯ 毗闍耶ㅣ 合掌ᄒᆞ야 隨喜ᄒᆞ더니

② 현대역

『석보상절』

예전에 부처님이 아난과 더불어 사위성에 들어가시어 걸식하셨는데 길가
에 작은 아이들이 흙을 모아 집을 만들어 두고 "이것은 몸채다, 이것은 익랑
이다, 이것은 곳간이다."라고 하고, 또 "이것은 돈이다, 이것은 곡식이다."라
고 하며 둘러앉아 놀다가, 부처님이 오시는데 사야라고 하는 한 아이가 이
를 보고 기뻐하여 제 곳간에 쌀이라 하여 두었던 흙을 움켜쥐어 부처님께
바치려 하니, 키가 작아 비사야라고 하는 제 벗을 데려와 말하기를 "내가 네
위에 올라가 부처님께 보시하고 싶다." 하니 비사야가 기뻐하여 부처님 앞
에 구부렸다. 사야가 비사야의 어깨에 올라가 부처님께 그 흙을 바치니 부
처님이 구부려 바리때로 받으시니, 비사야가 합장하고 따라 기뻐하였다.

『월인석보』

예전에 세존이 비구들을 데리고 왕사성에 들어가 걸식하셨다. 두 동자가
하나는 이름이 사야이고 다른 하나는 이름이 비사야였는데, 모래 가운데서
놀다가 세존을 바라보고 사야 동자가 생각하기를 '내가 보릿가루를 부처님

께 바칠 것이다.' 하고 손에 가는 모래를 받아 세존의 바리때에 놓으니, 비사
야가 합장하고 함께 기뻐하였다.

③ 저경

『석보상절』: ① 『석가보(釋迦譜)』 권5, 석가획팔만사천탑숙연기(釋迦獲八萬四千
塔宿緣記) 제32 〈『현우경(賢愚經)』〉【대정신수대장경(大正新脩大藏經)』 제50,
사전부(史傳部), 82면】.
　　　　　② 『석가보(釋迦譜)』 권5, 아육왕조팔만사천탑기(阿育王造八萬四千
塔記) 제31 〈『잡아함경(雜阿含經)』〉【대정신수대장경(大正新脩大藏經)』 제50,
사전부(史傳部), 76면】.

　① 爾時佛與阿難 入舍衛城乞食 見群小兒於道中戲 各聚地土 用作舍宅倉庫財
寶五穀 有一小兒遙見佛來 敬心內發歡喜踊躍 卽取倉中土爲穀者 便以手探欲用
施佛 身小不及語一小兒 我登汝上以穀布施 小兒歡喜報言可爾 卽躡肩上以土奉
佛 佛下鉢低頭受土
　② 時毘闍耶合掌隨喜

『월인석보』:『석가보(釋迦譜)』 권5, 아육왕조팔만사천탑기(阿育王造八萬四千塔
記) 제31 〈『잡아함경(雜阿含經)』〉【대정신수대장경(大正新脩大藏經)』 제50, 사
전부(史傳部), 76면】.

　爾時世尊 與諸比丘循邑而行 時有二童子 一名闍耶二名毘闍耶 共在沙中嬉戲
遙見世尊 三十二相莊嚴其體 時闍耶童子心念言 我當以麥麩上佛 仍手捧細沙著
世尊缽中 時毘闍耶合掌隨喜

* 두 언해문이 『석가보』를 저경으로 하고 있지만 『석보상절』은 소제
목 아래 '出 賢愚經'이라 명시되어 있는 '釋迦獲八萬四千塔宿緣記 第32'

을, 『월인석보』는 '出　雜阿含經'이라 명시되어 있는 '阿育王造八萬四千塔記 第31'을 저경으로 하고 있어서 언해문의 내용에 다소 차이를 보이고 있다. 그런데 여기에서 흥미로운 사실은 위 『석보상절』이 '釋迦獲八萬四千塔宿緣記 第32'와 '阿育王造八萬四千塔記 第31'의 내용으로 섞여 있는 점이다. 이는 『석보상절』 권24 11a까지 이어진다. 주지하는 바와 같이 『석보상절』 권24와 『월인석보』 권25는 『석가보』 31(즉, 阿育王造八萬四千塔記 第31)이 중심을 이루면서 몇 저경이 섞여 편찬되어 있는데, 이처럼 『석보상절』 앞부분에 『석가보』 32를 내세운 것은 주목되는 부분이다. 위 『석보상절』과 『월인석보』의 언해문을 비교해 보면 『석보상절』의 내용은 사건의 순서에 따라 기록된 사실을 알 수 있는데, 아육왕의 전생 인연을 보다 자세하게 기록하기 위해 『석보상절』 편찬자가 『석가보』 32와 『석가보』 31을 재배열하여 구성한 것으로 추정된다.

④ 주석

『석보상절』

● 에워려 : 둘러앉아. 중세국어의 '에우-'[圍]를 고려할 때 '에워려'는 1차적으로 '에워리-+-어'로 분석할 수 있다. 어간 '에워리-'는 더 분석해 볼 여지가 있으나, 다른 용례가 발견되지 않아 그 형태론적 구성을 명확히 밝히기는 어렵다. 어원적인 탐구가 더 필요한 단어이다.

『월인석보』

● 아리 : 예전에. 『석보상절』의 '아래'와 좋은 대조를 이룬다. '아리'

와 '아래'는 15세기에 제2음절 위치에서 'ᄋ'와 '아'가 혼기된 예이다. 이와 유사한 예로는 'ᄀᄆ니<석보상절24 : 50a>'와 'ᄀ마니'<석보상절6 : 30a>를 들 수 있다. 이상의 예들을 'ᄋ'의 변화와 관련지어 이해한다면 이 단어에 한해 'ᄋ'의 변화 시기나 방향이 매우 특이함을 인정해야 할 것이다. 참고로, 제1음절 위치에서 'ᄋ'와 '아' 간의 혼기가 보이는 어휘도 존재한다. 'ᄂ호아<석보상절19 : 6a> : 난호아<석보상절13 : 36b>, ᄑ라코<월인석보1 : 27b> : 파라코<금강경삼가해3 : 48a>' 등이 그것이다. 이병근(1997 : 734-736)은 어두 음절에서 나타나는 이러한 'ᄋ～아'의 혼기 예들을 15세기에서부터 'ᄋ>아' 변화를 겪은 어휘로 보았다.

2. 『석보상절』 권24, 8b-9a / 『월인석보』 권25, 63b-64a

① 언해문

『석보상절』 권24, 8b-9a

> 그저긔 闍耶ㅣ 發願을 ᄒ야 술ᄫᅩ디 오늘 布施ᄒᅀᆞ본 善根功德으로 後生애 ᄒᆫ 天下를 어더 纖蓋 바틸 王이 ᄃᆞ외야【纖ᄋᆞᆫ 蓋 ᄀᆮᄒᆞᆫ 거시라】諸佛을 供養 ᄒᅀᆞᄫᅡ지이다 世尊이 그 말 드르시고 우ᅀᅧᆫᄒᆞ야시ᄂᆞᆯ 阿難이 合掌ᄒᆞ야 술ᄫᅩ디

『월인석보』 권25, 63b-64a

> 그제 뎌 童子ㅣ 發願ᄒᆞ야 닐오디 惠施 善根功德으로 一天下 一纖盖王ᄋᆞᆯ 得ᄒᆞ야 이 고대 나 諸佛을 供養ᄒᆞᅀᆸ게 ᄒᆞ쇼셔 그ᄢᅴ 世尊이 우ᅀᅧᆫᄒᆞ신대 阿難이 合掌ᄒᆞ야 술ᄫᅩ디

② 현대역

『석보상절』

> 그때 사야가 발원하여 아뢰기를 "오늘 보시한 선근공덕으로 후생에 한 천하를 얻어 산개로 받칠 왕이 되어 【산은 덮개 같은 것이다.】 모든 부처님을 공양하고 싶습니다." 세존이 그 말을 들으시고 미소를 지으시니 아난이 합장하며 아뢰기를

『월인석보』

> 그때 그 동자가 발원하여 말하기를 "혜시와 선근공덕으로 한 천하를 얻어 한 산개로 받칠 왕이 되어 이곳에 나서 모든 부처님을 공양하게 하소서." 그때 세존이 미소를 지으시니 아난이 합장하며 아뢰기를

③ 저경

『석보상절』:『석가보(釋迦譜)』 권5, 아육왕조팔만사천탑기(阿育王造八萬四千塔記) 제31 〈『잡아함경(雜阿含經)』〉『대정신수대장경(大正新脩大藏經)』 제50, 사전부(史傳部), 76면】.

> 時彼童子而發願言 以惠施善根功德 令得一天下一繖蓋王 即於此處生得供養諸佛 爾時世尊發容微笑 阿難合掌白言世尊

『월인석보』:『석보상절』 저경과 동일함.

④ 주석

『석보상절』

● 우션ᄒ야시늘(LLHHLH) : 미소지으시니. '우션(LL)ᄒ-'는 '미소(微笑) 짓다'라는 의미를 나타낸다. 참고로 한자어이며 상성으로 시작되는 '우션(偶然)ᄒ-'는 현대국어의 '우연하다'에 대응한다.

㉹ 그럴ᄊᆡ 아릿 因을 마초건댄 ᄯᅩ 우션훈(RHL) 사ᄅᆞᆷ 아니로다(故驗宿因亦非聊爾人耳)<원각경언해하3-2 : 86a>

오ᄂᆞᆯ날 黃后 ᄃᆞ외요미 偶然티(RLL) 아니ᄒᆞ니라(今日爲后非偶然也)<내훈2하56b>

오라면 스싀로 득훌 거시라 우연훈(RLH) 이리 아니라(久自得之非偶然也)<번역소학8 : 37a>

3. 『석보상절』 권24, 9a-11a / 『월인석보』 권25, 64a-66b

① 언해문

『석보상절』 권24, 9a-11a

世尊하 엇던 因緣으로 우션ᄒ시ᄂᆞ니잇고 世尊이 니ᄅᆞ샤ᄃᆡ 나 滅度훈 百年 後에 이 童子ㅣ 巴連弗邑에 나아 훈 天下ᄅᆞᆯ 가져 轉輪王이 ᄃᆞ외야 姓은 孔雀이오 일후믄 阿育이라 ᄒᆞ고 이 버근 童子ᄂᆞᆫ 그 나랏 大臣이 ᄃᆞ외야 둘히 閻浮提ᄅᆞᆯ 가져 三寶ᄅᆞᆯ 供養ᄒᆞ며 正法으로 다ᄉᆞ리며 내 舍利로 八萬 四千 塔을

셰리라 阿難아 이 바리옛 몰애룰 내 돈니는 짜해 ᄲᅡ라라 阿難이 다시 묻ᄌᆞ
ᄫᅩ디 世尊이 아래 므슴 功德을 ᄒᆞ시관디 이런 한 塔올 世尊 위ᄒᆞᅀᆞᄫᅡ 이르ᅀᆞ
ᄫᅳ리잇고 如來 니ᄅᆞ샤디 디나건 劫에 ᄒᆞᆫ 王이 일후미 波塞奇라 호리 閻浮提
ㅅ 八萬 四千 나라홀 가져 잇더니 그ᄢᅴ ᄒᆞᆫ 부톄 겨샤디 일후미 沸沙ㅣ러시니
波塞奇王이 그 부텨를 供養ᄒᆞᅀᆞᄫᅳ며 ᄆᆞᅀᆞ매 너교디 부텻 像올 만히 그리ᅀᆞ
ᄫᅡ 녀느 나라해 골오 돌아 供養ᄒᆞᅀᆞᄫᅡ 福올 모다 싣줍게 호리라 ᄒᆞ야 畵師
블러 그리ᅀᆞᄫᅡ라 ᄒᆞ니【畵ᄂᆞᆫ 그림 그릴 씨라】畵師ᄃᆞᆯ히 ᄒᆞ나토 ᄀᆞ티 몯 그
리ᅀᆞᆸ거늘 波塞奇王이 綵色 마초아 손소 ᄒᆞᆫ 像올 그리ᅀᆞᄫᅡ 내야늘 畵師ᄃᆞᆯ히
그 像올 模ᄒᆞ야 八萬 四千 像올 그리ᅀᆞᄫᅡ 八萬 四千 나라홀 골오 돌아 供養
ᄒᆞᅀᆞᆸ게 ᄒᆞ니 波塞奇王이 이젯 내 모미니 그리혼 因緣으로 八萬 四千 塔올 어
드리라 阿難이 그 바리옛 몰애룰 如來 돈니시는 짜해 ᄲᅡ니라

『월인석보』 권25, 64a-66b

世尊이 엇던 因緣으로 우션ᄒᆞ시ᄂᆞ니잇고 世尊이 니ᄅᆞ샤디 알라 나 滅度ᄒᆞᆫ
百年 後에 이 童子ㅣ 巴連弗邑에 一天下룰 거느려 轉輪王이 ᄃᆞ외야 姓은 孔
雀이오 일후믄 阿育이리니 正法으로 다ᄉᆞ리며 ᄯᅩ 내 舍利룰 너비 펴 八萬 四
千 塔올 밍ᄀᆞᆯ리라 阿難아 이 바리옛 몰애룰 가져다가 如來 돈니는 짜해 ᄶᆞ라
【아리 부톄 阿難이 ᄃᆞ리시고 城에 드르샤 乞食ᄒᆞ시더니 ᄒᆞᆫ 아히ᄃᆞᆯ히 긿 가
온디 各各 ᄒᆞᆰ 뫼화 지비며 倉庫ㅣ며 財寶 五穀올 밍ᄀᆞ라 두고 노다가 ᄒᆞᆫ 죠
고맛 아히 부텨 오시거늘 ᄇᆞ라ᅀᆞᆸ고 恭敬 ᄆᆞᅀᆞᄆᆞᆯ 내야 깃거 ᄂᆞᆺ소사 倉앳 穀食
이라 혼 ᄒᆞᆯᄀᆞᆯ 우희여 부텨ᄭᅴ 받ᄌᆞᄫᅩ려 호디 킈 져거 몯 미처 번 아히 ᄃᆞ려
네 우희 올아 布施ᄒᆞᅀᆞᄫᅡ지라 ᄒᆞ야늘 그 아히 깃거 그리ᄒᆞ라 ᄒᆞ야늘 엇게
우희 올아 부텻긔 받ᄌᆞᆸ거늘 부톄 바리 ᄂᆞ리오샤 머리 수겨 바ᄃᆞ샤 阿難이
맛디샤 이 ᄒᆞᆯ글 내 房의 ᄇᆞ르라 부톄 阿難이ᄃᆞ려 니ᄅᆞ샤디 몬젯 아히 이 ᄒᆞᆰ
布施ᄒᆞᆫ 因緣으로 나 涅槃ᄒᆞᆫ 百歲 後에 國王이 ᄃᆞ외야 일후미 阿輸迦ㅣ오 버
근 아히ᄂᆞᆫ 大臣이 ᄃᆞ외야 어우러 閻浮提 一切 國土룰 거느려 三寶룰 니르와
다 너비 供養ᄒᆞ야 舍利룰 閻浮提예 ᄀᆞᄃᆞ기 펴 八萬 四千 塔올 셰리라 阿難이

歡喜ᄒᆞᅀᄫᅡ 부텨끠 슬ᄫᅩᄃᆡ 如來 녜 엇던 功德을 지스시관ᄃᆡ 이 한 塔報ㅣ 겨
시리잇고 부톄 니ᄅᆞ샤ᄃᆡ 過去에 ᄒᆞᆫ 國王이 이쇼ᄃᆡ 일후미 波塞奇러니 閻浮提
八萬 四千 나라ᄒᆞᆯ 가졧더니 그제 부톄 겨샤ᄃᆡ 일후미 沸沙ㅣ러시니 波塞奇王
이 臣民ᄃᆞᆯ콰 부텨 供養ᄒᆞᅀᆞᄫᆞ며 比丘僧의게 四事로 供養ᄒᆞ더니 그제 王이 念
호ᄃᆡ ᄀᆞᆺ 혀ᇈ 나라ᄃᆞᆯ햇 사ᄅᆞᆷᄃᆞᆯ히 福 닷ᄀᆞᆯ 길히 업스니 이제 부텻 像ᄋᆞᆯ 그리
ᅀᄫᅡ 諸國에 두루 펴 다 供養ᄒᆞᅀᆞᆸ게 호리라 ᄒᆞ고 즉재 畫師 블러 그리ᅀᆞᄫᆞ라
ᄒᆞ니 畫師ㅣ 부텨끠 와 相好 보ᅀᆞᄫᅡ 그리ᅀᆞᄫᆞ려 호ᄃᆡ ᄒᆞᆫ 곧 그리ᅀᆞᆸ고 너나
ᄆᆞᆫ 곧 니저 몯 일워커늘 波塞奇王이 彩色 ᄆᆞ라 손ᅀᅩ ᄒᆞᆫ 像 그리ᅀᆞᄫᅡ 보ᄂᆞᆯ 내
야ᄂᆞᆯ 畫師ㅣ 그를 브터 八萬 四千 像ᄋᆞᆯ 그리ᅀᆞᄫᅡ 諸國에 펴 小國王ᄃᆞᆯ히 다
供養ᄒᆞᅀᆞᄫᆞ니 그젯 波塞奇ᄂᆞᆫ 내 모미 긔니 이 因緣으로 샹녜 三十二相앳 ᄯᅡ
로 奇特ᄒᆞᆫ 모ᄆᆞᆯ 어더 涅槃 後에 八萬 四千 塔ᄋᆞᆯ 어드리라】

② 현대역

『석보상절』

"세존이시여, 어떤 인연으로 미소 지으십니까?" 세존이 말씀하시기를 "내
가 멸도하고 나서 백 년 후에 이 동자가 파련불읍에 태어나 한 천하를 가져
전륜왕이 되어 성은 공작이고 이름은 아육이라 하고, 이 둘째 동자는 그 나
라의 대신이 되어, 둘이 염부제를 가져 삼보를 공양하며 정법으로 다스리며
내 사리로 8만 4천 탑을 세울 것이다. 아난아, 이 바리때에 있는 모래를 내
가 다니는 땅에 깔아라." 아난이 다시 여쭈기를 "세존께서 예전에 무슨 공덕
을 지으셨기에 그들이 이런 많은 탑을 세존 위하여 이루려 합니까?" 여래가
말씀하시기를 "지난 겁에 바새기라고 하는 한 왕이 염부제의 8만 4천 나라
를 가지고 있었는데, 그때 한 부처님이 계셨는데 이름이 불사이셨다. 바새기
왕이 그 부처님을 공양하며 마음속으로 생각하기를 '부처님의 상을 많이 그
려서 다른 나라에 고루 돌려 공양하여 복을 모두 얻게 하겠다.' 하여 화공을
불러 그리라 하니【화는 그림을 그리는 것이다.】화공들이 하나도 같게 그

리지 못하여 바새기왕이 채색을 맞추어 손수 한 상을 그려 내니, 화공들이 그 상을 본떠 8만 4천 상을 그려서 8만 4천 나라에 고루 돌려 공양하게 하였다. 바새기왕이 지금의 내 몸이니 그리한 인연으로 8만 4천 탑을 얻을 것이다." 아난이 그 바리때에 있는 모래를 여래가 다니시는 땅에 깔았다.

『월인석보』

"세존께서는 어떤 인연으로 미소 지으십니까?" 세존이 말씀하시기를 "알아라. 내가 멸도하고 나서 백 년 후에 이 동자가 파련불읍에서 한 천하를 거느려 전륜왕이 되어 성은 공작이고 이름은 아육일 것이니, 정법으로 다스리며 또 내 사리를 널리 펴 8만 4천 탑을 만들 것이다. 아난아, 이 바리때에 있는 모래를 가져다가 여래가 다니는 땅에 깔아라." 【예전에 부처님이 아난이를 데리고 성에 들어가시어 걸식하셨는데, 많은 아이들이 길 가운데서 각각 흙을 모아 집이며 창고며 재보, 오곡을 만들어 두고 노는데, 부처님이 오시거늘 한 조그마한 아이가 이를 보고 공경하는 마음을 내어 기뻐하여 뛰며 창고에 있는, 곡식이라고 한 흙을 움켜쥐어 부처님께 바치려 하는데, 키가 작아 미치지 못하여 벗에게 "네 위에 올라가 보시하고 싶다."라고 하니, 그 아이가 기뻐하여 "그리해라."라고 하여 어깨 위에 올라가 부처님께 바치니, 부처님이 바리때를 내리시어 머리 숙여 받으시고 아난이에게 맡기시어 "이 흙을 내 방에 발라라."라고 하셨다. 부처님이 아난이에게 말씀하시기를 "앞의 아이가 이 흙을 보시한 인연으로 내가 열반하고 나서 백 년 후에 국왕이 되어 이름이 아수가이고, 다음 아이는 대신이 되어 함께 염부제 일체 국토를 거느려 삼보를 일으켜 널리 공양하여 사리를 염부제에 가득히 펴 8만 4천 탑을 세울 것이다." 아난이 환희하여 부처님께 아뢰기를 "여래께서는 옛날에 어떤 공덕을 지으셨기에 이 많은 탑보가 있으십니까?" 부처님이 말씀하시기를 "과거에 한 국왕이 있었는데 이름이 바새기였는데 염부제 8만 4천 나라를 가지고 있었다. 그때 부처님이 계셨는데 이름이 불사이셨다. 바새기왕이 신하와 백성들과 함께 부처님을 공양하며 비구승에게 사사(四事)로 공양하였는데, 그때 왕이 생각하기를 '변방의 작은 나라들에 있는 사람들이 복을 닦을 길이 없으니, 이제 부처님의 상을 그려 모든 나라에 두루 펴 모두 공양하게 하겠다.' 하고, 즉시 화공을 불러 그리라 하니, 화공이 부처님께 와 상호를 보고 그리려 하였는데, 한 곳을 그리고 다른 곳을 잊어 완성하지 못하니 바새기왕이 채색을 섞어 손수 한 상을 그려 본을 보이니, 화공이 그에 따라 8만 4천 상을 그려 모든 나라에 펴 소국왕들이 다 공양하였다. 그때의 바새기가 내 몸이니, 이 인연으로 항상 삼십이상(三十二相)의 따로 특별한 몸을 얻어 열반 후에 8만 4천 탑을 얻을 것이다."】

③ 저경

『석보상절』: ① 『석가보(釋迦譜)』 권5, 아육왕조팔만사천탑기(阿育王造八萬四千塔記) 제31 〈『잡아함경(雜阿含經)』〉【『대정신수대장경(大正新脩大藏經)』 제50, 사전부(史傳部), 76면】.

② 『석가보(釋迦譜)』 권5, 석가획팔만사천탑숙연기(釋迦獲八萬四千塔宿緣記) 제32 〈『현우경(賢愚經)』〉【『대정신수대장경(大正新脩大藏經)』 제50, 사전부(史傳部), 82면】.

① 何緣微笑 爾時世尊告阿難 當知我滅度百年之後 此童子於巴連弗邑 統領一天下轉輪王 姓孔雀名阿育 正法治化 又復廣布我舍利 當造八萬四千塔 阿難取此缽中所施之沙 捨著如來經行處 當行彼處 阿難受敎卽取缽沙 泥經行處

② 阿難歡喜重白佛言 如來先昔造何功德 而乃有此多塔之報 佛言 過去有國王名波塞奇 典閻浮提八萬四千國 時世有佛名曰沸沙 波塞奇王與諸臣民 供養於佛及比丘僧 四事供養時王心念 邊小諸國皆悉偏僻 人民之類無由修福 今當圖畫佛之形像 分布諸國咸得供養 作是念已 卽召畫師敕使圖畫 時諸畫師來至佛所 看佛相好欲得畫之 適畫一處忘失餘處 重復觀看復次下手 畫一忘一不能使成 時波塞奇調和衆彩 手自爲畫一像以爲摸法 於是畫師 乃依圖畫八萬四千像 布與諸國 諸小國王皆得供養 時波塞奇我今身是 以此緣故 常得三十二相殊特之身 般涅槃後 得此八萬四千諸塔

『월인석보』:『석보상절』의 저경과 동일하나 추가된 내용은 아래와 같다.
『석가보(釋迦譜)』 권5, 석가획팔만사천탑숙연기(釋迦獲八萬四千塔宿緣記) 제32
〈『현우경(賢愚經)』〉【『대정신수대장경(大正新脩大藏經)』 제50, 사전부(史傳部),
82면】.

> 爾時佛與阿難 入舍衛城乞食 見群小兒於道中戲 各聚地土 用作舍宅倉庫財寶
> 五穀 有一小兒遙見佛來 敬心內發歡喜踊躍 卽取倉中土爲穀者 便以手探欲用施
> 佛 身小不及語一小兒 我登汝上以穀布施 小兒歡喜報言可爾 卽躡肩上以土奉佛
> 佛下鉢低頭受土 受已授與阿難持此土以塗我房 阿難食後以土塗佛房地 齊得一遍
> 其土便盡 佛告阿難 向小兒緣施此土 我般涅槃百歲之後 當作國王字阿輸迦(阿育
> 之別名也)其次小兒當作大臣 共領閻浮提一切國土 興顯三寶廣設供養 分布舍利遍
> 閻浮提 起八萬四千塔

* 『석보상절』과 『월인석보』의 각 언해문에 해당하는 저경은 동일하
나 『월인석보』에 부처와 아난이 성에 처음 들어간 장면, 그리고 사야와
비사야를 만난 장면 등이 추가되었다. 『석보상절』에서는 이 장면이 앞 장
에 나타났다. 이처럼 언해문의 사건 순서가 다른 것은 『월인석보』가 『석
보상절』과 달리 저경의 순서에 따른 것이기 때문이다.

* 위 언해문의 밑줄 친 부분은 동일 저경을 언해한 부분으로 『석보
상절』과 『월인석보』의 언해 차이를 보이는 예 중의 하나이다. 즉, 『석
보상절』은 중요한 내용만 간략하게 언해한 특징을 보이는 반면에 『월
인석보』는 저경에 가깝게 언해하는 특징을 보인다.

④ 주석

『석보상절』

● 돌아(LH) : 돌려. '돌ㅇ-[廻]+-아'로 분석된다. 이기문(1961/1998 : 161)

에서는 중세국어에서 '살-[生], 돌-[廻], 일-[成]' 등 'ㄹ' 말음을 가진 일부 어간들이 특수한 접미사 '-ㅇ-'에 의한 파생을 보여 준다는 사실을 언급한 바 있다. '사른-, 도른-, 이른-' 등이 바로 그것이며, '기른-(←길-[長]), 니른-(←닐-[起])'도 이 부류에 속한다. 평성으로만 실현되는 이 부류의 파생 어간들은 자음 어미 앞에서는 '사른, 도른-, 이른-, 기른-, 니른-'로 실현되고, 모음 어미 앞에서는 '살ㅇ-, 돌ㅇ-, 일ㅇ-, 길ㅇ-, 닐ㅇ-'으로 실현되는 특징이 있다. 이러한 이유로 김성규(1995 : 382)에서는 이 접미사를 '*-옥-'으로 재구하였다.

『월인석보』

● ᄀᆞᄃᆞ기 : 가득히. 'ᄀᆞᄃᆞ기(LLL)'는 '남ᄌᆞ기(LLL), 덛더디(LLL), 기우시(LLL), 숨술비(LLL)' 등과 함께 부사파생접미사 '-이'의 형태음운론적 실현 양상과 관련하여 국어사의 쟁점이 되어 온 예이다. 중세국어의 부사파생섭미사 '-이'는 '믄드시(LHH), 니기(LH), 그우리(LLH), 편안히(LLH)' 등에서와 같이 일반적으로 거성으로 실현되는데, 앞의 예에서는 그것이 평성으로 실현되기 때문이다. 이들은 다음과 같이 두 가지로 해석이 가능하다. 가령 'ᄀᆞᄃᆞ기'를 예로 들 경우, 하나는 'ᄀᆞ독-(어근)+-이'로 보는 것이고, 다른 하나는 'ᄀᆞ독ᄒᆞ-(어간)+-이'로 분석하여 'ᄒᆞ' 탈락을 상정하는 것이다. 유필재(2007)의 용어를 빌려 표현하자면 전자는 '어근어기설', 후자는 'ᄒᆞ 탈락설'이라 부를 수 있다. '어근어기설'의 입장에서는 'ᄒᆞ' 탈락을 상정하지 않아도 되는 대신, 어간에 결합하는 '-이(H)'와는 달리 어근에 결합하는 '-이'는 이른바 전의적(前倚的) 성조 α로 봄으로써 두 가지 '-이'를 상정해야 하는 부담이 있다. 이에 반해, 'ᄒᆞ 탈락설'에 따르면 생산적인 접미사 '-이'가 항상 어간에만 결합하는 것으

로 일관되게 기술할 수 있는 장점이 있지만, '⋅ㅎ' 탈락에 의해 후행하는 '-이'의 성조에 변동이 생긴다고 설명하는 것이 문제가 된다.

이러한 쟁점에 대해서는 허웅(1975 : 246), 김성규(1994 : 79-80), 구본관(1998 : 319-323), 구본관(2004) 등에서 다루었으며 유필재(2007)에서 종합적으로 검토한 바 있지만, 여전히 이 두 입장 가운데 어느 하나를 적극적으로 지지할 수는 없는 실정이다.

1. 『석보상절』 권24, 11a-11b / 『월인석보』 권25, 66b-71b

① 언해문

『석보상절』 권24, 11a-11b

後에 巴連弗邑에 혼 王이 일후미 頻頭婆羅ㅣ러니 無憂ㅣ라 홀 아두를 나ᄒ니【前生앳 闍耶ㅣ라】모미 디들오 양지 덧구즐씨 여러 아들 中에 믓 ᄉ랑티 아니ᄒ더니

『월인석보』 권25, 66b-71b

○ 後에 巴連弗邑에 王이 이쇼ᄃᆡ 일후미 日月護ㅣ러니 아두를 나ᄒ니 일후미 頻頭婆羅ㅣ러니 ᄯᅩ 아두를 나ᄒ니 일후미 修師摩ㅣ러니 그제 瞻婆國에 혼 婆羅門의 ᄯᆞ리 至極 端正ᄒ더니 相師ᄃᆞᆯ히 닐오ᄃᆡ 王妃 두외야 두 아두를 나하 ᄒ나ᄒ 天下를 거느리고 ᄒ나ᄒ 出家ᄒ야 道理 비화 聖人이 두외리로다 ᄒ야ᄂᆞᆯ 婆羅門이 몯내 깃거 ᄯᆞᆯ 드리고 巴連弗邑에 가 種種 莊嚴ᄒ야 修師

摩王子를 얼유려 ᄒ더니 相師ㅣ 닐오ᄃᆡ 頻頭婆羅王끠 받ᄌᆞᆸ샤ᄉᆞ ᄒᆞ리라 王이 뎌 ᄯᆞ리 端正코 德 잇ᄂᆞᆫ 둘 보고 즉재 第一夫人올 사ᄆᆞ니 곧 아기 비야 아ᄃᆞ롤 나ᄒᆞ니 낧 저긔 便安ᄒᆞ야 어미 시름 업슬ᄊᆡ 일후믈 無憂ㅣ라 ᄒᆞ니라 ᄯᅩ 아ᄃᆞ롤 나ᄒᆞ니 일후미 離憂ㅣ러니 無憂ᄂᆞᆫ 모미 디드러 아비 보디 슬희여 ᄒᆞ더니 王이 婆羅門 블러 닐오ᄃᆡ 내 아들둘홀 보라 나 업슨 後에 뉘 王 ᄃᆞ외료 婆羅門이 닐오ᄃᆡ 아들둘홀 城 金殿園館 中에 내야시ᄃᆞᆫ 相올 보사이다 그제 阿育王의 어미 阿育이ᄃᆞ려 닐오ᄃᆡ 이제 王이 金殿園館 中에 나샤 王子둘히 나 업슨 後에 뉘 王 ᄃᆞ욇고 보려 ᄒᆞ시ᄂᆞ니 네 엇뎨 아니 가ᄂᆞᆫ다 阿育이 닐오ᄃᆡ 王이 나롤 ᄉᆞᆫ티 아니ᄒᆞ시며 ᄯᅩ 보디 슬희여커시니와 어마니미 가라 ᄒᆞ시면 가리니 바볼 보내쇼셔 王이 미리 大臣의게 긔걸ᄒᆞ야 ᄒᆞ다가 阿育이옷 오거든 늙고 鈍ᄒᆞᆫ 象 틱오고 늘근 사ᄅᆞ므로 眷屬올 사ᄆᆞ라 그제 阿育이 늘근 象 타 園館 中에 와 ᄯᅡ해 안잿더니 그제 王子둘히 各各 飮食홇 제 阿育의 어미 딜어세 酪飯 다마 보내니라 王이 相師ᄃᆞ려 무로ᄃᆡ 뉘 王ㄱ 相 잇ᄂᆞ뇨 相師ㅣ 닐오ᄃᆡ 이 中에 好乘 ᄐᆞ니ᄉᆞ 王 ᄃᆞ외리로소이다 王子둘히 各各 너교ᄃᆡ 내 好乘을 토라 ᄒᆞ더니 그제 阿育이 닐오ᄃᆡ 내 老宿象올 토니 내 王 ᄃᆞ외리로다 王이 ᄯᅩ 相師ᄃᆞ려 닐오ᄃᆡ 다시 보고라 相師ㅣ 對答호ᄃᆡ 이 中에 第一座애 안ᄌᆞ니ᄉᆞ 王 ᄃᆞ외리로소이다 王子둘히 各各 너교ᄃᆡ 내 第一座애 안조라 ᄒᆞ거늘 阿育이 닐오ᄃᆡ 내 ᄯᅡ해 안조니 이 굳고 爲頭ᄒᆞᆫ 座ㅣ니 내 王 ᄃᆞ외리로다 王이 ᄯᅩ 相師ᄃᆞ려 닐오ᄃᆡ 다시 보고라 相師ㅣ 닐오ᄃᆡ 이 中에 爲頭ᄒᆞᆫ 그르세 爲頭ᄒᆞᆫ 밥 먹ᄂᆞ니ᄉᆞ 王 ᄃᆞ외리로소이다 阿育이 닐오ᄃᆡ 내 爲頭ᄒᆞᆫ 바볼 뒷노니 내 王 ᄃᆞ외리로다 阿育의 어미 阿育이ᄃᆞ려 무로ᄃᆡ 婆羅門이 누를 니ᄅᆞ더뇨 阿育이 닐오ᄃᆡ 나롤 王 ᄃᆞ외리라 ᄒᆞ더이다 늘근 象 틱고 ᄯᅡ해 앉고 힌 그르세 밥 담고 粳米예 酪飯 섯그니 이 뭇 爲頭ᄒᆞ니이다

② 현대역

『석보상절』

후에 파련불읍에 한 왕이 있어 이름이 빈두바라였다. 무우라 하는 아들을

낳았는데【전생에서의 사야이다.】몸이 거칠고 모습이 몹시 궂으므로 여러 아들 중에서 가장 사랑하지 않았다.

『월인석보』

○ 후에 파련불읍에 왕이 있었는데 이름이 일월호였다. 아들을 낳으니 이름이 빈두바라였다. 또 아들을 낳으니 이름이 수사마였는데, 그때 첨파국에 한 바라문의 딸이 지극히 단정하였다. 관상가들이 말하기를 "왕비가 되어 두 아들을 낳아 하나는 천하를 거느리고, 하나는 출가하여 도리를 배워 성인이 되겠구나!" 하니, 바라문이 못내 기뻐하여 딸을 데리고 파련불읍에 가 갖가지로 장엄하여 수사마왕자와 혼인시키려 하였는데, 관상가가 말하기를 "빈두바라왕께 바쳐야 할 것이다." 왕이 그 딸이 단정하고 덕이 있는 것을 보고 즉시 제1부인으로 삼았다. 곧 아기를 배어 아들을 낳았는데 태어날 때에 편안하여 어머니가 시름이 없었으므로 이름을 무우라 하였다. 또 아들을 낳으니 이름이 이우였는데, 무우는 몸이 추하여 아버지가 보기 싫어하였다. 왕이 바라문을 불러 말하기를 "네 아들들을 보아라. 내가 죽은 후에 누가 왕이 되겠는가?" 바라문이 말하기를 "아들들을 성의 금전원관 안에 내보내시면 관상을 보겠습니다." 그때 아육왕의 어머니가 아육이에게 말하기를 "지금 왕이 금전원관 안에 납시어 '왕자들이 내가 죽은 후에 누가 왕이 될까.' 보려 하시는데, 너는 어찌 가지 않느냐?" 아육이 말하기를 "왕이 나를 생각하지 않으시며 또 보기 싫어하시지만, 어머님이 가라 하시면 갈 것이니 밥을 보내 주십시오." 왕이 미리 신하에게 분부하여 "만일 아육이가 오거든 늙고 둔한 코끼리에 태우고 늙은 사람으로 권속을 삼아라."라고 하였다. 그때 아육이 늙은 코끼리를 타고 원관 안에 와 땅에 앉아 있었는데, 그때 왕자들이 각각 식사할 때 아육의 어머니가 질그릇에 낙반을 담아 보내었다. 왕이 관상가에게 묻기를 "누가 왕의 상이 있는가?" 관상가가 말하기를 "이 중에 좋은 코끼리를 탄 사람이야말로 왕이 될 것입니다." 왕자들이 각각 생각하기를 '내가 좋은 코끼리를 탔다.' 하였는데, 그때 아육이 말하기를 "내가 늙은 코끼리를 탔으니 내가 왕이 되겠구나!" 왕이 또 관상가에게 말하기를 "다

시 보기 바란다." 관상가가 대답하기를 "이 중에 제1좌에 앉은 사람이야말로 왕이 될 것입니다." 왕자들이 각각 생각하기를 '내가 제1좌에 앉았다.' 하였는데, 아육이 말하기를 "내가 땅에 앉았는데 이는 굳고 으뜸가는 자리이니, 내가 왕이 되겠구나!" 왕이 또 관상가에게 말하기를 "다시 보기 바란다." 관상가가 말하기를 "이 중에 으뜸가는 그릇에 으뜸가는 밥을 먹는 사람이야말로 왕이 될 것입니다." 아육이 말하기를 "내가 으뜸가는 밥을 두었으니 내가 왕이 되겠구나!" 아육의 어머니가 아육이에게 묻기를 "바라문이 누구를 이르더냐?" 아육이 말하기를 "나를 왕이 될 것이라고 하였습니다. 늙은 코끼리를 타고 땅에 앉아 흰 그릇에 밥을 담고 갱미에 낙반을 섞으니, 이것이 가장 으뜸이었습니다."

③ 저경

『석보상절』:『석가보(釋迦譜)』권5, 아육왕조팔만사천탑기(阿育王造八萬四千塔記) 제31 〈『잡아함경(雜阿含經)』〉【『대정신수대장경(大正新脩大藏經)』제50, 사전부(史傳部), 76~77면】.

於巴連弗邑 有王名曰月護 彼王當生子名曰頻頭婆羅 當治彼國 彼復有子名曰脩師摩 時瞻婆國有一婆羅門女 極爲端正令人樂見 爲國所珍 諸相師輩見彼女相 卽記彼女當爲王妃必生二子 一當領天下 一當出家學道得成聖跡 時婆羅門聞相師所說 歡喜無量卽持其女 詣巴連弗邑種種莊嚴 欲嫁與修師摩王子 相師云應嫁與頻頭婆羅王 王見此女端正有德 卽立爲第一夫人 恒相娛樂 仍便懷體月滿生子 生時安隱母無憂惱 過七日後立字名無憂 又復生子名曰離憂 無憂者身體麤澁父不喜見 王欲試諸子 呼婆羅門言 觀我諸子於我滅後誰當作王 婆羅門言 將此諸子出城金殿園館中當觀其相 時阿育王母語阿育言 今王出金殿園館中觀諸王子 於我滅後誰當作王 汝何不去 阿育啓言 旣不蒙念亦復不樂見我 母言但往卽便往去 願母賜送食 母言如是 王先敕大臣 若阿育來者 當使其乘老鈍象來 又復老人以爲眷屬 時阿育卽乘老象 至園館中地坐 時諸王子各下飮食 阿育母以瓦器成酪飯 送與阿育

王問師言 此中誰有王相 當紹我位 時彼相師視諸王子 見阿育具有王相 當得紹位
又作是念此阿育 大王所不相愛 我若語言當作王者 王必不樂 卽語言我今總記 此
中若有好乘者 是人當作王 時諸王子聞彼所說 各自念言我乘好乘 時阿育言 我乘
老宿象我得作王 時王又復語師言 願更爲觀之 師復答言 此中有第一坐者 彼當作
王 諸王子等各相謂言 我坐第一 阿育言我今坐地 是堅勝坐我當作王 王復語師更
爲重觀 師又報言此中上器上食此當得王 阿育念言 我有勝食我必作王 坐散還宮
時阿育母問阿育 婆羅門定記誰耶 阿育啓言兒當作王 老象爲乘以地爲坐 素器盛
食粳米雜酪 是最勝也 時婆羅門知阿育當王 數修敬 其母卽便問言 誰當作王 師言
汝生太子 阿育是其人也

『월인석보』:『석보상절』 저경과 동일함.

* 위『석보상절』과『월인석보』언해문에서도 두 책의 언해적 특징을
확인할 수 있다.

④ 주석

『월인석보』

●몯내 깃거 : 더할 나위 없이 기뻐하여. 4-27.『월인석보』'몯내 니
르리니' 항목 참고.

●보사이다 : 봅시다. '보-'[見]와 ᄒᆞ쇼셔체의 청유형어미 '-사이다'로
분석된다. 이때 '사이다'를 '-사-+-이-+-다'로 더 분석하여 선어말어
미 '-사-'를 독립적으로 인정할 것인지가 문제가 된다. 그런데 '-사이
다'에서 '-이-'가 빠진 '*사다'가 존재하지 않으며 '-사-'가 다른 문장
종결형어미와 통합하는 예가 나타나지 않는다는 점에 근거하면 '-사-'

는 독립적인 형태소로 분석하기 어렵다(장윤희 2002 : 151).

2. 『석보상절』권24, 11b-13a / 『월인석보』권25, 71b-73b

① 언해문

『석보상절』권24, 11b-13a

> 　그쩨 ㅈ 나라히 叛ᄒ거늘 頻頭婆羅王이 阿育일 브려【無憂를 西天 마래 阿育이라 ᄒᄂ니라】그 나라홀 티라 ᄒ야 보내요ᄃᆡ 兵甲올 져기 주어늘 조
> 촌 사ᄅᆞ미 닐오ᄃᆡ 나라홀 티라 가ᄃᆡ 兵甲이 젹거니 므슷 이롤 일우리잇고
> 阿育이 닐오ᄃᆡ 나옷 王 ᄃᆞ욇 사ᄅᆞ미면 兵甲이 自然히 오리라 ᄒ니 즉자히 짜
> 해셔 兵甲이 나거늘 四兵 ᄀ초아 ᄃᆞ리고 그 나라 티라 가더니 諸天이 出令ᄒ
> 야 닐오ᄃᆡ 阿育王子ㅣ 이 天下애 王 ᄃᆞ외리니 너희둘히 거슬뜬 양 말라 홀씨
> 그 나라히 즉자히 降服ᄒ니 양ᄋᆞ로 天下롤 바ᄅᆞᆼ ᄀ새 니르리 降服ᄒᆞ니라 頻
> 頭婆羅王이 업거늘 臣下둘히 모다 阿育올 셰요려 ᄒ더니 阿育이 닐오ᄃᆡ 나
> 옷 王 ᄃᆞ외요미 맛당ᄒ면 諸天이 와 내 머리예 므를 브스리라 ᄒ니 즉자히
> 諸天이 므를 브스니라 阿育王 션 나래 鐵輪이 虛空ᄋᆞ로셔 ᄂ라 오니 그저긔
> 虛空과 地下앳 鬼神이 다 讚嘆ᄒ더라

『월인석보』권25, 71b-73b

> 　그제 ㅈ 나라 德叉尸羅ㅣ 反커늘 王이 阿育이ᄃᆞ려 닐오ᄃᆡ 네 四兵 가져
> 뎌 나라 티라 나갏 저긔 兵甲올 져기 주어늘 조촌 사ᄅᆞ미 阿育이ᄃᆞ려 닐오ᄃᆡ
> 軍이 업거니 어드리 平히오료 阿育이 닐오ᄃᆡ 나옷 王 ᄃᆞ욇 사ᄅᆞ미면 兵甲이
> 自然히 오리라 그 말 니ᄅᆞᆶ 제 짜히 여러 兵甲이 나니라 뎌 諸國 사ᄅᆞᆷ둘히 阿

育이 오느다 듣고 길 닷고 種種 供養으로 맛더니 諸天이 出令호디 阿育王子ㅣ 이 天下애 王 두외리니 너희 거슬쁜 뜯 말라 뎌 나라히 즉재 降伏ㅎ야 이 ㄱ티 天下를 다 平히와 바룷 ㄱ애 다둗게 ㅎ니라 그제 父王이 큰 病을 ㅎ얫거늘 臣下돌히 阿育이룰 莊嚴ㅎ야 王끠 가 숣보디 안죽 이 아두룰 王 세엣다가 우리 後에 날호야 修師摩룰 셰요리이다 그제 王이 츠기 너겨 對答 아니터니 阿育이 닐오디 나옷 王位룰 得홇 사루민댄 諸天이 自然히 와 믈로 내 뎡 바기예 븟고 힌 기블 머리예 미리라 즉재 諸天이 믈로 阿育의 뎡바기예 븟고 힌 기블 머리예 미니라 王이 命終커늘 阿育이 王 두외니 人神이 깃거ㅎ더라 【王 두욀 나래 鐵輪이 ㄴ라와 閻浮提예 王 두외니 虛空地下 各 四十里예 鬼神이 다 됴ᄒ써 讚歎ㅎ더라】

② 현대역

『석보상절』

그때에 변방의 나라가 배반하거늘 빈두바라왕이 아육이를 시켜【무우를 서천[印度]말로 아육이라 한다.】 "그 나라를 쳐라."라고 하여 보내었으나 병갑을 적게 주니, 따르는 사람이 말하기를 "나라를 치러 가는데 병갑이 적으니 무슨 일을 이루겠습니까?" 아육이 말하기를 "내가 왕이 될 사람이라면 병갑이 자연히 올 것이다." 하니, 즉시 땅에서 병갑이 나타나니 사병(四兵)을 갖추어 데리고 그 나라를 치러 갔는데, 모든 천신이 명을 내려 말하기를 "아육왕자가 이 천하에 왕이 될 것이니 너희들은 거스르는 뜻을 품지 마라." 하므로 그 나라가 즉시 항복하니, 이런 식으로 천하를 바닷가에 이르게 모두 항복시켰다. 빈두바라왕이 죽으니 신하들이 모여 아육을 왕으로 세우려 하였다. 아육이 말하기를 "내가 왕이 되는 것이 마땅하면 모든 천신이 와 내 머리에 물을 부을 것이다." 하니, 즉시 모든 천신이 물을 부었다. 아육왕이 즉위한 날에 철륜이 허공에서 날아오니 그때에 허공과 지하에 있는 귀신이 모두 찬탄하였다.

『월인석보』

그때 변방의 나라 덕차시라가 반란을 일으키니, 왕이 아육이에게 말하기를 "네가 사병(四兵)을 가지고 저 나라를 쳐라." 출병할 때에 병갑을 적게 주니 따르는 사람이 아육이에게 말하기를 "군사가 없는데 어찌 평정하겠는가?" 아육이 말하기를 "내가 왕이 될 사람이라면 병갑이 자연히 올 것이다." 그 말을 할 때 땅이 열려 병갑이 나왔다. 그 여러 나라 사람들이 "아육이 온다."라는 말을 듣고, 길을 닦고 갖가지 공양으로 맞이하였는데, 모든 천신이 명을 내리기를 "아육왕자가 이 천하에 왕이 될 것이니 너희는 거스르는 뜻을 품지 말라." 그 나라가 즉시 항복하고, 이같이 천하를 다 평정하여 바닷가에 다다르게 하였다. 그때 부왕이 큰 병을 앓고 있었으니 신하들이 아육이를 장엄하여 왕께 가 아뢰기를 "우선 이 아들을 왕으로 세웠다가 우리가 후에 천천히 수사마를 왕으로 세우겠습니다." 그때 왕이 안타깝게 여겨 대답하지 않았다. 아육이 말하기를 "내가 왕위를 얻을 사람이라면 모든 천신이 자연히 와 물을 내 정수리에 붓고 흰 비단을 머리에 맬 것이다." 즉시 모든 천신이 물을 아육의 정수리에 붓고 흰 비단을 머리에 매었다. 왕이 명종하여 아육이 왕이 되니 사람과 귀신이 기뻐하였다【왕 되는 날에 철륜이 날아와 염부제에 왕이 되니 허공지하 각 40리에 귀신이 모두 "좋구나!"라고 찬탄하였다.】.

③ 저경

『석보상절』:『석가보(釋迦譜)』권5, 아육왕조팔만사천탑기(阿育王造八萬四千塔記) 제31〈『잡아함경(雜阿含經)』〉【대정신수대장경(大正新脩大藏經)』제50, 사전부(史傳部), 77면].

時頻頭羅王邊國 恠叉尸羅反 王卽語阿育 汝將四兵平伐彼國 及至發引與少兵甲 時從者白王子言 今往伐彼國無有軍仗 云何得平 阿育言我若應王者 兵甲自然

來應 發是語時 尋聲地開兵甲從地而出 卽將四兵往伐彼國 時彼諸國民人 聞阿育
來卽平治道路 種種供養奉迎王子 諸天宣令 阿育王子當王此天下 汝等勿興逆意
彼國卽便降伏 如是乃至平此天下至於海際 時父王得重疾 諸臣卽便莊嚴阿育將至
王所 今且立此子爲王 我等後徐徐當立修師摩爲王 時王聞此語憂愁不樂默然不對
卽便命終 時阿育心念口言 我應正得王位者 諸天自然來以水灌我頂 素繒繫首 尋
聲諸天卽以水灌阿育頂 素繒繫首受王極位人神欣慶 又引傳云 阿育拜王日鐵輪飛
降 王閻浮提 虛空地下 各四十里 鬼神咸皆讚善

『월인석보』: 『석보상절』 저경과 동일함.

④ 주석

『석보상절』

• 降服히니라 : 항복시켰다. '降服ᄒ-'에 사동접미사 '-이 '와 종결어
미 '-니라'가 통합한 구성이다. 장윤희(2002 : 169)에서는 '-니라'에 대해
'-다'와 비교하여 그 의미적 특징을 논의하였다. '-다'는 화자가 주관적
요소를 최소로 반영하여 명제를 그 자체에 가깝게 서술하는 종결어미
로서 특히 관념적, 개념적 문장의 종결에 사용된다고 하였다. 반면에 '-니
라'는 화자가 구체적인 청자를 상대로 하거나 적어도 의식의 전면에 청
자를 내세운 문장에서 사용되던 통보성, 실용성이 강한 종결어미로서
화자가 청자를 고려하는 적극적인 태도가 표시된다고 하였다.
• 나옷 : 내가. 중세국어 '-곳/-옷'의 의미는 [지적], [강조]로 알려져
있는데 이에 대한 논의는 하귀녀(2004)를 참고할 수 있다. 이 논의에서는
주로 조건절에 출현하고 조건절이 아닌 문장에서는 '오직'이라는 부사
와 함께 쓰임을 지적하였는데, 위에 쓰인 '-옷'은 조건절에 쓰인 전형

적인 예이다. '-곳/-옷'은 16세기 이후 '-곳'으로 단일화하고 '곧'으로 그 형태가 변화한 것으로 보았다.

『월인석보』

● 날호야 : '날호야'의 문법범주를 용언의 활용형으로 볼 것인가 그렇지 않고 부사로 볼 것인가의 문제가 있을 수 있다. 이와 관련된 것으로 구본관(1998), 장윤희(2006)을 참고할 수 있다. 두 논의에서는 모두 위와 같은 예를 부사로 처리하였다는 점은 동일하다. 구본관(1998 : 309-310)에서는 원래 용언의 활용형이었던 것이 통사 구성의 어휘화를 거쳐 부사로 쓰이게 된 것으로 보았다. '-아/어/여'를 가지면서 부사로 볼 수 있는 예가 많으므로 '-아/어/여'가 15세기 국어에서 공시적으로 부사형성 파생접미사의 하나로 발달한 것으로 볼 수도 있지만 결합 가능성은 높지 않은 것으로 판단했다. 장윤희(2006)에서는 'ʒ'가 고대국어 당시에 어미적 성격과 접사적 성격을 모두 지닌 요소이며, 'ʒ'가 쓰인 '更ʒ', '悉ʒ'는 부사적 용법이 두드러져 중세국어 '가시야/ᄂᆞ외야' '다'와 큰 차이가 없음을 지적하였다. 그리고 고대국어의 활용형이었던 것이 어휘화했다기보다는, 어미와 접미사의 기능이 미분화된 고대국어 시기에 접미사적으로 사용된 '-아'의 통합형이 중세국어에 그대로 이어진 것으로 판단하였다.

제9장

아육왕의 귀의

1. 『석보상절』 권24, 13a / 『월인석보』 권25, 73b-75a

① 언해문

『석보상절』 권24, 13a

阿育王이 阿兔樓陁ㅣ라 홇 사ㄹ물 大臣 사ᄆ니【前生앳 毗闍耶ㅣ라】阿育
王이 모디러 臣下ᄅᆞᆯ 손소 주기더니

『월인석보』 권25, 73b-75a

그제 修師摩王子ㅣ 阿育이ᄅᆞᆯ 와 티더니 阿兔樓陁 大臣이 阿育王 像 밍ᄀᆞ라
나모 象 티와 東門 밧긔 두고 ᄯ 니 업슨 밠 군 밍ᄀᆞ라 두퍼 두고 닐오디 王
곳 ᄃᆞ외오져커든 阿育이 東門이 잇ᄂᆞ니 가 티라 ᄒᆞ야ᄂᆞᆯ 東門의 가니 밠 구데
ᄲᅥ러디여 주그니라 阿育王이 正法으로 다ᄉᆞ리더니 臣下ᄃᆞᆯ히 제 셰와라 ᄒᆞ야
업시워커늘 阿育王이 臣下ᄃᆞ려 닐오디 너희 곳과 果實ᄋᆞᆯ 버히고 가시남ᄀᆞᆯ
시므라 臣下ᄃᆞᆯ히 對答호디 곳과 果實와 버히고 가시나모 심고ᄆᆞᆯ 듣보디 몯

흐리로소이다 흐더니 阿育이 세 번 니르다가 몯 흐야 갈 가지고 五百 大臣을
주기니라

② 현대역

『석보상절』

아육왕이 아누루타라 하는 사람을 대신으로 삼았다. 【전생에서의 비도야
이다.】 아육왕이 모질어 신하를 손수 죽였는데

『월인석보』

그때 수사마왕자가 와 아육이를 쳤는데 아누루타 대신이 아육왕의 상을
만들어 나무 코끼리에 태워 동문 밖에 두고, 또 연기 없는 불구덩이를 만들
어 덮어 두고 말하기를 "왕이 되고자 하거든 아육이 동문에 있으니 가서 쳐
라." 하는데 수사마왕자가 동문에 가니 불구덩이에 떨어져 죽었다. 아육왕이
정법으로 다스렸는데, 신하들이 자기들이 "아육을 왕으로 세웠노라."라고 하
여 왕을 업신여기니, 아육왕이 신하에게 말하기를 "너희가 꽃과 과실을 베
고 가시나무를 심어라." 신하들이 대답하기를 "꽃과 과실을 베고 가시나무
를 심는 것을 듣지도 보지도 못하였습니다." 하였다. 아육이 세 번 말하다가
못하여 칼을 가지고 5백 대신을 죽였다.

③ 저경

『석보상절』:『석가보(釋迦譜)』 권5, 아육왕조팔만사천탑기(阿育王造八萬四千塔記) 제31 〈『잡아함경(雜阿含經)』〉【『대정신수대장경(大正新脩大藏經)』 제50, 사전부(史傳部), 77면】.

> 阿育王如禮法殯葬父王已 即立阿㝹樓陀爲大臣 時修師摩王子聞父崩 背立阿育
> 爲王心生不忍 即集諸兵來伐阿育 時阿㝹樓陀大臣機關木象 又作阿育王像 以像
> 騎象安置東門外 又作無煙火坑以物覆之 阿㝹樓陀大臣 語修師摩王子言 欲作王
> 者 阿育在東門可往伐之 能得之者自然得作 王子即趣東門墮火坑 便即死亡 阿育
> 王正法治化 時諸臣輩 我等共立阿育爲王 故輕慢於王 不行君臣之禮 王亦自知諸
> 臣輕慢 時王語諸臣曰 汝等可伐華果之樹殖於刺棘 諸臣答曰 未曾見聞 却除華果
> 而殖刺樹 乃至王三敕令伐彼亦不從 爾時 王即持利劍殺五百大臣

『월인석보』:『석보상절』 저경과 동일함.

✳ 위 언해분은 아육왕이 아누루타를 대신으로 삼은 연유와 오백 명의 대신을 죽인 내용을 담고 있다. 이 부분에서『월인석보』저경의 내용을 대부분 언해하여 제시하고 있다.

④ 주석

『월인석보』

• 셰와라 : 세웠노라. '셔-[立]+-ㅣ-+-과라'로 분석된다. '-과라'의 첫 음절 'ㄱ'은 선행하는 활음 y 뒤에서 약화·탈락되었다.

2. 『석보상절』 권24 : 해당 부분 없음. / 『월인석보』 권25, 75a-75b

① 언해문

『월인석보』 권25, 75a-75b

> 阿育王이 婇女 더블오 밧 東山애 가 노니다가 혼 無憂樹ㅅ 고지 ᄀ장 펫
> 거늘 보고 이 곳남기 내 일훔과 혼가지라 ᄒ야 깃거ᄒ더니 王이 양지 골업
> 고 더러뷔 가치 디들ᄊ 婇女ᄃᆞ리 王ᄋᆞᆯ 믜여 無憂華樹를 것거 ᄇ려늘 王이 자
> 다가 ᄭᅢ야 보고 怒ᄒᆞ야 婇女ᄃᆞᆯ홀 믜오 블로 ᄉᆞ라 주기니라 王이 모딘 이ᄅᆞᆯ
> 홀ᄊ 모딘 阿育王이라 ᄒ더라

② 현대역

『월인석보』

> 아육왕이 채녀와 더불어 궁 밖 동산에 가 노닐다가 한 무우수의 꽃이 활
> 짝 피어 있었는데 이를 보고 "이 꽃나무가 내 이름과 같다."라고 하며 기뻐
> 하였다. 왕이 모습이 추하고 더럽고 피부가 거칠었으므로 채녀들이 왕을 미
> 워하여 무우화수를 꺾어 버렸는데, 왕이 자다가 깨어나 이를 보고 분노하여
> 채녀들을 묶고 불로 태워 죽였다. 왕이 모진 일을 하므로 모진 아육왕이라
> 고 하였다.

③ 저경

『월인석보』:『석가보(釋迦譜)』 권5, 아육왕조팔만사천탑기(阿育王造八萬四千塔記) 제31 〈『잡아함경(雜阿含經)』〉【『대정신수대장경(大正新脩大藏經)』 제50, 사전부(史傳部), 77면】.

王將綵女出外園遊戲 見一無憂樹華極敷盛 王見已 此華樹與我同名 心懷歡喜
王形體醜陋皮膚麤澁 諸綵女輩憎惡王故 以手毀折無憂華樹 王從眠覺 見無憂樹
華狼藉在地 心生忿怒 繫諸綵女以火燒殺 王行暴惡故曰暴惡阿育王

---

* 위 『월인석보』 부분은 『석보상절』에서는 생략된 내용이다.

④ 주석

● 펫거늘 : 피어 있는데. '프-'[發]는 중세국어에서 이와 형태·의미상 관련성이 있어 보이는 '퓌-'[燃, 發]와 흡사한다(숫글 沐浴ᄒᆞ야 ᄉᆞ라 미이 퓌에 ᄒᆞ고(沐浴其炭然令猛熾)<능엄경언해7 : 16b>, 수울 이시며 고지 퓌여신 저기어든(有酒有花)<번역박통사7b>). 그런데 '프-'와 '퓌-'는 둘 다 자동사로의 용법만이 발견될 뿐이어서 '프-'와 '퓌-' 간의 파생 관계를 상정하기가 쉽지 않다. 만일 '프-'와 '퓌-' 간의 파생 관계를 상정할 수 있다면, '퓌-'[發穗]도 그 고려 대상에 함께 포함시켜야 할 것이다(苗ᄂᆞᆫ 아니 퓐 穀食이오 稼ᄂᆞᆫ 퓐 穀食이라<법화경언해3 : 36a>). '퓌-' 역시 그 형태와 의미를 고려할 때 '프-, 퓌-'와 기원적으로 연관되어 있을 가능성이 크기 때문이다.

● 디들쎄 : 거칠었으므로. '디들-'은 저경의 '麤澁'을 언해한 것으로 형태적으로는 현대국어의 '찌들-'과 직접적으로 관련된다고 볼 수 있

다. 하지만 현대국어의 '찌들-'이 '물건이나 공기 따위에 때나 기름이 들러붙어 몹시 더러워지다'와 '좋지 못한 상황에 오랫동안 처하여 그 상황에 몹시 익숙해지다'(이상 『표준국어대사전』)라는 의미로 사용되는데 반해, 중세국어의 '디들-'은 '머리 셰오 ᄂᆞ치 디드러<월인석보17 : 47b>, 입시우리 … 디드러<월인석보17 : 52b>, 모미 디드러<월인석보 5 : 68a>' 등에서와 같이 주로 신체의 외모를 묘사하는 데 사용된다는 차이가 있다.

3. 『석보상절』 권24, 13a-13b / 『월인석보』 권25, 75b-76a

① 언해문

『석보상절』 권24, 13a-13b

阿㝹樓陁ㅣ 닐오ᄃᆡ 王이 엇뎨 사ᄅᆞᆷ믈 손소 주기시ᄂᆞ니잇고 사ᄅᆞᆷ 주긿 官員을 定ᄒᆞ야 두쇼셔 王이 나라해 出令ᄒᆞ야 모딘 사ᄅᆞᆷ 어더 드리라 ᄒᆞ니 ᄒᆞᆫ 耆梨山이라 홀 뫼해 일후미 쏘 耆梨라 홀 노미 사로ᄃᆡ 사ᄅᆞᆷ 보니마다 믜ᅌᅡ 티고 제 어버ᅀᅴ 말 니르리 거스더니

『월인석보』 권25, 75b-76a

그제 阿㝹樓陁 大臣이 王ᄭᅴ 닐오ᄃᆡ 王이 엇뎨 손소 諸臣 婇女ᄅᆞᆯ 주기시니잇고 주긿 사ᄅᆞᆷ믈 셰쇼셔 ᄒᆞ야ᄂᆞᆯ ᄒᆞᆫ 耆梨라 홀 노미 하 모디러 어버ᅀᅴ게 거슬ᄲᅥ쎠 모다 兇惡 耆梨子ㅣ라 ᄒᆞ더니

---

② 현대역

『석보상절』

> 아나루타가 말하기를 "왕이 어찌 사람을 손수 죽이십니까? 사람을 죽일 관원을 정하여 두소서." 왕이 나라에 명을 내려 모진 사람을 찾아 들이라 하니 기리산이라 하는 산에 이름이 또 기리라 하는 사람이 살았는데, 본 사람마다 묶어 치며 자기의 부모의 말까지도 거슬렀다.

『월인석보』

> 그때 아나루타 대신이 왕께 말하기를 "왕이 어찌 손수 모든 신하와 채녀를 죽이셨습니까? 죽일 사람을 세우소서." 하니, 기리라 하는 한 사람이 매우 모질어 부모를 거스르므로 모두 흉악 기리자라 하였다.

③ 저경

『석보상절』: 『석가보(釋迦譜)』 권5, 아육왕조팔만사천탑기(阿育王造八萬四千塔記) 제31 〈『잡아함경(雜阿含經)』〉 『대정신수대장경(大正新脩大藏經)』 제50, 사전부(史傳部), 77면】.

> 時阿㝹樓陀大臣白王言 王云何以手自殺諸臣綵女 王今當立屠殺之人 卽宣敎立屠殺者 彼有一山名曰耆梨 中有一織師子亦名耆梨 凶惡撾打繫縛男女 及捕水陸之生 乃至拒逆父母 是故世人傳云凶惡耆梨子

『월인석보』: 『석보상절』 저경과 동일함.

④ 주석

『석보상절』

● 드리라(HLH) : 들여라. 15세기 사 · 피동접미사는 그것이 결합하는
1음절 어간의 성조를 평성으로 실현시키는 특징이 있었다. 예컨대, 거
성 어간인 '굴-'[磨]과 상평 교체 어간인 '덜-'[除]은 이들 접사가 결합
하면 '굴이-(LH), 덜이-(LH)'와 같이 모두 제1음절이 평성으로만 실현되
는 것이다. 그런데 '들-(H)'[入]에 사동접미사 '-이-'가 결합된 '드리-'
의 경우에는 특이하게도 어기의 성조가 H를 유지하고 있어 이 규칙에
예외가 된다. 또한, 일반적으로 분철 표기되는 '-이-' 사 · 피동사와는
달리 '드리-'의 경우 연철 표기되어 있다는 점도 특이하다고 할 수 있
다.

4. 『석보상절』권24 : 해당 부분 없음. / 『월인석보』권25, 76a

① 언해문

『월인석보』권25, 76a

王이 사롭 브려 닐오디 네 날 爲ᄒ야 뇺人올 주기리로소녀 對答호디 一切
閻浮提 有罪ᄒᆞᆫ 사ᄅᆞᆷ 내 어루 조히 더루리이다

---

② 현대역

『월인석보』

> 왕이 사람을 시켜 말하기를 "네가 나를 위하여 흉인을 죽이겠느냐?" 대답하기를 "일체 염부제의 죄가 있는 사람을 내가 능히 깨끗이 없애겠습니다."

③ 저경

『월인석보』:『석가보(釋迦譜)』 권5, 아육왕조팔만사천탑기(阿育王造八萬四千塔記) 제31 〈『잡아함경(雜阿含經)』〉【『대정신수대장경(大正新脩大藏經)』 제50, 사전부(史傳部), 77면】.

> 時王使語之言 汝能爲王斬諸凶人不 彼答曰一切閻浮提有罪者 我能淨除況此一方

* 위 저경은 『석보상절』에서는 생략된 부분이다.

④ 주석

『월인석보』

● 더루리이다 : 없애겠습니다. 현대국어의 '덜-'이 '減'의 의미만 지니는 데 비해, 15세기 국어의 '덜-'은 이보다 넓은 의미로 사용되어 '除'를 언해하는 데에도 쓰였으며, 그것이 더욱 일반적인 쓰임이었다.

5. 『석보상절』 권24, 13b-15a / 『월인석보』 권25, 76a-77a

① 언해문

『석보상절』 권24, 13b-15a

王이 블러다가 刑罰 ᄀ슴안 官員을 삼고【刑罰은 사ᄅᆞᆷ 罪 줄 씨라】그 놈
위ᄒᆞ야 지블 크긔 짓고 다ᄆᆞᆫ ᄒᆞᆫ 門을 내오 그 안해 사ᄅᆞᆷ 罪 줄 연자ᄋᆞᆯ 地獄
ᄀᆞ티 밍ᄀᆞ니라 그 모딘 노미 王ᄭᅴ 닐오ᄃᆡ 내 ᄒᆞᆫ 願을 ᄉᆞᆲ노니 사ᄅᆞ미 이 門
안해 들어든 다시 몯 나긔 ᄒᆞ야지이다 王이 對答호ᄃᆡ 네 願다히 ᄒᆞ야라 그
ᄢᅴ ᄒᆞᆫ 훙졍바지 아ᄃᆞ리 出家ᄒᆞ야 諸國에 두루 ᄃᆞ니다가 次第로 乞食ᄒᆞ야 와
그 집 門이 몰라 드리드라 보니 地獄ᄀᆞ티 사ᄅᆞᆷ 달호거늘 두리여 도로 나
오려 ᄒᆞ더니 그 모딘 노미 잡고 아니 내며 닐오ᄃᆡ 이에 든 사ᄅᆞᄆᆞᆫ 죽디ᄫᅵ 나
디 몯ᄒᆞᄂᆞ니라 ᄒᆞ야ᄂᆞᆯ 그 比丘ㅣ 두리여 울며 닐오ᄃᆡ 나ᄅᆞᆯ ᄒᆞᆫ ᄃᆞᆳ ᄉᆞᅀᅵ나 살
아 뒷다가 주기쇼셔

『월인석보』 권25, 76a-77a

王이 즉재 집 지서 다ᄆᆞᆫ ᄒᆞᆫ 門 내오 그 소배 罪 줋 法을 地獄ᄀᆞ티 밍ᄀᆞ라
ᄂᆞᆯ 뎌 兇人이 王ᄭᅴ 닐오ᄃᆡ 王ᄭᅴ 願을 비ᄉᆞᆸ노니 아ᄆᆡ어나 예 든 사ᄅᆞ미 나디
몯게 ᄒᆞ야지이다 王이 닐오ᄃᆡ 네 願다ᄫᅵ ᄒᆞ라 그제 ᄒᆞᆫ 훙졍바지 아ᄃᆞ리 世間
受苦 슬히 너겨 出家ᄒᆞ야 道理 비화 諸國에 두루 ᄃᆞ녀 次第로 乞食ᄒᆞ다가 이
지븨 그르 드러 보고 두려 나고져 ᄒᆞ더니 兇惡이 잡고 닐오ᄃᆡ 예 든 사ᄅᆞ미
낧 줄 업스니 예셔 주그리라 比丘ㅣ 슬허 눖믈 흘리며 비로ᄃᆡ 내 져근덛 ᄒᆞᆫ
ᄃᆞᆯ만 사라지라

② 현대역

『석보상절』

> 왕이 기리를 불러다가 형벌을 주관하는 관원으로 삼고【형벌은 사람에게 죄 주는 것이다.】 그 사람을 위하여 집을 크게 짓고 문을 하나만 내고 그 안에 사람 벌 줄 연장을 지옥같이 만들었다. 그 모진 자가 왕께 말하기를 "제가 한 가지 원을 아뢰니 사람이 이 문 안에 들어오면, 다시 못 나가게 하고 싶습니다." 하니 왕이 대답하기를 "네 소원대로 하여라." 하였다. 그때에 한 장사치의 아들이 출가하여 여러 나라에 두루 다니다가 차례로 걸식하여 와서 그 집 문에 모르고 달려 들어와 보니 지옥같이 사람을 다루거늘 두려워하여 도로 나오려 했다. 그 모진 사람이 잡고 내보내지 않으며 말하기를 "이곳에 들어온 사람은 여기서 죽지 나가지 못한다." 하였는데 그 비구가 두려워 울며 말하기를 "나를 한 달 동안만 살려 두었다가 죽이소서."라고 하였다.

『월인석보』

> 왕이 즉시 집을 지어 문을 하나만 내고 그 속에 벌 줄 법을 지옥같이 만들었는데 그 흉인이 왕께 소원을 비니 "아무나 여기 든 사람은 나가지 못하게 하고 싶습니다." 왕이 말하기를, "네 소원대로 하여라." 하였다. 그때 한 장사치의 아들이 세간의 고통받는 것을 싫어하여 출가하여 도리를 배워 여러 나라에 두루 다니며 차례로 걸식하다가 이 집에 잘못 들어가서 보고 두려워하여 나가고자 했는데, 기리가 잡고 말하기를 "여기 들어온 사람은 나갈 수 없으니 여기서 죽을 것이다." 하자 비구가 슬퍼하여 눈물 흘리며 빌기를 "잠시 한 달만 살고 싶습니다."라고 하였다.

③ 저경

『석보상절』:『석가보(釋迦譜)』 권5, 아육왕조팔만사천탑기(阿育王造八萬四千塔記) 제31 〈『잡아함경(雜阿含經)』〉【『대정신수대장경(大正新脩大藏經)』 제50, 사전부(史傳部), 77면】.

王卽爲作屋舍極爲端嚴唯開一門 於其中間作治罪之法狀如地獄 時彼凶人啓王言 今從王乞願 若人來入此中者不復得出 答言如汝所願 爾時商主之子 厭世間苦出家 學道遊行諸國 次第乞食誤入屠殺舍中 時彼比丘遙見舍裏 有火車鑪炭等治諸衆生 恐怖毛豎便欲出門 凶惡卽往執比丘言 入此中者 無有得出於此而死 比丘心生悲悔泣淚滿目 乞我少時生命可至一月

『월인석보』:『석보상절』 저경과 동일함.

④ 주석

『석보상절』

• ᄀᆞ숨안 : 관장하는, 주관하는. 'ᄀᆞ숨알-'[掌]은 'Δ'의 소실(ᄀᆞ옴안<소학언해2 : 36b>)과 'ᄋᆞ'의 변화(ᄀᆞ으마는<역어유해보18a>) 등을 겪어 현대국어의 '가말-'에 이르게 되었다.

• 죽디뷔 : 죽지. 이때의 '-디뷔'는 현대국어의 '-지'로 그 형태가 변화하였다. 위 해당 문장인 '이에 든 사ᄅᆞᆷ 죽디뷔 나디 몯ᄒᆞᄂᆞ니라'는 '이곳에 들어온 사람은 여기서 죽지 나가지 못한다.' 정도로 해석되는데, 현대국어에서는 '죽지'와 '나가지'의 '-지' 형태가 동일하게 쓰이고 있으나 이때의 두 어미는 그 역사적 기원이 상이하다. 위에서 확인되듯이 두 절의 접속을 담당하는 어미로는 '-디뷔', 부정이나 금지를 의미

하는 용언을 연결하는 어미(부정 보문소)로는 '-디'의 형태가 쓰였다. 서정목(1989)는 전자를 부사화 형태 '-지', 후자를 접속 형태 '-지'로 구분하였는데, '-디ᄫᅵ'의 후대형은 '-디외, -디위, -디웨, -됴에' 등으로 나타나는 데 반해 '-디'는 이형태가 확인되지 않는다. 한편, '-디'와 같이 '긍정-부정'의 관계를 나타내는 접속어미는 이 외에도 '-언뎡' 류 접속어미가 있다(장요한 2013a). 4-19. 『월인석보』의 '내좃디ᄫᅵ' 항목을 참고.

• ᄉᅀᅵ나 : 동안만. 'ᄉᅀᅵ'[間]와 보조사 '-(이)나'가 결합한 형식이다. 여러 논의들에서 조사 '-가, -를, -도, -는'과 '-(이)나, -(이)라도'를 한정조사라는 범주로 묶어야 한다는 주장이 제기되어 왔다. 목정수(2003)은 이러한 주장에서 한 걸음 더 나아가 한정조사가 양태조사로 기술되어야 하는 이유를 설명하고 그 양태성이 실제로 종결어미와 연결어미를 포함한 서법어미나 양상조동사들과 밀접한 상관관계를 유지한다고 하였다. '-(이)나'의 이러한 특성은 '……-(이)나…-자/-읍시다', '……-(이)나…-어라/으세요', '……-(이)나…으면 좋겠다', '……-(이)나…는지 모르다', '……-(이)나…는 줄 알아?' 등의 연속체에서 확인할 수 있음을 보였다. 즉, 한정조사로서의 '-(이)나'는 그것 자체가 독립적으로 선행 XP 요소와 어절을 형성하고 더 나아가 후행 동사의 서법어미나 양태성 표현 구성과 연속적인 시니피에를 이룬다는 사실을 밝혔다.

『월인석보』

• 소배 : 속에. '솝'[裏]은 오늘날 '솝>속'으로 그 형태가 변화하였다. 이른바 'p/k 교체'로 불리는 이 음운 현상은 문헌 자료에서 상당수 발견되며('브섭~브석'[廚], '일쯥~일쯕'[무], '불다~굴다'[吹] 등), 방언 자료에서는 일일이 열거하기 힘들 정도로 많이 나타난다. p/k 교체에 대한 논의는 이숭녕(1939 : 17-19)에서 시작되는데, 그 논문에서는 이 현상의 동인을 두

소리의 청취 효과가 미약하여 과오를 불러일으키기 때문인 것으로 파악하였다. 국어의 p/k 교체에 대한 종합적인 연구는 최근에 나온 소신애(2011)과 이진호(2012)를 참고할 수 있다.

● 슬히(HH) : 싫게. '슳-'[厭]은 현대국어의 '싫어하다, 슬퍼하다' 정도의 의미를 지니는 동사로서 위의 '슬히'는 '슳-'과 부사파생접미사 '-이'가 결합하여 저경의 '厭'에 대응하여 쓰인 것이다.

● 두려 : 두려워하여. 오늘날 '恐怖'와 관련한 동사로는 '두려워하-'만이 남아 있다. 이는 동사 '두리-'로부터 파생된 형용사 '두렵-'(두리-+-엽-)에 '-어 하-'가 결합하여 '두려워하-'라는 동사를 새로이 형성한 것이다. 현대국어에는 동사 '두리-'가 소멸하고 '두려워하-'가 이를 대신하고 있지만, 중세국어 자료에서는 동사 '두리-'의 쓰임을 확인할 수 있다.

6. 『석보상절』 권24, 15a-15b / 『월인석보』 권25, 77a-78a

① 언해문

『석보상절』 권24, 15a-15b

> 모딘 노미 듣디 아니홀쎠 이 양ᄋᆞ로 낤 數를 漸漸 조려 닐웻 ᄉᆞ이를 살아지라 ᄒᆞ야늘 모딘 노미 그리ᄒᆞ라 ᄒᆞ니라 그 比丘ㅣ ᄒᆞ마 주긂 둘 알오 勇猛精進ᄒᆞ야 坐禪ᄒᆞ디 得道를 몯ᄒᆞ얫더니 닐웨 짜히ᄂᆞᆫ 王이 罪 지슨 각시를 그 모딘 노미그에 보내야 방하애 디허 주기더니 比丘ㅣ 보고 너교디 苦롭도 苦ᄅᆞᆸ힐쎠 내 몸도 더러ᄒᆞ리로다 ᄒᆞ고 ᄆᆞᅀᆞᄆᆞᆯ 더욱 ᄡᅥ 精進ᄒᆞ니 즉자히 阿羅漢ㅅ 功夫를 일우니라

『월인석보』권25, 77a-78a

兇惡이 듣디 아니ᄒᆞ야 漸漸 조려 닐웨를 살라 ᄒᆞ야ᄂᆞᆯ 뎌 比丘ㅣ 勇猛精進ᄒᆞ야 坐禪ᄒᆞ야 ᄆᆞᅀᆞᄆᆞᆯ 잔쵸ᄃᆡ 得道 몯 ᄒᆞ얫더니 닐웨 다ᄃᆞ르니 宮內ㅅ 사ᄅᆞ미 일 지ᅀᅥ 兇主 맛뎌늘 ᄒᆞ와개 디터니 比丘ㅣ 보고 이 모ᄆᆞᆯ ᄀᆞ장 슬히 너겨 受苦ᄅᆞᆸ씨ᅥ 내 몸도 아니 오라 이 ᄀᆞᆮᄒᆞ리로다 ᄒᆞ야 一切 結을 그처 阿羅漢이 ᄃᆞ외니라

② 현대역

『석보상절』

모진 놈이 듣지 아니하므로 이처럼 날수를 점점 줄여 "7일 동안을 살려주십시오." 하니 그 모진 놈이 "그리 해라."라고 하였다. 그 비구가 장차 죽을 줄 알고 용맹 정진하여 좌선했지만 득도를 못 하였더니 이레째는 왕이 죄를 지은 여자를 그 모진 놈에게 보내어 방아에 찧어 죽였더니, 비구가 보고 여기기를 '괴롭고도 괴롭구나! 내 몸도 저러할 것이구나!' 하고 마음을 더욱 힘써 정진하니 즉시 아라한의 공부를 이루었다.

『월인석보』

흉악이 듣지 아니하고 점점 줄여 "이레를 살아라." 하니 그 비구가 용맹 정진하여 좌선하고 마음을 풀었는데 득도를 못 하였더니, 이레가 다다르니 궁중 사람이 죄를 지어 흉악한 주인에게 맡겨지거늘 확에 넣고 찧더니 비구가 보고 이 몸을 매우 슬피 여겨 '괴롭구나! 내 몸도 오래지 않아 이 같을 것이구나!'라고 하여, 일체 번뇌를 끊어 아라한이 되었다.

③ 저경

『석보상절』:『석가보(釋迦譜)』 권5, 아육왕조팔만사천탑기(阿育王造八萬四千塔記) 제31 〈『잡아함경(雜阿含經)』〉【대정신수대장경(大正新脩大藏經)』 제50, 사전부(史傳部), 77면】.

彼凶不聽 如是日數漸減止於七日 彼卽聽許 時此比丘知將死不久 勇猛精進坐禪息心 不能得道至於七日 時王宮內人 有事送付凶主 將是女人 著臼中以杵擣之 令成碎末 時比丘見是事 極厭惡此身 嗚呼苦哉 我身不久亦當如是 斷一切結成阿羅漢

『월인석보』:『석보상절』 저경과 동일함.

④ 주석

『석보상절』

● 苦룹도 : 괴롭고도. 현대국어에 남아 있는 '괴롭-'은 공시적으로 '괴+-롭-'과 같이 분석 불가능한 단어이다. 이 단어는 '苦+-룹->괴롭-'과 같은 형태론적 어휘화를 겪은 것이기 때문이다(송철의 1992). 이때의 '-룹-'은 명사나 한자 어근과 결합하여 형용사를 파생하는 접미사로서 '-둡-'과 이형태 관계에 있다. 오늘날 형용사파생접미사 '-롭-'으로 남아 있다.

● 苦룹빌쎠 : 괴롭구나! 이 형식은 형용사와 주로 결합하는 감탄형 종결어미 '-올쎠'가 결합한 '苦+-ㄹ빙-+-ㄹ쎠' 구성으로 분석된다(장윤희 2002 참고). 이때의 '-ㄹ빙-'는 형용사파생접미사 '-롭-'의 이형태이므로 '苦룹빙-'는 위의 '苦룹-'과 그 의미가 동일하다. '-ㄹ빙-(>-ㄹ외-)'는 모음어미가 후행할 때 쓰인다(구본관 1998 : 189).

『월인석보』

● 잔쵸디 : 풀되, 가라앉히되. 이때의 '잔치-'는 저경의 '息'에 대응해 쓰여 어미 '-오디'와 결합한 것이다.

● ᄒ왁개 : 확에, 절구에. 'ᄒ왁'[臼]은 오늘날 '확'으로 남아 있다. 'ᄒ왁'은 현대중부방언에서는 '확'으로 변화하였지만, 동북방언이나 동남방언 등 이른바 'ㅂ' 유지형 방언에서는 '호박'으로 반사되어 있다. 이러한 사실을 통해 중세국어형 'ᄒ왁'은 '*ᄒ박'(혹은 '*ᄒ박')으로 소급한다고 볼 수 있다.

● 그처 : 끊어. '긏-'[斷]은 어두경음화, 'ㄴ' 첨가, 어간말 자음군의 변화 등 매우 복잡한 과정을 거쳐 현대국어의 '끊-'으로 재구조화되었다. 파찰음 앞에서 'ㄴ'이 첨가되는 현상은 'ᄀ초->ᄀᆫ초-'[藏], '더디->더지->던지-'[投] 등에서도 확인할 수 있다. 파찰음 앞 'ㄴ' 첨가 현상에 대해서는 유창돈(1964/1975 : 109-112), 허웅(1965/1985 : 554), 소신애(2010) 등을 참고할 수 있다.

7. 『석보상절』 권24, 15b-16b / 『월인석보』 권25, 78a-79b

① 언해문

『석보상절』 권24, 15b-16b

> 그쁴 모딘 노미 比丘를 주규리라 ᄒ야 比丘ᄃ려 닐오디 뎌 줌아 닐웨 ᄒ마 다ᄃᆫ거다 比丘ㅣ 偈 지ᅀᅥ 對答ᄒ오디 내 ᄆᆞᅀᆞ미 解脫ᄋᆞᆯ 得ᄒ야 됫ᄂᆞᆫ 거슬 다 더러 ᄇ료니 이 모미ᅀᅡ ᄂᆞ외야 앗기디 아니ᄒᄂᆞ이다 모딘 노미 그 比丘

를 자바 기름 브슨 가마애 녀코 브를 오래 딛다가 둡게를 여러 보니 比丘ㅣ 蓮ㅅ 곳 우희 안자 잇거늘 즉자히 그 奇別을 王끠 알왼대 王이 한 사롬 드리고 와 보더니 比丘ㅣ 虛空애 올아 種種 變化ᄒ야 뵈오 偈를 지서 닐오디 내 부텻 弟子ㅣ로니 諸漏 업수믈 得ᄒ야 죽사릿 큰 저푸믈 이제 다 버서나이다 그 저긔 阿育王이 比丘의 말 듣고 부텻 法에 ᄀ장 恭敬ᄒ야 信ᄒᄫᆞᆯ 뜨들 내니라

『월인석보』권25, 78a-79b

   그제 뎌 兇惡ᄒᆫ 노미 比丘ᄃ려 닐오디 期約ᄒᆫ 限이 ᄒ마 다ᄋ니라 比丘ㅣ 偈로 對答ᄒᆞ더 내 ᄆᆞᅀᆞ미 解脫ᄋᆞᆯ 得ᄒ야 諸有롤 다 그처 ᄇ료니 이 모미ᅀᅡ 앗기디 아니ᄒ리라 뎌 兇主ㅣ 比丘 자바 鐵鑊 기르메 녀코 브를 디드니 브리 아니 브트며 ᄯᅩ 덥디 아니커늘 兇主ㅣ 블 딛는 사롬 티고 제 브를 브티니 브리 ᄀ장 盛ᄒ터니 오라거늘 둡게 여러 보니 比丘ㅣ 鐵鑊 쏘배 蓮華 우희 안잿거늘 兇主ㅣ 希有心을 내야 즉재 王끠 닐어늘 王이 즉재 한 사롬 드리고 와 보더니 뎌 比丘ㅣ 虛空애 올아 鷹王 ᄀᆮᄒ야 種種 變化 뵈오 王 向ᄒ야 偈로 닐오디 내 佛弟子ㅣ라 諸漏 다오믈 得ᄒ오니 生死 큰 저푸믈 내 이제 다 벗과이다 그제 阿育王이 比丘의 말 듣고 佛法에 ᄀ장 敬信ᄒ ᄆᆞᅀᆞ몰 내니라

② 현대역

『석보상절』

   그때 모진 놈이 '비구를 죽이리라.' 하여 비구에게 말하기를 "이 중아, 이 레가 이미 다다랐다." 비구가 게를 지어 대답하기를 "내 마음이 해탈을 얻어 두었던 것을 다 덜어 버리니, 이 몸이야 다시 아끼지 않습니다." 하였다. 모진 놈이 그 비구를 잡아 기름 부은 가마에 넣고 불을 오래 지피다가 덮개를

열어 보니, 비구가 연꽃 위에 앉아 있거늘, 즉시 그 기이한 일을 왕께 아뢰니 왕이 많은 사람들을 데리고 와 보았다. 비구가 허공에 올라 갖가지로 변화하여 보이고 게를 지어 말하기를 "내가 부처님의 제자이니 모든 번뇌 없음을 얻어 생사의 큰 두려움을 이제 다 벗어났습니다." 하였다. 그때에 아육왕이 비구의 말을 듣고 부처님의 법에 매우 공경하여 미더운 뜻을 내었다.

『월인석보』

그때 그 흉악한 놈이 비구에게 말하기를 "기약한 기한이 벌써 다하였다." 비구가 게로 대답하기를 "내 마음이 해탈을 얻어 제유를 다 끊어 버렸으니 이 몸이야 아끼지 않을 것이다." 그 흉악한 주인이 비구를 잡아 쇠가마 기름에 넣고 불을 지피니 불이 붙지 않으며 또 뜨거워지지 않았는데 흉악한 주인이 불 지피는 사람을 치고 자기가 불을 붙이니 매우 성하였다. 오래되어 뚜껑을 열어 보니 비구가 쇠가마 속 연꽃 위에 앉아 있거늘 흉악한 주인이 희유심을 내어 즉시 왕께 이르니 왕이 즉시 많은 사람을 데리고 와 보았다. 그 비구가 허공에 올라 안왕같이 갖가지 변화를 보이고 왕을 향하여 게로 말하기를 "내가 부처님 제자이다. 모든 번뇌 다함을 얻으니 생사의 큰 두려움을 내가 이제 다 벗었습니다." 하였다. 그때 아육왕이 비구의 말을 듣고 불법에 매우 경신한 마음을 내었다.

③ 저경

『석보상절』:『석가보(釋迦譜)』 권5, 아육왕조팔만사천탑기(阿育王造八萬四千塔記) 제31 〈『잡아함경(雜阿含經)』〉【『대정신수대장경(大正新脩大藏經)』 제50, 사전부(史傳部), 77면】.

時彼凶惡人語此比丘 期限已盡 比丘以偈答曰 我心得解脫 斷除諸有盡 今此身

骸無復吝惜 爾時彼凶主 執彼比丘著鐵鑊油中 足與薪火火終不然 或復不熱 凶主
見火不然 打拍使者而自然火 火卽猛盛久久開鐵鑊蓋 見彼比丘鐵鑊中蓮華上坐
生希有心卽以啓王 王便嚴駕將無量衆來看比丘 時彼比丘調伏時至 卽身昇虛空猶
如雁王 示種種變化 向王說偈 我是佛弟子 逮得諸漏盡 生死大恐怖 我今悉得脫
時阿育王聞彼比丘所說 於佛法所生大敬信

『월인석보』:『석보상절』 저경과 동일함.

*『석보상절』의 "모딘 노미"와 『월인석보』의 "兇惡혼 노미"는 『석가보』
의 "凶惡人"을 언해한 것으로서 『석보상절』과 『월인석보』의 언해 차이
를 볼 수 있는 예이다.

④ 주석

『석보상절』

● 딛다가 : 지피다가. 현대국어의 '불을 지피-'[燃]의 의미로 중세국
어에서 '딛-'과 '다히-'가 확인된다. 이 가운데 '다히-'는 어중 'ㅎ' 탈
락과 움라우트 및 어두 경음화 등의 음운 변화를 겪어 오늘날 '때-'에
이르게 되었다. 반면에, '딛-'의 후대형은 근대국어에서 '딧-'(블 아니
딧는<박통사언해5a>), '씯-'(블 씨더<노걸대언해상18a>), '씻-'(불을 씻
고<여사서언해2 : 14a>) 등으로 나타나나 그 이후에는 사멸한 것으로
보인다.

● 덥디 : 뜨겁지. 이때의 '덥-'[熱]은 현대국어에서의 '덥-'보다는 '뜨
겁-'에 더 가까운 의미로 쓰인 듯하다. 또는 중세국어의 '덥-'이 지닌

의미 영역이 현대국어의 '덥-'과 '뜨겁-'을 모두 아우르고 있었다고 볼 가능성도 있다. 한편, 현대국어의 '더운밥'은 '갓 지어 따뜻한 밥'[溫飯]의 의미로도 쓰이는데 이때의 '덥-'이 '溫'에 대응되고 있는 점이 특징적이다.

『월인석보』

• 鷹王굳ᄒᆞ야(HHH) : 안왕같이 하여. 이 형식은 3개의 거성이 연속되어 있다는 점에서 흥미로운 예라 할 수 있다. 주지하듯 이 당시에 일반적으로 적용되었던 '거성불연삼'의 율동규칙이 '鷹王굳ᄒᆞ야(HHH)'에는 적용되어 있지 않기 때문이다. 이에 대해 김성규(1994 : 43)는 '굳'과 'ᄒᆞ-' 사이에 잠재적 휴지를 두어 이러한 현상을 설명하고자 하였다. 즉 이때의 '굳'이 다음과 같은 부사의 용법으로 쓰였다고 본 것이다.

예 갈굳 ᄂᆞᆯ캅고 (HH HLH)<월인천강지곡59>
하ᄂᆞᆯ굳 셤기ᅀᆞᆸ다니 (LHH LHHLH)<월인천강지곡51>

이러한 관점을 수용한다면, '鷹王굳ᄒᆞ야' 역시 '鷹王굳#ᄒᆞ야(HHH)'와 같이 잠재적인 휴지를 둔 부사 '굳'의 용업을 통해 설명할 수 있을 것이다.

• 벗과이다 : 벗었습니다. 이 형식은 '벗-[脫]+-거-+-오-+-이-+-다'로 분석 가능한데, 이때의 '-오-'는 1인칭 화자의 의도가 선어말어미로 표현된 것이라 할 수 있다.

8. 『석보상절』 권24, 16b-18a / 『월인석보』 권25, 82a-83b

① 언해문

『석보상절』 권24, 16b-18a

王이 比丘의 무로디 부톄 아래 므스기라 니르샨 마리 잇느니잇고 比丘ㅣ 對答호디 부톄 大王올 니르샤디 나 滅度혼 百年 後에 巴蓮弗邑에 나아 閻浮 提롤 가져 正法으로 다스리며 또 내 舍利로 閻浮提예 八萬 四千 塔올 셰리라 ᄒᆞ야신마론 大王이 이제 地獄 밍ᄀᆞᄅᆞ시고 사ᄅᆞᆷ믈 하 주기시ᄂᆞ니 王이 이제 부텻 마롤 ᄉᆞ랑ᄒᆞ샤 一切 衆生올 어엿비 너기샤 法다히 修行ᄒᆞ쇼셔 그저긔 王이 부텻긔 더욱 敬信혼 ᄆᆞᅀᆞᆷ믈 내ᅀᆞᄫᅡ 合掌ᄒᆞ야 比丘의 절ᄒᆞ고 닐오디 내 지ᅀᆞᆫ 큰 罪롤 이제 比丘의 懺悔ᄒᆞ노니 내 ᄒᆞ던 이리 甚히 외다ᅌᅵᆫ이다 願혼ᄃᆞᆫ 佛子ㅣ 내 懺悔롤 바ᄃᆞ샤 미혹혼 사ᄅᆞᆷ믈 ᄂᆞ외야 외다 마ᄅᆞ쇼셔 ᄒᆞ더라

『월인석보』(*『월인석보』 권25, 82a-83b에 해당하므로 뒷장에서 제시하기로 함.)

② 현대역

『석보상절』

왕이 비구께 묻기를 "부처님이 예전에 무엇이라고 이르신 말씀이 있습니까?" 하자 비구가 대답하기를 "부처님이 대왕을 가리켜 이르시기를 '내가 멸도하고 나서 백 년 후에 파련불읍에 나서 염부제를 맡아 가지고 정법으로 다스리며 또 내 사리로 염부제에 8만 4천 탑을 세우리라' 하셨건만 대왕은 이제 지옥을 만드시고 사람을 많이 죽이시니 왕이 이제 부처님의 말씀을 생각하시어 일체 중생을 가없게 여기시어 법대로 수행하소서." 하였다. 그때에

왕이 부처께 더욱 경신한 마음을 내어 합장하여 비구께 절하고 말하기를 "내가 지은 큰 죄를 이제 비구께 참회하니 내가 하던 일이 심히 그릇되었습니다. 원하건대 불자가 내 참회를 받으시어 미혹한 사람을 다시 그르다 마소서."라고 하였다.

③ 저경

『석보상절』:『석가보(釋迦譜)』권5, 아육왕조팔만사천탑기(阿育王造八萬四千塔記) 제31 〈『잡아함경(雜阿含經)』〉【『대정신수대장경(大正新脩大藏經)』제50, 사전부(史傳部), 78면】.

又白比丘言 佛未滅度時何所記說 比丘答言佛記大王 於我滅後過百歲 時於巴連弗邑 有三億家 彼國有王名曰阿育 當王此閻浮提爲轉輪王 正法治化 又復宣布我舍利於閻浮提 立八萬四千塔 佛如是記 然大王今造此大地獄殺害無量 王今宜應慈念一切衆生 佛之所記大王者 王當如法修行 時阿育王於佛所極生敬信 合掌向比丘作禮 我得大罪今向比丘懺悔 我之所作甚爲不善 唯願佛子 受我懺悔捨心勿復責我愚人

* 위 『석보상절』은 저경의 장차에 따르지 않고 이 부분만 떼어서 삽입한 것이다. 그러하기 때문에 『석가보』의 장차를 그대로 따른 『월인석보』에서는 뒤에 나타나게 된 것이다. 그렇다면 왜 『석보상절』 편찬자는 이 부분을 저경의 장차에 따르지 않고 따로 떼어서 삽입하였을까? 『석보상절』을 중심으로 앞뒤 내용을 살펴보면, "아육왕의 살인 - 기리를 형벌을 주관하는 관원으로 삼음 - 한 장사치의 아들이 지옥문에 들어감 - 비구의 득도 - 아육왕이 경신하는 마음을 냄 - (부처에 대해 비구에게 물음 - 아육왕의 참회) - 기리를 죽이고 지옥문을 불사름 - 부처에 대해 신하에게 물음"으로 구성되어 있는 것을 알 수 있다. 이러한 이야기 구

성에서 『석보상절』 편찬자는 비구의 득도를 바라보고 부처를 경신하는 마음이 생긴 아육왕이 비구에게 부처에 대해 묻는 장면과 이를 듣고 참회하는 장면, 그러고 나서 신하에게 부처에 대해 묻는 장면이 더 자연스러운 전개 과정으로 판단하여 이야기를 재배열한 것으로 보인다.

④ 주석

『석보상절』

● 아래(RH) : 예전, 예전에. RH로 실현된 '아래'는 시간상의 위치인 '前'을 나타낸다. 한편, LH로 실현된 '아래'는 공간상의 위치인 '下'를 가리킨다.

● 法다히 : 법대로. '-다히'는 '닿-[如]+-이'의 결합을 통해 형성된 형식으로 파악된다. '-다히'는 '-다비/-다이'와 함께 현대국어 '-대로'에 대응되는 의미로 활발하게 쓰인 듯하다. 16세기에 이르면 문증되는 '-다히'의 수가 현격하게 줄어드는데, '-다히' 자체의 소멸로 인한 결과일 수도 있지만 'ㅎ' 약화로 인해 '-다히'가 '-다이'로 표기되었을 가능성을 고려해야 한다. 이와 관련하여 16세기 국어를 중심으로 '-대로'의 변화를 고찰한 박부자(2008)을 참고할 수 있다.

● 외다ㅅ이다 : 그릇되었습니다. 이는 '외-[誤]+-더-+-옷-+-ᄋᆞ이-+-다'로 분석될 수 있다.

9. 『석보상절』 권24, 18a-18b / 『월인석보』 권25, 87a-87b

① 언해문

『석보상절』 권24, 18a-18b

王이 그 地獄門애 나오려커늘 모딘 노미 닐오디 王이 몯 나시리이다 王이 무로디 나롤 주규려 ᄒᆞᆫ다 對答ᄒᆞ디 그리호려 ᄒᆞ노이다 王이 무로디 ᄆᆞᆺ 처 ᅀᅥ믹 뉘 몬져 이 門 안해 드뇨 對答ᄒᆞ디 내 몬져 드도소이다 王이 닐오디 그 러면 네 몬져 주그리로다 ᄒᆞ고 그 모딘 노ᄆᆞᆯ ᄉᆞ라 주기고 地獄ᄋᆞᆯ 허러ᄇᆞ리 니라

『월인석보』(*『월인석보』 권24, 87a-87b에 해당하므로 뒷장에서 제시하기로 함.)

② 현대역

『석보상절』

왕이 그 지옥문에서 나오려 하는데 모진 놈이 말하기를 "왕은 나가시지 못할 것입니다." 왕이 묻기를 "나를 죽이려 하느냐?" 대답하기를 "그리하려 합니다." 왕이 묻기를 "가장 처음에 누가 먼저 이 문 안에 들었느냐?" 대답 하기를 "내가 먼저 들었습니다." 왕이 말하기를 "그러면 네가 먼저 죽을 것 이다." 하고 그 모진 놈을 불살라 죽이고 지옥을 헐어 버렸다.

③ 저경

『석보상절』:『석가보(釋迦譜)』 권5, 아육왕조팔만사천탑기(阿育王造八萬四千塔記) 제31 〈『잡아함경(雜阿含經)』〉【대정신수대장경(大正新脩大藏經)』 제50, 사전부(史傳部), 78면】.

時王從彼地獄欲出 凶主白王言王不復得去 王曰汝今欲殺我耶 彼曰如是 王曰誰先入此中 答曰我是 王曰若然者汝先應取死 王卽敕人將此凶主 著作膠舍裏以火燒之 又敕壞此地獄施衆生無畏

* 위 내용도『석보상절』은 저경의 장차에 따르지 않고 이 부분을 떼어서 삽입한 것이다.『월인석보』에서는 사미가 외도 귀신을 다 잡아 먹는 장면 다음에 이 장면이 언해되어 있다.

④ 주석

『석보상절』

● 드도소이다 : 들었습니다. '들-'[지]의 어간말 'ㄹ'이 후행하는 자음 'ㄷ' 앞에서 탈락하여 쓰였다. '드-{들-}[지]+-돗-+-오-+-이-+-다'로 분석할 수 있다.

● 주그리로다(LHHLH) : 죽을 것이다. 감동법 선어말어미 '-돗-'의 이형태 '-로-'가 결합한 형식으로 '죽-[死]+-으리-+-로-+-다'로 분석 가능하지만, 한편 '죽-[死]+-을#이+-이-+-로-+-다'의 형식명사 구성으로도 분석해 볼 수 있다. 어떠한 구성으로 분석하더라도 문맥상으로나 성조상으로 문제되지 않는다.

10. 『석보상절』권24, 18b-19b / 『월인석보』권25, 79b-80b

① 언해문

『석보상절』권24, 18b-19b

> 阿育王이 나라해 무로디 부텨 미처 보ᅀᆞᄫᆞᆫ 사ᄅᆞ미 아니 잇ᄂᆞ니여 그ᄢᅴ 波斯匿王ㅅ 누의 승 ᄃᆞ외야 나히 一百 셜ᄒᆞ니어니 잇더니 긔 부텨를 아래 보ᅀᆞᄫᆞᆺ더라 王이 듣고 즉자히 가 무로디 부텻 功德이 엇더터시뇨 對答호디 世尊ㅅ 神奇ᄒᆞ신 이리ᅀᅡ 經에 다 닐엣거니와 내 나히 열흔 저긔 부톄 오샤 우리 大闕에 드르시니 大闕 안히 고론 金ㅅ 비치러이다 내 드러 부텨의 절ᄒᆞᅀᆞᆸ다가 金고지 ᄣᅡ해 디거늘 ᄣᅡ히 고론 金ㅅ 비칠ᄊᆡ 그 고즐 얻다가 몯ᄒᆞ야 부텨 가신 後에 光明이 우션ᄒᆞ거ᅀᅡ 어두이다

『월인석보』권25, 79b-80b

> 王이 臣民ᄃᆞ려 무로디 부텨 미처 보ᅀᆞᄫᆞᆫ 사ᄅᆞ미 아니 잇ᄂᆞ녀 ᄒᆞ야ᄂᆞᆯ 오직 波斯匿王 누의 比丘尼 ᄃᆞ외야 나히 一百 셜흔나ᄆᆞ니러니 부텨 겨싫 저글 보ᅀᆞᄫᆞᆺ더니 王이 즉재 가 무로디 부톄 엇던 功德이러시뇨 對答호디 世尊ㅅ 威神ᄋᆞᆫ 經에 ᄀᆞ초 닐어 겨시거니와 내 열흔 저긔 부톄 와 宮의 드르시니 殿 안히며 ᄣᅡ히 다 金色이러니 내 저ᅀᆞᆸ다가 金고지 ᄂᆞ려 디니 光明과 어우러 가신 後에 光明이 歇커ᅀᅡ 어두이다

② 현대역

『석보상절』

> 아육왕이 나라에 묻기를 "부처님을 미처 뵈온 사람이 있지 않는가?" 하니

그때에 바사닉왕의 누이가 승이 되어 나이가 130여 살이었는데 그가 부처를 예전에 뵈었었다. 왕이 듣고 즉시 가 묻기를 "부처님의 공덕이 어떠하셨는 가?" 대답하기를 "세존의 신기하신 일이야 경에 다 말하였거니와 내 나이 열 살일 때에 부처님이 오시어 우리 대궐에 드시니 대궐 안이 고른 금빛이 었습니다. 내가 들어가 부처님께 절하다가 금비녀가 땅에 떨어졌는데 땅이 고른 금빛이어서 그 비녀를 찾다가 못 하고 부처님 가신 후에 광명이 다하 고서야 얻었습니다."라고 하였다.

『월인석보』

왕이 신하와 백성에게 묻기를 "부처님을 미처 뵈온 사람이 있지 않는가?" 하니 오직 바사닉왕의 누이가 비구니가 되어 나이가 130살이 넘는 사람이었 는데 부처 계실 때를 뵈었으니 왕이 즉시 가 묻기를 "부처님이 어떤 공덕이 있으시던가?" 대답하기를 "세존의 위신은 경에 갖추어 말하고 계시거니와 내가 열 살 때에 부처님이 와 궁에 드시니 궁전 안이며 땅이 모두 금색이었 는데 내가 절하다가 금비녀가 떨어지니 광명과 어우러져 가신 후에 광명이 다하고서야 얻었습니다."라고 하였다.

③ 저경

『석보상절』:『석가보(釋迦譜)』 권5, 아육왕조팔만사천탑기(阿育王造八萬四千塔 記) 제31 〈『잡아함경(雜阿含經)』〉【『대정신수대장경(大正新脩大藏經)』 제50, 사 전부(史傳部), 77~78면】.

傳云王訪諸臣民 叵有及見佛者不唯有波斯匿王妹 作比丘尼年百三十餘 見佛在 世 王卽往問 佛何功德耶 尼答曰 世尊威神備於經說 我時年十歲佛來入宮殿內 地 皆作金色 我卽作禮金釵墮地緬與光合 去後光歇尋之方得

『월인석보』:『석보상절』저경과 동일함.

* 위 내용은 바사닉왕의 누이인 비구니에게 석가의 공덕을 듣는 장면이다. 이 언해문에서도 두 언해문의 언해 차이를 확인할 수 있는데 가장 눈에 띄는 것은 저경의 '佛何功德耶'을 번역한 문장으로『석보상절』에서 "부텻 功德이 엇더터시뇨"로 언해한 것을『월인석보』에서는 "부톄 엇던 功德이러시뇨"로 언해한 부분이다. 또한, 저경의 '光歇尋之方得'의 언해에 대하여『석보상절』의 "光明이 우연ᄒ거ᅀᅡ 어두이다"와 『월인석보』의 "光明이 歇커ᅀᅡ 어두이다"도 좋은 대조를 이룬다. 여기에는 두 언해문 편찬자의 언해 방침이 반영된 것으로 생각된다. 추정컨대 당시 있는 그대로 기술하고자 하는 역사적 기술 방식(直敍방침)이『월인석보』편찬 과정에 영향을 미친 것이 아닌가 한다.『석보상절』을 참고하되 저경에 가깝게 기술하고자 하는 직역의 태도가『월인석보』의 언해에 작용한 것이다. 이러한 태도는 번역 태도뿐 아니라 이야기 구성의 첨삭에서도 확인할 수 있다.

④ 주석

『석보상절』

● 누의(LR) : 누이가. 성조가 LR인 것으로 보아 이는 주격조사가 결합된 '누의(LL)+-이(H)'로 분석될 수 있다. 한편, '누의'는 15세기 문헌에서 '누위'와 공존하며, 동남·동북방언에서는 이들이 '누비'로 반사되어 있다. 이러한 사실을 바탕으로 종래에는 '*누뷔>누위[nuwi]'를 상정하여 이를 중세국어에서 /wi/가 존재하였다는 근거로 삼기도 하였다(이기문 1979 : 34). 그러나 곽충구(1996 : 49)에서 지적한 바와 같이, 20세기 초 카잔

(Kazan) 자료(함북 육진방언)에 전사된 '느븨'를 고려할 때 '누위'는 '*누뷔>누위[nuuy]'의 변화를 겪어 발달한 어형이며, 따라서 이 어형이 /wi/의 존재에 대한 적극적인 근거는 되지 못한다.

● 얻다가 : 찾다가. 중세국어의 '얻-'은 현대국어의 '얻-'과 그 의미 영역에서 차이가 있다. 현대국어의 '얻-'은 '得'만을 지시하지만, 중세국어의 '얻-'은 '得'은 물론 '求'의 의미까지도 표현할 수 있다. 현대국어에서는 '求'의 의미로 '찾-'이 사용된다.

『월인석보』

● 보ᅀᆞ뱃더니 : 뵈었으니. 이는 '보-+-ᅀᆞᆸ-+-앳-+-더-+-니'와 같이 분석할 수 있다. '-앳-'에 대한 구체적인 사항은 1-3.『월인석보』'ᄒᆞ앳더니' 항목 참고.

11. 『석보상절』 권24, 19b-20b / 『월인석보』 권25, 80b-81a

① 언해문

『석보상절』 권24, 19b-20b

ᄯᅩ 닐오디 부텻 목소리 여듧 가지시니【여듧 가짓 소리ᄂᆞᆫ ᄒᆞ나핸 ᄀᆞ장 됴ᄒᆞ신 소리오 둘헨 보ᄃᆞ라ᄫᆞᆫ신 소리오 세헨 맛가ᄫᆞᆫ신 소리오 네헨 尊코 智慧르ᄫᆡ신 소리오 다ᄉᆞ샌 겨집 ᄀᆞ디 아니ᄒᆞ신 소리오 여스센 외디 아니ᄒᆞ신 소리오 닐구벤 깁고 머르신 소리오 여들벤 다ᄋᆞ디 아니ᄒᆞ시ᄂᆞᆫ 소리라】이제 바롨 ᄀᆞᅀᅢ 잇ᄂᆞᆫ 羯隨라 홇 새 우루미 부텻 목소리 저기 쎠즛ᄒᆞᅀᆞᄫᆞ니이다 王

이 그 새 소리ᄅᆞᆯ 듣고져 ᄒᆞ야 ᄒᆞ나ᄒᆞᆯ 어더다가 두니 열흐리로ᄃᆡ 우루믈 아니 울ᄊᆡ 王이 안ᄒᆞᆯ 답쪄 ᄒᆞ더니 ᄒᆞᆫ 각시 아ᄎᆞᄆᆡ 粉 ᄇᆞᄅᆞ노라 ᄒᆞ야 거우룰 보거늘 그 새 거우루엣 제 그르멜 보고 우루리라 ᄒᆞ거늘 그 각시 그 거우룰 아ᅀᆞ니 그 새 아니 우니라

『월인석보』 권25, 80b-81a

ᄯᅩ 닐오ᄃᆡ 부톄 여듧 가짓 音聲이 겨시니【여듧 가짓 소리ᄂᆞᆫ ᄒᆞ나핸 ᄀᆞ장 됴ᄒᆞ신 소리오 둘헨 보ᄃᆞ라ᄫᆞ신 소리오 세헨 맛가ᄫᆞ신 소리오 네헨 尊코 智慧엣 소리오 다ᄉᆞ샌 겨집 ᄀᆞᆮ디 아니ᄒᆞ신 소리오 여스센 외디 아니하신 소리오 닐구벤 깁고 머르신 소리오 여들벤 다ᄋᆞ디 아니ᄒᆞ시ᄂᆞᆫ 소리라】 이제 바ᄅᆞᆳ ᄀᆞᅀᆡ 羯隨라 ᄒᆞᇙ 새 소리 져기 ᄢᅢ즛ᄒᆞ니이다 王이 그 새ᄅᆞᆯ 求ᄒᆞ야 어드니 열흐를 아니 울어늘 青衣 거우루 비취여 莊嚴ᄒᆞ거늘 새 像ᄋᆞᆯ 보고 ᄂᆞ니며 우루려커늘 青衣 거우루를 두르ᅘᅧ니 도로 우룸 그쳐늘

② 현대역

『석보상절』

또 말하기를 "부처님의 목소리가 여덟 가지이시니【여덟 가지 소리는 하나에는 가장 좋으신 소리이고, 둘에는 부드러우신 소리이고, 셋에는 알맞으신 소리이고, 넷에는 존귀하고 지혜로우신 소리이고, 다섯에는 여자 같지 않으신 소리이고, 여섯에는 그르지 않으신 소리이고, 일곱에는 깊고 머신 소리이고, 여덟에는 다하지 않으신 소리이다.】 지금 바닷가에 있는 '갈수'라고 하는 새의 울음이 부처님의 목소리와 조금 비슷합니다."라고 하니, 왕이 그 새의 소리를 듣고자 하여 하나를 얻어다가 두었는데 열흘이 지나도 울지 않

아 왕이 마음이 답답해졌다. 한 각시가 아침에 "분을 바르겠다." 하여 거울을 보니 그 새가 거울에 있는 자기의 그림자를 보고 울려고 하거늘 그 각시가 그 거울을 빼앗으니 그 새가 울지 않았다.

『월인석보』

또 말하기를 "부처님께 여덟 가지 음성이 있으시니【여덟 가지 소리는 하나에는 가장 좋으신 소리이고, 둘에는 부드러우신 소리이고, 셋에는 알맞으신 소리이고, 넷에는 존귀하고 지혜로우신 소리이고, 다섯에는 여자 같지 않으신 소리이고, 여섯에는 그르지 않으신 소리이고, 일곱에는 깊고 머신 소리이고, 여덟에는 다하지 않으신 소리이다.】지금 바닷가에 '갈수'라고 하는 새의 소리가 조금 비슷합니다."라고 하니, 왕이 그 새를 구하여 얻었는데 열흘을 울지 않거늘 청의가 거울을 비추어 장식하니 새가 거울의 상을 보고 날아다니며 울려 하거늘 청의가 거울을 돌이키니 도로 울음을 그쳤다.

③ 저경

『석보상절』:『석가보(釋迦譜)』 권5, 아육왕조팔만사천탑기(阿育王造八萬四千塔記) 제31〈『잡아함경(雜阿含經)』〉【『대정신수대장경(大正新脩大藏經)』 제50, 사전부(史傳部), 78면】.

又云佛有八種音聲 今海邊有鳥名曰羯隨 其音哀亮頗似萬一 王求得此鳥旬日不鳴 時靑衣映鏡嚴莊 鳥見其像驚蠢欲鳴 靑衣轉鏡還便輟響

『월인석보』:『석보상절』 저경과 동일함.

④ 주석

『석보상절』

• 맛가ᄫᆞ신 : 알맞으신. 중세국어의 '맛갑-'은 현대국어의 '알맞-'에 대응되는 어형으로 현재는 더 이상 쓰이지 않는다. '맛갑-'은 더 분석하여 '맛-[適]+-갑-'의 구성으로 볼 수도 있다(구본관 1998 : 211). 이때의 '-갑-'은 형용사를 어기로 하여 형용사를 파생하는 접미사이다. 이와 유사한 예로 '녙-[淺]+-갑-' 구성의 '녇갑-'[淺]도 확인된다.

• 다ᄋᆞ디 : 다하지. 현대국어의 '다하다'는 '다ᄋᆞ-'와 '다ᄒᆞ-'에서 그 어원을 찾을 수 있을 듯하다. 하지만 이 둘은 사실상 그 구성에서 큰 차이를 보인다. '다ᄋᆞ-'[盡]는 단일어인 데 반해, '다ᄒᆞ-'는 부사 '다'[皆]와 'ᄒᆞ-'가 결합한 형식으로 파악되기 때문이다. 성조에서도 이 둘은 상이한 양상을 보이는데 '다ᄋᆞ-'는 LL로, '다ᄒᆞ-'는 RL로 실현된다는 점에서 '다ᄒᆞ-'에서 부사 '다'(R)를 찾아볼 수 있다.

• ᄢᅥ즛ᄒᆞᅀᄫᆞ니이다 : 비슷합니다. 'ᄢᅥ즛ᄒᆞ-'[似]는 중세국어 문헌에서 'ᄢᅥ즉ᄒᆞ-'로도 실현된다. 이처럼 'ㅅ'과 'ㄱ' 간의 대응을 보이는 어휘로는 '남짓ᄒᆞ- : 남죽ᄒᆞ-'[許], 'ᄂᆞ즛ᄒᆞ- : ᄂᆞ죽ᄒᆞ-'[下], '반ᄃᆞ시 : 반ᄃᆞ기'[必], '번드시 : 번드기'[顯] 등이 있다.

• 그르메 : 그림자. 현대국어 '그림자'는 15세기의 '그림제'에 소급한다. 중세국어에는 '景'을 가리키는 단어로 '그림제'와 '그르메'가 쌍형어로 공존하였으나, 그 중 '그림제'의 후대형이 현대국어에 계승된 것으로 볼 수 있다.

『월인석보』

• 두르혀니 : 돌이키니. '두르혀-'[廻]에서 확인되는 '-혀-'는 동사를 어기로 하여 동사를 만드는 강세접미사로 볼 수 있다. 이러한 예로 '빼혀-, 드위혀-, 도ᄅᆞ혀-, 횟도로혀-' 등이 있다.

• 머르신(RLH) 소리오 : 머신 소리이고. '멀-[遠]+-ᄋᆞ시-+-ㄴ'으로 분석된다. 중세국어 '-ᄋᆞ시-'의 'ᄋᆞ'는 여느 'ᄋᆞ'계 어미의 'ᄋᆞ'와는 다른 몇 가지 특이한 면모를 보인다. 첫째, '-ᄋᆞ시-'의 'ᄋᆞ'는 선행 어간말 'ㄹ' 다음에서도 탈락하지 않는다. 이 어형이 '머신'이 아닌 '머르신'으로 실현된 이유는 바로 여기에 있다. 둘째, 일반적인 'ᄋᆞ'계 어미의 'ᄋᆞ'가 고정적 거성으로 실현되는 데 반해 '-ᄋᆞ시-'의 'ᄋᆞ'는 선행 분절음의 성조와 동일하게 실현된다. '바ᄃᆞ쇼셔(LLHH)<월인석보4 : 46a>'는 평성 다음에서 평성으로, '꾸르시니(HHLH)<용비어천가82>'는 거성 다음에서 거성으로 실현된 예이다. 본문의 '머르신(RLH)'은 'RHH→RLH'와 같은 율동 규칙의 적용을 받은 결과이다(이때 R은 L과 H의 병치로 해석하는 것이 편리하다). 셋째, '-ᄋᆞ시-'의 'ᄋᆞ'는 상평 교체 어간 다음에서 마치 자음 어미처럼 행동한다. 가령, '멀-'(R/L)[遠]은 '머러(LH)<월인석보서21a>'에서와 같이 순정한 모음 어미 앞에서는 평성으로 실현되는데, '머르신(RLH)'에서는 상성을 그대로 유지하고 있는 것이다. '-ᄋᆞ시-'의 'ᄋᆞ'의 성조에 대한 자세한 내용은 김완진(1973 : 46-50), 김성규(1994 : 112-124)를 참고할 수 있다.

12. 『석보상절』권24, 20b-21a / 『월인석보』권25, 81a-82a

① 언해문

『석보상절』권24, 20b-21a

王이 大闕 안해 出令호더 이 새 울의 ᄒ니ᅀᅡ 夫人ᄋᆞᆯ 사모리라 ᄒ야ᄂᆞᆯ 그 각시 거우루를 가져다가 네 ᄇᆞᄅᆞ매 도대 그 새 그 거우루엣 제 그르메를 보고 우루믈 우니 그 목소리 淸暢和雅ᄒ더니【淸은 ᄌᆞᆺᄌᆞᆺ홀 씨오 暢ᄋᆞᆫ 싀훤홀 씨오 和ᄂᆞᆫ 溫和홀 씨오 雅ᄂᆞᆫ 正홀 씨라】王이 듣고 正眞道앳 ᄠᅳ들 니르ᄫᅡ다 즉자히 그 각시를 둘찻 夫人 사ᄆᆞ니 七千 婇女ㅣ 다 깃거ᄒ더라

『월인석보』권25, 81a-82a

王이 닐오더 이 새 울에 ᄒ니ᅀᅡ 夫人 사모리라 靑衣 거우루를 가져다가 네 ᄇᆞᄅᆞ매 ᄃᆞ니 그 새 그리메 보고 횟돌며 ᄂᆞ래 티고 슬피 우니 ᄆᆞᆰ고 和雅ᄒ더니 王이 듣고 正眞道意를 씨ᄃᆞ라 니ᄅᆞᇦ고 즉재 靑衣를 第二夫人 사ᄆᆞ니 婇女 七千이 다 깃거ᄒ더라

② 현대역

『석보상절』

왕이 대궐 안에 명을 내리기를 "이 새를 울게 한 사람이어야 부인으로 삼으리라."라고 하였다. 그 각시가 거울을 가져다가 네 벽에 다니 그 새가 그 거울에 있는 자기의 그림자를 보고 울음을 우니 그 목소리가 청창화아하더

니 【청은 맑고 깨끗한 것이고, 창은 시원한 것이고, 화는 온화한 것이고, 아는 바른 것이다.】 왕이 듣고 정진도의 뜻을 일으켜 즉시 그 각시를 둘째 부인으로 삼으니 7천 채녀가 다 기뻐하였다.

『월인석보』

왕이 말하기를 "이 새를 울게 한 사람이어야 부인으로 삼으리라."라고 하였다. 청의가 거울을 가져다가 네 벽에 다니 그 새가 그림자를 보고 휘돌며 날개를 치며 슬피 울었는데, 맑고 화아하더니 왕이 듣고 정진도의를 깨달아 일으켜 즉시 청의를 제2부인으로 삼으니 채녀 7천 명이 다 기뻐하였다.

③ 저경

『석보상절』:『석가보(釋迦譜)』 권5, 아육왕조팔만사천탑기(阿育王造八萬四千塔記) 제31 〈『잡아함경(雜阿含經)』〉【『대정신수대장경(大正新脩大藏經)』 제50, 사전부(史傳部), 78면】.

王曰若能使鳥鳴者 以爲夫人 青衣卽取諸鏡懸於四壁 鳥見影顧眄迴惶悲鳴 振迅清暢和雅 王聞之乃悟起正眞道意 卽拜青衣爲第二夫人 媟女七千人咸皆歡喜

『월인석보』:『석보상절』 저경과 동일함.

④ 주석

『석보상절』

● 울의 ᄒᆞ니ᅀᅡ : 울게 한 사람이어야. '울-[鳴]+-의#ᄒᆞ-+-ㄴ#이+-ᅀᅡ'처럼 형식명사 구성으로 분석된다. '-의'는 어미 '-긔'의 이형태이다.

● ᄇᆞᄅᆞ매 : 벽에. 현대국어의 '벽'을 의미하는 고유어 'ᄇᆞᄅᆞᆷ'[壁]이 확인된다. 현대국어에서 '방이나 칸살의 옆을 둘러막은 둘레의 벽'의 의미로 쓰이는 '바람벽'은 사실상 고유어 'ᄇᆞᄅᆞᆷ'과 한자 '벽(壁)'이 중복되어 결합한 합성어로 볼 수 있다.

● ᄌᆞᄌᆞ홀 : 깨끗한. 'ᄌᆞᄌᆞᄒᆞ-'[淨]는 자료에서 문증되는 순서에 따라 그 형태를 순차적으로 제시해 보면 다음과 같다. 'ᄌᆞᄌᆞᄒᆞ-, ᄭᅵᄌᆞᄒᆞ-, ᄡᅵᆺᄭᅵᆺᄒᆞ-, �ᄭᅵᆺᄒᆞ-, 깨끗하-'. '淨'을 지시하는 고유어로 'ᄌᆞᄌᆞᄒᆞ-' 외에 '좋-'도 공존하였다는 점이 주목된다.

● 깃거ᄒᆞ더라 : 기뻐하더라. 현대국어 심리형용사 '기쁘-'에 대응되는 현대국어 심리동사는 '기뻐하-'이지만 중세국어 시기에는 심리동사 '깄-'[喜]이 존재하였다. 형용사 '깃브-'는 동사 '깄-'에 형용사파생접미사 '-브-'가 결합하여 형성된 것이다. 하지만 동사 '깄-'의 소멸로 인해 오늘날에는 형용사 '기쁘-'에 '-어 하-'가 결합한 동사 '기뻐하-'가 '깄-'의 자리를 대신하고 있다. 그렇게 본다면 본문의 '깃거ᄒᆞ더라'는 동사 '깄-'에 '-어 ᄒᆞ-'가 결합한 것인데, 이때의 '-어 ᄒᆞ-'는 강조의 용법으로 쓰인 것으로 볼 수 있다. 중세국어의 심리동사와 심리형용사 간의 형태론적 차이에 대해서는 1-3. 『월인석보』 'ᄌᆞᆺ가' 항목을 참고할 수 있다.

『월인석보』

● 횟돌며 : 휘돌며. '횟돌-'은 흔히 접두사 '횟-'이 동사 '돌-'[廻]과 결합한 파생 구성으로 분석된다. 하지만 '횟-'이 용언에 결합한 형식이 '횟돌-' 외에는 확인되지 않는다는 점에서 이를 접두사로 분석하는 것이 바람직한 것인지는 재고의 여지가 있다. '횟돌-'은 15세기부터 꾸준히 쓰여 16·17세기에도 그 형태가 문증된다. 한편, '횟돌-'뿐만 아니라 '횟돌-'의 형태도 15세기 문헌에서 확인된다는 점이 흥미롭다(미론 ᄇᆞᆯ미며 횟도ᄂᆞᆫ 믌결이며<월인석보22 : 32a>).

13. 『석보상절』 권24, 16b-18a / 『월인석보』 권25, 82a-83b

① 언해문

『석보상절』 권24, 16b-18a(*앞 장에서 제시함.)

『월인석보』 권25, 82a-83b

ᄯᅩ 比丘ᄃᆞ려 닐오ᄃᆡ 【偈 술ᄫᅩᆫ 比丘ㅣ라】 부톄 滅度 아니ᄒᆞ야 겨샤 엇던 記ᄅᆞᆯ ᄒᆞ시니잇고 對答호ᄃᆡ 부톄 大王ᄋᆞᆯ 記ᄒᆞ샤ᄃᆡ 나 滅度 後에 一百 ᄒᆡ 디내야 巴連弗邑에 三億 지비 잇거든 뎌 나라해 王이 이쇼ᄃᆡ 일후미 阿育이리니 이 閻浮提예 王 ᄃᆞ외야 轉輪王이 ᄃᆞ외야 正法으로 다ᄉᆞ리고 ᄯᅩ 내 舍利ᄅᆞᆯ 閻浮提예 펴 八萬 四千 塔ᄋᆞᆯ 셰리라 ᄒᆞ시니 부톄 이리 記ᄒᆞ야신마ᄅᆞᆫ 大王이 이제 큰 地獄 밍ᄀᆞ라 그지업시 주기시ᄂᆞ니 王이 이제 一切 衆生ᄋᆞᆯ 慈念ᄒᆞ샤 無畏ᄅᆞᆯ 施ᄒᆞ시며 부텻 大王ᄭᅴ 記ᄒᆞ샨 이ᄅᆞᆯ 法다비 修行ᄒᆞ쇼셔 그제 阿育王이 부텻게 ᄀᆞ장 敬信ᄒᆞ야 合掌ᄒᆞ야 比丘 向ᄒᆞ야 禮數ᄒᆞ고 내 큰 罪ᄅᆞᆯ 지ᅀᅮ니 오

늘 比丘 向ᄒᆞ야 懺悔ᄒᆞ노니 내 혼 이리 甚히 善티 몯ᄒᆞ니 願ᄒᆞᆫ든 佛子ㅣ 내
懺悔ᄅᆞᆯ 바ᄃᆞ샤 ᄂᆞ외야 어린 사ᄅᆞᄆᆞᆯ 외다 마ᄅᆞ쇼셔

② 현대역

『월인석보』

　　또 비구에게 말하기를【게를 아뢴 비구이다.】 "부처님께서 멸도하지 않으
셨는데 무슨 수기를 하십니까?"라고 하였다. 비구가 대답하기를 "부처님께
서 대왕에게 수기하시기를 "내가 멸도한 후에 백 년이 지나 파련불읍에 3억
의 집이 있을 텐데 그 나라에 왕이 있으되 이름이 아육일 것이다. 이 염부제
에 왕이 되고 전륜왕이 되어 정법으로 다스리고 또 내 사리를 염부제에 펴
8만 4천 탑을 세울 것이다."라고 하시니, 부처님께서 이리 수기하셨건만 대
왕이 지금 큰 지옥을 만들어 그지없이 죽이시니 왕이 이제 일체 중생을 자
비롭게 생각하시어 무외를 보시하시며 부처님께서 대왕께 수기하신 일을 법
대로 수행하십시오."라고 하였다. 그때 아육왕이 부처님께 매우 경신하여 합
장하여 비구를 향하여 예를 표하고 "내가 큰 죄를 지어 오늘 비구를 향하여
참회하니 내가 한 일이 심히 선하지 못하였습니다. 원하건대 불제자가 내
참회를 받으시어 다시는 어리석은 사람을 잘못되었다고 하지 마십시오."라
고 하였다.

③ 저경

『월인석보』:『석가보(釋迦譜)』 권5, 아육왕조팔만사천탑기(阿育王造八萬四千塔
記) 제31 〈『잡아함경(雜阿含經)』〉【『대정신수대장경(大正新脩大藏經)』제50, 사
전부(史傳部), 78면】.

　　又白比丘言 佛未滅度時何所記說 比丘答言佛記大王 於我滅後過百歲 時於巴

> 連弗邑有三億家 彼國有王名曰阿育 當王此閻浮提爲轉輪王 正法治化 又復宣布
> 我舍利於閻浮提 立八萬四千塔 佛如是記 然大王今造此大地獄殺害無量 王今宜
> 應慈念一切衆生 佛之所記大王者 王當如法修行 時阿育王於佛所極生敬信 合掌
> 向比丘作禮 我得大罪今向比丘懺悔 我之所作甚爲不善 唯願佛子 受我懺悔捨心
> 勿復責我愚人

④ 주석

『월인석보』

● 셰리라 : 세울 것이다. '셰-'는 사동접미사 '-이-'가 결합한 형식으
로 '셔-[立]+-이-'로 분석된다. 현대국어의 '세우-'에 대응되는 중세국
어형으로는 '셰-'와 '셰오-～셰우-'가 발견되는데, 후자의 경우 사동접
미사 '-오-'가 중첩된 것으로 보는 것이 통설이다. '-ㅣ오-'형 사동형
에 대한 내용은 18-1.『월인석보』'치오려' 항목을 참고할 수 있다.

14.『석보상절』권24, 21a-22b /『월인석보』권25, 83b-86a

① 언해문

『석보상절』권24, 21a-22b

> 　그저긔 阿育王이 宮內예 沙門 二萬을 샹녜 供養ᄒ거늘 外道 梵志 제 무리
> 甚히 盛ᄒ더니 沙門을 새와 허루리라 ᄒ야 저희 무레 幻術 잘 ᄒᄂ 사ᄅ몰
> 골와 夷摩旦羅ㅣ라 홀 귓거싀 양ᄌ 드외니 ᄒ 머리예 네 ᄂ치오 여듧 누니오

여듧 볼히러니 조촌 귓것 二萬 ᄃᆞ리고 몬져 ᄆᆞ술홀 다 도라 城門이 다ᄃᆞ라 오나ᄂᆞᆯ 百姓ᄃᆞᆯ히 ᄎᆞ림 몯ᄒᆞ야 헤조쳐 ᄃᆞᆮ더니 王이 술위 브리여 蓋 앗고 城門에 迎逢ᄒᆞ야 그 귓것ᄃᆞ려 무로ᄃᆡ 므슷 이ᄅᆞᆯ ᄒᆞ고져 ᄒᆞᄂᆞᆫ다 그 귓거시 닐오ᄃᆡ 사ᄅᆞᄆᆞᆯ 자바먹고져 ᄒᆞ노니 百姓을 앗기거시든 沙門ᄋᆞᆯ 자바 주쇼셔 沙門ᄋᆞᆫ ᄂᆞ미 지순 녀르믈 먹ᄂᆞ니이다 王이 ᄀᆞ장 두리여 沙門의손ᄃᆡ 사ᄅᆞᆷ 브려 니른대 ᄒᆞᆫ 샹재 일후미 端正이라 호리 나히 열세히러니 모ᄃᆞᆫ 比丘ᄭᅴ 닐오ᄃᆡ 내 가도 어루 降服히요리이다 ᄒᆞ고 귓것 잇ᄂᆞᆫ ᄃᆡ 와 닐오ᄃᆡ 녀느 굴근 比丘ㅣ ᄒᆞ마 오시리니 네 神奇ᄅᆞᆯ 내요려 ᄒᆞ거든 아직 내 밥 머글 ᄊᆞ실 기드리라

『월인석보』 권25, 83b-86a

그제 王이 宮內예 샹녜 二萬 沙門ᄋᆞᆯ 四事로 供養ᄒᆞ더니 外道 梵志 제 무리 甚히 盛터니 沙門ᄋᆞᆯ 믜여 辱 ᄇᆞ텨 허로려 ᄒᆞ야 제 모ᄃᆞᆫ 中에 幻化 잘 ᄒᆞᄂᆞ니ᄅᆞᆯ ᄀᆞᆯᄒᆞ야 다ᄅᆞᆫ 道理ㅅ 셤기ᄂᆞᆫ 夷摩旦羅ㅣ라 홂 神이 ᄃᆞ외야 ᄒᆞᆫ 머리오 네 ᄂᆞ치오 여듧 누니오 여듧 볼히오 强猛ᄒᆞ며 凶壯ᄒᆞ야 더러ᄫᅳᆫ 무를 만히 ᄃᆞ리고 몬져 ᄆᆞ술홀 도녀 버거 城門에 다ᄃᆞᄅᆞ니 남진 겨지비 넉슬 일허 ᄣᅥ쳐 ᄃᆞ니거늘 王이 輦 브리고 蓋 앗고 城門에 마자 얻고져 ᄒᆞᄂᆞᆫ 이ᄅᆞᆯ 무른대 鬼 닐오ᄃᆡ 나ᄂᆞᆫ 사ᄅᆞ믈 먹고져 ᄒᆞ노니 百姓곳 앗기거시든 沙門ᄃᆞᆯ히 받 아니 갈오 머그며 軍士 아니 ᄃᆞ외며 臣下 아니 ᄃᆞ외ᄂᆞᆫ 無益ᄒᆞᆫ 거시니 그를 내 차바내 주쇼셔 王이 ᄀᆞ장 두리여 使者 브려 쥬의게 닐어늘 그제 ᄒᆞᆫ 沙彌 일후미 端正이라 호리 나히 열세히러니 諸比丘ᄭᅴ 술보ᄃᆡ 내 어루 降化호리이다 ᄒᆞ고 밧긔 나와 維那ᄃᆞ려 닐오ᄃᆡ 梵志 祇桓 中에 ᄣᅥ러디니ᄅᆞᆯ【祇陁ᄅᆞᆯ 祇桓이라도 ᄒᆞᄂᆞ니 싸홈 이기다 ᄒᆞᄂᆞᆫ 마리니 이 太子 낧 저긔 아바님 波斯匿이 싸홈 이기시니라】 다 머리 갓가 버서나디 몯게 ᄒᆞ라 ᄒᆞ고 즉재 귓거싀게 가 닐오ᄃᆡ 네 우리ᄅᆞᆯ 먹고져 홀씨 내 믓 져글씨 몬져 오니 굴근 比丘ᄃᆞᆯ히 미조차 오시리니 네 奇特을 나토고져커든 밥 다 머구믈 기드리라

② 현대역

『석보상절』

> 그때 아육왕이 궁내에 사문 2만 명을 항상 공양하였는데 외도 범지가 자기의 무리가 크게 성했으니 '사문을 세워 헐겠다.' 하여 저의 무리에서 환술을 잘하는 사람을 골라 이마단라라 하는 귀신의 모양이 되니 머리 하나에 얼굴이 넷이고 눈이 여덟이고 팔이 여덟이었는데 따르는 귀신 2만을 데리고 먼저 마을을 다 돌아 성문에 다다라 왔다. 백성들이 정신을 차리지 못하여 쫓겨 다녔더니 왕이 수레를 부려 타고 개(蓋)를 벗기고 성문에서 마중하여 그 귀신에게 물었는데 "무슨 일을 하고자 하느냐?" 그 귀신이 말하기를 "사람을 잡아먹고자 하니 백성을 아끼시거든 사문을 잡아 주소서. 사문은 남이 농사지은 것을 먹습니다." 왕이 매우 두려워하여 사문에게 사람을 부려서 그대로 이르니 이름이 단정이라고 하고 나이 열셋인 한 상좌가 모든 비구께 말하기를 "내가 가도 능히 그 귀신을 항복하게 할 것입니다." 하고 귀신 있는 곳에 와서 말하기를 "다른 큰 비구가 장차 오실 것이니, 네가 신기를 보이려 하거든 아직 내가 밥 먹을 동안을 기다려라."라고 하였다.

『월인석보』

> 그때 아육왕이 궁내에 사문 2만 명을 사사(四事)로 항상 공양하였는데 외도의 범지가 자기의 무리가 크게 성하였으니 사문을 꺼려 욕 드려 헐려 하여 자기의 무리에서 환술 잘하는 사람을 골라 다른 도리를 섬기는 이마단라라 하는 귀신이 되니 머리 하나에 얼굴이 넷이고 눈이 여덟이고 팔이 여덟이었는데 굳세고 사나우며 흉하여 더러운 무리를 많이 데리고 먼저 마을을 돌아 성문에 다다랐다. 남자 여자가 넋을 잃고 쫓겨 다녔는데 왕이 연(輦)을 부리고 내려서 개(蓋)를 빼앗고 성문에서 맞아 얻고자 하는 일을 물으니 귀신이 말하기를 "나는 사람을 먹고자 하니 백성을 아끼시거든 사문들은 사문

들이 밭을 갈지 않고 먹으며 군사도 되지 않으며 신하도 되지 않는 무익한
것이니 그를 내 음식으로 주십시오." 왕이 매우 두려워 사자를 부려 중에게
말하였는데, 그때 이름이 단정이고 나이가 열셋인 한 사미가 모든 비구께
아뢰기를 "내가 항복을 받아서 교화하겠습니다." 하고 밖으로 나와 유나에
게 말하기를 "범지가 기환 가운데 떨어진 이를【기타를 기환이라고도 하니
싸움에서 이긴다는 말이다. 이 태자가 태어날 때에 아버님 바사닉이 싸움에
서 이기셨다.】다 머리 깎아 벗어나지 못하게 해라." 하고, 즉시 귀신에게 가
말하기를 "네가 우리를 먹고자 하므로 내가 가장 작아서 먼저 왔으니 큰 비
구들이 뒤쫓아 오실 것이다. 네가 그 기이함을 나타내고자 하면 내가 밥 먹
는 것을 기다려라."라고 하였다.

③ 저경

『석보상절』:『석가보(釋迦譜)』 권5, 아육왕조팔만사천탑기(阿育王造八萬四千塔
記) 제31 〈『잡아함경(雜阿含經)』〉【『대정신수대장경(大正新脩大藏經)』 제50, 사
전부(史傳部), 78면】.

譬喩經云 時王宮內 常以四事供養二萬沙門 有外道梵志 門徒甚盛忌害沙門 欲
加陵毀 乃選其衆中能幻化者 變爲異道 所奉神名夷摩旦羅 一頭四面八目八臂 强
猛兇壯多從醜類 先巡邑里次到城門 國中男女亡走失魄 王下輿却蓋迎之於城門
問其所欲得 鬼曰吾欲噉人 若惜民者 諸沙門悉不耕而食 費耗滋甚幸可見付 以充
廚膳 王大恐懼遣使報僧 時有一沙彌名端正 年十三白諸比丘 我能降化之 卽到鬼
所而告之曰 諸大比丘尋次當來 汝欲顯奇可待食竟

『월인석보』:『석보상절』 저경과 동일함.

*『월인석보』에서 "밧긔 나와 維那ᄃᆞ려 닐오디 梵志 祇桓 中에 뼈러
디니ᄅᆞᆯ【祇陁ᄅᆞᆯ 祇桓이라도 ᄒᆞᄂᆞ니 싸홈 이기다 ᄒᆞ논 마리니 이 太子

낤 저긔 아바님 波斯匿이 싸홈 이기시니라】 다 머리 갓가 버서나디 몯
게 ᄒᆞ라 ᄒᆞ고”는『월인석보』에만 나타난 언해문이다.

④ 주석

『석보상절』

● 골와 : 골라. 이 시기의 '골ᄋᆞ-'[選] 형태는 현대국어의 '고르-'로
변화하였다. 이와 별개로 '고르-/골ᄋᆞ-'[均]도 현대국어에서 '고르-'로
변화하였다는 점이 흥미롭다. 중세국어 시대에 서로 다른 의미와 형식을
띠던 두 개의 어형이 현대국어에서는 동음이의어의 양상을 띤다고 볼 수
있다.

● 헤조쳐 : 쫓겨 다녔더니. '헤좇-'은 '헤-'[披]와 '좇-'[從]이 합성하
여 형성된 동사이다. 이렇게 '헤-'가 선행 동사로 참여한 형식이 여럿
확인되는데, '헤돋니-', '헤딜-', '헤미-', '헤티-' 등을 들 수 있다. '헤
조쳐'는 '헤좇-'에 피동접미사 '-이-'와 연결어미 '-어'가 결합한 형식
이다.

● 降服히요리이다 : 항복하게 할 것입니다. 이 구성은 '降服+-ᄒᆞ-+
-이-+-요-+-리-+-이-+-다'로 분석할 수 있는데, 사동접미사 '-이-'
가 결합하여 '降服히-'를 형성한 것이 특징적이다. 현대국어에서는 'X
하-' 유형의 동사가 단형사동의 방식으로 사동사를 만들지 못하고 반
드시 'X하게 하-'와 같이 장형사동으로만 나타난다는 점에서 볼 때,
'降服히-'는 중세국어의 특징적인 모습을 보여준다고 할 수 있다.

● 글ᄒᆞ야 : 가리어. '글ᄒᆞ야, 글ᄒᆞ요ᄃᆡ, 글히요미, 글히디'[擇] 등의 활
용형을 보건대, 이 동사 어간의 기본형은 '글ᄒᆞ-'가 아닌 '글히-'임을
알 수 있다.

● 도녀 : 돌아다니어. '돌-[廻]+니-[行]+-어'로 분석된다. 이때 '돌-'의
말음 'ㄹ'이 후행하는 'ㄴ' 앞에서 탈락하여 '도니-'가 되었다. '녀-/니-'
는 선어말어미 '-거-' 앞에서는 '니-'로, 그 외 환경에서는 '녀-'로 실
현되는 교체를 보이는데, 합성어의 구성 성분으로 쓰였을 경우에는 '니-'
로만 나타난다.

● 쥬의게 : 중에게. 『월인석보』를 비롯한 정음 창제 초기 문헌에서는
'ㆁ'이 종성에 비해 초성에 표기된 경우가 압도적으로 많았다. 그러던
것이 『두시언해』(초간본)에 이르러서는 'ㆁ' 초성의 사용이 현저히 줄어
들고 선행 음절 종성에 쓰이는 'ㆁ$ㅇ'식 표기가 증가하게 된다(이기문
1963 : 126). 『두시언해』(초간본)의 '당당이<6 : 11b>, 벙으로미<25 : 21a>'
등이 이 새로운 표기 방식에 대한 좋은 예가 된다. 본문의 '쥬의게'는
아직 기존의 방식을 고수하고 있는 것이다.

15. 『석보상절』 권24, 22b-23a / 『월인석보』 권25, 86a-87a

① 언해문

『석보상절』 권24, 22b-23a

> 그ᄢᅴ 王이 귓것 위ᄒᆞ야 차바ᄂᆞᆯ 만히 准備ᄒᆞ야 뒷더니 그 샹재 그런 한 차

바늘 즉자히 다 먹고 슨지 비롤 몯 치와 조츤 귓거슬 자바 次第로 다 숨끼니
그 숨긴 귓거시 다 祇洹애 가 냇더라【祇陁롤 祇洹이라도 ᄒᆞᄂᆞ니 싸홈 이기
다 ᄒᆞ논 마리니 이 太子 낧 저긔 아바님 波斯匿이 싸홈 이기시니라】그제ᅀᅡ
梵志 두리여 그 샹재 알픠 머리 조ᅀᅡ 降服ᄒᆞ야 다 出家ᄒᆞ니 王이 더욱 佛法
을 信ᄒᆞ᠐더라

『월인석보』 권25, 86a-87a

그제 귓것 조츤 梵志 二萬나믄 사ᄅᆞ미러니 王이 ᄀᆞ장 供養 밍ᄀᆞ랫거늘 沙
彌 그 차바ᄂᆞᆯ 다 아ᅀᅡ 먹고 슨지 비브르디 아니ᄒᆞ야 조츤 귓거슬 자바 次第
로 숨기니 다 神足ᄋᆞ로 祇桓애 보내야ᄂᆞᆯ 幻化ᄒᆞ던 梵志 머리 조ᅀᅡ 외오 호이
다 ᄒᆞ야 弟子ㅣ 드외아지ᅌᅵ다 ᄒᆞ며 比丘돌히 梵志 머리롤 다 갓기고 經法을
니르니 다 羅漢올 得ᄒᆞ니라 王이 일로브터 倍히 信ᄒᆞ야 降伏ᄒᆞ니라

② 현대역

『석보상절』

그때에 왕이 귀신을 위하여 반찬을 많이 준비하여 두었는데 그 상좌가 그
런 많은 반찬을 즉시 다 먹고 아직 배를 채우지 못하여 따르는 귀신들을 잡
아 차례로 다 삼키니 그 삼킨 귀신이 다 기원에 가 태어났다.【기타를 기원
이라고도 하니 싸움을 이겼다 하는 말이니 이 태자가 날 때 아버님 바사닉
이 싸움을 이기신 것이다.】그제야 범지가 두려워하여 그 상좌 앞에 머리를
조아리고 항복하여 다 출가하니 왕이 더욱 불법을 믿었다.

『월인석보』

> 그때 귀신 따르는 범지가 2만여 사람이었는데 왕이 크게 공양을 만들었거늘 사미가 그 차반을 다 빼앗아 먹고 아직 배부르지 않아 따르는 귀신을 잡아 차례로 삼키니 다 신족으로 귀환에 보냈는데 환화하던 범지가 머리를 조아리고 "잘못했습니다."라고 하고 "불제자가 되고 싶습니다."라고 하며 비구들이 범지 머리를 다 깎이고 경법을 이르니 모두 나한을 얻었다. 왕이 이로부터 갑절로 믿어 불문에 항복하였다.

③ 저경

『석보상절』:『석가보(釋迦譜)』 권5, 아육왕조팔만사천탑기(阿育王造八萬四千塔記) 제31 〈『잡아함경(雜阿含經)』〉【대정신수대장경(大正新脩大藏經)』 제50, 사전부(史傳部), 78면】.

> 時從鬼梵志二萬餘人 王大設供 沙彌斂肴吸饌搖牙而盡 尙未充飽因取從鬼以次呑之 並隨神足皆在祇桓 作幻梵志稽首謝過 求欲出家悉成沙門 後多得羅漢 王因此倍加信伏

『월인석보』:『석보상절』 저경과 동일함.

④ 주석

『석보상절』

● 다 숨끼니 그 숣긴 귓거시 : 다 삼키니 그 삼킨 귀신이. '숨끼-'[呑]와 '숣기-'가 동일 문헌 내에서 나란히 등장하는 것이 흥미롭다. 이미 잘 알려져 있듯이 'ㅅ'계 합용병서에 대해서는 '자음군 표기설'과 '경음

표기설'이 대립하고 있는데, 이에 대한 종래의 연구 업적은 너무나 방대하여 일일이 다 열거하기 힘들 정도이다. 'ㅅ'계 합용병서를 해석하는 데 주요 문제가 되었던 것 중 하나는 바로 선행 음절 종성과 후행 음절 초성을 오가며 표기되는 이 'ㅅ'의 음가이다. '슧기- : 숨끼-' 외에도 이러한 유형에는 '갓갈- : 가깝-, 닷가 : 다까, 섯근 : 서끈, 웃듬 : 으뜸, 엇뎨 : 어쪠' 등 여러 단어쌍이 있다. 이들의 음가는 논리적으로 총 네 가지 경우의 수로 나타날 수 있다. 선행 음절 종성의 'ㅅ'은 /s/나 /t/ 둘 중 하나일 것이며, 후행 음절 초성의 'ㅅ'계 합용병서는 자음군 표기이거나 경음 표기 중 하나일 것이기 때문이다. 각각의 음가가 무엇이었느지에 대해서는 여전히 합의된 견해가 없는 실정이다.

『월인석보』

• 일로브터 : 이로부터. '이'[是]에 조사 '-로'가 결합할 때, 'ㄹ'이 중가되어 '일로'와 같이 표기된 것이 특징적이다. 이와 유사한 방식으로 표기된 단어들로는 '날로'[晉], '널로'[汝], '눌로'[誰] 등이 있다.

16. 『석보상절』 권24, 18a-18b / 『월인석보』 권25, 87a-87b

① 언해문

『석보상절』 권24, 18a-18b(* 앞 장에서 제시함)

『월인석보』 권25, 87a-87b

그제 뎌 比丘ㅣ 【偈 술볼 比丘ㅣ라】 阿育王 濟度ᄒ고 虛空애 올아 나거늘

그제 王도 地獄애셔 나려커늘 兇主ㅣ 닐오디 王이 노외야 몯 나시리이다 王이 닐오디 네 이제 나를 주규려 ᄒᆞᆫ다 兇主ㅣ 닐오디 그리ᄒᆞ노이다 王이 닐오디 뉘 몬져 드뇨 對答ᄒᆞ디 내 몬져 드로이다 王이 닐오디 그러면 네 몬져 주그리라 ᄒᆞ고 즉재 그 놈 자바 브레 ᄉᆞ라 주기고 地獄 허러ᄇᆞ리니라

② 현대역

『월인석보』

그때 저 비구가 【계를 아뢴 비구이다.】 아육왕을 제도하고 허공에 올라 모습을 드러내었다. 그때 왕도 지옥에서 나가려 하는데 흉주가 말하기를 "왕은 다시 나가지 못할 것입니다." 왕이 말하기를 "네가 지금 나를 죽이려 하느냐?" 흉주가 말하기를 "그러합니다." 왕이 말하기를 "누가 먼저 이곳에 들었느냐?" 대답하기를 "내가 먼저 들었습니다." 왕이 말하기를 "그러면 네가 먼저 죽을 것이다." 하고 즉시 그 놈을 잡아서 불에 살라 죽이고 지옥을 헐어 버렸다.

③ 저경

『월인석보』:『석가보(釋迦譜)』권5, 아육왕조팔만사천탑기(阿育王造八萬四千塔記) 제31〈『잡아함경(雜阿含經)』〉【『대정신수대장경(大正新脩大藏經)』제50, 사전부(史傳部), 78면】.

時彼比丘度阿育王已 乘空而化 時王從彼地獄欲出 凶主白王言王不復得去 王曰汝今欲殺我耶 彼曰如是 王曰 誰先入此中 答曰我是 王曰若然者汝先應取死 王卽救人將此凶主 著作膠舍裏以火燒之 又救壞此地獄 施衆生無畏

* 위 내용은 『석보상절』 16b-18a에 해당하는 장면이다.

④ 주석

『월인석보』

● 나려커늘(RHLH) : 나가려 하는데. '나-[出]+-오려#ᄒᆞ-[爲]+-거늘'
에서 'ᄒᆞ-'의 'ᄋᆞ'가 탈락하여 '나려커늘'로 실현된 것이다. 한편, '가-
[去], 나-[出], 두-[置], 보-[見], 오-[來], 주-[授], 하-[多], ᄒᆞ-[爲, 化]'
등 단모음으로 끝나는 1음절 용언 어간의 성조는 후행 어미의 종류에
의해 결정되는데(河野六郎 1953, 김완진 1973 : 57-61), '-오려'와 같은 '-오X'
계 어미 앞에서는 그것이 평성으로 실현된다. 이러한 유형의 어간과 '-오
X'계 어미가 결합할 때는 분절음과 초분절음상에서 독특한 변동이 발
생한다. '-오X'계 어미의 '오'는 분절음상으로 표면에 드러나지 않으며, 성
조는 어간의 평성과 '오'의 거성이 결합하여 상성으로 실현되는 것이다.

17. 『석보상절』 권24 : 해당 부분 없음. / 『월인석보』 권25, 87b-88a

① 언해문

『월인석보』 권25, 87b-88a

王이 信心 得ᄒᆞ야 道人ᄋᆡ 무로ᄃᆡ 내 아래브터 사ᄅᆞᆷ 주규ᄃᆡ 올히 몯ᄒᆞ니
이제 엇던 善을 닷가ᅀᅡ 이 殃을 免ᄒᆞ리잇고 對答ᄒᆞ되 오직 塔 이르고 衆僧
供養ᄒᆞ고 가틴 사ᄅᆞᆷ 赦ᄒᆞ고 艱難ᄒᆞᆫ 사람 賑濟ᄒᆞ쇼셔

---

② 현대역

『월인석보』

> 왕이 신심을 얻어서 도인께 묻기를 "내가 예전부터 사람을 죽였는데 옳지 못하니 이제 어떤 선을 닦아야 이 재앙을 면하겠습니까?" 하자 도인이 대답하기를 "오직 탑을 세우고 승려들을 공양하고 갇힌 사람을 사면하고 가난한 사람을 진제하소서."라고 하였다.

③ 저경

『월인석보』:『석가보(釋迦譜)』권5, 아육왕조팔만사천탑기(阿育王造八萬四千塔記) 제31 〈『잡아함경(雜阿含經)』〉【『대정신수대장경(大正新脩大藏經)』제50, 사전부(史傳部), 78면】.

> 傳云 王得信心 問道人曰 我從來殺害不必以理 今修何善得免斯殃 答曰 唯有起塔供養衆僧 赦諸徒囚賑濟貧乏

* 위 내용은 『석보상절』에서 생략된 부분으로 아육왕이 道人에게 죄로 인한 재앙을 면하는 방법을 듣는 장면이다.

④ 주석

『월인석보』

● 塔 이르고 : 자동사 어간 '일-'[成, 作]을 어기로 하여 파생된 사동사(타동사) 어간으로는 '일오-~일우-'와 '이르-/일ㅇ-' 두 가지가 있다.

이 둘은 서로 다른 의미를 가리켰는데, 전자는 '어떤 일을 성취함'을, 후자는 '집이나 탑을 세움'을 각각 의미하였다(이기문 1961/1998 : 161). '일-'과 '일오-~일우-', '이르-/일ㅇ-'의 용례를 각각 나타내면 아래와 같다.

예 내히 이러 바르래 가느니(流斯爲川 于海必達)<용비어천가2>
　　이 觀世音菩薩이 이런 功德을 일워(是觀世音菩薩成就如是功德)<석
　　보상절21 : 13b>
　　城 밧긔 닐굽 뎔 일어 즁 살이시고(建寺十所七所城外安僧)<월인석
　　보2 : 77a>

'이르-/일ㅇ-'과 같은 유형의 파생어에 대한 내용은 7-1.『석보상절』 '돌아(LH)' 항목을 참고할 수 있다.

제10장

8만 4천 사리탑 조성

1. 『석보상절』 권24, 23a-24a / 『월인석보』 권25, 88a-90a

① 언해문

『석보상절』 권24, 23a-24a

阿育王이 舍利塔을 셰요리라 ᄒᆞ야 四兵 ᄃᆞ리고 王舍城의 가 阿闍世王이 셰욘 塔앳 舍利ᄅᆞᆯ 다 내ᅀᆞᆸ고【阿育王이 阿闍世王ㄱ 子孫이라】ᄯᅩ 녀느 닐굽 塔앳 舍利ᄅᆞᆯ 다 내ᅀᆞ바 金銀瑠璃玻瓈로 八萬 四千 筒올 밍ᄀᆞ라 舍利ᄅᆞᆯ 담ᅀᆞᆸ고 ᄯᅩ 金銀瑠璃玻瓈로 八萬 四千 瓶을 밍ᄀᆞ라 그 舍利ㅅ 筒올 담ᅀᆞᆸ고 ᄯᅩ 無量 百千 幡幢 繖蓋ᄅᆞᆯ 밍ᄀᆞᅀᆞᄫᆞ니라

『월인석보』 권25, 88a-90a

○ 그제 王이 舍利塔 셰요려 ᄒᆞ야 四兵衆 ᄃᆞ리고 王舍城에 가 阿闍世王 佛塔 中엣 舍利ᄅᆞᆯ 내ᅀᆞᆸ고 도로 녯 양ᄌᆞ로 고티고 잇 양ᄌᆞ로 七佛塔 中엣 舍利ᄅᆞᆯ 내ᅀᆞᆸ고 羅摩村 中에 가니【羅摩村이 海龍王 잇는 ᄯᅡ히니 阿育王이 阿闍世

王ㅅ 舍利룰 닐굽 塔애 내숩고 쏘 예 와 내슨보려커늘 龍王이 나드르쇼셔 請ᄒᆞ야늘 王이 비 브려 龍宮에 드니라】그제 龍王돌히 王ᄋᆞᆯ ᄃᆞ려 龍宮에 드러 니거늘 王이 龍이게 舍利룰 求ᄒᆞ야 供養ᄒᆞᅀᆞᄫᅡ지라 ᄒᆞ야늘 龍이 논호아 주어늘 그제 王이 八萬 四千 金銀瑠璃頗梨 篋을 ᄆᆡᆼᄀᆞ라【篋은 箱子ㅣ라】부텻 舍利 담숩고【ᄒᆞᆫ 篋에 ᄒᆞᆫ 舍利옴 담ᄉᆞᄫᅵ니라】쏘 八萬 四千 四寶 甁 ᄆᆡᆼᄀᆞ라 이 篋 담숩고 쏘 無量百千 幡幢 傘盖룰 ᄆᆡᆼᄀᆞ라 舍利마다 ᄒᆞᆫ 夜叉옴 맛뎌 閻浮提예 ᄀᆞᄃᆞ기 一億 사ᄅᆞᆷ 잇ᄂᆞᆫ 짜해 ᄒᆞᆫ 塔곰 셰라 ᄒᆞ야늘 鬼神돌히 各各 舍利 ᄆᆡᆼ숩고 四方ᄋᆞ로 나 塔 ᄆᆡᆼᄀᆞ더니

② 현대역

『석보상절』

아육왕이 "사리탑을 세우겠다."라고 하고 사병을 데리고 왕사성에 가서 아사세왕이 세운 탑에 있는 사리를 모두 내고【아육왕은 아사세왕의 자손이다.】또 다른 일곱 탑에 있는 사리를 모두 내어서 금, 은, 유리, 파려로 8만 4천 통을 만들어 사리를 담고 또 금, 은, 유리, 파려로 8만 4천 병을 만들어서 그 사리의 통을 담고 또 무량백천의 번당과 산개를 만들었다.

『월인석보』

○ 그때 왕이 사리탑을 세우려고 하여 사병들을 데리고 왕사성에 가서 아사세왕 불탑 중에 있는 사리를 내어 도로 옛 모습으로 고치고 이와 같은 모습으로 일곱 개의 불탑 중에 있는 사리를 내어서 나마촌 사이로 가니【나마촌은 해용왕이 있는 땅이니 아육왕이 아사세왕의 사리를 일곱 탑에서 내고 또 여기에 와서 내려고 하였는데 용왕이 "들어오십시오."라고 청하니 왕이

배를 부려 왕궁에 들어갔다.】 그때 용왕들이 왕을 데리고 용궁에 들어갔는데 왕이 용에게 "사리를 구해서 공양하고 싶습니다."라고 하니 용이 나누어 주거늘 그때 왕이 8만 4천 금, 은, 유리, 파리의 협을 만들어【협은 상자이다.】 부처님의 사리를 담고【한 협에 한 사리씩 담았다.】 또 8만 4천 사보병을 만들어 이 협을 담고 또 무량백천 번당 산개를 만들어 사리마다 한 야차씩 맡기어 "염부제에 1억 사람이 가득 있는 땅에 한 탑씩 세워라."라고 하니 귀신들이 각각 사리를 모시고 사방으로 나가서 탑을 만들었다.

③ 저경

『석보상절』:『석가보(釋迦譜)』권5, 아육왕조팔만사천탑기(阿育王造八萬四千塔記) 제31 〈『잡아함경(雜阿含經)』〉【대정신수대장경(大正新脩大藏經)』제50, 사전부(史傳部), 78면】.

時王欲建舍利塔 將四兵衆至王舍城 取阿闍世王佛塔中舍利 還復修治此塔與先無異 如是取七佛塔中舍利 至羅摩村中 時諸龍王 將王入龍宮中 王從龍索舍利供養 龍卽分與之 時王作八萬四千金銀琉璃頗梨篋 盛佛舍利 又作八萬四千寶 以盛此篋 又作無量百千幡幢傘蓋 使諸鬼神各持舍利供養之 具敕諸鬼神言 於閻浮提 至於海際城邑聚落 滿一億家者爲世尊立塔

『월인석보』:『석보상절』 저경과 동일함.

* 위 내용은 아육왕이 8만 4천 사리탑을 조성하는 장면으로서 『석보상절』에서는 아육왕이 사리를 구하는 구체적 장면이 생략되어 있다.

④ 주석

『석보상절』

● 맛뎌 : 맡기어. '맜-'[任]과 사동접미사 '-이-'가 결합하여 형성된 사동사 '맛디-'를 확인할 수 있다. 현대국어에서는 '맡기-'로 그 형태가 변화하였다.

『월인석보』

● 밍ᄀᆞ더니 : 만들더니. '밍ᄀᆞᆯ-'[造]은 '민둘-'과 쌍형어의 관계에 있다. 문헌상에 먼저 등장하는 것은 '밍ᄀᆞᆯ-'이며 '민둘-'은 16세기 문헌에서부터 등장하기 시작한다. 이기문(1985/1991 : 36-38)에서는 서울말에서 순수한 음운변화로서 'ㄱ>ㄷ'가 일어났다고는 보기 어려우므로, 16세기경 서울말에서 '민둘-'이 새로 생긴 것이거나 이웃한 방언형을 차용한 것으로 잠정적으로 추측한 바 있다.

2. 『석보상절』 권24, 24a-24b / 『월인석보』 권25, 90a

① 언해문

『석보상절』 권24, 24a-24b

> 그ᄢᅥ 巴連弗邑에 ᄒᆞᆫ 上座ㅣ 일후미 耶舍ㅣ러니【上座ᄂᆞᆫ 爲頭ᄒᆞᆫ 座ㅣ라】 王이 그 上座ᄭᅴ 가 닐오ᄃᆡ 내 ᄒᆞ롯 內예 八萬 四千 佛塔ᄋᆞᆯ 閻浮提예 셰오져

ᄒᆞ노이다 耶舍ㅣ 닐오ᄃᆡ 됴ᄒᆞ시이다

『월인석보』권25, 90a

그제 巴連弗邑에 上座ㅣ 이쇼ᄃᆡ 일후미 耶舍ㅣ러니 王이 그에 가 上座ᄭᅴ
ᄉᆞᆲ보ᄃᆡ 내 ᄒᆞ룻 內예 八萬 四千 塔ᄋᆞᆯ 셰여 閻浮提예 ᄀᆞᄃᆞᆨ게코져 ᄒᆞ노이다 上
座ㅣ 닐오ᄃᆡ 됴ᄒᆞ실쎠

② 현대역

『석보상절』

그때 파련불읍에 한 상좌의 이름이 야사였는데【상좌는 으뜸가는 자리이
다.】왕이 그 상좌께 가서 말하기를 "내가 하루 안에 8만 4천 불탑을 염부제
에 세우고자 합니다." 야사가 말하기를 "좋습니다." 하였다.

『월인석보』

그때 파련불읍에 상좌가 있었으니 이름이 야사였는데 왕이 그곳에 가서
상좌께 아뢰기를 "내가 하루 안에 8만 4천 탑을 세워 염부제에 가득하게 하
고자 합니다." 상좌가 말하기를 "좋구나!" 하였다.

③ 저경

『석보상절』:『석가보(釋迦譜)』권5, 아육왕조팔만사천탑기(阿育王造八萬四千塔記) 제31 〈잡아함경(雜阿含經)〉】『대정신수대장경(大正新脩大藏經)』제50, 사전부(史傳部), 78면】.

> 而立爲塔時巴連弗邑 有上座名曰耶舍 王詣彼所白上座曰 我欲一日之中 立八萬四千佛塔遍此閻浮提 意願如是 時彼上座白言善哉

『월인석보』:『석보상절』저경과 동일함.

④ 주석

『석보상절』

● 爲頭훈 座ㅣ라 : 으뜸가는 자리이다. '爲頭'는 현대국어의 '으뜸'에 대응하는 형식으로 '爲頭ᄒ다'는 '으뜸가다'로 해석될 수 있다. '爲頭'는 그 형식에서도 볼 수 있듯이 한자를 어원으로 하지만 고유어화하여 일부 단어에 화석처럼 남아 있다. 15세기의 '爲頭머리'가 현대국어에 '우두머리'로 남은 경우가 이에 해당한다(大迦葉이 爲頭머릿 弟子ㅣ로디 〈법화경언해2 : 175a〉). 15세기에 '爲頭머리, 爲頭, 웃머리'가 모두 '首'의 의미로 쓰인 점이 흥미롭다. 한편, 현대국어의 '으뜸'은 15세기에 이미 '읏듬'의 형태로 확인된다.

● 됴ᄒ시이다 : 좋습니다. 현대국어의 '좋-'은 중세국어의 '둏-'[好]에 대응된다. '됴ᄒ고, 됴ᄒ야, 됴ᄒ요ᄃᆡ'와 같은 형식이 문증되는 것으로 볼 때, '둏-'은 '됴ᄒ-'에서 기원한 것으로 볼 수 있다. 한편, 중세국어

의 '좋-'[淨]은 현대국어의 '깨끗하-'에 대응된다는 점에 유의할 필요가
있다.

『월인석보』

• ᄀᆞ독게코져 : 가득하게 하고자. 'ᄀᆞ독ᄒᆞ게'에서는 'ᄒᆞ-'가 탈락하고
'ᄒᆞ고져'에서는 'ᄋᆞ'가 탈락하였다. 중세국어의 'ᄒᆞ-' 탈락 규칙은 현대
국어의 '하-' 탈락 규칙과 동일하다. 즉, 선행 요소의 말음이 장애음이
면 어간 'ᄒᆞ-' 전체가 탈락하고, 선행 요소의 말음이 공명음이면 'ᄒᆞ-'
의 모음인 'ᄋᆞ'만 탈락하는 것이다. 따라서 'ᄀᆞ독ᄒᆞ게'에서는 'ᄒᆞ-'에
선행하는 어근 'ᄀᆞ독'의 말음이 장애음 'ㄱ'이므로 'ᄒᆞ-'가 탈락한 반면,
'-게 ᄒᆞ고져'에서는 'ᄒᆞ-'에 선행하는 어미의 말음이 공명음 '에'이므로
'ᄒᆞ-'의 'ᄋᆞ'만 탈락한 것이다. 이때 '-고져'가 '-코져'가 된 것은 'ᄋᆞ'가
탈락하고 남은 'ㅎ'이 후행하는 '-고져'의 첫 음절 '고'와 축약된 결과
이다.

3. 『석보상절』 권24, 24b-25b / 『월인석보』 권25, 90a-91a

① 언해문

『석보상절』 권24, 24b-25b

王이 바ᄆᆡ 鬼神ᄋᆞᆯ 시겨 七寶ㅅ 굴ᄋᆞ로 八萬 四千 寶塔ᄋᆞᆯ 밍ᄀᆞᆯ오 耶舍尊者
ᄅᆞᆯ 命ᄒᆞ야 솑가라ᄀᆞᆯ 펴아 八萬 四千 가ᄅᆞ래 放光케 ᄒᆞ고 놀난 鬼神을 브려

혼 光明곰 조차 가 그 光明 다드론 짜해 혼 날 혼쁴 塔올 셰라 ᄒᆞ니 鬼神둘
히 닐오ᄃᆡ 뫼히 ᄀᆞ리여 서르 모ᄅᆞ거니 어느 혼쁴 셰리잇고 王이 닐오ᄃᆡ 너
희 가 셰욜 야ᅌᆞ로 올히 ᄒᆞ야 이시라 내 阿脩羅ᄅᆞᆯ 브려 月食ᄒᆞ게 ᄒᆞ면 四天
下ㅣ 혼쁴 부플 티리니 그저긔 셰라 ᄒᆞ니 그 鬼神둘히 月食ᄒᆞᇙ 저긔 八萬 四
千 塔올 혼쁴 셰니 그 塔이 震旦國에 잇ᄂᆞ니도 열아호비니 우리나라해도 全
羅道 天冠山과 江原道 金剛山애 이 塔이 이셔 靈ᄒᆞᆫ 이리 겨시니라【阿育王이
塔 이르ᅀᆞᄫᅩ미 厲王 마ᅀᆞᆫ 여슷찻 ᄒᆡ 戊辰이라】

『월인석보』권25, 90a-91a

一時예 塔올 셰오져 ᄒᆞ거시든 塔 셰싫 저긔 내 소ᄂᆞ로 ᄒᆡᄅᆞᆯ ᄀᆞ료리니 두
루 出令ᄒᆞ샤 ᄒᆡ ᄀᆞ렸 저긔 다 울워러 塔 셰라 ᄒᆞ쇼셔 그 後에 소ᄂᆞ로 ᄒᆡᄅᆞᆯ
ᄀᆞ려늘 閻浮提 內예 一時예 八萬 四千 塔올 셰니【이 震旦國에 잇ᄂᆞ니 열아
홉 고디라 이제 洛陽 彭城 扶風 蜀郡 臨淄 高麗 짜 定安 金剛山애 니르리 다
塔이 이셔 다 神異ᄒᆞᆫ 이리 잇ᄂᆞ니라】世間ㅅ 사ᄅᆞ미 몯내 慶賀ᄒᆞ야 號ᄅᆞᆯ 法
阿育王이라 ᄒᆞ더라【塔 셰요미 厲王 마ᅀᆞᆫ 여슷찻 ᄒᆡ 戊辰이라】

② 현대역

『석보상절』

왕이 밤에 귀신에게 시켜 칠보의 가루로 8만 4천 보탑을 만들고 야사존자
에게 명하여 손가락을 펴서 8만 4천 갈래로 방광하게 하고 날랜 귀신을 부
려서 한 광명씩 따라가 그 광명이 다다른 땅에 한 날 함께 탑을 세우라고 하
니 귀신들이 말하기를 "산이 가려서 서로 모르니 어찌 함께 세우겠습니까?"
왕이 말하기를 "너희가 가서 세울 모양으로 준비를 옳게 하고 있어라. 내가

아수라를 부려 월식이 일어나게 하면 사천하가 함께 북을 칠 것이니 그때에 세워라." 하였다. 그 귀신들이 월식이 일어날 때에 8만 4천 탑을 함께 세우니 그 탑이 진단국에 있는 것도 열아홉이니 우리나라에도 전라도 천관산과 강원도 금강산에 이 탑이 있어 신령한 일이 있었다.【아육왕이 탑을 만든 것이 여왕 마흔 여섯 번째 해 무진년이다.】

『월인석보』

　"일시에 탑을 세우고자 하시거든 탑을 세우실 때에 내가 손으로 해를 가릴 것이니 두루 출령하시어 '해를 가릴 때에 다 우러러 탑을 세워라.' 하소서." 그 후에 손으로 해를 가리니 염부제 내에 일시에 8만 4천 탑을 세우니 【이 진단국에 있는 것이 열아홉 곳이다. 이제 낙양, 팽성, 부풍, 촉군, 임치, 고려 땅 정안 금강산에 이르기까지 다 탑이 있어 모두 신기한 일이 있는 것이다.】 세간의 사람이 못내 경하하여 호를 법아육왕이라 하였다.【탑을 세운 것이 여왕 마흔 여섯 번째 해 무진년이다.】

③ 저경

『석보상절』: ①『석가보(釋迦譜)』권5, 아육왕조팔만사천탑기(阿育王造八萬四千塔記) 제31 〈『잡아함경(雜阿含經)』〉【대정신수대장경(大正新脩大藏經)』제50, 사전부(史傳部), 78면】.
　　　　　　②『아육왕전(阿育王傳)』권1【대정신수대장경(大正新脩大藏經)』제50, 사전부(史傳部), 102면】.[1]
　　　　　　③『잡아함경(雜阿含經)』권23【대정신수대장경(大正新脩大藏經)』제2, 아함부(阿含部), 165면】.[2]

---

[1] T50n2042_p0102b03~08(http://www.cbeta.org/result/normal/T50/2042_001.htm).
[2] T02n0099_p0165b10~13(http://www.cbeta.org/result/normal/T02/0099_023.htm).

① 大王剋後十五日月食時 令此閻浮提起諸佛塔 如是乃至 一日之中立八萬四千塔 世間民人興慶無量 共號曰法阿育王
② 王若欲得一時作塔 我於大王作塔之 時以手障日可遍勅國 界手障日時盡仰立 塔於是後卽以手障 日閻浮提內一時造 塔造塔已竟一切人民號爲正法阿恕伽王 廣能安隱饒益世間 遍於國界而起塔廟善得滋長惡名消滅 天下皆稱爲正法王 (일부 미상)
③ 大王剋後十五日月食時 令此閻浮提起諸佛塔 如是乃至一日之中立八萬四千塔 世間民人興慶無量 共號曰法阿育王 (일부 미상)

『월인석보』: 『석보상절』 저경과 동일함.

* 위 내용에 대한 저경에 대해서 강순애(2005)에서는 '釋迦譜 阿育王造八萬四天塔記 第31'만을 제시하고 있으나, '阿育王傳 卷1'과 '雜阿含經 卷23'의 내용도 저경으로 제시할 수 있다.

④ 주석

『석보상절』

● 골ᄋ로 : 가루로. 'ᄀᄅ/골ㅇ'[粉]은 15세기 비자동적 교체 어간으로 자음어미 앞에서는 'ᄀᄅ'가, 모음어미 앞에서는 '골ㅇ'이 실현되며, 어간의 성조가 LL/L인 것이 특징이다. 이러한 유형의 비자동적 교체 어간의 종류에 대해서는 1-1. 『월인석보』 '올아' 항목 참고.

● 호ᄢᅴ : 함께. 현대국어 '함께'는 15세기 국어의 '호ᄢᅴ'에 소급한다. '호ᄢᅴ'는 '호'[一]과 'ᄢᅴ'[時]('ᄢᅳ'의 처격형)로 분석되며, 16세기 문헌에서는 '홈ᄭᅴ'도 발견된다(이기문 1972/1977 : 59).

제11장

아육왕의 아우 선용의 출가

1. 『석보상절』 권24, 25b-26b / 『월인석보』 권25, 130b-135b

① 언해문

『석보상절』 권24, 25b-26b

阿育王의 아ᅀᅳ 善容이 뫼해 山行 갯다가 보니 梵志들히 仙人ㅅ 道理 닷노
라 ᄒᆞ야 옷 바사도 이시며 나못닙도 머그며 ᄇᆞ롬도 마시며 지예도 누ᄫᆞ며
가시남기도 누ᄫᅥ 種種 苦行ᄒᆞ요ᄃᆡ 得혼 이리 업더니 善容이 무로ᄃᆡ 너희 그
리 묏고래 이셔 므슴 煩惱ᄅᆞᆯ 몯 ᄡᅳ러ᄇᆞ리관ᄃᆡ 得道ᄅᆞᆯ 몯ᄒᆞ얫ᄂᆞᆫ다 梵志 닐오
ᄃᆡ 이어긔 안자 이셔 사ᄉᆞ미 흘레ᄒᆞ거든 보고 ᄆᆞᅀᆞᄆᆞᆯ 몯 치자바 得道ᄅᆞᆯ 몯
ᄒᆞ얫노이다

『월인석보』 : (*『월인석보』 130b-135b에 해당하므로 뒷장에서 제시하기로 함.)

② 현대역

『석보상절』

　아육왕의 아우 선용이 산에 산행을 갔다가 보니 범지들이 "선인의 도리를 닦노라."라고 하여 옷을 벗고도 있으며 나뭇잎도 먹으며 바람도 마시며 재에도 누우며 가시나무에도 누워 여러 가지 고행을 하되 얻은 것이 없었으니 선용이 묻기를 "너희가 그리 산골에 있으면서 무슨 번뇌를 쓸어버리지 못하였기에 득도를 못 하였느냐?" 범지가 말하기를 "여기에 앉아 있으면서 사슴이 흘레한 것을 보고 마음을 치잡지 못하여 득도를 못하였습니다."라고 하였다.

---

③ 저경

『석보상절』:『석가보(釋迦譜)』 권3, 아육왕제출가조석상기(阿育王弟出家造石像記) 제25 〈『구리뢰옥경(求離牢獄經)』〉【대정신수대장경(大正新脩大藏經)』 제50, 사전부(史傳部), 67면】.

　阿育王弟名善容(亦名違馱首祗)入山遊獵　見諸梵志裸形曝露　以求神仙　或食樹葉或吸風服氣　或臥灰垢或臥莉棘　種種苦行以求梵福　勞形苦體而無所得　王弟見而問曰　在此行道　有何患累而無成辦　梵志報曰　坐有群鹿數共合會　我見心動不能自制

---

　* 위 내용은 『석보상절』과 『월인석보』의 내용 중에서 이야기의 전개 순서가 다른 대표적 장면이다. 『석보상절』 '25b-30a'는 아육왕이 8만 4천 사리탑을 조성한 이후인 아육왕의 아우 선용의 출가 장면으로 구성되어 있으나 『월인석보』에서는 '130b-135b'에 편입되어 있다. 아육왕이 귀의하는 과정에서 일어난 사건의 배열 과정과 달리 위 내용은 다른

저경이 편입되면서『석보상절』과『월인석보』가 차이를 보이는 것으로서 흥미로운 경우이다. 김기종(2003)에서는 이를 저경의 체재에 관련하여 설명하고 있다.

④ 주석

『석보상절』

● 닷노라 : 닦노라. '닦-[修]+-ᄂᆞ-+-오-+-라'로 분석된다. 중세국어 'ㅅ' 말음 어간이 겪는 변화에 대해서는 4-3.『월인석보』'섯다' 항목을 참고할 수 있다.

● 바사도 이시며 : 벗고도 있으며. 중세국어에서 '脫'의 의미를 지닌 동사로는 '밧다'와 '벗다'가 공존하였으나 그 쓰임에 차이가 있었다. 즉, '밧다'는 '옷, 冠, 甲' 등과 같이 구체적이고 물질적인 대상에 대하여 쓰인 데 반해, '벗다'는 '얽미욤, 受苦, 苦惱, 죽사리' 등과 같이 추상적이고 정신적인 대상에 대하여 쓰인 것이다.

2.『석보상절』권24, 26b-27a /『월인석보』권25, 130b-135b

① 언해문

『석보상절』권24, 26b-27a

善容이 너교ᄃᆡ 梵志둘히 苦行ᄋᆞᆯ 뎌리 ᄒᆞ요ᄃᆡ 煩惱ᄅᆞᆯ 몯 ᄯᅥ러ᄇᆞ리거니 沙

門이 됴ᄒᆞᆫ 음담 먹고 됴ᄒᆞᆫ 平床 우희 옷도 ᄆᆞᅀᆞᆷ 난 조초 ᄀᆞ라닙고 됴ᄒᆞᆫ 香
퓌우고 잇거니 貪欲이 언제 업스료 ᄒᆞ더니 阿育王이 듣고 시름ᄒᆞ야 닐오ᄃᆡ
내 다ᄆᆞᆫ ᄒᆞᆫ 앙이 뎌런 모딘 ᄠᅳ들 머그니 아ᄆᆞ례나 고티게 호리라 ᄒᆞ고 자냇
긔 풍류ᄒᆞᄂᆞᆫ 각시ᄅᆞᆯ 다 善容이ᄀᆞ에 가 풍류ᄒᆞ라 ᄒᆞ고

『월인석보』: (*『월인석보』 130b-135b에 해당하므로 뒷장에서 제시하기로 함.)

② 현대역

『석보상절』

선용이 생각하기를 '범지들이 고행을 저리하는데도 번뇌를 떨어 버리지
못하니 사문이 좋은 음식을 먹고 좋은 평상 위에서 옷도 마음이 나는 대로
갈아입고 좋은 향을 피우고 있으니 탐욕이 언제 없어지겠는가.' 하였는데 아
육왕이 듣고 걱정하여 말하기를 "내 다만 한 아우가 저런 모진 뜻을 품으니
어떻게 하든 고치게 하겠다." 하고 궁중에서 풍악을 연주하는 각시에게 "모
두 선용에게 가서 풍악을 연주해라."라고 하고

③ 저경

『석보상절』:『석가보(釋迦譜)』 권3, 아육왕제출가조석상기(阿育王弟出家造石像
記) 제25 〈『구리뢰옥경(求離牢獄經)』〉【『대정신수대장경(大正新脩大藏經)』 제
50, 사전부(史傳部), 67면】.

王子聞已尋生惡念 此等梵志服風 氣力羸惙猶有婬欲 過患不除 釋子沙門飮食
甘美 在好床坐 衣服隨時 香花自熏 豈得無欲 阿育聞弟有此議論 卽懷憂慼 吾唯

有一弟 忽生邪見恐永迷沒 我當方宜除其惡念 卽還宮內 勅諸妓女各自嚴莊 至善
容所共相娛樂

④ 주석

『석보상절』

• ᄆᆞᅀᆞᆷ 난 조초 : 마음이 나는 대로. 이때의 '조초'는 형식명사 '대로'
정도로 해석되며 '좇-'[從]에 '-오'가 결합한 형식이 굳어져 어휘화한
것이다. 이처럼 용언 어간에 '-오'가 결합하여 어휘화한 예로 '마초아'
가 대표적인데 장요한(2011a)은 '마초아'를 연구 대상으로 삼아 'V-어'의
활용형(통사적 구성)이 어휘화하여 부사(형태적 구성)로 변화한 일련의 과정
을 고찰한 대표적 연구이다.

• 언제 업스료 : 언제 없어지겠는가. 이때 '업스료'의 '없-'은 '없어지
다' 정도의 동사로 해석된다.

• 모딘 ᄠᅳ들 : 모진 뜻을, 악한 뜻을. 중세국어의 '모딜-'[惡]은 현대
국어의 '모질-'과 비교할 때 그 의미 영역이 더 넓었던 것으로 볼 수
있다. 현대국어의 '악하-, 나쁘-'의 의미까지도 중세국어 시기에는 '모
딜-'이 담당하였던 것으로 보이기 때문이다.

3. 『석보상절』 권24, 27a-28b / 『월인석보』 권25, 130b-135b

① 언해문

『석보상절』 권24, 27a-28b

大臣올 미리 긔걸ᄒ요ᄃᆡ 나옷 善容일 주기라 ᄒ거든 너희 말이라 王이 善
容이 잇ᄂᆞᆫ 디 가 怒ᄒ야 닐오ᄃᆡ 네 엇뎨 내 풍류ᄒᄂᆞᆫ 겨지블 ᄃᆞ려다가 노ᄂᆞ
다 ᄒ고 大臣들ᄒᆞᆯ 블러 닐오ᄃᆡ 내 앗이 내 풍류ᄒᄂᆞᆫ 사ᄅᆞ믈 ᄃᆞ려다가 뒷ᄂᆞ
니 너희 이 앗올 더브러다가 주기라 臣下들히 모다 말인대 王이 ᄯᅩ 누겨 닐
오ᄃᆡ 그러면 닐웨를 뒷다가 주교리라 ᄒ고 臣下ᄃᆞ려 닐오ᄃᆡ 내 옷 니피고
내 冠 쓰이고 내 宮의 ᄃᆞ려 풍류ᄒ옳 사ᄅᆞᆷ 뫼화 ᄀᆞ장 즐기게 ᄒ라 ᄒ고 ᄯᅩ ᄒᆞᆫ
臣下ᄅᆞᆯ 긔걸ᄒ야 甲 닙고 갈 ᄲᅡ혀 들오 善容이그에 가 닐오ᄃᆡ 王子ㅅ 命이
닐윗 ᄲᅮ니로소니 아ᄆᆞ레나 ᄆᆞ슶ᄀᆞ장 노라ᅀᅡ ᄒ리이다 주근 後에ᅀᅡ 뉘으츤ᄃᆞᆯ
미츠리여 ᄒ야 니르고 엿쇄를 날마다 가 그 양ᄋᆞ로 니르게 ᄒ고 닐윗자히
王이 사ᄅᆞᆷ 브려 무로ᄃᆡ 닐윗 ᄉᆞᅀᅵ예 네 快樂올 전ᄎᆞᆺ ᄒᆞᆫ다

『월인석보』 : (*『월인석보』 130b-135b에 해당하므로 뒷장에서 제시하기로 함.)

② 현대역

『석보상절』

대신에게 미리 명령하기를 "내가 선용이를 죽이라고 하면 너희는 말려
라." 왕이 선용이가 있는 곳에 가서 노하여 말하기를 "네가 어찌 나의 풍악
을 연주하는 계집을 데려다가 노느냐?" 하고 대신들을 불러 말하기를 "내
아우가 나의 풍악을 연주하는 사람을 데려다가 두고 있으니 너희는 이 아우
를 데려다가 죽여라." 신하들이 모두 말리니 왕이 또 마음을 눅여 말하기를

"그러면 이레를 두었다가 죽일 것이다." 하고 신하에게 말하기를 "나의 옷을 입히고 나의 관을 씌우고 나의 궁에 들어서 풍악을 연주할 사람을 모아 매우 즐기게 해라." 하고 또 한 신하에게 명령하여 갑옷을 입고 칼을 빼 들고 선용에게 가서 말하기를 "왕자의 목숨이 7일뿐이니 어떻든 마음껏 놀아야 할 것입니다. 죽은 후에야 뉘우친들 무슨 소용이 있겠습니까?" 하여 말하고 엿새를 날마다 가서 그와 같이 말하게 하고 7일째 왕이 사람을 부려 묻기를 "7일 동안에 네가 쾌락을 마음껏 누렸느냐?" 하자

③ 저경

『석보상절』:『석가보(釋迦譜)』 권3, 아육왕제출가조석상기(阿育王弟出家造石像記) 제25 〈『구리뢰옥경(求離牢獄經)』〉【대정신수대장경(大正新脩大藏經)』 제50, 사전부(史傳部), 67면】.

　　預敕大臣吾有所圖 若我敕卿殺善容者 卿等便諫 須待七日隨王殺之 時諸妓女卽往娛樂 未經時頃王躬自往語弟 王子何爲將吾妓女 妻妾恣意自娛 奮其威怒以輪擲空 召諸大臣卽告之曰 卿等知不 吾不衰老亦無外寇 强敵來侵境者 吾亦聞 古昔諸賢有此諺言 夫人有福四海歸伏 福盡德薄肘腋叛離 如我自察未有斯變 然我弟善容誘吾妓女 妻妾縱情自恣事露 如是豈有我乎 汝等將去詣市殺之 諸臣諫曰唯願大王聽臣微言 今王唯有此一弟 又少息胤無繼嗣者 願聽七日奉依王命 時王默然聽臣所諫 王復寬恩敕語諸臣 命聽王子著吾服飾 天冠威容如吾不異 內吾宮裏 作倡妓樂共娛樂之 復敕一臣自今日始 著鎧持仗拔利劍 往語善容王子曰 知不期七日終正爾 當到努力開割五欲自娛 今不自適死後有恨 用悔無益一日過已 臣復往語餘有六日 如是次第乃至七日 臣往白言 王子當知 六日已過唯明日在 當就於死努力恣情五欲自娛 至七日到王遣使問云何

④ 주석

『석보상절』

● 쓰이고 : 씌우고, 쓰게 하고. '쓰이-'[使冠]는 동사 '쓰-'[冠]에 사동 접미사 '-이-'가 결합한 형식이다. 중세국어 문헌에서는 '쓰이-' 외에 도 '스이-, 싀이-'도 발견된다(처엄 布冠을 스이고(始加)<번역소학4 : 22a>, 곳갈 싀이며<내훈서7a>). 그런데 '싀이-'를 비롯하여 '뉘이-[使臥], 쯰이-[使漂], 쩌이-[被摘], 쁴이-[被用], 뻐이-[被包], 쀠이-[使貸], 쩌이-[使織], 츼이-[使除], 치이-[被蹴], 치이-[使佩], 퓌이-[被斬]' 등 표 기상으로는 접미사 '-이-'가 중첩된 것처럼 보이는 사동형에 대해서는 다양한 의견이 존재한다. 초기에는 이들을 움라우트의 결과로 파악한 견해(남광우 1962 : 18, 이상억 1970 : 193)가 있었지만(이에 대한 반론은 최명옥 1989 : 20-22 참고), 그 이후 사동이나 피동의 뜻을 강조하기 위해 '이'를 덧붙인 것으로 보거나(허웅 1975 : 158, 177), 사동이나 피동 접미사가 중첩 된 것으로 파악하는 견해(마기옥 2007)가 등장하였다. 그 외에도 이러한 '이'가 "어기와 접사를 분리하려는 의식이 표기에 반영된 것이거나 강세 를 표시하려는 의도 때문에 나타난 것"으로 분석하는 견해(구본관 1998 : 275, 각주 56)도 있었다. 한편, 중세국어의 '쓰이-'에 대응하는 현대국어형 은 '씌우-'인데, 이는 사동접미사 '-우-'가 중첩된 것으로 볼 수 있다. '씌우-'와 같은 유형의 사동사에 대해서는 18-1. 『월인석보』 '치오려' 항목을 참고할 수 있다.

● ᄆᆞᅀᆞᆷᄀᆞ장 : 마음껏. 'ᄆᆞᅀᆞᆷ+-ㅅ#ᄀᆞ장'으로 분석된다. 15세기의 'ᄀᆞ 장'은 단독으로 쓰이기보다는 대부분 속격조사 '-ㅅ'이나 관형사형어미 뒤에 결합되어 나타나고 의미적으로는 '가장자리'라는 실질적 의미에 서 '어떤 범위의 끝, 범위의 한계'라는 추상적 의미로 변화하는 과정을

보여준다. 이 예는 현대국어의 '마음껏'에 해당하는데 의미적으로는 'ᄭᅳ장'이 한 단위로 파악되나 'ㅅ'과 'ᄀᆞ장'이 분리되어 표기되었다는 점에서 조사화가 완료되었다고 보기는 어렵다.

4. 『석보상절』 권24, 28b-30a / 『월인석보』 권25, 130b-135b

① 언해문

『석보상절』 권24, 28b-30a

善容이 對答ᄒᆞ디 보도 몯ᄒᆞ며 듣도 몯거니 므스기 快樂ᄒᆞᄫᆞ리잇고 王이 親히 가 무로디 네 내 옷 닙고 내 宮殿에 드러 내 풍류ᄫᅡ지 드리고 됴ᄒᆞᆫ 차반 먹고 이쇼디 엇뎨 몯 듣고 몯 보노라 ᄒᆞᄂᆞ다 善容이 닐오디 ᄒᆞ마 주글 싸ᄅᆞ미어니 當時로 사라 이신ᄃᆞᆯ 주구메셔 다ᄅᆞ리잇가 므슴 무ᅀᅳᆷ 경으로 貪欲ᄋᆞᆯ 펴리잇고 王이 닐오디 어린 거사 네 다ᄆᆞᆫ ᄒᆞᆫ 모맷 목숨 위ᄒᆞ야도 그런 貪欲앳 즐거ᄫᅮᆫ ᄆᆞᅀᅳ미 업거니 ᄒᆞᄆᆞᆯ며 無數劫에 주그락 살락 ᄒᆞ야 그지 업슨 受苦ᄒᆞ미 엇더뇨 沙門이 이롤 시름ᄒᆞ야 出家ᄒᆞ야 道理 비화 輪廻 버술 이롤 求ᄒᆞᄂᆞ니라 그제ᅀᅡ 善容이 ᄆᆞᅀᆞ미 여러 王ᄭᅴ 술ᄫᅩ디 내 王 말ᄊᆞᆷ 듣ᄌᆞᆸ고ᅀᅡ 내 ᄆᆞᅀᆞ미 ᄭᆡ돈과이다 生老病死ㅣ 眞實로 슬흔 이리로소이다 나롤 出家ᄒᆞ야 道理 빛ᄒᆞ게 ᄒᆞ쇼셔 王이 깃거 그리ᄒᆞ라 ᄒᆞ야ᄂᆞᆯ 善容이 즉자히 王ᄭᅴ 하딕ᄒᆞ고 나가 沙門이 ᄃᆞ외야 나지여 바미여 修行ᄒᆞ야 阿羅漢果롤 得ᄒᆞ니라

『월인석보』: (*『월인석보』 130b-135b에 해당하므로 뒷장에서 제시하기로 함.)

② 현대역

『석보상절』

선용이 대답하기를 "보지도 못하며 듣지도 못하였는데 무슨 쾌락을 누렸
겠습니까?" 왕이 친히 가서 묻기를 "네가 내 옷을 입고 내 궁전에 들어서 내
악사를 데리고 좋은 음식을 먹고 있으면서 어찌 못 듣고 못 본다고 하느냐?"
선용이 말하기를 "장차 죽을 사람인데 살아 있은들 죽은 것과 무엇이 다르
겠습니까? 무슨 마음의 경황으로 탐욕을 펴겠습니까?" 왕이 말하기를 "어리
석은 것아, 네가 단지 하나의 몸의 목숨을 위해서도 그런 탐욕에의 즐거운
마음이 없는데 하물며 무수겁에 죽을락 살락 하여 그지없는 괴로움을 받음
이 어떠하겠느냐? 사문이 이를 걱정하여 출가해서 도리를 배워 윤회를 벗어
날 일을 구하는 것이다." 그제야 선용이 마음이 열려 왕께 아뢰기를 "내가
왕의 말씀을 듣고서야 나의 마음을 깨달았습니다. 생로병사가 진실로 싫은
일입니다. 나를 출가케 하여 도리를 배우게 하소서." 왕이 기뻐하여 "그리
해라."라고 하니 선용이 즉시 왕께 하직하고 나가 사문이 되어 낮이며 밤이
며 수행하여 아라한과를 얻었다.

③ 저경

『석보상절』:『석가보(釋迦譜)』 권3, 아육왕제출가조석상기(阿育王弟出家造石像
記) 제25 〈『구리뢰옥경(求離牢獄經)』〉【대정신수대장경(大正新脩大藏經)』 제
50, 사전부(史傳部), 67면】.

弟報王曰 大王當知不見不聞有何快樂 王問弟曰 著吾服飾入吾宮殿 衆妓自娛
食以甘美 何以面欺 不見不聞不快樂耶 弟白王言 應死之人 雖未命絶與死何異 當
有何情著於五欲耶 王告弟曰 咄愚所啓 汝今一身憂慮百端 一身斷滅在欲不樂 豈
況沙門釋子 憂念三世一身死壞 復受一身億百千世 身身受苦無量患惱 雖出爲人

與他走使 或生貧家衣食窮乏 念此辛酸故出家爲道 求於無爲度世之要 設不精勤
當復更歷劫數之苦 是時王子心開意解 前白王言 今聞王敎乃得醒悟 生老病死實
可厭患 愁憂苦惱流轉不息 唯願大王 見聽爲道謹愼修行 王告弟曰 宜知是時 弟卽
辭王出爲沙門 奉持禁戒晝夜精勤 遂得阿羅漢果

④ 주석

『석보상절』

● 보도 몯ᄒ며 듣도 몯거니 : 보지도 못하며 듣지도 못하였는데. '보
도 몯ᄒ며 듣도 몯거니'에서 '-도'의 지위에 대한 견해는 두 가지로 나
뉜다. 첫째는 '-도'가 어간 '보-'와 '듣-'에 통합한 것이기 때문에 어미
로 처리할 수 있다는 것이다. 그러나 '몯ᄒ-'가 '-지 몯ᄒ-' 구성으로서
보조용언으로 해석되는바 '보도'나 '듣도'는 '-지'가 생략된 것으로 볼
수도 있을 듯하다. 그렇게 되면 '-도'는 보조사로 처리할 수 있다는 것
이 두 번째 견해이다.

● 주구메셔 : 죽은 것과. 위의 '주구메셔 다ᄅ리잇가'는 '죽은 것과
무엇이 다르겠습니까?' 정도로 해석될 수 있다. 당시의 조사 '-에셔'는
'비교'의 의미로도 쓰인다.

● 나지여 바미여 : 낮이며 밤이며. 이때 쓰인 조사 '-이여'는 '낮',
'밤'과 같은 명사를 나열할 때에 쓰인 것으로, 현대국어의 '-이며'에 대
응되는 형식이다.

제12장

용왕의 수정탑 조성

1. 『석보상절』권24, 30a-32a / 『월인석보』권25 : 해당 부분
   없음.

① 언해문

『석보상절』권24, 30a-32a

혼 臣下ㅣ 阿育王끠 닐오디 아래 難頭禾龍王이 阿闍世王올 므더니 너겨
부텻 터리롤 아사 가니이다 阿育王이 듣고 マ장 怒ᄒ야 鬼神올 出令ᄒ야 鐵
網올 밍ᄀ라【鐵網은 쇠 그므리라】須彌山ㅅ 기슬글 후려 龍王올 자바민야
오려 ᄒ더니 龍王이 マ장 두리여 모다 議論호디 阿育王이 부텨를 셤기ᅌᆞᄂ
니 자ᄂ 스ᄉ 어더 宮殿을 드러다가 須彌山 아래 노코 根源을 펴아 니르면
당다이 怒롤 잔치리라 ᄒ고 즉자히 龍올 보내야 阿育王 자ᄂ 스ᄉ 어더 阿育
王 宮殿을 드러다가 노하놀 阿育王이 씨야 보니 八萬 四千 里ㅅ 노픠옛 水精
塔이 잇거늘 ᄒ녀ᄀ론 과ᄒ고 ᄒ녀ᄀ론 두리여 ᄒ더니 難頭禾龍王이 親히
나아 닐오디 阿闍世王이 부텻 터리롤 주실씨 이 塔올 이르ᄉᄫᅥᆺᄂ니 내 앗ᄉ
디 아니호이다 釋迦文佛이 겨싫 저긔 내 부텨끠 말ᄊᆞ몰 ᄒᄉᄫᅩ디 涅槃ᄒ신
後에 劫 다ᅌᆞᆶ 時節에 經과 袈裟와 바리와롤 내 다 가져다가 이 塔애 녀허 뒷

숩다가 彌勒이 나거시든 내야 받ᄌᆞᄫᆞ리이다 ᄒᆞᅀᆞᄫᅵ다 阿育王이 닐오ᄃᆡ 내
그런 ᄠᅳ들 몰라 ᄒᆞ댕다 ᄒᆞ야ᄂᆞᆯ 難頭禾龍王이 龍ᄃᆞᆯ 브려 阿育王ㅅ 宮殿을 도
로 드러다가 아랫 터헤 노ᄒᆞ니라

② 현대역

『석보상절』

　　한 신하가 아육왕께 말하기를 "예전에 난두화용왕이 아사세왕을 대수롭
지 않게 여겨 부처님의 털을 빼앗아 갔습니다." 아육왕이 듣고 매우 노하여
귀신에게 명령하여 철망을 만들어【철망은 쇠 그물이다.】수미산의 기슭을
쳐 내어 용왕을 잡아매 오려 하였는데 용왕이 매우 두려워하여 모여 의논하
기를 '아육왕이 부처님을 섬기니 자는 동안 궁전을 들어서 수미산 아래에
놓고 그 일의 근원을 펴서 말하면 마땅히 노여움을 풀 것이다.' 하고 즉시
용을 보내어 아육왕이 자는 동안 아육왕 궁전을 들어다가 놓았다. 아육왕이
깨어 보니 8만 4천 리 높이의 수정탑이 있는데 한편으로는 칭찬하고 한편으
로는 두려워하더니 난두화용왕이 친히 나와서 말하기를 "아사세왕이 부처님
의 털을 주셔서 이 탑을 이루었으니 내가 빼앗지 않았습니다. 석가문불이
계실 적에 내가 부처님께 말씀을 드리기를 '열반하신 후에 겁이 다할 시절
에 경과 가사와 바리를 내가 다 가져다가 이 탑에 넣어 두었다가 미륵이 나
시면 내어 바치겠습니다.'라고 했습니다." 아육왕이 말하기를 "내가 그런 뜻
을 몰라 그랬소." 하니 난두화용왕이 용들을 부려서 아육왕의 궁전을 도로
들어다가 예전의 터에 놓았다.

③ 저경

『석보상절』:『석가보(釋迦譜)』권4, 석가용궁불탑기(釋迦龍宮佛齒塔記) 제30 〈『아
육왕경(阿育王經)』〉【『대정신수대장경(大正新脩大藏經)』 제50, 사전부(史傳部),
76면】.

(阿闍世王命終後 阿育王得其國土) 時有大臣白阿育王言 難頭禾龍先輕阿闍世
奪佛髭去 阿育聞大瞋 卽勅諸鬼神王 作鐵網鐵籍縱置須彌山下水中 欲縛取龍王
龍王大怖共設計言 阿育事佛當伺其臥取其宮殿 移著須彌山下 水精塔中 自出與
相見具說本末道意 狀其瞋心息 卽便道龍 捧取阿育王宮殿 阿育王臥覺 不知是何
處 見水精塔高八萬四千里 喜怖交心 難頭禾龍 自出謝言 阿闍世王 自與我佛髭我
我佛奪也 釋迦文佛在世時 與我要言 般泥洹後劫盡時 所有經戒及袈裟應器 我皆
當取 藏著是塔中 彌勒來下當復出著 阿育王聞此言大謝 實不知此難頭禾龍王 便
使諸龍 還復阿育王宮殿置於本處

* 위 내용은 난두화 용왕이 수정탑을 조성한 계기를 아육왕에게 설
명하여 오해를 푸는 장면이다. 그런데『석보상절』권24에만 실려 있고
『월인석보』권25에는 없는 것이 눈에 띈다. 위 저경은『석가보』권30에
기록된 내용이기 때문에『석가보』권31을 중심으로 언해되고 있는 이
야기의 전개 과정에서 보면『석보상절』편찬자가『석가보』의 내용을
재배열하면서 위 내용을『석보상절』권24에 편입한 것으로 추정된다.『월
인석보』편찬자는 저경의 장차를 따라 언해를 해 왔기 때문에, 현재로서
는 확인할 수는 없지만,『월인석보』권24에 실려 있을 것으로 생각된다.

④ 주석

『석보상절』

● 므더니 : 소홀히, 대수롭지 않게. 한자 '慢', '輕'에 대응하는 중세국

어 어형으로 '므더니, 므던이, 므던히'가 확인된다. 중세국어의 '므던ᄒ다'는 '무던하다, 괜찮다, 좋다'의 의미로 쓰이는데 여기서 파생된 부사 '므더니, 므던히'는 '소홀히, 대수롭지 않게'의 의미로 쓰여 '므던ᄒ다'와 의미적 관련성이 떨어진다.

● 터리 : 털. '터리'는 '털+-이'의 구성으로 파악되는데, '털'과 '터리'의 의미상 차이가 없다는 점에서 '-이'의 명확한 의미를 알기 어렵다. 이는 '잀'과 '이끼'의 관계에서도 동일하게 확인된다. 한편 '털+-억'으로 분석 가능한 '터럭'의 예도 확인된다. 구본관(1997 : 126)은 '털'이 집합적인 의미로 잘 쓰이는 반면, '터럭'은 개체적인 의미로 쓰이는 듯하다고 기술한 바 있다.

● 셤기ᄉᆞᄫᆞ니 : 셤기니. 15세기 국어의 '셤기-'[仕]는 현대국어의 '섬기-'에 대응한다. 그런데 이 '셤기->섬기-'는 국어 음운사의 주요 쟁점과 연관된 변화이다. 잘 알려져 있다시피, 중세국어의 '샤, 셔, 쇼, 슈'는 현대국어에서 특정 형태소 경계('-으시-+-어')와 외래어의 경우를 제외하고는 모두 '사, 서, 소, 수'로 각각 변화하였다. 이는 근대국어 단계에서 '샤' 계열의 /y/가 탈락하였기 때문이다. 이러한 변화에 대한 종래의 견해는 'ㅅ'의 음가 변화를 상정하느냐의 여부에 따라 크게 두 가지로 나뉜다. 허웅(1957 : 246), 김차균(1982/1983 : 79), 신승용(2006 : 133-138) 등은 'ㅅ'의 음가 변화를 상정하지 않은 논의들이다. 이에 반해, 'ㅅ'의 음가 변화를 상정한 입장에서는 'syV>sV' 변화를 'ㅈ'의 재음운화 과정과 평행하게 해석한다. 즉, 'ㅅ'도 한때 경구개음으로 바뀌었던 적이 있었는데, 어떠한 이유로 인하여 다시 본래 치조음으로 역구개음화(혹은 탈구개음화, depalatalization)하였다는 것이다. 김주필(1985 : 41-45), 고광모(1992)는 그 세부적인 내용에는 조금씩 차이가 있지만 공통적으로 이러한 주장을 펼친 대표적인 연구들이며, 소신애(2004 : 275), 이진호(2012 : 168-169) 등이

견해를 받아들였다. 이상의 'syV>sV' 변화에 대해서는 앞으로 구개음화 뿐만 아니라, 어두 'ㄴ' 탈락 및 전설모음화 등과 관련하여 좀 더 면밀한 검토가 요구된다.

● 노픠옛 : 높이의. '높-[高]+-의+-예+-ㅅ'로 분석해 본다면 이때 '노픠'의 '-의'는 형용사 어기와 결합하여 척도 명사를 파생하는 접미사이다. 이밖에도 '기픠, 너븨, 킈' 등의 예가 확인된다. 명사파생접미사 '-의/-의'와 관련된 내용은 4-32. 『월인석보』 '기리논' 항목 참고.

● 흐녀ㄱ론 : 한편으로는. '흐녁'은 '혼'[一]과 '녁'[方]이 결합된 구성으로 볼 수 있는데, '흐녁'으로만 쓰이고 '혼녁'은 나타나지 않는 점이 특이하다. 현재로서는 어휘 개별적으로 발생한 동음탈락(haplology)의 결과로 볼 수밖에 없을 듯하다. 적어도 음운론적으로는 동일한 환경을 지녔지만 'ㄴ'이 탈락하지 않은 '올흔녁'[右側]과는 좋은 대조를 이룬다.

● 이르ᅀᄫᆺᄂᆞ니 : 이루었으니. '이르-[建]+-ᅀᆞᇦ-+-앳-+-ᄂᆞ-+-니'로 분석된다. '-어 잇-' 구성과 '-엣-'의 처리에 대해서는 1-3. 『월인석보』 '흐앳더니' 항목 참고.

● 뒷습다가 : 두었다가. '두잇-'을 '두-'와 '잇-'이 결합된 비통사적 합성어로 보거나 '두-+-어#잇-' 혹은 '두-+-우#잇-' 구성의 특이 축약형으로 보는 방법이 있다. '두-+-어#잇-' 혹은 '두-+-우#잇-'의 축약형으로 보는 경우는 음운론적으로 설명이 어렵고 또 이 예에서만 나타나는 '-우'라는 형식을 '-어'의 이형태로 설정해야 하는 문제가 있다. 한편, '두-+잇-'을 비통사적 합성어로 보게 되면 후대에 '뒷-'이 '둣-'으로 축약되는 현상을 설명하기 어렵다(先生의 <u>둣논</u> 道理논<두시언해(초간본)15 : 37a>, 머글 것 어더 <u>둣다가</u> 나죄 보내소<청주간찰2>).

제13장

8만 4천 사리탑에 번을 닮

1. 『월인석보』 권25, 91a-92a

① 언해문

『월인석보』 권25, 91a-92a

其五百七十八

優波麴多尊者ㅣ 벌에 주굼가 ᄒᆞ야 萬 八千 羅漢ᄋᆞᆯ 더브러 오니

賓頭盧尊者ㅣ 그려기ᄀᆞ티 ᄂᆞ라 無量數 羅漢ᄋᆞᆯ 더브러 오니

其五百七十九

몰애로 布施ᄒᆞᇙ씨 容皃ㅣ 구즌 둘 優波麴多ㅣ 니ᄅᆞ니이다【容皃ᄂᆞᆫ 양ᄌᆡ라】

뫼ᄒᆞᆯ 드러가니 涅槃 말라 ᄒᆞ샨 둘 賓頭盧ㅣ 니ᄅᆞ니이다

---

② 현대역

『월인석보』

> 기578
> 우바국다존자가 벌레 죽을까 하여 1만 8천 나한을 데리고 오니
> 빈두로존자가 기러기같이 날아 무량수 나한을 데리고 오니
>
> 기579
> 모래로 보시하므로 용모가 궂은 것을 우바국다가 말하니【용모는 모습이다.】
> 산에 들어가니 열반하지 말라 하신 것을 빈두로가 말하니

2. 『석보상절』 권24, 32a-32b / 『월인석보』 권25, 92a-93a

① 언해문

『석보상절』 권24, 32a-32b

> 阿育王이 塔올 ᄒᆞ마 이르ᅀᆞᆸ고 幡을 몯 ᄃᆞ라셔 病ᄒᆞ야 누벼셔 虛空애 비로
> 디 부톄 靈ᄒᆞ거시든 내 情誠을 ᄉᆞᆯ피쇼셔 ᄒᆞ니 그 八萬 四千 塔이 다 알ᄑᆡ 와
> 벌오 ᄒᆞ나콤 王ᄭᅴ 와 구펴든 王이 손ᅀᅩ 幡을 ᄃᆞ더니 次第로 다 도로 제 고대
> 가더라 阿育王이 그 幡 둘오 病이 됴ᄒᆞᆯᄊᆡ 일후믈 續命幡이라 ᄒᆞ더라【續命은
> 命을 니슬씨라】

『월인석보』권25, 92a-93a

塔이 일어늘 千二百 똔 幡과 雜고줄 밍マ라 幡을 몯 ᄃ라 이셔 王이 病ᄒ
야 누버셔 닐오디 威靈곳 感호미 겨시거든 내 至極혼 精誠을 술피쇼셔 ᄒ니
塔둘히 다 겨틔 와 버러 王ᄭ 굽거늘 王이 손ᅀ 幡을 ᄃ니 次第로 各各 도라
가니라 王이 시드러 幡을 몯 니르 자바커늘 比丘둘히 王올 도봐 잡더니 그
럴씨 이제 幡 올잃 제 몬져 比丘를 잡게 ᄒᄂ니라 그리 혼 다ᄉ로 病이 됴하
열두 히롤 더 살씨 일후믈 續命幡이라 ᄒ니라

② 현대역

『석보상절』

아육왕이 탑을 이미 이루고 번을 달지 못하여서 병들어 누워서 허공에 빌
기를 "부처님께서 신령하시거든 내 정성을 살피소서." 하니 그 8만 4천 탑이
다 앞에 와 늘어서서 하나씩 왕께 와 굽히거늘 왕이 손수 번을 다니 차례로
다 도로 제자리로 갔다. 아육왕이 그 번을 달고 병이 좋아지므로 이름을 속
명번이라 하였다. 【속명은 명을 잇는 것이다.】

『월인석보』

탑이 만들어지거늘 1천2백 번 짠 번과 여러 가지 꽃을 만들었으나 번을
못 달아서 왕이 병들어 누워 말하기를 "위령이 감동이 있으면 내 지극한 정
성을 살피소서." 하니 탑들이 다 곁에 와 늘어서서 왕께 구부리거늘 왕이 손
수 번을 다니 차례로 각각 돌아갔다. 왕이 기운이 없어 번을 이루 다 잡지
못하거늘 비구들이 왕을 도와 잡으니 그렇게 함으로써 이제는 번을 올릴 때

먼저 비구를 잡게 하였다. 그렇게 한 덕분에 병이 좋아져서 열두 해를 더 살아서 이름을 속명번이라 하였다.

③ 저경

『석보상절』:『석가보(釋迦譜)』 권5, 아육왕조팔만사천탑기(阿育王造八萬四千塔記) 제31 〈잡아함경(雜阿含經)〉【『대정신수대장경(大正新脩大藏經)』제50, 사전부(史傳部), 79면】.

及迦葉語阿難經云 塔成造千二百織成幡及雜華 未得懸幡 王身有疾 伏枕慷慨曰 若威靈有感 願察我至誠 諸塔並列于坐隅 俯臨王前王手自繫幡 以次而去各還其所 王體羸弊取幡不瞻 有諸比丘行助王取之 故今上幡先令比丘將之也 由是病愈增算十二 故因名爲續命幡

『월인석보』:『석보상절』 저경과 동일함.

④ 주석

『석보상절』

● 하나콤 : 하나씩. '하낳+-곰'의 구성이다. '-곰/-옴'은 수사나 수와 관련된 체언에 연결되며 '-씩'의 의미를 지닌다. 체언 말음이 모음이거나 'ㄹ'인 경우 '-옴'으로 교체한다. 부사나 보조용언에 통합하여 강세를 나타내는 보조사 '-곰'은 항상 '-곰'으로 나타나 이와 구별된다.

『월인석보』

• 올잃 : 올릴. '올이-'는 비자동적 교체를 보이는 동사 어간 '오르-/
올ㅇ-'[霤]에 사동접미사 '-이-'가 결합하여 형성된 것이다. 15세기에는
'올이-'와 같이 분철된 형식만 나타나지만 16세기 이후로는 '올리-'가
등장하기 시작한다. '오르-/올ㅇ-'류의 비자동적 교체 어간에 대해서는
1-1. 『월인석보』 '올아' 항목을 참고할 수 있다.

제14장

석존 설법처의 탑묘 건립과 대제자의 사리탑 공양

1. 『석보상절』 권24, 32b-33b / 『월인석보』 권25, 93a-94b

① 언해문

『석보상절』 권24, 32b-33b

阿育王이 그저긔 臣下들 드려 雞雀精舍애 가 上座 耶舍끠 닐오디 부텨 授記ᄒᆞ샨 比丘ㅣ 아니 겨시니잇가 耶舍ㅣ 對答호디 부톄 涅槃ᄒᆞ싏 저긔 阿難이 드려 니르샤디 나 涅槃ᄒᆞᆫ 百年 後에 長者ᄋᆡ 아ᄃᆞᆯ 優婆掬多ㅣ라 호리 出家ᄒᆞ야 道理 비호리라 ᄒᆞ시니 이제 ᄒᆞ마 世間애 나샤 出家ᄒᆞ야 道理 비화 阿羅漢이 ᄃᆞ외샤 優留蔓茶山애 겨시니이다 王이 깃거 즉자히 臣下ㅣ며 眷屬 드려 가리라 ᄒᆞ더니

『월인석보』 권25, 93a-94b

○ 王이 ᄒᆞ마 八萬 四千 塔 셰오 歡喜踊躍ᄒᆞ야 羣臣 드리고 雞雀精舍애 가 耶舍 上座끠 술보디 ᄯᅩ 比丘ㅣ 부톄 授記ᄒᆞ샤 佛事ᄒᆞ리 겨시니잇가 내 뎌에

가 供養恭敬ᄒᆞ야지이다 上座ㅣ 對答호ᄃᆡ 부텨 般涅槃時예 摩偸羅國에 가샤
阿難이ᄃᆞ려 니ᄅᆞ샤ᄃᆡ 나 般涅槃 後 百歲 後에 長子ㅣ 아ᄃᆞᆯ 일후미 優波崛多
ㅣ라 호리 出家ᄒᆞ야 道理 ᄇᆡ화 號ㅣ 無相佛이리라 ᄒᆞ시니이다 王이 무로ᄃᆡ
優波崛多ㅣ 이제 世間애 나 겨시니잇가 上座ㅣ 對答호ᄃᆡ ᄇᆞᆯ쎠 世間애 나 出
家ᄒᆞ야 道理 ᄇᆡ호니 이 阿羅漢이 優留蔓茶山 中에 잇ᄂᆞ니이다 王이 듣고 깃
거 ᄒᆞ소사 즉재 群臣 出令ᄒᆞ야 가려터니

② 현대역

『석보상절』

아육왕이 그때에 신하들을 데리고 계작정사에 가서 상좌 야사께 말하기
를 "부처님께서 수기하신 비구가 계시지 않습니까?" 야사가 대답하기를 "부
처님께서 열반하실 적에 아난이에게 말씀하시기를 '내가 열반하고 나서 백
년 후에 장자의 아들 우바국다라 하는 이가 출가하여 도리를 배울 것이다.'
하시니 지금은 이미 세간에 나시어 출가하여 도리를 배워 아라한이 되시어
우류만도산에 계십니다." 왕이 기뻐하여 "즉시 신하며 권속을 데리고 가겠
다."라고 하니

『월인석보』

○ 왕이 이미 8만 4천 탑을 세우고 매우 기뻐서 군신을 데리고 계작정사
에 가 야사 상좌께 아뢰기를 "또 비구 중에 부처님이 수기하셔서 불사를 할
사람이 계십니까? 내가 그곳에 가 공양공경하고 싶습니다." 상좌가 대답하
기를 "부처님이 열반에 드실 때에 마투라국에 가셔서 아난이에게 말씀하시
기를 '내가 열반하고 나서 백년 후에 장자의 아들 우파굴다라 하는 이가 출

가하여 도리를 배워 호가 무상불일 것이다.'라고 하셨습니다." 왕이 묻기를 "우파굴다가 지금 세상에 나 계십니까?" 상좌가 대답하기를 "벌써 세상에 나서 출가하여 도리를 배우니 이 아라한이 우류만다산 중에 있습니다." 왕이 듣고 기뻐하여 날아 솟아 즉시 군신을 출령하여 가려 하는데

③ 저경

『석보상절』:『석가보(釋迦譜)』 권5, 아육왕조팔만사천탑기(阿育王造八萬四千塔記) 제31 〈『잡아함경(雜阿含經)』〉【『대정신수대장경(大正新脩大藏經)』 제50, 사전부(史傳部), 79면】.

王已建八萬四千塔 歡喜踊躍將諸群臣 往詣雞雀精舍 白耶舍上座曰 更有比丘
佛所受記 當作佛事不 我當往詣彼所 供養恭敬 上座答曰 佛般涅槃時 詣摩偸羅國
告阿難曰 於我般涅槃後 百歲之後當有長者子 名優波崛多 當出家學道號無相佛
王問上座曰 優波崛多今已出世不 上座答曰 已出世出家學道 是阿羅漢住在優留
蔓茶山中 王聞已歡喜踊躍 卽敕群臣速辦嚴駕 將無量眷屬往詣彼所

『월인석보』:『석보상절』 저경과 동일함.

④ 주석

『석보상절』

● 가리라(RLH) : 가겠다. '가-[去]+-오-+-리-+-라'로 분석된다. 동사 어간 '가-'의 상성은 선어말어미 '-오-' 앞에서 평성으로 실현된 후 '가-(L)+-오-(H)→가-(R)'와 같은 과정을 거쳐 실현된 것이다. 단모음으

로 끝나는 1음절 용언 어간의 성조 변동에 대해서는 1-2.『석보상절』
'하뎌(RH)' 항목 참고.

● 드려 : 데리고. 중세국어 시기에는 동사 '드리-'와 조사 '-드려'가
공존한다. 여기에서는 동사 '드리-'에 연결어미 '-어'가 결합되어 있는
것이다. 조사 '-드려'는 아래의 예에서 확인할 수 있듯이 '-에게, -더
러' 정도로 해석된다.

⟨예⟩ 目連이드려 니르샤디<석보상절6 : 1>
　　날드려 니르샤디<월인석보서 : 11>

● 비호리라(LHLH), 드려가리라(LHRLH) : 배울 것이다, 데려갈 것이다.
이 두 경우는 모두 인칭법 선어말어미 '-오-'가 결합된 구성이다. 각각
'비호-+-오-+-리-+-라'와 '드려-#가+-오-+-리-+-라'로 분석된다.
이때 '가'의 성조가 상성으로 나타난 이유는 위 '가리라(RLH)' 항목에서
이미 설명한 바 있다. '비호리라'에서 이와 동일한 성조 변동이 보이지
않는 까닭은 '비호-'가 2음절 어간이기 때문이다. 이상의 사실을 통해 우
리는 15세기 국어의 '드려가-'는 아직 합성동사 어간으로 굳어지지 않고
통사적 구 구성을 유지하고 있음을 알 수 있다.

『월인석보』

● 比丘ㅣ 부톄 授記ᄒᆞ샤 佛事ᄒᆞ리 겨시니니잇가 : 부처님께서 수기하신
비구가 계시지 않습니까? 이는 현대국어의 '나는 돈이 있다'와 같이 소
유의 뜻을 가지는 이중주어문과 겉모습은 동일하지만 본질적인 성격은
다르다. 여기서 '비구'는 '불사ᄒᆞ-'와 주어-서술어 관계에 있을 뿐 '겨
시-'와는 관계가 없다. 따라서 이들은 이중주어문이 아니다. 이러한 유
형은 (1)첫째명사구와 형식명사 '이'가 동일 지시적이고 (2)첫째명사구

와 둘째명사구 전체가 또 하나의 큰 명사구로 기능하며 (3)첫째명사구
가 둘째명사구에서 형식명사 '이'를 제외한 부분의 주어 노릇을 한다는
특징을 보인다(이현희 1994 : 154). 즉 [[[[比丘]] 佛事홀]이] 겨시-]의 구조
로 분석해야 하는 것이다. 'ᄒᆞ다가 사ᄅᆞ미 이 두 菩薩 일훔 알리 이시면
<법화경언해7 : 151>'과 같은 유형이다.

● 供養恭敬ᄒᆞ야지이다 : 공양공경하고 싶습니다. '-지라', '-지이다'에
선행하는 '-거/가/어/아-'의 교체 조건은 아직 명확하지 않다. 특히 '-가
-'는 '-거-+-오-'의 화합형으로 알려져 있는데 주어의 인칭과는 다소
무관하게 '-거-'와 '-가'가 쓰인 듯하다. '-야-'와 '-나-'는 선어말어
미 '-거-'의 교체 조건과 동일하게 'ᄒᆞ-'와 '오-' 동사 아래에 분포한
다. 이와 관련하여 허웅(1975 : 805)에서는 "'-가-'와 '-거-'의 대립으로
인칭의 구별을 나타내고 있는데 어떤 경우에는 이 대립이 인칭의 구별
을 나타내지 않는 일도 있으니 다음에 이를 들어 두고서 뒷날의 연구
를 기다리기로 한다."라고 언급하였다.

① '-거-'
아비 보라 니거지라<월인석보8 : 101>
내 니거지이다 가샤<용비어천가58장>

② '-가-'
韋提希夫人이 阿彌陀佛國에 나가지이다 ᄒᆞ야ᄂᆞᆯ<월인석보8 : 5>
내 後에 부톄 ᄃᆞ외야...이젯 世尊 ᄀᆞᆮ가지이다<월인석보2 : 9>

③ '-어-'
내 獄애 드러 어믜 갑새 罪ᄅᆞᆯ 니버지라<월인석보23 : 87>

④ '-아-'
고지 소사나거늘 조차 블러 사아지라 ᄒᆞ신대<월인석보1 : 10>

2. 『석보상절』권24, 33b-34a / 『월인석보』권25, 94b-95a

① 언해문

『석보상절』권24, 33b-34a

> 尊者ㅣ 너교디 王이 오시면 졷ᄌᆞᄫᆞᆫ 한 사ᄅᆞ미 벌에를 볼바 주기리라 ᄒᆞ야 使者ᄃᆞ려 닐오디 내 王ᄭᅴ 가리이다 王이 깃거 尊者 옳 길헤 舟桁ᄋᆞᆯ 올히 准備ᄒᆞ고【舟ᄂᆞᆫ 비오 桁ᄋᆞᆫ 짒대라】桁애 各色幡과 蓋와ᄅᆞᆯ ᄃᆞ라 기드리더니

『월인석보』권25, 94b-95a

> 尊者ㅣ 너교디 ᄒᆞ다가 王이 오시면 졷ᄌᆞᄫᆞᆫ 사ᄅᆞ미 受苦ᄒᆞ며 혀근 벌에를 주기리로다 ᄒᆞ야 使者 對答ᄒᆞ야 닐오디 내 王ᄭᅴ 가리이다 王이 듣고 歡喜踊躍ᄒᆞ야 摩偸羅로셔 巴連弗邑에 니르리 그 ᄉᆞᅀᅵ예 비 버리고 비예 幢盖 ᄃᆞ라 뒷더니

② 현대역

『석보상절』

> 존자가 생각하기를 '왕이 오시면 따르는 많은 사람이 벌레를 밟아 죽일 것이다.' 하여 사자에게 말하기를 "제가 왕께 가겠습니다." 왕이 기뻐하여 존자가 올 길에 주항(舟桁)을 바르게 준비하고【주는 배이고 항은 돛대이다.】돛에 각색 번과 개를 달고 기다렸는데

『월인석보』

> 존자가 생각하기를 '만일 왕이 오시면 따르는 사람이 고생하며 작은 벌레를 죽이겠구나!' 하여 사자에게 대답하여 말하기를 "제가 왕께 가겠습니다." 왕이 듣고 매우 기뻐하여 마투라부터 파련불읍에 이르기까지 그 사이에 배를 벌이고 배에 번과 개를 달아 두었는데

③ 저경

『석보상절』:『석가보(釋迦譜)』 권5, 아육왕조팔만사천탑기(阿育王造八萬四千塔記) 제31 〈『잡아함경(雜阿含經)』〉【『대정신수대장경(大正新脩大藏經)』 제50, 사전부(史傳部), 79면】.

> 尊者思惟若王來者 無量將從受諸大苦 殺害微虫 答使者曰 我當自往詣王所 時王聞尊者自來 歡喜踊躍從摩偸羅至巴連弗邑 於其中間開安舟桁 於桁懸諸幡蓋

『월인석보』:『석보상절』 저경과 동일함.

④ 주석

『석보상절』

● 볼바 : 밟아. '넓-[踐]은 'ㅸ>w'에 의해 15세기에 이미 불규칙 활용 어간으로 변화하게 되지만, 현대국어 '밟-'은 규칙 활용을 한다. 'ㅸ'의 소실 이후 '랳' 말음 용언 어간들이 겪게 되는 변화에 대해서는 4-12.『월인석보』 '들우면' 항목 참고.

『월인석보』

● 摩偸羅로셔 巴連弗邑에 니르리 : 마투라부터 파련불읍에 이르기까지. 중세국어 시기에는 처격조사 '-에'나 구격조사 '-로'에 보조사 '-셔'나 '-브터'가 통합하여 여러 가지 격기능을 나타낼 수 있었다. 예컨대 '-에셔, -로셔'는 행동이 시작되는 장소를 표시하는 이격(離格)을, '-로브터'는 행동의 출발점을 표시하는 출격(出格)을 나타내었다(이숭녕 1981 : 211-216). 그 후, 근대국어 시기에는 '-에셔, -로셔, -로브터'가 공존하였다. 이들은 모두 '동작의 출발점'이라는 공통된 의미 범주에 속하면서 각기 다른 기능을 하였다. 홍윤표(1994 : 481-488)에서는 '-에셔'는 처격조사로서 출발하는 '처소'만을 표시하며, '-로셔, -로브터'는 시원격이기는 하지만 전자는 '방향'을, 후자는 '이탈'을 표시하는 것으로 기능상의 차이점이 있다고 지적되었다. 이규호(2006 : 82-85)에서는 출발점 표시의 조사 '-로' 뒤에 '-브터', '-셔'가 통합하여 복합조사로 발달하였으며 중세국어 시기에 경쟁 관계에 있다가 '-로셔'는 사라지고 현대국어에는 '-로부터'만 남은 것으로 보았다.

예 <u>ㅎ눌로셔</u> 설흔두 가짓 祥瑞 느리며<석보상절6 : 17>
　　<u>일로브터</u> 천상애 나리도 아시리니<석보상절9 : 19>
　　네 <u>어드러로셔브터</u> 온다<번역노걸대상 : 1a>

3. 『석보상절』권24, 34a-35a / 『월인석보』권25, 95a-98a

① 언해문

『석보상절』권24, 34a-35a

優婆掬多尊者ㅣ 一萬 八千 阿羅漢 드리고 오나눌 王이 臣下ㅣ며 眷屬 드리
고 尊者의 가 밥 받줍고 짜해 업데여 禮數ㅎ고 꾸러 合掌ㅎ야 닐오디 내 閻
浮提예 爲頭훈 王이 드외요문 깃브디 아니ㅎ고 오늘 尊者 보ᅀᆞ보니 깃부미
그지 업서이다 ㅎ고 尊者를 請ㅎ야 城의 드려 種種앳 座 밍굴오 尊者 올여
안치고 조촌 즁으란 雞雀精舍로 보내오 尊者의 닐오디 尊者는 양지 端正ㅎ
고 술히 보ᄃ랍거시눌 나는 양지 덧굿고 술히 세요이다 尊者ㅣ 偈를 지어
닐오디 내 부텨의 布施ㅎᅀᆞ볼 쩌근 됴훈 천랴ᅌᆞ로 호니 王이 몰애로 布施ㅎ샤
미 곧디 아니ㅎ이다 【尊者는 前生애 됴훈 천랴ᅌᆞ로 부텻긔 布施홀씨 이제 와
양지 곱고 王온 前生애 몰애로 布施홀씨 이제 와 양지 덧굿다 ㅎ는 ᄠ디라】

『월인석보』: 권25, 95a-98a

優波崛多ㅣ 一萬 八千 阿羅漢衆 드리고 오더니 훈 사ᄅᆞ미 王의 ᄉᆞᆯ보디 優
波崛多 尊者ㅣ 一萬 八千 比丘 드리시고 오시ᄂᆞ니이다 王이 ᄀᆞ장 깃거 즉재
瓔珞이 갑시 千萬이 ᄊᆞ니롤 바사 내야 賞ㅎ고 王이 大臣 眷屬 드리고 尊者의
나가 즉재 飯 받줍고 五體投地ㅎ야 禮數ㅎ고 꾸러 合掌ㅎ야 ᄉᆞᆯ보디 내 閻浮
提롤 거느려 王 드외야도 깃브디 아니ㅎ고 오늘 尊者롤 보ᅀᆞ보니 踊躍호미
그지업서이다 如來ㅅ 弟子ㅣ 이러ᄃ록 ㅎ시니 부텨 보ᅀᆞᄫᆞᆫ 둣ㅎ야이다 優波
崛多ㅣ 王의 닐오디 大王이 正法으로 다ᄉᆞ리샤 衆生을 어엿비 너기쇼셔 三寶
ㅣ 맛나미 어려ᄫᆞ니 三寶애 샹녜 供養恭敬ㅎ야 念 닷가 讚歎ㅎ야 ᄂᆞᆷ 爲ㅎ야
너비 니ᄅᆞ쇼셔 엇뎨어뇨 ㅎ란디 如來 應供 等正覺이 샹녜 記ㅎ샤디 내 正法
을 國王과 우리 比丘僧돌히게 付囑ㅎ노라 ㅎ시니이다 그제 王이 尊者롤 請ㅎ

야 城에 드러 種種 座 노코 尊者ㅣ 안ᄌᆞ쇼셔 ᄒᆞ고 尊者의 술보ᄃᆡ 尊者ㅅ 양
ᄌᆞᄂᆞᆫ 端正ᄒᆞ시고 모미 보ᄃᆞ랍거시ᄂᆞᆯ 나ᄂᆞᆫ 양지 골업고 더럽고 술히 멀터ᄫᅴ
이다 尊者ㅣ 偈를 닐오ᄃᆡ 내 布施홀 제 조ᄒᆞᆫ ᄆᆞᅀᆞᄆᆞ로 됴ᄒᆞᆫ 財物을 ᄒᆞ니 王
이 몰애로 布施호미 ᄀᆞᆮ디 아니ᄒᆞ이다 王이 偈로 對答호ᄃᆡ 내 童子ㅅ 時節에
몰애로 布施ᄒᆞ고도 이제 이런 果報를 어두니 ᄒᆞ물며 녀나ᄆᆞᆫ 됴ᄒᆞᆫ 布施ᄯᆞ녀
그제 阿育王이 大臣ᄃᆞ려 닐오ᄃᆡ 내 몰애로 부텨ᄭᅴ 布施ᄒᆞᅀᆞᆸ고 이런 果報
를 어두니 엇뎨 世尊ᄭᅴ 恭敬 아니ᄒᆞᅀᆞᄫᆞ리오

② 현대역

『석보상절』

　우바국다 존자가 1만 8천 아라한을 데리고 오거늘 왕이 신하며 권속을 데
리고 존자께 가서 밥을 바치고 땅에 엎드려 예를 표하고 꿇어 합장하여 말하
기를 "내가 염부제에서 으뜸가는 왕이 된 것은 기쁘지 않았는데 오늘 존자를
뵈니 기쁨이 그지없습니다." 하고 존자를 청하여 성에 들여 갖가지의 자리를
만들고 존자를 올려 앉히고 따르는 승려는 계작정사로 보내고 존자께 말하
기를 "존자는 모습이 단정하고 살이 보드라우시나 나는 모습이 몹시 추하고
살이 거칩니다." 존자가 게를 지어 말하기를 "내가 부처님께 보시할 때는 좋
은 재물로 하니 왕이 모래로 보시하신 것과 같지 않습니다. 【존자는 전생에
좋은 재물로 부처님께 보시하셨으므로 이제 와서 모습이 곱고 왕은 전생에
모래로 보시하셨으므로 이제 와서 모습이 몹시 추하다는 뜻이다.】"

『월인석보』

　우파굴다가 1만 8천 아라한들을 데리고 오니 한 사람이 왕께 아뢰기를

"우파굴다 존자가 1만 8천 비구를 데리고 오셨습니다." 왕이 매우 기뻐하여 즉시 가격이 천만 하는 영락을 벗어 내어 상을 주고 왕이 대신, 권속을 데리고 존자께 나가 즉시 반을 바치고 오체투지하여 예를 표하고 꿇어 합장하여 아뢰기를 "내가 염부제를 거느려 왕이 되어도 기쁘지 않았는데 오늘 존자를 뵈니 기쁨이 그지없습니다. 여래의 제자가 이렇게까지 하시니 부처님을 뵌 듯합니다." 우파굴다가 왕께 말하기를 "대왕이 정법으로 다스리시어 중생을 가엾게 여기십시오. 삼보가 만남이 어려우니 삼보에 항상 공양공경하여 생각을 닦고 찬탄하여 남을 위하여 널리 이르십시오. 왜 그러냐면 여래 응공 등정각이 항상 수기하시기를 '내 정법을 국왕과 우리 비구승들에게 부촉하노라.' 하셨습니다." 그때 왕이 존자를 청하여 성에 들여 갖가지의 자리를 놓고 "존자가 앉으소서."라고 하고 존자께 아뢰기를 "존자의 모습은 단정하시고 몸이 보드라우시나 나는 모습이 추하고 더럽고 살이 거칩니다." 존자가 게를 말하기를 "내가 보시할 적에 깨끗한 마음으로 좋은 재물을 하니 왕이 모래로 보시함과 같지 않습니다." 왕이 게로 대답하기를 "내가 동자 시절에 모래로 보시하고도 이제 이런 과보를 얻으니 하물며 나머지 좋은 보시는 어떻겠는가?" 그때 아육왕이 대신들에게 말하기를 "내가 모래로 부처께 보시하고 이런 과보를 얻으니 어찌 세존을 공경하지 않겠습니까?"

③ 저경

『석보상절』:『석가보(釋迦譜)』권5, 아육왕조팔만사천탑기(阿育王造八萬四千塔記) 제31 〈『잡아함경(雜阿含經)』〉【대정신수대장경(大正新脩大藏經)】 제50, 사전부(史傳部), 79면】.

時尊者優波崛多 將一萬八千阿羅漢衆 逕至王國 王大歡喜踊躍 即脫瓔珞價直千萬 而授與之 王將諸大臣眷屬 即出往尊者所 即爲下食 五體投地向彼作禮 長跪合掌而作是言 我今領此閻浮提 受於王位不以爲喜 今睹尊者踊躍無量 如來弟子乃能如是 如睹於佛 時王請尊者優波崛多入城 設種種座請尊者就坐 衆僧令往雞

雀精舍 白尊者曰尊者顏貌端正 身體柔軟 而我形體醜陋 肌膚麤澀 尊者而說偈曰
我行布施時　　　淨心好財物
不如王行施　　　以沙施於佛
時阿育王告諸大臣 我以沙布施於佛 獲其果報如是 云何而不修敬於世尊

『월인석보』:『석보상절』 저경과 동일함.

*『월인석보』에서 優波崛多가 아육왕에게 조언하는 장면인 "優波崛多ㅣ
王끠 닐오디 大王이 正法으로 다亽리샤 衆生을 어엿비 너기쇼셔 三寶ㅣ
맛나미 어려보니 三寶애 샹녜 供養恭敬ᄒᆞ야 念 닷가 讚歎ᄒᆞ야 늡 爲ᄒᆞ
야 너비 니ᄅᆞ쇼셔 엇뎨어뇨 ᄒᆞ란디 如來 應供 等正覺이 샹녜 記ᄒᆞ샤디
내 正法을 國王과 우리 比丘僧둘히게 付囑ᄒᆞ노라 ᄒᆞ시니이다"는『월인석
보』에만 언해된 장면인데, 이 경우도 언해문에 해당하는 저경이 확인되
지 않는다.

④ 주석

『석보상절』

● 호니 : 하니. 이는 'ᄒᆞ-'와 선어말어미 '-오-'와 연결어미 '-니'로
분석된다. 중세국어에서 'ᄒᆞ-'는 연결어미 '-아-'가 결합되면 'ᄒᆞ야'로,
선어말어미 '-오-'가 결합되면 'ᄒᆞ요' 혹은 '호'로 나타난다. 이러한 활
용에 대해 이현희(1985 : 8)에서는 'ᄒᆞ-'가 기원적으로 '*희-'였기 때문에
생긴 현상으로 해석한다. ᄒᆞ는 '*희->ᄒᆞ-'의 변화를 거쳐 중세국어에
서 쓰이게 되었는데 여전히 이전 시기의 어형에 대한 의식이 남아 있

어 'ᄒ야'라는 활용형을 쓴다는 것이다. '-오-'의 경우는 '*히-'에 대한 인식이 반영된 'ᄒ요'형과 'ᄒ-'에 대한 인식만 남아 있는 '호'형이 공존하는데 이는 선어말어미 '-오-'가 연결어미 '-아'보다 시기적으로 늦게 만들어졌을 가능성을 보여주는 것이다. '-오-'의 생성 시기는 'ᄒ-'의 생성 연대와 비슷할 것이라고 추정한다.

『월인석보』

● 쓰니롤 : 값있다, 값나가다(가격이 천만) 하는 것을. 중세국어 당시에 '싸다'는 '값있다, 값나가다'와 '비싸다'의 두 가지 의미로 사용되었다.

> 예 갑시 千萬 <u>쓰니로</u> 그 모물 莊嚴ᄒ며(價値千萬莊嚴其身)<법화경언해 2 : 194>
> 뵛갑시 <u>쓰던가</u> 디던가(布値高低麼)<번역노걸대상 : 9>

● ᄒ물며 녀나ᄆᆞᆫ 됴ᄒᆞᆫ 布施ᄯ녀 : 하물며 나머지 좋은 보시는 어떻겠는가? 중세국어 '-이ᄯ녀' 구문의 성격에 대해서는 장윤희(1996)을 참고할 수 있다. 이 논의를 따르면 '-이ᄯ녀' 구문은 접속문적 성격을 지니는데 일반적으로 [s [s … -니/곤/거늘사] [(ᄒ물며) [NP […] -이ᄯ녀]]]의 구조를 지닌다. 그리고 '-이ᄯ녀'는 강조 또는 강세의 보조사 '-이ᄯ'에 감탄조사 '-이여'가 통합된 것으로 분석된다.

4.『석보상절』 권24, 35a-36a /『월인석보』 권25, 98a-99a

① 언해문

『석보상절』 권24, 35a-36a

> 王이 ᄯᅩ 尊者씌 닐오ᄃᆡ 如來 說法ᄒᆞ시며 ᄃᆞ니시던 ᄯᅡᄒᆞᆯ ᄀᆞᄅᆞ쳐시든 供養ᄒᆞᅀᆞᄫᅡ지이다 ᄒᆞ고 四兵 ᄃᆞ리고 種種 供養이며 香花ㅣ며 幢幡이며 풍류며 다 ᄀᆞ초 가지고 尊者 ᄃᆞ려 나니라 尊者ㅣ ᄒᆞᆫ 수프레 가 닐오ᄃᆡ 이 如來 나신 ᄯᅡ히니이다 王이 ᄯᅡ해 ᄂᆞ려 업데여 절ᄒᆞ고 供養ᄒᆞᅀᆞᆸ고 塔 셰니라

『월인석보』 권25, 98a-99a

> 王이 ᄯᅩ 優波崛多씌 ᄉᆞᆯᄫᅩᄃᆡ 尊者ㅣ 나ᄅᆞᆯ 부텨 說法ᄒᆞ시며 ᄃᆞ니더신 ᄯᅡᄒᆞᆯ 뵈쇼셔 가 供養ᄒᆞ야 저ᅀᆞᄫᅡ지이다 尊者ㅣ 닐오ᄃᆡ 됴ᄒᆞ실쎠 大王이 能히 妙願을 發ᄒᆞ샷다 그제 王이 四兵 ᄃᆞ리고 種種 供養 香華 幡幢 伎樂 가지고 尊者 뫼셔 나거늘 尊者ㅣ 隆頻林에 가 이ᄂᆞᆫ 如來 나신 ᄯᅡ히이다 ᄒᆞ야ᄂᆞᆯ 王이 五體投地ᄒᆞ야 恭敬 禮拜ᄒᆞᅀᆞᆸ고 즉재 부텻 塔ᄋᆞᆯ 셰ᅀᆞᄫᆞ니라

② 현대역

『석보상절』

> 왕이 또 존자께 말하기를 "여래가 설법하시며 다니시던 땅을 가리키시거든 공양하고 싶습니다." 하고 사병을 데리고 갖가지 공양이며 향화며 당번이며 풍류며 다 갖추어 가지고 존자를 데리고 나갔다. 존자가 한 수풀에 가 말하기를 "이곳이 여래가 나신 땅입니다." 하니 왕이 땅에 내려 엎드려 절하고 공양하고 탑을 세웠다.

『월인석보』

> 왕이 또 우파굴다께 아뢰기를 "존자가 나에게 부처님이 설법하시며 다니
> 시던 땅을 보이소서. 가서 공양하여 절하고 싶습니다." 존자가 말하기를 "좋
> 구나! 대왕이 능히 묘원을 발원하셨구나!" 그때 왕이 사병을 데리고 갖가지
> 공양, 향화, 번당, 기악을 가지고 존자를 모시고 나가거늘 존자가 융빈림에
> 가서 "이곳은 여래가 나신 땅입니다." 하거늘 왕이 오체투지하여 공양 예배
> 하고 즉시 부처의 탑을 세웠다.

③ 저경

『석보상절』:『석가보(釋迦譜)』 권5, 아육왕조팔만사천탑기(阿育王造八萬四千塔
記) 제31 〈『잡아함경(雜阿含經)』〉【대정신수대장경(大正新脩大藏經)』 제50, 사
전부(史傳部), 79면】.

> 王復白優波崛多言 尊者示我佛所說法遊行處所 當往供養禮拜 時王將四兵軍衆
> 又持種種供養香華幡幢 及諸伎樂便將尊者 發去 尊者至隆頻林 此是如來生處 時
> 王五體投地供養禮拜 卽立佛塔

『월인석보』:『석보상절』 저경과 동일함.

* 『월인석보』의 "尊者ㅣ 닐오디 됴ㅎ실쎠 大王이 能히 妙願을 發ㅎ샷
다" 부분도 위 저경에서는 확인되지 않는다.

④ 주석

『석보상절』

● 供養ᄒᆞᅀᆞᄫᅡ지이다 : 공양하고 싶습니다. '청원'의 뜻을 가진 어미에
는 '-고려, -고라'와 '-지라, -지이다'가 존재한다. '-지라, -지이다'는 화
자 자신의 일이 이루어지게 해달라는 표현이며 항상 선어말어미 '-거/어/
나-'가 선행한다.

『월인석보』

● 저ᅀᆞᄫᅡ지이다 : 절하고 싶습니다. '*절-[拜]+-ᅀᆞᆸ-'에서 동사 어간
'*절-'을 분석해 낼 수 있다. 그런데 '*절-'은 그 의미상 언제나 객체 존
대 선어말어미인 '-ᅀᆞᆸ-'과 통합되어서만 나타나므로 어간말 자음 'ㄹ'
이 탈락된 형태로밖에 실현되지 않는다. 현대국어에서는 신이나 부처
님께 절한다는 의미만을 가진 '저쑵다'로 나타난다.
● 즉재 : 즉시. '즉재'[卽]는 '즉자히'에서 'ㅎ'이 탈락한 후 음절 축약
을 겪은 형태로 볼 수 있다. 이 둘은 중세 국어에서 쌍형어로 처리할
수 있다. 『석보상절』과 『월인석보』만을 대조해 볼 때 '즉재'는 전자에
서는 발견되지 않고 후자에서만 등장한다. 한편, '즉자히'와 '즉재'는 『월
인석보』 내에서도 권별로 각각의 출현 빈도가 서로 달리 나타나는데,
이에 대해서는 이호권(2001 : 177)을 참고할 수 있다.

5. 『석보상절』 권24, 36a-37a / 『월인석보』 권25, 99a-103b

① 언해문

『석보상절』 권24, 36a-37a

尊者ㅣ 쏘 훈 고대 가 닐오디 이 如來 六年 苦行ᄒ더신 짜히니이다 이에
셔 長者ㅣ ᄯ리 如來씌 젯粥 쑤어 받ᄌᄫ니이다 쏘 道場 菩提樹 미틔 가 닐
오디【道場 菩提樹는 부텨마다 이 菩提 나모 미틔 成道ᄒ실씨 道場 菩提樹ㅣ
라 ᄒ니라 이 菩提樹는 우회 잇는 畢鉢羅樹ㅣ라】 이 나모 미튼 如來 慈悲 三
昧力으로 魔王ㅅ 兵馬 이긔시고 阿耨多羅三藐三菩提를 일우신 짜히이다 王이
無量 보비룰 내야 種種 供養ᄒ숩고 큰 塔 셰니라 尊者ㅣ 쏘 拘尸國에 가 닐
오디 이ᄂᆞᆫ 如來 부텻 일 ᄆᆞᄎ시고 나믄 것 업슨 涅槃애 般涅槃ᄒ신 짜히니이
다 ᄒ야ᄂᆞᆯ 王이 짜해 업더디여 울오 種種 供養ᄒ숩고 큰 塔 셰니라

『월인석보』 권25, 99a-103b

그제 尊者ㅣ 소ᄂᆞ로 摩耶夫人 자바 겨시던 나못가지를 ᄀᆞᄅ치며 樹神ᄃ려
닐오디 樹神이 이제 現ᄒ야 王이 보시게 ᄒ라 즉재 나 尊者ㅅ 겨틔 住ᄒ야
닐오디 므슴 敎勅 ᄒ싫고 내 奉行호리이다 尊者ㅣ 王씌 닐오디 이 神이 부텨
나싫 저글 보ᅀᆞᄫᄂ니이다 王이 神ᄃ려 무로디 부텨 나싫 제 엇던 瑞應이 겨시
더뇨 神이 對答호디 내 妙勝훈 일둘훌 몯 다 ᄉᆞᆲ가니와 어둘 ᄉᆞᆲ노니 光明이
ᄉᆞ못 비취시며 모매 相好ㅣ ᄀᆞᄌᆞ샤 사ᄅᆞ미 즐겨 보ᅀᆞᄫ며 天地感動ᄒ더시이
다 그제 王이 歡喜ᄒ야 十萬 兩 珍寶룰 施ᄒ고 가니라 이는 菩薩이 六年 苦
行ᄒ샨 짜히오 이는 두 ᄯ리 菩薩씌 乳糜 받ᄌᄫᆫ 짜히오 이는 迦梨龍이 菩薩
올 讚嘆ᄒᅀᄫᆫ 짜히이다 王이 尊者씌 ᄉᆞᆯᄫᅩ디 내 이제 龍올 보고져 ᄒ노이다
그제 尊者ㅣ 소ᄂᆞ로 龍宮을 ᄀᆞᄅ치며 닐오디 迦梨龍王아 네 부텨를 보ᅀᆞᄫ
니 이제 모믈 現ᄒ라 그제 龍王이 즉재 나 尊者ㅅ 알ᄑᆡ 住ᄒ야 合掌ᄒ야 닐
오디 므슴 敎勅 ᄒ싫고 尊者ㅣ 王씌 닐오디 이 龍王이 부텨 보ᅀᆞ바 讚嘆ᄒᅀ

② 현대역

『석보상절』

존자가 또 한 곳에 가 말하기를 "이곳이 여래가 6년 고행하시던 땅입니
다. 여기에서 장자의 딸이 여래께 젖죽을 쑤어 바쳤습니다." 또 도량 보리수
밑에 가 말하기를【도량 보리수는 부처마다 이 보리 나무 밑에서 성도하셨
으므로 도량 보리수라 한다. 이 보리수는 앞에서 말한 필발라수이다.】"이
나무 밑은 여래가 자비 삼매력으로 마왕의 병마를 이기시고 아뇩다라삼먁삼
보리를 이루신 땅입니다." 왕이 무량 보배를 내어 갖가지로 공양하고 큰 탑
을 세웠다. 존자가 또 구시국에 가 말하기를 "이곳은 여래가 부처님의 일을
마치시고 남은 것 없는 열반에 반열반하신 땅입니다." 하니, 왕이 땅에 엎드
려 울고 갖가지로 공양하고 큰 탑을 세웠다.

『월인석보』

그때 존자가 손으로 마야부인이 잡고 계시던 나뭇가지를 가리키며 수신에게 말하기를 "수신이 이제 나타나 왕이 보시게 해라." 수신이 즉시 나타나 존자의 곁에 머물러 말하기를 "무슨 교칙을 내리실 것입니까? 내가 받들어 수행하겠습니다." 존자가 왕께 말하기를 "이 신이 부처님 나실 적을 보았습니다." 왕이 신에게 묻기를 "부처님이 나실 때 어떤 서응이 계시던가?" 신이 대답하기를 "내가 묘승한 일들을 다는 아뢰지 못하지만 대강 아뢰니 광명이 사뭇 비치시며 몸에 상호가 갖추어져 사람이 즐겨 보며 천지가 감응하셨습니다." 그때 왕이 기뻐하여 10만 냥 진보를 보시하고 갔다. "이는 보살이 6년 고행하신 땅이고 이는 두 딸이 보살께 유미를 바친 땅이고 이는 가리용이 보살을 찬탄한 땅입니다." 왕이 존자께 아뢰기를 "내가 이제 용을 보고자 합니다." 그때 존자가 손으로 용궁을 가리키며 말하기를 "가리용왕아 네가 부처님을 보았으니 이제 몸을 나타내어라." 그때 용왕이 즉시 나타나 존자 앞에 머물러 합장하여 말하기를 "무슨 교칙을 내리실 것입니까?" 존자가 왕께 말하기를 "이 용왕이 부처님을 보고 찬탄하였습니다." 왕이 합장하여 용을 향해 게를 말하기를 "네 금강신을 보았으니 나를 위하여 십력 공덕으로 도량에 가실 때를 말해라." 용왕이 게로 대답하기를 "내가 지금 아뢸 것이니 땅 밟으실 때 대지가 육종으로 흔들리고 광명이 해보다 더하시어 삼천계를 차게 비추시고 보리수에 가셨습니다." 그때 왕이 이러한 땅들에 갖가지로 공양하며 탑묘를 세웠다. 그때 존자가 도수 아래에 가서 왕께 말하기를 "이 나무는 보살이 자비 삼매력으로 마병의 무리를 헐어 버리시고 아뇩다라삼먁 삼보리를 얻으신 땅입니다." 그때 왕이 무량 진보를 내어 갖가지로 공양하고 큰 탑묘를 세웠다. "이는 녹야원이니 다섯 비구를 위하여 전법륜하신 땅입니다." 왕이 갖가지로 공양하고 탑묘를 세웠다. 구시나갈국에 가서 "이는 여래 불사를 모두 하시고 무여 반열반에 반열반하신 땅입니다." 왕이 이 말을 듣고 정신을 차리지 못하고 땅에 떨어져 있거늘 신하들이 물로 얼굴을 씻기고서야 깨어나 울고 갖가지로 공양하고 큰 탑묘를 세웠다.

③ 저경

『석보상절』:『석가보(釋迦譜)』 권5, 아육왕조팔만사천탑기(阿育王造八萬四千塔記) 제31 〈잡아함경(雜阿含經)〉【『대정신수대장경(大正新脩大藏經)』 제50, 사전부(史傳部), 79면】.

此處菩薩六年苦行 此處二女奉菩薩乳糜 時尊者將王至道場樹下 語王曰此樹菩薩以慈悲三昧力破魔兵衆 得阿耨多羅三藐三菩提處 時王捨無量珍寶種種供養 及起大塔廟 尊者將王至鳩尸那竭國 言此處如來具足作佛事畢 於無餘般涅槃 而般涅槃 時王聞是語 憂惱迷悶躄地啼泣涕零 如是乃至與種種供養立大塔廟

『월인석보』: ① 『잡아함경(雜阿含經)』 권23 【『대정신수대장경(大正新脩大藏經)』 제2, 아함부(阿含部), 166면】.[1)]
② 『잡아함경(雜阿含經)』 권23 【『대정신수대장경(大正新脩大藏經)』 제2, 아함부(阿含部), 167면】.[2)]

① 時尊者舉手 指摩耶夫人所擧樹枝 而告彼樹神曰 樹神 今現 令王現之 生大歡喜 尋聲卽見 住尊者邊 而作是言 何所教勅 我當奉行 尊者語王言 地神見佛生時 (王以偈問神曰 汝見嚴飾身 生時青蓮華 足行於七步 口中有所說 神以偈答曰 我見相好身 生時二足尊 擧足行七步 口中有所說 於諸天人中 我爲無上尊 時) 王問神言 佛生有何瑞應 神答言 我不能宣說妙勝諸事 今略說少分 光明能徹照 身體具相好 令人喜樂見 感動於天地 時王聞神所說歡喜 施十萬兩珍寶而去
② 此處菩薩六年苦行 如偈所說 苦行於六年 極受諸苦惱 知此非眞道 棄捨所習行 此處二女奉菩薩乳糜 如偈所說 大聖於此中 受二女乳糜 從此而起去 往詣菩提樹 此處迦梨龍讚歎菩薩 如偈所說 此處迦梨龍 讚歎諸菩薩 當隨古時道 證無上妙果 時王向尊者而說偈曰 我今欲見龍 彼龍見佛者 從此趣菩提 證得勝妙

---

1) T02n0099_p0166c06~22(http://www.cbeta.org/result/normal/T02/0099_023.htm).

2) T02n0099_p0167a15~c13(http://www.cbeta.org/result/normal/T02/0099_023.htm).

果 時尊者以手指龍宮 語曰 迦梨龍王 汝以見佛 今當現身 時龍王尋聲卽出 住在
尊前 合掌白言 何所教敕 時尊者語王曰 此龍王見佛 讚歎如來 時王合掌向龍 而
說偈曰 汝見金剛身 我師無儔匹 面如淨滿月 爲我說彼德 十力之功德 往詣道場時
時龍王以偈答曰 我今當演說 足踐於地時 大地六種動 光耀倍於日 遍照三千界
而趣菩提樹 時王如是等處處種種供養 及立塔廟 時尊者將王至道樹下 語王曰 此
樹 菩薩摩訶薩以慈悲三昧力破魔兵衆 得阿耨多羅三藐三菩提 而說偈言 牟尼牛
王尊 於此菩提樹 降伏惡魔軍 得勝菩提果 天人中特尊 無能與等者 時王捨無量珍
寶 種種供養 及起大塔廟 此處四天王各持一缽 奉上於佛 合爲一缽此處於賈客兄
弟所受諸飯食此處如來詣波羅奈國時 阿時婆外道問佛此處仙人園鹿野苑 如來於
中爲五比丘三轉十二行法輪而說偈言 此處鹿野苑 如來轉法輪 三轉十二行 五人
得道跡 時王於是處興種種供養 及立塔廟 此處如來度優樓頻螺迦葉等仙人爲道此
處如來爲瓶沙王說法 王得見諦 及無量民人 諸天得道此處如來爲天帝釋說法 帝
釋及八萬諸天得道此處如來示大神力 種種變化此處如來至天上 爲母說法 將無量
天衆 下於人間 王復種種供養 及立塔廟 時尊者語阿育王 至鳩尸那竭國言 此處
如來具足作佛事畢 於無餘般涅槃而般涅槃 而說偈言 度脫諸天人 修羅龍夜叉 建
立無盡法 佛事旣已終於有得寂滅 大悲入涅槃 如薪盡火滅 畢竟得常住 時王聞是
語 憂惱迷悶擗地時 諸臣輩以水洗心面 良久得穌 啼泣涕零如是乃至興種種供養
立大塔廟

④ 주석

『월인석보』

●겨틔 : 곁에. 선행 체언이 자음으로 끝날 때, 특히 무정체언일 때
처격조사(이른바 '특이처소 부사격조사') '-의'만을 취하는 명사들이 있
다. 이에는 신체지칭체언(눛, 늻, 목 등), 방위지칭체언(웋, 앒, 곁 등), 지
리·광물지칭체언(마술, ᄀ올 등), 天文·時令지칭체언(새박, 아춤 등),
식물지칭체언(나모, 잇 등), 음식지칭체언(술, 꿀, 국 등), 가옥지칭체언
(집, 보, ᄆᄅ 등), 기구지칭체언(독, 그릇, 옷 등), 수(數)지칭체언(열여듧,

열설 등)이 있다(안병희·이광호1990 : 177).

● 솗가니와 : 아뢰거니와. 동사 어간 '솗-'에 '-거-', '-오-', '-니와'가 결합한 형태이다. 이미 일어난 사실을 주관적으로 확신하여 강조하는 선어말어미에는 '-거/어-'가 있다. 이들 어미에 선어말어미 '-오-'가 결합하면 '-거/어-'는 '-가/아-'로 교체된다.

● 光明이 ᄉᆞ뭇 비취시며, 三千界계롤 차 비취샤 : 광명이 사뭇 비치시며, 삼천계를 차게 비추시고. '비취-'가 지닌 자동사·타동사적 용법과 관련된 특이성에 대해서는 4-29. 『월인석보』 '비취니' 항목을 참고할 수 있다.

● ᄯᅡ둘해(HHH) : 땅들에. 'ᄯᅡㅎ[地]#둟+-애'로 분석된다. 복수접미사로 알려진 '(-)둟'은 중세국어에서 어휘형태소적 용법을 여전히 지니고 있었다(이현희 1992 참고). '(-)둟'의 초성이 선행 'ㅎ'에 의해 유기음화하지 않은 까닭은 '(-)둟' 앞에 휴지를 둘 때 합리적으로 해석될 수 있다. 또한, 'ᄯᅡ둘해(HHH)'가 중세국어 율동규칙의 하나인 '거성불연삼(去聲不連三)'을 위반하고 있다는 사실도 '(-)둟'의 문법화가 완전히 이루어지지지 않았음을 잘 보여 준다.

6. 『석보상절』권24, 37a-38a / 『월인석보』권25, 103b-104b

① 언해문

『석보상절』권24, 37a-38a

王이 ᄯᅩ 尊者ᄭᅴ 닐오ᄃᆡ 부텻 굴근 弟子둘히 舍利ᄅᆞᆯ 어더 供養ᄒᆞᄉᆞᆸ고져 ᄒᆞ

노니 ᄀᆞᄅ치쇼셔 尊者ㅣ 닐오ᄃᆡ 됴ᄒᆞ시이다 大王이 이런 貴ᄒᆞᆫ ᄆᆞᅀᆞᄆᆞᆯ 내실
쎠 ᄒᆞ고 王과 ᄒᆞ야 舍衛國 祇洹精舍애 가 소ᄂᆞ로 ᄀᆞᄅ치며 닐오ᄃᆡ 이ᄂᆞᆫ 舍利
弗ㅅ 塔이니이다 王이 무로ᄃᆡ 뎨 엇던 功德을 뒷더신고 對答호ᄃᆡ 버근 法王
이시니 轉法을 조차 ᄒᆞ더시니이다 王이 十萬 兩ㅅ 보ᄇᆡᄅᆞᆯ 내야 供養ᄒᆞ니라

『월인석보』 권25, 103b-104b

그제 王이 尊者ᄭᅴ ᄉᆞᆲ보ᄃᆡ 내 ᄠᅳ데 부텻 記ᄒᆞ샨 大弟子ᄃᆞᆯ호 보ᅀᆞᄫᅡ 뎌 舍
利ᄅᆞᆯ 供養ᄒᆞᅀᆞᆸ고져 ᄒᆞ노니 願ᄒᆞᆫᄃᆞᆫ 뵈쇼셔 그제 尊者ㅣ 닐오ᄃᆡ 됴ᄒᆞ실쎠 大
王이 이런 妙心을 發ᄒᆞ샷다 그제 尊者ㅣ 王 드리고 舍衛國에 가 祇桓精舍애
드러 소ᄂᆞ로 塔 ᄀᆞᄅ쵸ᄃᆡ 이ᄂᆞᆫ 尊者 舍利弗塔이니 王이 供養ᄒᆞ쇼셔 王이 닐
오ᄃᆡ 뎨 엇던 功德이 겨시더니잇고 對答호ᄃᆡ 第二法王이니 졷ᄌᆞᄫᅡ 法輪을 轉
ᄒᆞ니이다 王이 ᄀᆞ장 깃거 十萬 兩 珍寶ᄅᆞᆯ 내야 그 塔올 供養ᄒᆞ니라

② 현대역

『석보상절』

왕이 또 존자께 말하기를 "부처님의 대제자들의 사리를 얻어 공양하고자
하니 가르쳐주소서." 존자가 말하기를 "좋습니다. 대왕이 이런 귀한 마음을
내시었구나!" 하고 왕과 더불어 사위국 기원정사에 가 손으로 가리키며 말
하기를 "이는 사리불의 탑입니다." 왕이 묻기를 "저 분이 어떤 공덕을 두셨
습니까?" 대답하기를 "둘째 법왕이시니 전법을 좇아 하시었습니다." 왕이 10
만 냥의 보배를 내어 공양하였다.

『월인석보』

  그때 왕이 존자께 아뢰기를 "내 뜻에 부처님의 수기하신 대제자들을 보고 그 사리를 공양하고자 하니 원컨대 보여주소서." 그때 존자가 말하기를 "좋구나! 대왕이 이런 묘심을 내셨구나!" 그때 존자가 왕을 데리고 사위국에 가 기환정사에 들어 손으로 탑을 가리키며 "이는 존자 사리불탑이니 왕이 공양하십시오."라고 하니 왕이 말하기를 "저 분이 어떤 공덕이 있으십니까?" 대답하기를 "제이법왕이니 뒤따라 법륜을 전(轉)했습니다." 왕이 매우 기뻐하여 10만 냥 진보를 내어 그 탑을 공양하였다.

③ 저경

『석보상절』：『석가보(釋迦譜)』권5, 아육왕조팔만사천탑기(阿育王造八萬四千塔記) 제31〈『잡아함경(雜阿含經)』〉【『대정신수대장경(大正新脩大藏經)』제50, 사전부(史傳部), 79면】.

  時王復白尊者曰 我意願欲得見佛 諸大弟子佛之所記者 欲供養彼舍利 願爲示之 時尊者白王言 善哉善哉 大王能發如是妙心 時尊者將王至舍衛國 入祇桓精舍 以手指塔 此是尊者舍利弗塔 王當供養 王曰彼有何功德 尊者答曰 第二法王隨轉法輪 時王生大歡喜 捨十萬兩珍寶供養其塔

『월인석보』：『석보상절』 저경과 동일함.

④ 주석

『석보상절』

● 내실쎠 : 내셨구나! 중세국어에서 '감탄'을 나타내는 종결어미 '-올

써'는 현대국어에서 '-구나', '-네', '-도다'로 해석된다.

● 버근 : 다음은, 둘째. 중세국어에서 동사 '벅-'[次]은 '버금가-, 다음가-'의 의미로 사용된다.

『월인석보』

● 發ᄒ샷다 : 내셨구나! 동사 어간 '발ᄒ-'에 '-시-', '-옷-', '-다'가 결합한 형태이다. 이 중 '-옷-'은 감동법 선어말어미이다.

● 졷ᄌᄫᅡ : '졷ᄌᄫᅡ'는 중세 국어 음절말 치음의 음가 실현에 대한 논쟁에서 빠지지 않고 언급되어 온 예이다. '좇-'의 어간 말음은 15세기 문헌에서 '좃ᄌᄫᅡ<석보상절13 : 59a>, 졷ᄌᄫᅡ<석보상절13 : 45b>, 조ᄍᄫᅡ<월인석보2 : 28b>' 등과 같이 세 가지 유형으로 나타나는데, '졷ᄌᄫᅡ'의 경우 어간 말음 'ㅊ'이 'ㅅ'이 아닌 'ㄷ'으로 표기되어 있어 문제가 되는 것이다. 이와 같은 예로는 '엳고<월인석보2 : 73a>, 엳즙고<월인석보10 : 10a>, 연쫍고<월인석보2 : 39a>', 'ᄂᆮᄌᅀᆡ며<월인석보1 : 13a>, 눈ᄌᅀᆞ롤<석보상절11 : 21a>, 눈ᄍᅀᆞ롤<능엄경언해2 : 109a>' 등이 더 발견된다. 15세기 국어의 음절말 치음의 음가에 대한 종래의 논의는 크게 세 가지로 나뉜다. 고광모(2012 : 4-5)의 용어를 빌려 표현하자면 그것들은 '중화설', '대립설', '절충설'이라 부를 수 있다. '중화설'은 음절말 'ㅅ'과 'ㄷ'이 중화되어 모두 [t˥]로 실현되었다는 것이고(허웅 1953 : 39 ; 이기문 1959 : 34 ; 이인자 1984 ; 이근주 1986 ; 이은정 1986 ; 지춘수 1964, 1971, 1986 ; 이익섭 1987 등), '대립설'은 이 위치에서 두 소리가 서로 대립하였다는 것이다(안병희 1959 : 10, 각주 5 ; 이기문 1961, 1963 : 78-81, 1972a : 77-80, 1972b : 133-135 ; 허웅 1965 등). '절충설'은 음절말 'ㅅ'과 'ㄷ'은 서로 대립하였으나, 'ㅈ, ㅊ'은 'ㅅ'과 그 음성적 실현이 달랐고 이미 [t˥]로 중화되어 있

었다는 견해이다(김주필 1988, 이병운 2000, 지춘수 2006 등). 이상에서와 같이, 중세 국어 음절말 치음의 음가 실현에 대한 논쟁은 아직 합치된 결론에 도달하지 못했다. 중세 국어 음절말 치음의 중화 현상은 객체존대 선어말어미 {-슿-}이나 사동·피동 접미사의 이형태 실현 양상, 병서 표기의 음가 등과도 관련지어 더욱 심도 있게 논의되어야 할 것이다.

7. 『석보상절』 권24, 38a / 『월인석보』 권25, 104b-105a

① 언해문

『석보상절』 권24, 38a

尊者ㅣ 쏘 닐오딕 이는 大目楗連ㅅ 塔이니이다 王이 쏘 功德을 무러늘 對答호딕 神足이 第一이니 밧가라ㄱ로 짜홀 눌러도 짜히 드러치며 天宮에 가 難陀龍王과 跋難陀 龍王을 降服히시니이다

『월인석보』 권25, 104b-105a

버거 大目楗連塔올 뵈오 王이 供養ᄒ쇼셔 王이 쏘 무로딕 뎨 엇던 功德이 겨시더니잇고 對答호딕 神足이 第一이라 밧가라ㄱ로 짜홀 드리여든 짜히 즉재 震動ᄒ며 天宮에 가 難陀 跋難陀 龍王을 降伏히오니이다

② 현대역

『석보상절』

> 존자가 또 말하기를 "이는 대목건련의 탑입니다." 왕이 또 공덕을 물으니 대답하기를 "신족이 제일이니 발가락으로 땅을 눌러도 땅이 진동하며 천궁에 가서 난타 용왕과 발난타 용왕을 항복하게 하셨습니다."

『월인석보』

> 다음으로 대목건련의 탑을 보이고 "왕이 공양하소서." 하니 왕이 또 묻기를 "저 분이 어떤 공덕이 있으십니까?" 대답하기를 "신족이 제일이라 발가락으로 땅을 디디면 땅이 즉시 진동하며 천궁에 가 난타 발난타 용왕을 항복하게 하셨습니다."

③ 저경

『석보상절』: 『석가보(釋迦譜)』 권5, 아육왕조팔만사천탑기(阿育王造八萬四千塔記) 제31 〈『잡아함경(雜阿含經)』〉【『대정신수대장경(大正新脩大藏經)』 제50, 사전부(史傳部), 79면】.

> 次復示大目揵連塔　王應供養此塔　王復問曰彼有何功德　尊者答曰是神足第一
> 以足持踐地地卽振動　至於天宮　降伏難陀跋難陀龍王

『월인석보』: 『석보상절』 저경과 동일함.

④ 주석

『석보상절』

• 드러치며 : 진동하며. 현대국어에서 '-치-'는 일부 동사 어간에 붙어 '강조'의 뜻을 더하는 접미사로, '넘치다, 밀치다, 부딪치다, 솟구치다' 등에서 확인할 수 있다. 중세국어 시기의 '드러치며'에서 분석되는 '치'가 강세접미사로 기능했는지의 여부는 좀 더 면밀한 연구가 필요하다. 현대국어의 접두사 '치-'와 접미사 '-치-'가 각각 중세국어의 '티-'와 '-티-'로 소급되기 때문이다.

• 밧가라ᄀ로 : 발가락으로. 이와 대응하는 『월인석보』 어형은 '밨가라ᄀ로'이다. '믌결 : 믓결, 밨바당 : 밧바당, 밨귀머리 : 밧귀머리' 등에서와 같이 중세국어에서는 사이시옷, 혹은 속격 표지 '-ㅅ' 앞에서 체언 어간 말음 'ㄹ'이 탈락된 표기가 발견된다.

8. 『석보상절』 권24 : 해당 부분 없음. / 『월인석보』 권25, 105a-105b

① 언해문

『월인석보』 권25, 105a-105b

【釋提桓因이 世尊끠 술ᄫᅩ디 三十三天에 가샤 어마님끠 說法ᄒᆞ쇼셔 世尊이 ᄌᆞᆷᄌᆞᆷᄒᆞ야 바ᄃᆞ시니라 그ᄢᅴ 難陁 優槃難陁 龍王이 너교ᄃᆡ 머리 믠 沙門ᄃᆞᆯ히 내 우희 ᄂᆞ라ᄃᆞᆫ니ᄂᆞ니 方便을 ᄒᆞ야 업시우디 몯게 호리라 ᄒᆞ야 龍王이 瞋恚

를 니르와다 큰 블와 ᄇᄅᆞᆷ과ᄅᆞᆯ 펴 閻浮里 內 브리 ᄣᅥ둧 ᄇᆞᆰ거늘 그ᄢᅴ 阿難이 부텻긔 ᄉᆞᆯᄫᅩ디 閻浮里 內 엇던 젼ᄎᆞ로 이 烟火ㅣ 잇ᄂᆞ니잇고【【烟은 니라】】 世尊이 니ᄅᆞ샤디 이 두 龍王이 너교디 머리 뮨 沙門이 샹녜 내 우희 ᄂᆞᄂᆞ니 우리ᄃᆞᆯ히 모다 이긔여 업시우디 몯게 호리라 ᄒᆞ야 瞋恚ᄅᆞᆯ 니르와다 이 烟火ᄅᆞᆯ 펴니 그럴씨 이런 變이 잇ᄂᆞ니라

② 현대역

『월인석보』

【석제환인이 세존께 아뢰기를 "삼십삼천에 가시어 어머님께 설법하소서."라고 하니 세존이 조용히 받으셨다. 그때 난타, 우바난타 용왕이 생각하기를 '머리 민 사문들이 내 위에 날아다니니 방편을 마련하여 업신여기지 못하게 하겠다.' 하여 용왕이 노여움을 일으켜 큰 불과 바람을 펴 염부리 안의 불이 쩨듯이 밝으니 그때 아난이 부처님께 아뢰기를 "염부리 안이 어떤 이유로 이런 연화가 있습니까? 【연(烟)은 연기이다.】" 세존이 말씀하시기를 "이 두 용왕이 생각하기를 '머리 민 사문이 항상 내 위에 나니 우리들이 모여 이겨서 업신여기지 못하게 하겠다' 하여 노여움을 일으켜 이 연화를 펴니 그런 이유로 이런 변이 있는 것이다."라고 하셨다.

③ 저경

『월인석보』:『증일아함경(增壹阿含經)』 권28, 청법품(聽法品) 제36【『대정신수대장경(大正新脩大藏經)』 제2, 아함부(阿含部) 하(下), 703면】.

釋提桓因白世尊言 如來亦說 夫如來出世必當爲五事 云何爲五 當轉法輪 當度

父母 無信之人立於信地 未發菩薩心令發菩薩意 於其中間當受佛決 此五因緣如
來出現必當爲之 今如來母在三十三天 欲得聞法 今如來在閻浮里內 四部圍遶 國
王人民皆來運集 善哉 世尊 可至三十三天與母說法 是時 世尊默然受之 爾時 難
陀. 優槃難陀龍王便作是念 此諸禿沙門在我上飛 當作方便 使不陵易 是時 龍王
便興瞋恚 放大火風 使閻浮里內 洞然火燃 是時 阿難白佛言 此閻浮里內 何故有
此煙火 世尊告曰 此二龍王便生此念 禿頭沙門恒在我上飛 我等當共制之 令不陵
虛 便興瞋恚 放此煙火 由此因緣 故致此變

* 위 협주문은 『월인석보』에서 추가된 부분으로 『대정신수대장경』阿
含部下에 있는 '增一阿含經'의 내용이다. 목련이 난타와 우바난타 용왕
을 교화하는 장면이 첨가된 것이다.

④ 주석

『월인석보』

● 믠 : (머리를) 민. 중세국어 시기의 동사 '믜다'는 '미다(살이 드러날
만큼 털이 빠지다)', '빠지다'의 의미로 사용되었다.

㉑ 禿 믤 독【俗呼 廝 머리 믠 놈】<훈몽자회상15a>
　　或 머리 믠 居士ㅣ라 ᄒᆞ며(或禿居士) <선가귀감언해하 : 52>

● 니르와다 : 일으켜. 중세국어 시기에 '일으키-'의 의미를 가진 어형
으로는 여러 가지가 있다. '니르-, 니르받-, 니르왇-, 니르켜-, 니르티-,
니르혀-, 니르혀-'이다. 이들을 잘 살피면 '니르-'에 '강조'의 의미를
나타내는 접미사들이 각각 결합되어 있음을 확인할 수 있다. 그렇다면

'니르-+-왇-+-아'로 분석 가능하다. 한편, 접미사 '-밷/왇-'과 관련된 음운론적·형태론적 논의는 김유범(2005)를 참고할 수 있다.

9. 『석보상절』 권24 : 해당 부분 없음. / 『월인석보』 권25, 105b-106b

① 언해문

『월인석보』 권25, 105b-106b

> 그쁴 尊者 大目揵連이 坐로셔 니러 올훈 엇게 메밧고 꾸러 叉手ㅎ야 부텻긔 술보디 가 모딘 龍을 降伏히오져 ㅎ노이다 世尊이 니르샤디 이 두 龍王이 至極 兇惡ㅎ야 降化티 어려보니 네 이제 엇뎨ㅎ야 뎌 龍王을 化홇다 目連이 술보디 내 몬져 뎌에 가 얼구를 ᄀᆞ장 크게 밍ᄀᆞ라 뎌 龍을 저린 後에 쪼 얼구를 ᄀᆞ장 젹게 밍ᄀᆞ라 그리훈 後에ᅀᅡ 샹녯 法으로 降伏히오리이다 世尊이 니르샤디 됴타 目連아 네 어루 모딘 龍을 降伏히리라 그러나 目連아 心意를 구디 가져 어즈러븐 想을 니르왇디 말라 그러혼 고든 뎌 龍이 兇惡ㅎ야 너를 ᄀᆞ초 보차리라

② 현대역

『월인석보』

> 그때 존자 대목건련이 앉은 자리에서 일어나 오른 어깨를 드러내고 꿇어 차수하여 부처님께 아뢰기를 "가서 모진 용을 항복하게 하고자 합니다."라

고 하였다. 세존이 말씀하시기를 "이 두 용왕이 지극히 흉악하여 강화(降化)하기 어려우니 네 이제 어떻게 하여 저 용왕을 교화할 것이냐?" 목련이 아뢰기를 "내가 먼저 저 곳에 가서 (내 몸의) 형상을 아주 크게 만들어 저 용을 위협한 후에 또 형상을 아주 작게 만들어 그러한 후에야 일상의 법으로 항복하게 하겠습니다." 세존이 말씀하시기를 "좋다! 목련아, 네가 능히 모진 용을 항복하게 할 수 있을 것이다. 그러나 목련아, 심의를 굳게 가져 어지러운 생각을 일으키지 마라. 그러한 곳은 저 용이 흉악하여 너를 갖가지로 괴롭게 할 것이다.

③ 저경

『월인석보』:『증일아함경(增壹阿含經)』권28, 청법품(聽法品) 제36 【『대정신수대장경(大正新脩大藏經)』제2, 아함부(阿含部) 하(下), 703면】.

爾時 尊者大目揵連卽從坐起 偏露右肩 長跪叉手 白佛言 欲往詣彼 降伏惡龍 世尊告曰 此二龍王極爲兇惡 難可降化 卿今云何化彼龍王 目連白佛言 我先至彼化形極大恐怖彼龍 後復化形極爲微小 然後以常法則而降伏之 世尊告曰 善哉 目連 汝能堪任降伏惡龍 然今 目連 堅持心意 勿興亂想 所以然者 彼龍兇惡備觸嬈汝

④ 주석

『월인석보』

• 메밧고 : 한쪽 어깨를 벗고. '메밧고<석보상절9 : 29a, 월인석보25 : 105b 등>'에서 'ㅸ>w' 변화를 겪은 어형이다. '메밧-'의 형태론적 구성에 대해서는 '메-'[擔]와 '밧-'[脫]의 비통사적 합성어로 보는 시각이

일반적이다(남광우 1959 : 11, 이동석 2008 : 83-84, 세종대왕기념사업회 2009 : 43 등 참고).

• 얼구를 : 형상을, 모습을. 중세국어 시기에는 '얼굴'이 지금보다 광범위한 의미로 쓰였다. ①형체(形體), 형상(形象)[微妙히 두려워 얼굴 업슨 모몰 불교려(欲明妙圓無相身)<금강경삼가해2 : 21>], ②바탕(質)[文온 文彩오 質온 얼구리라<금강경삼가해2 : 16>], ③상태(狀態)[곧 鍠이 이 類의 소릿 얼구리어늘(卽知鍠是此類聲之相狀)<원각경언해下의1 : 47>], ④사람이나 동물의 몸[그 얼굴을 ㅎ야ㅂ리디 아니며(不虧其體)<소학언해4 : 18>], ⑤인재(人材)[凡材는 샹녯 얼구리라<법화경언해1 : 172>]. 근대국어에서는 여기서 더 축소되어 '顔'만을 뜻하게 되어 현재에 이르렀다.

10. 『석보상절』 권24 : 해당 부분 없음. / 『월인석보』 권25, 106b-107b

① 언해문

『월인석보』 권25, 106b-107b

그ᄢᅴ 目連이 부텻긔 저ᄉᆞᆸ고 즉재 須彌山 우희 가니 難陁 優槃難陁 龍王이 須彌山올 닐굽 볼 가마 이셔 ᄀᆞ장 怒ᄒᆞ야 큰 烟火롤 펴더니 目連이 本來ㅅ 양ᄌᆞ롤 숨기고 큰 龍王이 ᄃᆞ외야 열네 머리오 須彌山올 열네 볼 감고 큰 火烟을 펴 두 龍王 우희 當ᄒᆞ야 住커늘 難陁 優槃難陁 龍王이 두려 서르 닐오디 우리 오놀 이 龍王올 맛보리니 威力이 眞實로 우릴 이긇가 몯 이긇가 두 龍王이 ᄭᅩ리롤 大海 中에 더뎌 므를 三十三天에 ᄲᅳ료디 目連의 모매 著디 아니터니 目連이도 ᄯᅩ ᄭᅩ리롤 大海 中에 드리텨 므리 梵迦夷天에 니를며【梵迦夷天은 大梵天이라】 두 龍王 모매 조쳐 ᄲᅳ려늘 두 龍王이 서르 닐오디 우리

히믈 다ᄒᆞ야 三十三天에 ᄲᅳ려늘 이 大龍王ᄋᆞᆫ 우리게셔 더ᄒᆞ며 우리는 닐굽
머리어늘 이 龍王ᄋᆞᆫ 열네 머리며 우리는 須彌山ᄋᆞᆯ 닐굽 볼 가마ᄂᆞᆯ 이 龍王ᄋᆞᆫ
열네 볼 가ᄆᆞ니 우리 두 龍王이 히믈 어울워 싸호져라

② 현대역

『월인석보』

　그때 목련이 부처님께 절하고 즉시 수미산 위에 가니 난타, 우바난타 용
왕이 수미산을 일곱 번 감고 있어 아주 노하여 큰 연화를 폈는데 목련이 본
래의 모습을 숨기고 큰 용왕이 되어 머리가 열 넷이고, 수미산을 열네 번 감
고 큰 연화를 펴 두 용왕 위에 머무르니 난타, 우바난타 용왕이 두려워하여
서로 말하기를 "우리 오늘 이 용왕을 만나볼 것이니 위력이 진실로 우리를
이길 것인가 이기지 못할 것인가?" 두 용왕이 꼬리를 큰 바다 가운데 던져
물을 삼십삼천에 뿌리되 목련의 몸에 닿지 않으니 목련이도 또 꼬리를 큰
바다 가운데 들이쳐 물이 범가이천에 이르며【범가이천은 대범천이다.】두
용왕 몸에 이르게 뿌려지니 두 용왕이 서로 말하기를 "우리가 힘을 다하여
삼십삼천에 뿌렸는데 이 대용왕은 우리보다 더하며 우리는 머리가 일곱인데
이 용왕은 머리가 열 넷이며 우리는 수미산을 일곱 번 감았는데 이 용왕은
열네 번 감으니 우리 두 용왕이 힘을 합쳐 싸우겠다."라고 하였다.

③ 저경

『월인석보』:『증일아함경(增壹阿含經)』권28, 청법품(聽法品) 제36【『대정신수
대장경(大正新脩大藏經)』제2, 아함부(阿含部) 하(下), 703~704면】.

　是時 目連卽禮佛足 屈申臂頃 於彼沒不現 往至須彌山上 爾時 難陀優槃難陀

龍王遶須彌山七匝 極興瞋恚 放大煙火 是時 目連自隱本形 化作大龍王 有十四頭
遶須彌山十四匝 放大火煙 當在二龍王上住 是時 難陀. 優槃難陀龍王見大龍王
有十四頭 便懷恐怖 自相謂言 我等今日當試此龍王威力 爲審勝吾不乎 爾時 難
陀. 優槃難陀龍王以尾擲大海中 以水灑三十三天 亦不著目連身 是時 尊者大目
連復以尾著大海水中 水乃至到梵迦夷天 幷復灑二龍王身上 是時 二龍王自相謂
言 我等盡其力勢 以水灑三十三天 然此大龍王復過我上去 我等正有七頭 今此龍王十
四頭 我等遶須彌山七匝 今此龍王遶須彌山十四匝 我今二龍王當共幷力與共戰鬥

④ 주석

『월인석보』

●맛보리니(HRHH) : 만나볼 것이니. 이는 '맛-[迎]+보-[見]+-오-+
-리-+-니'로 분석할 수 있다. 방점 표기를 고려할 때 '맛보-'에 인칭법
'-오-'가 들어간 것으로 보아야 한다. 단모음으로 끝나는 1음절 용언
어간이 '-오-'와 결합할 때 나타나는 현상에 대해서는 1-2.『석보상절』
'하디(RH)' 항목을 참고할 수 있다. 한편, '맛보리니'가 들어간 문장은
'우리 오늘 이 龍王올 맛보리니'이고 이 부분의 저경은 '我等今日當試此
龍王'이다. 즉, '試'자가 '맛보리니'로 언해되어 있는데 중세국어에서
'맛보-'가 '시험하-' 정도의 의미까지 포함하는 것으로 추정할 수 있다.
●어울워 : 어울게 하여(어울러), 합쳐. 동사 어간 '어울-'[幷]에 사동
접미사 '-우-', 그리고 연결어미 '-어'가 결합하여 있는 어형이다.

11. 『석보상절』 권24 : 해당 부분 없음. / 『월인석보』 권25, 107b-108a

① 언해문

『월인석보』 권25, 107b-108a

그쁴 두 龍王이 ᄀᆞ장 怒ᄒᆞ야 雷電霹靂ᄒᆞ며 큰 브를 펴거늘 尊者 大目連이 念ᄒᆞ디 龍이 싸호디 블霹靂으로 ᄒᆞᄂᆞ니 나도 블霹靂으로 싸홇디면 閻浮里 內옛 사ᄅᆞᆷ둘히며 三十三天이 다 害를 니브리니 내 이제 ᄀᆞ장 져근 얼구를 밍ᄀᆞ라 싸호리라 ᄒᆞ고 즉재 얼구를 젹게 밍ᄀᆞ라 龍의 이브로 드러 고ᄒᆞ로 나며 고ᄒᆞ로 드러 귀로 나며 귀로 드러 누느로 나며 누느로셔 나 눈섭 우희 ᄃᆞᆮ니거늘 두 龍王이 ᄀᆞ장 두려 너교디 이 大龍王이 至極 威力이 이셔 우리둘히 實로 굳디 몯도소니 우리 龍種이 四生이 이쇼디 卵生 胎生 濕生 化生이로디 우리게셔 더으리 업거늘 이 龍王 威力이 이러ᄒᆞ야 싸호디 몯ᄒᆞ리로소니 우리 목수미 아니 한 스싀예 잇도다 ᄒᆞ야 두려 터러기 숫그러커늘

② 현대역

『월인석보』

그때 두 용왕이 아주 노하여 뇌전벽력하며 큰 불을 펴니 존자 대목련이 생각하기를 '용이 불벽력으로 싸우니 나도 불벽력으로 싸우면 염부리 내의 사람들이며 삼십삼천이 다 해를 입을 것이니 내가 이제 가장 작은 형상을 만들어 싸울 것이다.' 하고 즉시 형상을 작게 만들어 용의 입으로 들어가 코로 나오며 코로 들어가 귀로 나오며 귀로 들어가 눈으로 나오며 눈에서 나와 눈썹 위에 다니니 두 용왕이 매우 두려워 생각하기를 '이 대용왕이 지극

한 위력이 있어 우리들이 실로 이 용왕의 위력과 같지 못하구나! 우리 용종
(龍種)이 사생(四生)이 있어 난생, 태생, 습생, 화생인데 우리보다 더한 것이
없거늘 이 용왕 위력이 이러하여 싸우지 못할 것이니 우리 목숨이 경각에
달렸구나!' 하여 두려워 털이 곤두서거늘

③ 저경

『월인석보』:『증일아함경(增壹阿含經)』권28, 청법품(聽法品) 제36 【『대정신수
대장경(大正新脩大藏經)』제2, 아함부(阿含部) 하(下), 704면】.

是時 二龍王極懷瞋恚 雷電霹靂放大火炎 是時 尊者大目連便作是念 凡龍戰鬥
以火霹靂 設我以火霹靂共戰鬥者 閻浮里內人民之類 及三十三天皆當被害 我今
化形極小 當與戰鬥 是時 目連卽化形使小 便入龍口中 從鼻中出 或從鼻入 從耳
中出 或入耳中 從眼中出 以出眼中 在眉上行 爾時 二龍王極懷恐懼 卽作是念 此
大龍王極有威力 乃能從口中入 鼻中出 從鼻入 眼中出 我等今日實爲不如 我等龍
種今有四生 卵生 胎生 濕生 化生 然無有出我等者 今此龍王威力乃爾 不堪
共鬥 我等性命死在斯須 皆懷恐懼 衣毛皆豎

④ 주석

『월인석보』

● 고ᄒᆞ로 : 코로. 'ㅎ' 종성 체언 중에서 '갏[刀], 곻[鼻], 밣[臂]' 등은
특이하게 어간 초성의 평음이 유기음화를 겪어 각각 '칼, 코, 팔'로 재
구조화하였다.

12. 『석보상절』권24 : 해당 부분 없음. / 『월인석보』권25, 108a-109a

① 언해문

『월인석보』권25, 108a-109a

> 그제 目連이 龍王이 두려ᄒᆞ는 둘 보고 샹녯 양ᄌᆞ ᄃᆞ외야 눈ᄊᆞᆯ 우희 ᄃᆞ니
> 거늘 두 龍王이 서르 닐오ᄃᆡ 이 目連 沙門이라 龍王이 아니랏다 甚히 奇特ᄒᆞ
> 야 큰 威力이 이셔 우리와 싸호놋다 ᄒᆞ고 두 龍王이 目連ᄃᆞ려 닐오ᄃᆡ 尊者ㅣ
> 엇데 우리ᄅᆞᆯ 이리 보차시ᄂᆞ니잇가 엇던 誡勅호려 ᄒᆞ시ᄂᆞ고 目連이 닐오ᄃᆡ
> 너희 어제 너교ᄃᆡ 엇데 머리 뮌 沙門이 샹녜 내 우희 ᄂᆞ라ᄃᆞ니ᄂᆞ니 이긔유
> 리라 ᄒᆞ던다 龍王이 對答호ᄃᆡ 올ᄒᆞ니이다 目連이 닐오ᄃᆡ 龍王아 알라 이 須
> 彌山ᄋᆞᆫ 諸天ㅅ 길히라 네 사논 ᄯᅡ히 아니라 龍王이 對答호ᄃᆡ 願호ᄃᆞᆫ 브리샤
> 외다 마ᄅᆞ쇼셔 오ᄂᆞᆯ록 後에ᅀᅡ ᄂᆞ외 어즈려 모딘 ᄠᅳᆮ 니ᄅᆞ완디 아니호리니 願
> 호ᄃᆞᆫ 弟子ㅣ ᄃᆞ외아지이다 目連이 닐오ᄃᆡ 너희 내게 오디 말오 내 가ᅀᆞᆷᄂᆞ
> 디 너희 가ᅀᆞ며ᇙ라 龍王이 닐오ᄃᆡ 우리들히 如來ᄭᅴ 가ᅀᆞ며ᇙ리이다 目連이 닐
> 오ᄃᆡ 너희 이 須彌山ᄋᆞᆯ 브터셔 世尊ᄭᅴ 가미 몯ᄒᆞ리니 날와 ᄒᆞ야 舍衛城에 가
> ᅀᅡ 世尊ᄭᅴ 가ᅀᆞ며ᇙ리라

② 현대역

『월인석보』

> 그때 목련이 용왕이 두려워하는 것을 보고 평상시의 모습이 되어 속눈썹
> 위에 다니거늘 두 용왕이 서로 말하기를 "이는 목련 사문이다. 용왕이 아니
> 었구나! 심히 기특(奇特)하여 큰 위력이 있어 우리와 싸우는구나!" 하고 두
> 용왕이 목련에게 말하기를 "존자가 어찌 우리를 이렇게 괴롭히십니까? 어떤

계칙을 하려 하십니까?" 목련이 말하기를 "너희 어제 생각하기를 '어찌 머리
민 사문이 항상 내 위에 날아다니니 우리가 그들을 이길 것이다' 하였느냐?"
용왕이 대답하기를 "옳습니다." 목련이 말하기를 "용왕아 알아라. 이 수미산
은 제천의 길이다. 네가 사 놓은 땅이 아니다." 용왕이 대답하기를 "원하건
대 버리시고 그르다 마소서. 오늘 이후에는 다시 어지럽혀 모진 뜻을 일으
키지 아니할 것이니 원하건대 제자가 되고 싶습니다." 목련이 말하기를 "너
희가 내게 오지 말고 내가 가는 데 너희도 가라." 용왕이 말하기를 "우리들
이 여래께 가겠습니다." 목련이 말하기를 "너희가 이 수미산을 의지하여서
는 세존께 가지 못할 것이니 나와 사위성에 가야 세존께 갈 것이다."

③ 저경

『월인석보』: 『증일아함경(增壹阿含經)』 권28, 청법품(聽法品) 제36 【『대정신수
대장경(大正新脩大藏經)』 제2, 아함부(阿含部) 하(下), 704면】.

是時 目連以見龍王心懷恐懼 還隱其形 作常形容 在眼睫上行 是時 二龍王見
大目連 自相謂言 此是目連沙門 亦非龍王 甚奇 甚特 有大威力 乃能與我等共鬥
是時 二龍王白目連言 尊者何爲觸嬈我乃爾 欲何所誡救 目連報曰 汝等昨日而作
是念 云何禿頭沙門恒在我上飛 今當制御之 龍王報曰 如是 目連 目連告曰 龍王
當知 此須彌山者是諸天道路 非汝所居之處 龍王報曰 唯願恕之 不見重責 自今以
後更不敢觸嬈 興惡亂想 唯願聽爲弟子 目連報曰 汝等莫自歸我身 我所自歸者 汝
等便自歸之 龍王白目連 我等今日自歸如來 目連告曰 汝等不可依此須彌山 自歸
世尊 今可共我至舍衛城 乃得自歸

④ 주석

『월인석보』

●오늘록 : 오늘부터. 중세국어 시기에 '-록'은 모음으로 끝나는 일부 체언류나 'ㄹ'로 끝나는 받침으로 끝나는 체언류 뒤에 결합하여 '-으로, -으로부터'의 의미로 쓰였다.

예 이 녀가매 일우디 몯ᄒᆞ디 아니ᄒᆞ리로소니 어딘 버든 녜록 서르 사 괴노라<두시언해초간본20 : 44>.
받 님자히 과ᄒᆞ야 즁ᄉᆡᆼ도 孝道홀쎠 일록 後에 疑心 마오 가져가라 ᄒᆞ니<월인석보2 : 13>.

13. 『석보상절』 권24 : 해당 부분 없음. / 『월인석보』 권25, 109a-110a

① 언해문

『월인석보』 권25, 109a-110a

> 그ᄢᅴ 目連이 두 龍王 ᄃᆞ리고 즉재 舍衛城에 가니 그ᄢᅴ 世尊이 無央數衆의 게 說法ᄒᆞ시더니 目連이 두 龍王ᄃᆞ려 닐오ᄃᆡ 너희 알라 오ᄂᆞᆯ 世尊이 無央數 衆의게 說法ᄒᆞ시ᄂᆞ니 네 얼굴 지ᅀᅥ 世尊ᄭᅴ 가미 몯ᄒᆞ리라 龍王이 닐오ᄃᆡ 올 ᄒᆞ이다 ᄒᆞ고 사ᄅᆞ미 양지 ᄃᆞ외어늘 目連이 世尊ᄭᅴ 가 머리 조ᅀᅡ 禮數ᄒᆞᅀᆞᆸ고 ᄒᆞ녁 面에 안자 龍王ᄃᆞ려 닐오ᄃᆡ 이제 正히 時節이니 나ᅀᅡ ᄃᆞᅀᆞᄫᆞ라 그ᄢᅴ 龍 王이 즉재 坐로셔 니러 ᄭᅮ러 叉手ᄒᆞ야 世尊ᄭᅴ 술보ᄃᆡ 우리ᄃᆞᆯ히 ᄒᆞᆫ 일후믄 難

陁ㅣ오 두 일후믄 優槃難陁ㅣ로니 如來끠 오슨바 五戒를 受持ᄒᆞᆸ보리니 願
ᄒᆞᆫ돈 世尊이 優婆塞이 ᄃᆞ외라 ᄒᆞ쇼셔 목숨 ᄆᆞᆺᄃᆞ록 ᄂᆞ외야 殺生 아니호리이
다 그ᄢᅴ 世尊이 彈指ᄒᆞ샤 그리 ᄒᆞ라 ᄒᆞ시니라 】

② 현대역

『월인석보』

　　그때 목련이 두 용왕을 데리고 즉시 사위성에 가니 그때 세존이 무앙수의
무리에게 설법하시는데 목련이 두 용왕에게 말하기를 "너희는 알아라. 오늘
세존이 무앙수의 무리에게 설법하시니 너희의 형상으로 세존께 가는 것은
못할 것이다." 용왕이 말하기를 "옳습니다." 하고 사람의 모습이 되니 목련
이 세존께 가 머리 조아려 예를 표하고 한쪽 면에 앉아 용왕에게 말하기를
"이제 때가 되었으니 나아가 들어라." 그때 용왕이 즉시 앉은 자리에서 일어
나 꿇어 차수(叉手)하여 세존께 아뢰기를 "우리들이 한 이름은 난타이고 두
이름은 우바난타이니 여래께 와서 오계를 수지할 것이니 원하건대 세존이
우리에게 우바새가 되라 하소서. 목숨이 다하도록 다시는 살생을 하지 않을
것입니다." 그때 세존이 탄지(彈指)하시어 "그리 하여라." 하셨다.】

③ 저경

『월인석보』:『증일아함경(增壹阿含經)』권28, 청법품(聽法品) 제36 【『대정신수
대장경(大正新脩大藏經)』제2, 아함부(阿含部) 하(下), 704면】.

　　是時 目連將二龍王 如屈申臂頃 從須彌山上至舍衛城 爾時 世尊與無央數之衆
而爲說法 是時 目連告二龍王曰 汝等當知 今日世尊與無央數之衆而爲說法 不可

作汝形至世尊所 龍王報曰 如是 目連 是時 龍王還隱龍形 化作人形 不長不短 容
貌端正 如桃華色 是時 目連至世尊所 頭面禮足 在一面坐 是時 目連語龍王曰 今
正是時 宜可前進 是時 龍王聞目連語 即從坐起 長跪叉手 白世尊言 我等二族姓
子 一名難陀 二名優槃難陀 自歸如來 受持五戒 唯願世尊聽爲優婆塞 盡形壽不復
殺生 爾時 世尊彈指可之

④ 주석

『월인석보』

● ᄒᆞ녁 : 한 녘, 한 쪽. 'ᄒᆞ녁'은 'ᄒᆞᆫ'[一]과 '녁'[方]이 결합된 구성으
로 볼 수 있는데, 'ᄒᆞ녁'으로만 쓰이고 'ᄒᆞᆫ녁'은 나타나지 않는 점이 특
이하다. 현재로서는 어휘 개별적으로 발생한 동음탈락(haplology)의 결과
로 볼 수밖에 없을 듯하다. 적어도 음운론적으로는 동일한 환경을 지녔
지만 'ㄴ'이 탈락하지 않은 '올ᄒᆞᆫ녁'[右側]과는 좋은 대조를 이룬다.

14. 『석보상절』 권24, 38a-39a / 『월인석보』 권25, 110a-111a

① 언해문

『석보상절』 권24, 38a-39a

王이 ᄯᅩ 十萬 兩ㅅ 보비를 내야 供養ᄒᆞ니라 尊者ㅣ ᄯᅩ 닐오디 이ᄂᆞᆫ 摩訶迦
葉ㅅ 窟이니이다 王이 ᄯᅩ 功德을 무른대 對答호디 뎨 欲이 져그샤 足ᄒᆞᆫ 고ᄃᆞᆯ
아ᄅᆞ시고 頭陀ㅣ 第一이러시니 如來 ᄌᆞ걋 半座와 僧伽梨衣를 주시니【世尊

이 多子塔 알픠 가샤 ᄌᆞ걋 座ᄅᆞᆯ ᄂᆞᆫ호아 迦葉이 안치시고 僧伽梨로 두르시고 니르샤ᄃᆡ 내 正法眼藏ᄋᆞ로 너를 ᄀᆞ마니 맛디노니 네 護持ᄒᆞ야 後에 던디ᄒᆞ라】 衆生ᄋᆞᆯ 어여ᄡᅵ 너겨 正法을 셰시니이다. 王이 ᄯᅩ 十萬 兩ㅅ 보ᄇᆡᄅᆞᆯ 내야 供養ᄒᆞ니라

『월인석보』 권25, 110a-111a

王이 十萬 兩 珎寶ᄅᆞᆯ 내야 그 塔ᄋᆞᆯ 供養ᄒᆞ니라 버거 摩訶迦葉 塔ᄋᆞᆯ 뵈오 닐오ᄃᆡ 이ᄂᆞᆫ 摩訶迦葉 塔이니 供養ᄒᆞ쇼셔 王이 무로ᄃᆡ 뎨 엇던 功德이 겨시더니잇고 對答ᄒᆞᄃᆡ 欲이 져거 足ᄋᆞᆯ 아라 頭陁ㅣ 第一이니 如來 半座와 僧伽梨衣ᄅᆞᆯ 주시니【世尊이 多子塔 알픠 가샤 摩訶迦葉을 命ᄒᆞ샤 座ᄅᆞᆯ ᄂᆞᆫ호아 안ᄌᆞ라 ᄒᆞ시고 僧伽梨로 두르시고 니르샤ᄃᆡ 내 正法眼藏ᄋᆞ로 네게 秘密히 付囑ᄒᆞ노니 네 護持ᄒᆞ야 將來예 傳持ᄒᆞ야 맛디라】 衆生ᄋᆞᆯ 어엿비 너겨 正法을 니르와다 셰니이다 王이 十萬 兩 珎寶ᄅᆞᆯ 내야 그 塔ᄋᆞᆯ 供養ᄒᆞ니라

② 현대역

『석보상절』

왕이 또 십만 냥 보배를 내어 공양하였다. 존자가 또 말하기를 "이는 마하가섭의 굴입니다." 왕이 또 공덕을 물으니 대답하기를 "저 분이 욕심이 적으시어 만족한 것을 아시고 두타가 제일이시니, 여래가 자신의 반좌와 승가리의를 주시니【세존이 다자탑 앞에 가시어 자신의 자리를 나누어 가섭을 앉히시고 승가리로 (가섭을) 두르시고 말씀하시기를 "내가 정법안장을 너에게 가만히 맡기니 너는 보호하고 지켜 후대에 전지해라."】 중생을 불쌍히 여겨 정법을 세우셨습니다." 왕이 또 십만 냥의 보배를 내어 공양하였다.

『월인석보』

왕이 십만 냥 진보를 내어 그 탑을 공양하였다. 다음으로 마하가섭의 탑을 보이고 말하기를 "이는 마하가섭 탑이니 공양하십시오." 왕이 묻기를 "저분이 어떤 공덕이 있으십니까?" 대답하기를 "욕심이 적어 만족을 알아 두타가 제일이니 여래가 반좌와 승가리의를 주시니【세존이 다자탑 앞에 가시어 마하가섭에게 명하시어 "자리를 나누어 앉아라." 하시고 승가리로 (마하가섭을) 두르시고 말씀하시기를 "내가 정법안장을 네게 비밀스럽게 부촉하니, 너는 보호하고 지켜 장래에 전지하여 맡겨라."】중생을 불쌍히 여겨 정법을 일으켜 세웠습니다." 왕이 십만 냥 진보를 내어 그 탑을 공양하였다.

③ 저경

『석보상절』: 『석가보(釋迦譜)』 권5, 아육왕조팔만사천탑기(阿育王造八萬四千塔記) 제31 〈『잡아함경(雜阿含經)』〉【『대정신수대장경(大正新脩大藏經)』 제50, 사전부(史傳部), 79면】.

時王捨十萬兩珍寶 供養此塔 次復示摩訶迦葉塔語王言 此是摩訶迦葉禪窟 應當供養 王問曰彼有何功德 答曰彼少欲知足頭陀第一 如來施以半座及僧伽梨衣 愍念衆生興立正法 時王捨十萬兩珍寶 供養是塔

『월인석보』: 『석보상절』 저경과 동일함.

* 협주문 전·후는 존자가 아육왕에게 석가의 대제자를 소개하고 이어서 아육왕이 대제자에게 공양하는 장면으로 구성된다. 존자가 아육왕에게 대제자를 소개하는 장면의 내용이 모두 유사한데, 저경에서는 "次復示摩訶迦葉塔語王言 此是摩訶迦葉禪窟 應當供養 王問曰彼有何功德"

에 해당하는 부분이다. 이 부분을『석보상절』에서는 "尊者ㅣ 쏘 닐오뎌 이는 摩訶迦葉ㅅ 窟이니이다 王이 쏘 功德을 무른대 對答호뎌"로 언해하고,『월인석보』에서는 "버거 摩訶迦葉 塔올 뵈오 닐오뎌 이는 摩訶迦葉 塔이니 供養ᄒ쇼셔 王이 무로뎌 뎨 엇던 功德이 겨시더니잇고 對答호뎌"로 언해하고 있다. 여기에서 보면『석보상절』은 대제자를 소개하는 장면이 평서문으로 이루어져 있지만『월인석보』는 문장을 접속하면서 '탑을 공양하소서'의 명령문으로 이루어져 있다. 이어서『월인석보』는 아육왕이 대제자의 공덕을 묻는 장면으로 구성된다. 이러한 언해 양상을 보면『석보상절』과『월인석보』의 언해 방침이 상당한 차이를 두고 있음을 짐작할 수 있다.

④ 주석

『석보상절』

● 아르시고 : 아시고. '-ᄋ시-'의 'ᄋ'는 '-ᄋ니-, -ᄋ리-' 등 일반적인 'ᄋ'계 어미와는 달리 'ᄅ'로 끝나는 어간 아래에서도 탈락하지 않는다. '-ᄋ시-'의 'ᄋ'가 보이는 특이성에 대해서는 9-11.『월인석보』'머르신(RLH) 소리오' 항목을 참고할 수 있다.

● 논호아 : 나누어. '논호-'를 '*논-'과 사동접미사 '-호-'로 다시 분석할 여지가 있었다. 실제로 중세국어 시기에는 '-이-', '-히-', '-기-', '-오-', '-호', '-ᄋ-' 등의 사동접미사가 존재했다(최동주 1996). 그러나 '*논-'이 독립적인 어간으로서 활용되는 예를 찾을 수 없고, 항상 '논호-'로만 나타나기에 '논호-'를 하나의 형태소로 보았다.

● 僧伽梨로 두르시고 : 승가리로 (가섭을) 두르시고. 문맥상 구격조사

'-로'와 타동사 '두르시고'를 사용하려면 목적어가 필요하다. 이 구문에서는 목적어가 생략된 것으로 보고 선행하는 '迦葉'을 목적어로 하여 현대역하였다.

15. 『석보상절』 권24, 39a-40a / 『월인석보』 권25, 111a-112a

① 언해문

『석보상절』 권24, 39a-40a

尊者ㅣ 또 닐오디 이는 薄拘羅ㅅ 塔이니이다 王이 또 功德을 무른대 對答호디 無病이 第一이러시니 ᄂᆞᆷ 위ᄒᆞ야 혼 句ㅅ 法도 니르신 저기 업고 샹녜 말 업더시니이다 王이 다ᄆᆞᆫ 돈 혼 나ᄐᆞ로 供養혼대 臣下ᄃᆞᆯ히 닐오디 功德이 녀느 곧거시ᄂᆞᆯ 엇뎨 다ᄆᆞᆫ 돈 혼 나ᄐᆞ로 供養ᄒᆞ시ᄂᆞ니잇고 王이 닐오디 즈갯 모미 비록 智慧 ᄆᆞᆯᄀᆞ신ᄃᆞᆯ 世間애 므스기 有益ᄒᆞ료 ᄒᆞ더라【薄拘羅ㅣ 자내ᄲᅮᆫ 어디디비 ᄂᆞᆷ ᄀᆞᄅᆞ쵸ᄆᆞᆯ 아니홀ᄊᆡ 世間애 有益혼 주리 업스니라】 그ᄢᅴ 그 혼 낫 도니 도로 王ᄭᅴ 오나ᄂᆞᆯ 臣下ᄃᆞᆯ히 보고 혼 이브로 기료디 薄拘羅尊者ㅣ 淸白ᄒᆞ샤 혼 돈도 아니 바ᄃᆞ시ᄂᆞ다 ᄒᆞ더라

『월인석보』 권25, 111a-112a

버거 尊者 薄拘羅 塔올 뵈오 供養ᄒᆞ쇼셔 王이 무로디 뎨 엇던 功德이 겨시더니잇고 對答호디 無病이 第一이며 ᄂᆞᆷ 爲ᄒᆞ야 혼 句 法도 니르디 아니ᄒᆞ야 괴외ᄒᆞ야 마리 업더니이다 王이 닐오디 혼 도ᄂᆞ로 供養ᄒᆞᅀᆞᄫᆞ라 諸臣이 술ᄫᆞ디 功德이 곧거늘 엇뎨 이에 혼 도ᄂᆞ로 供養ᄒᆞ시ᄂᆞ니잇고 王이 닐오디 내 말 드르라 비록 無明癡롤 더러 智慧 能히 술펴 비록 薄拘 일후미 이시나

世間애 므스기 有益ᄒᆞ리오 그제 ᄒᆞᆫ 도니 王ㅅ게 도로 오나ᄂᆞᆯ 大臣ᄃᆞᆯ히 希有
ᄒᆞᆫ 이ᄅᆞᆯ 보고 ᄒᆞᆫ 소리로 讚歎ᄒᆞ디 尊者ㅣ 欲이 져거 足올 아ᄅᆞ샤 ᄒᆞᆫ 돈도 받
디 아니ᄒᆞ시ᄂᆞᆺ다 ᄒᆞ더라

② 현대역

『석보상절』

　존자가 또 말하기를 "이는 박구라의 탑입니다." 왕이 또 공덕을 물으니
대답하기를 "병 없음이 제일이셨으니, 남을 위하여 한 구의 법도 말씀하신
적이 없고 항상 말 없으셨던 분입니다." 왕이 다만 돈 한 낱으로 공양하니
신하들이 말하기를 "공덕이 여느 사람과 같으신데 어찌 다만 돈 한 낱으로
공양하십니까?" 왕이 말하기를 "자신의 몸이 비록 지혜가 맑으신들 세간에
무엇이 유익하겠는가?" 하였다. 【박구라가 스스로만 어질지 남을 가르치는
것을 아니하므로 세간에 유익한 일이 없는 것이다.】 그때 그 한 낱의 돈이
도로 왕께 오니 신하들이 보고 한입으로 기리기를 "박구라존자가 청백하시
어 한 닢의 돈도 받지 않으신다." 하였다.

『월인석보』

　다음으로 존자 박구라의 탑을 보이고 "공양하십시오."라고 하니, 왕이 묻
기를 "저 분이 어떤 공덕이 있으십니까?" 대답하기를 "병 없음이 제일이며
남을 위하여 한 구의 법도 이르지 아니하여 고요하여 말이 없었던 분입니
다." 왕이 말하기를, "한 돈으로 공양하여라."하니, 모든 신하들이 아뢰기를
"공덕이 다른 분들과 같은데 어찌 여기에 한 돈으로 공양하십니까?" 왕이
말하기를 "내 말 들어라. 비록 무명의 치를 덜어 지혜를 능히 살펴 비록 '박

구'라는 이름이 있으나 세간에 무엇이 유익하겠는가?" 그때 한 돈이 왕께 도로 오니 대신들이 희유한 일을 보고 한 소리로 찬탄하기를 "존자가 욕심이 적어 만족을 아시어 한 돈도 받지 않으시는구나!" 하였다.

③ 저경

『석보상절』:『석가보(釋迦譜)』 권5, 아육왕조팔만사천탑기(阿育王造八萬四千塔記) 제31 〈『잡아함경(雜阿含經)』〉【대정신수대장경(大正新脩大藏經)』 제50, 사전부(史傳部), 79면】.

次示尊者薄拘羅塔 應當供養 王問曰彼有何功德 尊者答曰彼無病第一 乃至不爲人說一句法寂默無言 王曰以一錢供養 諸臣白王言 功德旣等何故於此供養一錢 王告之曰聽吾所說
　　雖除無明癡　　智慧能鑑察
　　雖有薄拘句　　於世何所益
時彼一錢還來至王所 時大臣輩見是希有事 異口同音讚彼 嗚呼尊者少欲知足 乃至不須一錢

『월인석보』:『석보상절』 저경과 동일함.

* 『석보상절』에서 협주문에 해당하는 "【薄拘羅ㅣ 자내 몸 어디디비 ᄂᆞᆷ ᄀᆞᄅᆞ쵸ᄆᆞᆯ 아니홀ᄊᆡ 世間애 有益혼 주리 업스니라】"는 薄拘羅에 대한 추가적 설명으로서『석보상절』에만 나타나며 해당 저경 구절이 확인되지 않는다.

④ 주석

『석보상절』

● (박구라가) 無病이 第一이러시니 : (박구라가) 무병이 제일이셨으니.
소위 '주격중출 및 이중주어 구문'과 관련되어 보인다. 중세국어 시기
에는 서술어가 NP₁에 영향을 받는 것이 일반적이다(안병희 외 2002). 한편,
이러한 구문과 관련해서는 '주제(박구라)+평언(무병이 제일이다)'의 구
조로 보는 논의와 생략된 NP₁인 '박구라'는 주제로, NP₂인 '無病'은 주
어로 보는 논의가 있다.

● 업더시니이다 : 없으셨던 분입니다. '-더-'와 '-ᄋ시-'는 그 배열
순서가 이미 15세기에 '-더시-'와 '-ᄋ시더-'가 혼기되었는데(그러나
'-더시-'의 수가 압도적으로 더 많다), 이 둘 중에서는 '-더시-'가 역사
적으로 먼저 나타난 형태라는 것을 구결 자료를 통해 확인할 수 있다
(최동주 1995). '-더시-'와 '-ᄋ시더-'가 혼기된 원인에 대해 이현규(1995)는
'-ᄉᆞᆸ-'의 기능 변화로 인한 배열 위치 변화에 의한 것으로 보았다. 그러나
'-ᄉᆞᆸ-'의 기능 변화는 16세기 이후에 이루어진 것이다. 한편, 김영욱
(1995)는 '-더-'의 기능 변화를 그 원인으로 보았다. 그러나 '-더-'의 기
능 변화도 18세기에나 이루어진 것이다. 최동주(1995)에서는 15세기 이
전에 있었던 '-더-'와 '-거-'의 대립의 붕괴가 기능의 변화와 동시에
이루어지면서 '-더-'의 배열 위치가 바뀌게 된 것으로 보았다.

● 혼 나토로, 혼 낫 : 한 낱으로, 한 낱. '낱'[個]의 단독형이 동일 문
헌에서 '낫'으로 표기된 것이 특이하다. 15세기 8종성법에 따르면 '銀돈
혼 낟곰 받ᄌᆞᄫ니라(各以銀錢上之)<월인석보1 : 9a>'에서와 같이 '낟'으로
표기되어야 함이 원칙이기 때문이다. 그런데 '낟'과 동일한 의미를 지
닌 '낯'도 15세기 문헌에서 발견된다.

예 一萬 <u>나치</u> 골오 두려우니 더러히 곧호몰 疑心호노라(萬顆勻圓訝許
同)<두시언해(초간본)15 : 23b>
모딘 대논 당당이 모로매 一萬 <u>나출</u> 버힐디로다(惡竹應須斬萬竿)
<두시언해(초간본)21 : 5a>

그렇다면 '낟'과 '낫'은 각각 '낱'과 '낯'에 대한 8종성법 표기로 볼
수 있다. 그렇게 볼 경우 '낱'과 '낯'은 쌍형어 관계로 상정할 수밖에
없다. 이상의 예들은 15세기 음절말 치음의 음가 및 표기와도 관련해서
살펴보아야 할 것이다.

●므스기 : 무엇이. '므슥'이 대명사로서 모음으로 시작하는 조사 앞
에서는 연철이 되지만, 이 외에는 '<u>므스</u> 거시 不足호료<석보상절6 :
24>'와 같이 어말의 'ㄱ'이 탈락한 '므스'의 형태로 표기된다. '므스'의 형
태와 기능, 통시적 발달 과정에 대해서는 장요한(2013b)를 참고할 수 있다.

●어디디뵈 : 어질지. 중세국어 시기의 '어딜-'는 '어질다[賢]'와 '낫-,
좋-[善]'의 의미로 사용되었다. '어질-'의 의미로 사용될 때에는 가리키
는 대상이 '사람'이고 '낫-, 좋-'의 의미로 사용될 때에는 가리키는 대
상이 '사물'이다.

예 伊尹과 顏淵은 큰 <u>어딘</u> 사ᄅᆞ미라(伊尹顏淵大賢也)<번역소학8 : 3>
<u>어딘</u> 일 조초미 노폰더 올옴 곧고 사오나온 일 조초미 아래로 믈
어딤 곧다 ᄒᆞ니라(從善如登從惡如崩)<번역소학8 : 2>

16. 『석보상절』권24, 40a-41a / 『월인석보』권25, 112a-114a

① 언해문

『석보상절』권24, 40a-41a

尊者ㅣ 쏘 닐오디 이는 阿難ㅅ 塔이니이다 王이 쏘 功德을 무른대 對答호
디 이는 부텻 侍奉이러시니 多聞이 第一이시고 부텻 經을 밍ㄱ르시니이다
王이 百億 兩ㅅ 보비롤 내야 供養호대 臣下돌히 닐오디 엇뎨 布施 供養이 ㄴ
미그에서 더으시니잇고 王이 닐오디 如來ㅅ 모몰 뫼ᅀᆞᄫᅡ 돈니실쎠 供養이
ㄴ미그에서 더으며 如來ㅅ 法이 世間애 샹녜 이셔 미혹훈 어드본 이롤 업게
ᄒᆞ샤미 다 阿難尊者ㅅ 功이실쎠 供養이 ㄴ미그에서 더으니라

『월인석보』권25, 112a-114a

버거 阿難 塔올 뵈오 닐오디 이는 阿難 塔이니 供養ᄒᆞ쇼셔 王이 닐오디
데 엇던 功德이 겨시더니잇고 對答호디 이는 부텻 時者ㅣ러니 多聞이 第一이
니 佛經 撰集ᄒᆞ니이다【撰集은 모도바 밍굴 씨라】王이 즉재 百億 兩 珎寶롤
내야 그 塔올 供養ᄒᆞ니라 臣下ㅣ 王끠 술보디 엇던 견츠로 이어긔 布施 供養
이 다 알픠셔 더으니잇고 王이 닐오디 내 말 드르라 如來ㅅ 體身이 法身性이
淸淨커시늘 데 다 能히 바다 디니ᅀᆞᄫᅩᆯ쎠 供養이 더으며 法燈이 샹녜 世間애
이셔 愚癡冥을 滅호미 다 뎌 전칠쎠 供養이 더으며 大海ㅅ 므를 쇠 자고개
몯 담둧ᄒᆞ야 부텻 智海롤 녀느 사ᄅᆞ미 디니리 업거늘 오직 阿難尊者ㅣ 훈 번
듣ᄌᆞᆸ고 다 受持ᄒᆞ야 乃終내 니저 일티 아니홀쎠 供養이 더으니라

② 현대역

『석보상절』

　　존자가 또 말하기를 "이는 아난의 탑입니다." 왕이 또 공덕을 물으니 대답하기를 "이는 부처님의 시봉이셨던 분인데 다문이 제일이시고 부처님의 경전을 만드셨습니다." 왕이 백억 냥의 보배를 내어 공양하니 신하들이 말하기를 "어찌 보시 공양이 남보다 더하십니까?" 왕이 말하기를 "여래의 몸을 모시고 다니셨으므로 공양이 남보다 더하며, 여래의 법이 세간에 항상 있어 미혹하고 어두운 이를 없게 하심이 다 아난존자의 공이시므로 공양이 남보다 더한 것이다."

『월인석보』

　　다음으로 아난의 탑을 보이고 말하기를 "이는 아난의 탑이니 공양하소서." 왕이 말하기를 "저 분이 어떤 공덕이 있으십니까?" 대답하기를 "이는 부처님의 시자였는데 다문이 제일이니 불경을 찬집하였습니다. 【찬집은 모아 만드는 것이다.】" 왕이 즉시 백억 냥 진보를 내어 그 탑을 공양하였다. 신하가 왕께 아뢰기를 "어떤 까닭으로 여기 보시 공양이 다 앞에서 한 것보다 더합니까?" 왕이 말하기를 "내 말 들어라. 여래의 체신이 법신성이 청정하시거늘, 저 사람이 (부처님의 말씀을) 다 능히 받아 지녔기 때문에 공덕이 더하며, 법등이 항상 세간에 있어서 어리석음을 없앰이 다 저 까닭이므로 공양이 더하며, 넓은 바다의 물을 소의 발자국에 못 담듯이 부처님의 지혜를 보통 사람이 지닐 리 없으니, 오직 아난존자가 한 번 듣고 다 수지하여 끝까지 잊어 잃지 아니하므로 공덕이 더한 것이다."

③ 저경

『석보상절』: 『석가보(釋迦譜)』 권5, 아육왕조팔만사천탑기(阿育王造八萬四千塔記) 제31 〈『잡아함경(雜阿含經)』〉 【『대정신수대장경(大正新脩大藏經)』 제50, 사전부(史傳部), 79면】.

> 　　復示阿難塔 語王言 此是阿難塔 應當供養 王曰彼有何功德 答曰此人是佛侍者
> 多聞第一撰集佛經 王卽捨百億兩珍寶而供養其塔 時臣白王言 何故於此布施供養
> 皆悉勝前 王白諸臣聽吾所說
> 　　　　如來之體身　　法身性淸淨
> 　　　　彼悉能奉持　　是故供養勝
> 　　　　法燈常存世　　滅此愚癡冥
> 　　　　皆由從彼來　　是故供養勝

『월인석보』: 『석보상절』 저경과 동일함.

* 위 『월인석보』의 마지막 부분인 "大海ㅅ 므를 쉬 자고개 몯 담 둧ᄒᆞ야 부텻 智海ᄅᆞᆯ 녀느 사ᄅᆞ미 디니리 업거늘 오직 阿難尊者ㅣ ᄒᆞᆫ 번 듣ᄌᆞᆸ고 다 受持ᄒᆞ야 乃終내 니저 일티 아니ᄒᆞᆯᄊᆡ 供養이 더으니라"은 아난존자에 대한 추가적 설명이다. 그런데 이에 해당하는 저경은 확인되지 않은 것으로 보아 『월인석보』 편찬자가 추가한 것으로 보인다.

④ 주석

『석보상절』

● 뫼ᅀᆞᄫᅡ : 모시어, 모시고. '*뫼-[侍]+-ᅀᆞᇦ-'에서 동사 어간 '*뫼-'를

분석해 낼 수 있다. 그런데 '*뫼-'는 그 의미상 언제나 객체 존대 선어 말어미인 '-ᅀᆞ-'과 통합되어서만 나타난다. 이와 비슷한 예로 '저ᅀᆞ-' 이 있다.

『월인석보』

● 모도봐 : 모아. 동사 어간 '모돏-'[集]에 '-아'가 결합한 어형이다. '모도-[集]'는 많이 발견되나 '모돏-'은 이것이 유일례이다. 이 어형 에 대한 자세한 설명은 세종대왕기념사업회(2010 : 122-123)을 참고할 수 있다.

● 如來ㅅ 體身이 法身性이 淸淨커시늘 : 여래의 체신이 법신성이 청 정하시거늘. 如來ㅅ 體身을 NP_1으로, 法身性을 NP_2로 보면, 이 구문은 'NP_1의 NP_2'로 볼 수도 있고 NP_1을 주제로, NP_2를 주어로 볼 수도 있다. 그러나 중세국어에서 서술어는 NP_1에 영향을 받는 것이 일반적이므로 'NP_1의 NP_2'로 해석하는 것이 자연스럽다.

제15장

보리수와 승중 공양

1. 『석보상절』 권24, 41a-42b / 『월인석보』 권25, 114a-115b

① 언해문

『석보상절』 권24, 41a-42b

그ᄢᅴ 阿育王이 塔올 다 供養ᄒ고 道場菩提樹 아래 다시 가 世間앳 貴ᄒᆫ 보
ᄇᆡ로 供養ᄒᆞᅀᆞᆸ더니 王ㅅ 夫人 일후미 伍舍羅絺多ㅣ라 호리 너교ᄃᆡ 王이 날
ᄇᆞ리시고 보ᄇᆡ 가져가 菩提樹 供養ᄒ시ᄂᆞ니 뎌 남ᄀᆞᆯ 이울에 ᄒ면 내그에 오
시리라 ᄒ고 사ᄅᆞᆷ 브려 더본 져즐 브ᅀᆞ니 그 남기 즉자히 이울어늘 王이 이
우다 듣고 ᄯᅡ해 업더디여 우더니 夫人이 닐오ᄃᆡ 王이 시름 마ᄅᆞ쇼셔 내 어
루 王ㅅ ᄆᆞᅀᆞᄆᆞᆯ 즐기시게 호리이다 王이 닐오ᄃᆡ 如來 뎌 나모 미틔셔 阿耨多
羅三藐三菩提ᄅᆞᆯ 일우시니 뎌 남기 업거니 내 사라 므슴 ᄒ료 ᄒ야ᄂᆞᆯ 夫人이
두리여 도로 ᄎᆞᆫ 져즐 브ᅀᆞ니 菩提樹ㅣ 도로 살어늘 王이 듣고 깃거 그 나모
미틔 가 누늘 長常 ᄲᆞ아 잇더라

『월인석보』권25, 114a-115b

> 　그쁴 王이 菩提道場樹에 가 이 나모 아래 如來 阿耨多羅三藐三菩提롤 得ᄒ
> 시니 世間애 쉽디 몯흔 珎寶로 供養ᄒ려 터니 王ㅅ 夫人 일훔 伍舍羅絺多ㅣ
> 라 ᄒ리 너교ᄃᆡ 王이 至極 나롤 ᄉᆞ랑ᄒᆞ시ᄂᆞ니 王이 이제 날 ᄇᆞ리고 보빅 가
> 져 菩堤樹에 가시ᄂᆞ니 내 方便으로 菩堤樹롤 주기면 王이 아니 가시리로다
> ᄒ고 사ᄅᆞᆷ ᄇᆞ려 더본 져즈로 브ᄉᆞᆫ대 즉재 이우러 므르거늘 ᄒᆞ나히 닐오ᄃᆡ
> 菩堤樹ㅣ 믄득 이울어이다 王이 즉재 ᄎᆞ림 몯ᄒᆞ야 ᄯᅡ해 디거늘 夫人이 王ᄭᅴ
> 술ᄫᅩᄃᆡ 시름 마ᄅᆞ쇼셔 내 깃그시게 ᄒᆞ리이다 王이 닐오ᄃᆡ 뎌 나모옷 업스면
> 내 命도 ᄯᅩ 업스리라 如來 뎌 남ᄀᆡ 阿耨多羅三藐三菩提롤 得ᄒᆞ시니 뎌 남기
> 업거니 내 사라 므슴 ᄒᆞ료 夫人이 ᄯᅩ 촌 져즈로 브ᄉᆞ니 도로 살어늘 王이 깃
> 거 菩堤樹 下애 가 다ᄅᆞᆫ ᄃᆡ 아니 보더라

② 현대역

『석보상절』

> 　그때 아육왕이 탑을 다 공양하고 도량보리수 아래로 다시 가서 세간의 귀
> 한 보배로 공양하였더니 왕의 부인 이름이 저사라치다라고 하는 이가 생각
> 하기를 '왕이 나를 버리시고 보배를 가지고 가서 보리수에 공양하시니 저
> 나무를 시들게 하면 내게 오시리라.' 하고 사람을 부려 뜨거운 젖을 부으니
> 그 나무가 즉시 시들었다. 왕이 나무가 시들었다는 말을 듣고 땅에 엎드려
> 울더니 부인이 말하기를 "왕께서는 걱정하지 마십시오. 제가 가히 왕의 마
> 음을 즐겁게 하겠습니다." 하였다. 왕이 말하기를 "여래께서 저 나무 밑에서
> 아뇩다라삼먁삼보리를 이루셨으니, 저 나무가 없어지니 내가 살아서 무엇
> 하리오?" 하거늘 부인이 두려워하여 도로 차가운 젖을 부으니 보리수가 도
> 로 살아나니 왕이 듣고 기뻐하여 그 나무 밑에 가서 눈을 항상 쏘아보고 있
> 었다.

『월인석보』

> 그때 왕이 보리도량수에 가서 이 나무 아래에서 여래께서 아뇩다라삼먁
> 삼보리를 얻으셨으니 세간에 흔하지 않은 진보로 공양하려 하였는데, 왕의
> 부인 이름이 저사라치다라고 하는 이가 생각하기를 '왕이 지극히 나를 사랑
> 하시는데 왕이 이제 날 버리고 보배를 가지고 보리수에 가시니 내 방편으로
> 보리수를 죽이면 왕이 가지 않으실 것이다.' 하고 사람을 부려 뜨거운 젖을
> 부으니 즉시 시들어 말랐다. 한 사람이 말하기를 "보리수가 갑자기 시들었
> 습니다." 하니 왕이 곧 정신을 차리지 못하여 땅에 쓰러지거늘, 부인이 왕께
> 아뢰기를 "걱정하지 마십시오. 제가 왕이 기뻐하시게 하겠습니다." 하였다.
> 왕이 말하기를 "저 나무가 없으면 내 목숨도 또 없을 것이다. 여래께서 저
> 나무에서 아뇩다라삼먁삼보리를 얻으셨으니, 저 나무가 없으니 내가 살아서
> 무엇 하리오?" 하였다. 부인이 또 차가운 젖을 부으니 도로 살아나거늘 왕이
> 기뻐하여 보리수 아래에 가서 다른 데는 보지 않았다.

③ 저경

『석보상절』:『석가보(釋迦譜)』 권5, 아육왕조팔만사천탑기(阿育王造八萬四千塔
記) 제31 〈『잡아함경(雜阿含經)』〉【『대정신수대장경(大正新脩大藏經)』 제50, 사
전부(史傳部), 80면】.

> 爾時王供養上種種事恒遍 至菩提道場樹 此樹下如來得阿耨多羅三藐三菩提 世
> 間希有珍寶供養之事 供養菩提樹 時王夫人名曰低舍羅絺多 夫人作是念 王極愛
> 念於我 我亦念王 王今捨我持諸珍寶 至菩提樹間 我今當作方便殺菩提樹 樹旣枯
> 死葉便凋落 王當不復往彼 可得與我常相娛樂 夫人卽遣人以熱乳澆之 樹卽枯燥
> 時諸使人輩白王言 菩提樹忽然枯死 葉葉變落 時王聞是語 卽迷悶躄地 時彼夫人
> 見王憂愁不樂 而白王言 王勿憂惱我當喜悅王心 王曰若無彼樹我命亦無 如來於
> 彼樹 得阿耨多羅三藐三菩提 彼樹旣無我何用活耶 夫人聞王決定語 還復令以冷
> 乳灌之 彼樹尋復更生 王聞歡喜詣菩提樹下 睹於菩提樹目不暫捨

『월인석보』: 『석보상절』 저경과 동일함.

④ 주석

『석보상절』

●아래(LH) : 아래, 아래에. LH로 실현된 '아래'는 공간상의 위치인 '下'를 나타낸다. 참고로, RH로 실현된 '아래'는 시간상의 위치인 '前'을 가리킨다.

●이울어늘 : 시들거늘. '시들다'는 의미의 '이울-'에 '-거늘'이 통합한 것이다. 중세국어 '-거-'와 '-어-'는 선행하는 서술어의 범주가 무엇인가에 따라 교체되는 것으로 알려져 있다. 일부 예외적인 경우도 존재하지만 선행 서술어가 타동사인 경우는 '-어-'가 통합되고, 자동사나 형용사 등과 같은 비타동사인 경우에는 '-거-'가 통합되는 것이 대체적인 경향이다. 선어말어미 '-거/어-'가 포함되어 있는 '-거늘' 역시 이와 유사한 교체를 보이는데, '이울-'은 '시들다'[萎]라는 의미의 자동사이므로 '-거늘'이 통합되었으나 선행 서술어의 말음인 'ㄹ'의 영향으로 'ㄱ'이 약화된 것으로 볼 수 있다. 중세국어 '-거/어-' 교체에 대한 구체적인 논의는 고영근(1980)을 참고할 수 있다.

●쌀아 : 쏘아보아. '瞻' 정도를 뜻하는 '쌀-'에 연결어미 '-아'가 통합한 것으로 저경의 '目不暫捨' 부분을 언해한 것이다. 연철 표기되어 있지 않은 것이 특이하다.

『월인석보』

● 쉽디 : 흔하지. '세간에서 (구하기) 쉽지 않은 珎寶' 정도로 해석할
수도 있겠으나, 여기에서는 '쉽-'을 '흔하-' 정도로 해석하였다. '쉽-'이
'힘들거나 어렵지 않다'는 의미 외에 '흔하다' 정도의 의미로 쓰이는 예
는 중세국어에서는 물론 현대국어에서도 볼 수 있다.

예 내 아래 白淨王ㅅ 宮의 이싫 저긔 나지 자다가 쉽디 몯혼 꾸믈 꾸
　　 오니(我昔在於白淨王宮因晝寢中得希有夢)<석보상절23 : 27a>
　　 그만한 혼처도 쉽지 않겠다 싶어서 권하는 건데<표준국어대사전>

2. 『석보상절』 권24, 42b-43a / 『월인석보』 권25, 115b-117a

① 언해문

『석보상절』 권24, 42b-43a

> 　그저긔 王이 金 銀 瑠璃 玻黎로 네 가짓 독굴 밍ㄱ라 香乳와 香湯을 담고
> 種種 음담과 보빅옛 幢 幡 蓋와 花香 풍류를 ㄱ초 准備ㅎ야 두고 齋戒ㅎ야
> 힌 淨衣 닙고【淨衣ᄂ 조혼 오시라】香爐 바다 殿 우희 이셔 四方 向ㅎ야 절
> ㅎ고 닐오디 如來ㅅ 賢聖 弟子ㅣ 四方애 겨시니둘히 나룰 어엿비 너기샤 내
> 供養을 바ᄃ쇼셔 그ㅄ 三十萬 比丘ㅣ 다 모다 오니 十萬이 阿羅漢이러라 그
> 저긔 比丘둘히 뭇 爲頭혼 座룰 뷔워 아니 앉거늘

『월인석보』 권25, 115b-117a

그제 王이 各各 네 보비옛 도굴 밍ᄀᆞ니 金 銀 琉璃 頗梨러니 香乳와 香湯
과 담고 種種 飮食과 幡幢 寶盖 各各 즈믄 가지와 種種 花香 伎樂 가지고【阿
育王傳에 닐오ᄃᆡ 王이 金 銀 琉璃로 千 寶甁 밍ᄀᆞ라 香湯 ᄀᆞᄃᆞ기 다마 菩提樹
예 붓고 한 華鬘 末香 塗香ᄋᆞ로 坐 莊嚴타 ᄒᆞ니라】八支齋ᄅᆞᆯ 受持ᄒᆞ야 布薩
ᄒᆞ고【布薩ᄋᆞᆫ 淨住ㅣ라 혼 마리니 身口意ᄅᆞᆯ 조케 ᄒᆞ야 戒다뵈 住홀 씨라】히
오 조ᄒᆞᆫ 옷 닙고 香鑪 잡고 殿上애 이셔 四方 向ᄒᆞ야 절ᄒᆞ고 ᄆᆞᅀᆞ매 念ᄒᆞ야
닐오ᄃᆡ 如來 賢聖 弟子ㅣ 諸方애 겨시니ᄃᆞᆯ히 나ᄅᆞᆯ 어엿비 너기샤 내 供養 바
ᄃᆞ쇼셔 이 말 니ᄅᆞᆯ 제 三十萬 比丘ㅣ 다 와 모ᄃᆞ니 뎌 大衆 中에 十萬ᄋᆞᆫ 阿羅
漢이오 二十萬ᄋᆞᆫ 學人과 凡夫 比丘ㅣ러니 上座ㅅ 座애 안ᄌᆞ리 업거늘

② 현대역

『석보상절』

그때에 왕이 금, 은, 유리, 파려로 네 가지 항아리를 만들어 향유와 향탕
을 담고 갖가지 음식과 보배의 당, 번, 개와 화향, 풍악을 갖추어 준비하여
두고 재계하여 흰 정의를 입고【정의는 깨끗한 옷이다.】향로를 받들고 궁
전 위에서 사방을 향하여 절하고 말하기를 "사방에 계신 여래의 현성 제자
가 나를 불쌍히 여기시어 내 공양을 받으십시오." 하니, 그때에 30만 비구가
다 모여 오니 10만이 아라한이었다. 그때에 비구들이 가장 으뜸가는 자리를
비워 놓고 앉지 아니하거늘

『월인석보』

그때에 왕이 각각 네 개의 보배로 된 항아리를 만드니 금, 은, 유리, 파리

였는데, 향유와 향탕을 담고 갖가지 음식과 번당, 보개 각각 천 가지와 갖가지 화향, 음악을 가지고 【『아육왕전』에서 이르기를 "왕이 금, 은, 유리로 천 개의 보배로 된 병을 만들어 향탕을 가득히 담아 보리수에 붓고 많은 화만, 말향, 도향으로 또 장식하였다." 하였다.】 팔지재를 머리에 새겨 포살하고 【포살은 정주라는 말이니, 몸과 입과 마음을 깨끗하게 하여 계율대로 머무는 것이다.】 희고 깨끗한 옷을 입고 향로를 잡고 궁전 위에서 사방을 향하여 절하고 마음에 생각하여 말하기를 '모든 곳에 계신 여래의 현성 제자가 나를 불쌍히 여기시어 내 공양을 받으십시오.' 하였다. 이 말을 할 때 30만 비구가 다 와 모이니 저 대중 가운데 10만은 아라한이고 20만은 학인과 범부와 비구였는데 상좌의 자리에 앉을 이가 없거늘

③ 저경

『석보상절』:『석가보(釋迦譜)』 권5, 아육왕조팔만사천탑기(阿育王造八萬四千塔記) 제31 〈『잡아함경(雜阿含經)』〉【『대정신수대장경(大正新脩大藏經)』 제50, 사전부(史傳部), 80면】.

時王各辦四寶瓮 金銀琉璃頗梨盛諸香乳及諸香湯 持種種飲食幡幢寶蓋各有千種 及種種華香伎樂 受持八支齋布薩 著白淨衣服 執持香鑪在於殿上 向四方作禮 心念口言 如來賢聖弟子在諸方者 憐愍我故受我供養 時王如是語時 三十萬比丘 悉來集 彼大衆中十萬是阿羅漢 二十萬是學人 及凡夫比丘 上座之座無人坐

『월인석보』:『석보상절』 저경과 동일함.

④ 주석

『석보상절』

● 도굴 : 독을. 이때의 '독'은 저경의 '瓮'에 대응해 쓰여 대격조사 '-올'
과 결합한 것이다.

● 조호 : 깨끗한. 주지하다시피 중세국어에서는 '좋-'[淨]과 '둏-'[好]
이 구분되어 쓰이는데, 이때의 '조호'은 '淨'을 뜻하는 '좋-'에 관형사형
어미 '-온'이 결합한 것이다.

● 앉거늘 : '앉-'의 'ㄵ'이 8종성법에 따라 'ㄴ'으로 표기된 것이다.
뒤에 나오는 <석보상절24 : 44a>에서는 '안쩌늘'도 발견된다. 언해문의
'아니 앉거늘'을 현대역하면 '앉지 아니하거늘' 정도로 풀이할 수 있는
데, 중세국어 단형부정문에서는 '아니'가 서술어에 직접 선행하면서 서
술어나 명제 전체의 의미를 부정하는 것이 일반적이다. 이러한 '아니'
의 용법은 현대국어에서도 발견되지만, '아니'가 서술어에 직접 선행하
지 않는 경우, 즉 아래와 같이 관형사나 부사에 선행하여 쓰이는 경우
는 현대국어에서 잘 찾아보기 어렵다. '아니'를 비롯한 중세국어 부정
문에 대한 비교적 최근의 논의는 이지영(2005)를 참고할 수 있다.

㉠ 죽건 디 비록 아니 여러 나라라도 아모 고대 간디 모르노이다<월
   인석보21 : 27b>
   갈 저긔 칙치기 호오먼 아니 더듸 도라올가 너기다 ᄒᆞ니<남명집
   언해하 : 46a>

『월인석보』

• 戒다비 : 계율대로. '계율'을 의미하는 '戒'에 '-다비'가 통합한 것이다. '-다비'는 '답-[如]+-이'의 결합을 통해 형성된 형식으로 파악된다.

• 겨시니둘히(RLHHH) : 계신 분들이. 해당 문장의 주어가 '如來 賢聖弟子'이므로 높임의 뜻이 담긴 '겨시-'를 사용하였다. 성조를 고려하면 '겨시-+-ㄴ#이#둟+-이'로 분석된다.

3. 『석보상절』 권24, 43a-44b / 『월인석보』 권25, 117a-119a

① 언해문

『석보상절』 권24, 43a-44b

王이 무른대 耶舍ㅣ 對答호디 이 座ᄂᆞᆫ 上座ㅅ 座ㅣ니 녀기 어듸썬 안즈리
잇고 王이 무로디 尊者ㅅ 우희 또 다ᄅᆞᆫ 上座ㅣ 잇ᄂᆞ니잇가 對答호디 잇ᄂᆞ니
부텨 니ᄅᆞ샨 賓頭盧ㅣ 순지 사라 겨시니 긔사 이 座애 안즈리이다 王이 닐
오디 어더 보ᅀᆞᇦ까 耶舍ㅣ 닐오디 아니 오라아 보시리니 ᄒᆞ마 오시리이다
王이 ᄀᆞ장 깃거ᄒᆞ더니 이슥고 賓頭盧尊者ㅣ 無量 阿羅漢 드리고 鴈王ᄀᆞ티 虛
空애 ᄂᆞ라와 上座애 안쩌늘 그에 잇던 比丘ㅣ 다 니러 禮數ᄒᆞ고 次第로 안즈
니라 賓頭盧ㅣ 머리며 입거우지 조히 희오 辟支佛 양지러니

『월인석보』 권25, 117a-119a

王이 諸比丘끠 무로디 上座애 엇데 안즈리 업스니잇고 大衆 中에 혼 比丘

ㅣ 일후미 耶舍ㅣ러니 이 大阿羅漢이라 六通이 굿더니 王끠 술보디 이 座는
上座ㅅ 座ㅣ라 녀나ᄆᆞ니 어듸던 그에 안ᄌᆞ리잇고 王이 ᄯᅩ 무로디 尊者애셔
ᄯᅩ 上座ㅣ 잇ᄂᆞ니잇가 尊者ㅣ 對答ᄒᆞ디 ᄯᅩ 上座ㅣ 잇ᄂᆞ니 大王하 부텨 니ᄅᆞ
샨 일훔 賓頭盧ㅣ라 호리 上座ㅣ시니 이에 안ᄌᆞ시리이다 王이 ᄀᆞ장 歡喜ᄒᆞ
야 닐오디 이 中에 比丘ㅣ 부텨 보ᅀᆞᄫᅳ니 잇ᄂᆞ니잇가 尊者ㅣ 對答ᄒᆞ디 잇ᄂᆞ
니이다 大王하 賓頭盧ㅣ 손지 世間애 겨시니이다 王이 ᄯᅩ 닐오디 어루 뎌 比
丘를 보ᅀᆞᄫᆞ리잇가 尊者ㅣ 닐오디 大王하 아니 오라 보시리니 ᄒᆞ마 오시리
이다 王이 ᄀᆞ장 歡喜ᄒᆞ더니 그제 賓頭盧尊者ㅣ 無量 阿羅漢 ᄃᆞ리고 次第로
조차 鴈王ᄀᆞ티 虛空 ᄐᆞ와 上座애 앉거늘 比丘僧들히 各各 禮數ᄒᆞ고 次第로 안
ᄌᆞ니라 그제 王이 尊者 賓頭盧ㅣ 머리와 입거우지 희오 辟支佛體ㄴ 둘 보고

② 현대역

『석보상절』

　　왕이 물었는데 야사가 대답하기를 "이 자리는 상좌의 자리이니 다른 이가
어찌 앉겠습니까?" 하자 왕이 묻기를 "존자의 위에 또 다른 상좌가 있습니
까?" 하였다. 야사가 대답하기를 "있으니, 부처님께서 이르신 빈두로가 여전
히 살아 계시니 그분이야말로 이 자리에 앉으실 것입니다." 하였다. 왕이 말
하기를 "만나 뵐 수 있겠습니까?" 하자 야사가 말하기를 "오래지 않아 뵈실
것이니 곧 오실 것입니다." 하였다. 왕이 매우 기뻐하더니 이윽고 빈두로존
자가 무량 아라한을 데리고 안왕처럼 허공에서 날아와 상좌에 앉거늘 거기
에 있던 비구가 다 일어나 예를 표하고 차례로 앉았다. 빈두로가 머리와 수
염이 깨끗이 희고 벽지불의 모습이더니

『월인석보』

왕이 여러 비구께 묻기를 "상좌에 어찌 앉을 사람이 없습니까?" 하자 대중 가운데 한 비구가 이름이 야사였으니 이는 대아라한이라 육통을 갖추었는데 왕께 아뢰기를 "이 자리는 상좌의 자리라 다른 사람이 어찌 거기에 앉겠습니까?" 하자 왕이 또 묻기를 "존자보다 또 상좌가 있습니까?" 하였다. 존자가 대답하기를 "또 상좌가 있으니 대왕이시여, 부처님께서 이르신 이름이 빈두로라고 하는 이가 상좌이시니 여기에 앉으실 것입니다." 하였다. 왕이 매우 기뻐하여 말하기를 "이 중에 부처님을 뵌 비구가 있습니까?" 하자 존자가 대답하기를 "있습니다. 대왕이시여, 빈두로가 여전히 세간에 살아 계십니다." 하였다. 왕이 또 말하기를 "가히 그 비구를 뵐 수 있습니까?" 하자 존자가 말하기를 "대왕이시여, 오래지 않아 뵈실 것이니 곧 오실 것입니다." 하였다. 왕이 매우 기뻐하였는데 그때 빈두로존자가 무량 아라한을 데리고 차례로 좇아 안왕처럼 허공을 타고 와 상좌에 앉으니 비구승들이 각각 예를 표하고 차례로 앉았다. 그때 왕이 존자 빈두로가 머리와 수염이 희고 벽지불의 몸인 것을 보고

③ 저경

『석보상절』: 『석가보(釋迦譜)』 권5, 아육왕조팔만사천탑기(阿育王造八萬四千塔記) 제31 〈『잡아함경(雜阿含經)』〉【『대정신수대장경(大正新脩大藏經)』 제50, 사전부(史傳部), 80면】.

時王問諸比丘 上座云何而無人坐 時彼大衆中有一比丘 名曰耶舍 是大阿羅漢
具足六通 白王言 此座上座之座 餘者豈敢於中而坐 王復問曰 於尊者所更有上座
耶 尊者答曰 更有上座大王佛之所說名曰賓頭盧 是上座應坐此處 王大歡喜而作
是言 於中有比丘見佛者不 尊者答曰有也 大王賓頭盧者猶故存世 王復白曰 可得
見彼比丘不 尊者曰大王不久當見 尋當來至 王大歡喜 時尊者賓頭盧 將無量阿羅
漢次第相隨 譬如雁王乘虛而來 在於上座諸比丘僧 各修禮敬次第而坐 時王見尊

者賓頭盧頭鬚皓白 辟支佛體

『월인석보』:『석보상절』 저경과 동일함.

④ 주석

『석보상절』

● 녀기 : 다른 사람. '녀느' 혹은 '녕'으로 쓰여 '다른, 여느'를 나타내는 '녕'에 형식명사 '이'가 통합한 것으로 파악된다.

● 긔ᅀᅡ : 그야말로, 그 사람이야말로. '그' 뒤에 '이'와 '-ᅀᅡ'가 차례로 통합한 것이다. 중세국어의 '-ᅀᅡ'가 보조사로 쓰이는 경우도 존재하지만 어미처럼 쓰이는 예[ᄀᆞ룺 ᄀᆞᅀᅢ 자거늘 밀므리 사ᅀᅵ리로더 <u>나거ᅀᅡ</u> 즈ᄆᆞ니이다<용비어천가8 : 18a>]도 존재한다는 점을 고려한다면 '긔ᅀᅡ'의 분석 방법은 두 가지로 나눌 수 있을 것이다. 첫째는 '-ᅀᅡ'를 보조사로 보고 '그' 뒤에 주격조사 '-이'와 '-ᅀᅡ'가 차례로 통합하였다고 보는 것이고, 두 번째는 '-ᅀᅡ'를 어미로 처리하고 '그' 뒤에 계사 '-이-'와 어미 '-ᅀᅡ'가 통합한 것으로 보는 방법이다. 이에 대해 하귀녀(2005)에서는 대격 위치에 나타난 '-이ᅀᅡ'의 예를 보이며 이와 평행하게 주격 위치에 나타난 '-이ᅀᅡ' 역시 계사와 어미 '-ᅀᅡ'가 통합한 것으로 판단하였다. 구체적인 예와 중세국어 '-ᅀᅡ'의 쓰임에 대해서는 이현희(1995), 김진형(1995), 하귀녀(2005) 등을 참고할 수 있다.

● 어더 보ᅀᆞ방까 : 만나뵐 수 있겠습니까. "빈두로야말로 이 자리에 앉으실 분"이라는 야사의 말에 아육왕이 "그 분을 만나 뵐 수 있겠느

냐?"라고 묻는 부분으로, '얻-[得]+-어#보-[見]+-슿-+-아-+-ㄹ까'
정도로 분석할 수 있다. 이때 '얻-'이 쓰인 것은 저경의 '得見'을 그대
로 언해하였기 때문으로 보인다.

• 드리고 : 중세국어의 '드리-'는 '드려, 드료리니, 드리고, 드리니, 드
리샤' 등의 예에서 볼 수 있듯이 활용에 특별한 제약이 없었으나 현대국
어의 '데리-'는 '데리고', '데려'의 활용형만 나타나는 불완전 동사이다.

『월인석보』

• ᄀᆞᆺ더니 : 갖추어졌으니. 'ᄀᆞᆽ-'[備]의 'ㅈ'이 8종성법에 따라 'ㅅ'으로
표기된 것이다. 중세국어의 'ᄀᆞᆽ-'은 형용사로 흔히 'X이 ᄀᆞᆽ-' 구성으로
쓰인다.

> 예 舍利弗옷 聰明ᄒᆞ고 神足이 ᄀᆞᄌᆞ니<석보상절6 : 22b>
> 열아홉차힌 擧動이 ᄀᆞᄌᆞ시며<월인석보2 : 56b>
> 제 겨집도 됴ᄒᆞᆫ 相이 ᄀᆞᆽ고<석보상절6 : 12a>

• 尊者애셔 : 존자보다. '-애셔'가 처소나 출발점이 아닌 '비교'의 의
미를 나타내는 조사로 쓰인 예이다.
• ᄒᆞ마 : 장차, 곧. 중세국어의 'ᄒᆞ마'는 두 가지 뜻으로 해석된다. 하
나는 '이미, 벌써'의 뜻이고, 다른 하나는 '장차, 곧'의 뜻인데, 해당 부
분은 "(빈두로를) 만나뵐 수 있겠느냐?"라는 아육왕의 질문에 야사가
"오래지 않아 보실 것이니 (빈두로가) 곧 오실 것입니다."라고 대답하는
문맥이므로 '장차, 곧'으로 해석하는 것이 옳다.

4. 『석보상절』 권24, 44b-45b / 『월인석보』 권25, 119a-122a

① 언해문

『석보상절』 권24, 44b-45b

王이 머리 조아 禮數ᄒ고 ᄭ러 合掌ᄒ야 닐오ᄃᆡ 尊者ㅣ 世尊올 보ᅀᄫᅡ 겨시니잇가 賓頭盧ㅣ 소ᄂᆞ로 눈서블 들오 王올 보며 닐오ᄃᆡ 긔 올ᄒ니 네 如來 五百 阿羅漢 ᄃᆞ리시고 王舍城의 겨샤 安居ᄒ실 쩨도 내 그 中에 잇다이다 ᄯᅩ 世尊이 舍衛國에 겨실 쩌긔 給孤獨長者ㅣ ᄯᅩ리 부텨와 比丘둘ᄒ 請ᄒᅀᆞᄫᅡ늘 그저긔 比丘둘히 各各 虛空애 ᄂᆞ라가더니 나ᄂᆞᆫ 神力으로 大山올 조쳐 가져 가니 世尊이 나ᄅᆞᆯ 외다 ᄒᆞ샤 엇뎨 神足올 내야 뵈ᄂᆞᆫ다 내 이제 너를 罰ᄒᆞ야 涅槃 몯게 ᄒᆞ노니 世間애 샹녜 이셔 내 正法을 護持ᄒᆞ라 ᄒᆞ시이다

『월인석보』 권25, 119a-122a

머리 조아 禮數ᄒ고 ᄭ러 合掌ᄒ야 ᄉᆞᆲ오ᄃᆡ 世尊올 보ᅀᄫᅵ시니잇가 賓頭盧 尊者ㅣ 소ᄂᆞ로 눈섭 들오 王 보며 닐오ᄃᆡ ①내 如來를 보ᅀᄫᅵ보니 世間애 가ᄌᆞᆯ 비ᅀᆞᇙ 디 업스샤 모미 黃金色이시고 三十二相好ㅣ샤 ᄂᆞ치 조ᄒᆞᆫ 보롮ᄃᆞᆯ 곧 ᄒᆞ시고 梵音聲이 보드라ᄫᅵ시며 煩惱를 降伏히오샤 샹녜 寂滅에 겨시더이다 王이 ᄯᅩ 무로ᄃᆡ 尊者ㅣ 어듸 가 부텨를 보ᅀᄫᅵ시니잇고 尊者ㅣ 닐오ᄃᆡ 네 如來 五百 阿羅漢 ᄃᆞ리시고 처섬 王舍城에 겨샤 安居커시ᄂᆞᆯ 내 그ᄢᅴ 그 中에 이시며 ᄯᅩ 世尊이 舍衛國에 겨싫 제 ②큰 神力으로 諸佛人 양ᄌᆞ를 지스샤 諸方이며 阿迦尼吒天에 니르리 ᄀᆞᄃᆞ기 겨시거늘 내 그ᄢᅴ 그 中에 이셔 如來人 種種 變化 神通相올 보ᅀᄫᅥ며 ᄯᅩ 如來 天上애 겨샤 어마님 爲ᄒᆞ샤 說法거시ᄂᆞᆯ 내 ᄯᅩ 그 中에 이시며 說法 ᄆᆞᆺ시고 天衆 ᄃᆞ리샤 ᄂᆞ려오싫 제 내 이 두 이ᄅᆞᆯ 보ᅀᄫᅵ보니 天人이 福樂올 受ᄒᆞ더니 優波羅 比丘尼 變ᄒᆞ야 轉輪聖王이 ᄃᆞ외야 無量 眷屬 ᄃᆞ리고 虛空 타 世尊ᄭᅴ 오거늘 내 ᄯᅩ 보며 ᄯᅩ 世尊이 舍衛國

에 겨싫 제 五百 阿羅漢과 호디 잇더시니 給孤獨長者ㅣ ᄯᅡ리 부텨와 比丘僧
을 請커늘 그제 比丘둘히 各各 虛空ᄋᆞᆯ 타 가거늘 내 神力으로 大山ᄋᆞᆯ 드러
虛空ᄋᆞ로 가니 그제 世尊이 나ᄅᆞᆯ 責ᄒᆞ샤ᄃᆡ 네 엇뎨 神足ᄋᆞᆯ 이리 나토ᄂᆞᆫ다 내
이제 너를 罰ᄒᆞ노니 <u>ᄉᆞᆼ녜 世間애 이셔 涅槃 몯ᄒᆞ리니</u> 내 正法을 護持ᄒᆞ야 滅
티 아니케 ᄒᆞ라 ᄒᆞ시니이다

② 현대역

『석보상절』

왕이 머리를 조아려 예를 표하고 꿇어 합장하여 말하기를 "존자가 세존을
뵈시었습니까?" 하자 빈두로가 손으로 눈썹을 들고 왕을 보며 말하기를 "그
것이 옳으니, 예전에 여래께서 5백 아라한을 데리고 왕사성에 계시어 안거
하실 적에도 내가 그중에 있었습니다. 또 세존께서 사위국에 계실 적에 급
고독장자의 딸이 부처님과 비구들을 청하거늘 그때에 비구들이 각각 허공에
서 날아가니 허공을 나는 신통력으로 큰 산까지 아울러 가져갔는데 세존께
서 나에게 '잘못하였다.'라고 하시고 '어찌 신족을 내어 보이느냐? 내가 이제
너를 벌하여 열반을 못 하게 하니, 너는 세간에 항상 있으면서 내 정법을 보
호하고 지키라.'라고 하셨습니다.

『월인석보』

머리를 조아려 예를 표하고 꿇어 합장하여 아뢰기를 "세존을 뵈시었습니
까?" 하자 빈두로존자가 손으로 눈썹을 들고 왕을 보며 말하기를 "내가 여
래를 뵈었으니 부처님은 세간에 비교할 것이 없으시어 몸이 황금색이시고
삼십이상호이시어 얼굴이 깨끗한 보름달 같으시고 범음성이 부드러우시며

번뇌를 항복시키시어 항상 적멸에 계셨습니다." 하였다. 왕이 또 묻기를 "존자께서 어디 가서 부처님을 뵈셨습니까?" 하자 존자가 말하기를 "예전에 여래께서 5백 아라한을 데리고 처음 왕사성에 계시면서 안거하셨는데 내가 그때 그중에 있었으며, 또 세존께서 사위국에 계실 때 큰 신통력으로 모든 부처님의 모습을 만드시어 모든 방향이며 아가니타천에 이르기까지 가득히 계셨는데 내가 그때 그중에 있어 여래의 갖가지로 변화하는 신통상을 보았으며, 또 여래께서 천상에 계시면서 어머님을 위하여 설법을 하셨는데 내가 또 그중에 있었으며, 설법을 마치시고 천중을 데리고 내려오실 때 내가 이 두 가지 일을 보았는데 천인이 복락을 받더니 우바라 비구니가 변하여 전륜성왕이 되어 무량 권속을 데리고 허공을 타고 세존께 왔는데 내가 또 보았으며 또 세존께서 사위국에 계실 때 5백 아라한과 한데 계셨는데 급고독장자의 딸이 부처님과 비구승을 청하니 그때 비구들이 각각 허공을 타고 가거늘 내가 신통력으로 큰 산을 들고 허공으로 가니 그때 세존께서 나를 책망하시기를 '네가 어찌 신족을 이리 나타내느냐? 내가 이제 너를 벌하니 항상세간에 있으면서 열반을 못할 것이니 내 정법을 보호하여 지키며 멸하지 않게 해라.'라고 하셨습니다.

③ 저경

『석보상절』:『석가보(釋迦譜)』 권5, 아육왕조팔만사천탑기(阿育王造八萬四千塔記) 제31 〈『잡아함경(雜阿含經)』〉【『대정신수대장경(大正新脩大藏經)』 제50, 사전부(史傳部), 80면】.

頭面禮足 長跪合掌白尊者言 見世尊耶 時尊者賓頭盧 以手擧眉毛視王而言 昔如來將五百阿羅漢俱 初在王舍城安居 我爾時亦復在中 又復世尊 住舍衛國 時給孤獨長者女 請佛及比丘僧 時諸比丘各乘空而往彼 我於爾時以神力合大山往彼受請 時世尊責我正法那得現神足如是 我今罰汝 常在於世不得取涅槃 護持我正法勿令滅也

『월인석보』:『석보상절』의 저경과 동일하나 추가된 내용은 아래와 같다.
① 『잡아함경(雜阿含經)』권23【『대정신수대장경(大正新脩大藏經)』제2, 아함부(阿含部), 169면】.[1]
② 『잡아함경(雜阿含經)』권23【『대정신수대장경(大正新脩大藏經)』제2, 아함부(阿含部), 169면】.[2]

---

① 我見於如來 於世無譬類 身作黃金色 三十二相好 面如淨滿月 梵音聲柔軟 伏諸煩惱諍 常處於寂滅 王復問曰 尊者何處見佛 尊者曰
② 大作神力 種種變化 作諸佛形 滿在諸方 乃至阿迦尼吒天 我爾時亦在於中 見女來種種變化神通之相 (而說偈言 如來神通力 降伏諸外道 佛遊於十方 我親見彼相) 又復 如來在天上與母 說法 時我亦在於中 與母說法竟 將諸天衆從天上來 (下僧迦奢國) 時我見此二事 天人受福樂 優波羅比丘尼化作轉輪聖王 將無量眷屬 乘空而來 詣世尊所我亦見此 (而說偈言 如來在天上 於彼結夏坐 我亦在於中 牟尼之眷屬)

---

* 위 언해문에서 ①과 ②는『석가보』에는 없는 내용으로서 ①은 석가의 생김새를 나타내는 글이고, ②는 존자 빈두로가 석가와 함께 있었던 장면을 말하는 글이다. 그런데 ①과 ②는『월인석보』에만 기록된 것으로 보아『월인석보』편찬자가『월인석보』에 삽입한 것이다. 여기에서 흥미로운 것은 ①과 ②가『월인석보』권25의 중심 저본이 되는 '釋迦譜 阿育王造八萬四千塔記 第31'의 내용이 아니고 이 저본의 원전이라 할 수 있는 '雜阿含經 권23'의 내용이라는 점이다. 이 사실은『월인석보』편찬자가『석가보』뿐 아니라『석가보』를 이루는 불전을 참고하여 필요에 따라서는『석가보』를 이루는 불전의 내용을 추가했다는 논의에 힘을 실어 준다.

* 『월인석보』의 "샹녜 世間애 이셔 涅槃 몯ᄒᆞ리니"는 '항상 세간에

---

1) T02n0099_p0169c05~09(http://www.cbeta.org/result/normal/T02/0099_023.htm).

2) T02n0099_p0169c16~29(http://www.cbeta.org/result/normal/T02/0099_023.htm).

있으면서 열반하지 못할 것이니' 정도로 해석되는데, 이 언해문은 저경의 '常在於世不得取涅槃'를 언해한 부분이다. 그런데 이를 『석보상절』에서는 선후행절의 순서를 바꾸어 '涅槃 몯게 ᄒ노니 世間애 샹녜 이셔(열반하지 못하게 하니, 세간에 항상 있으면서)'로 언해하였다.

④ 주석

『석보상절』

● 조아 : 조아려. '조아리다, 叩首'를 뜻하는 어간 '좃-'에 연결어미 '-아'가 통합한 것이다.

● ᄭᅮ러 : 꿇어. 중세국어의 '꿀-'은 현대국어의 '꿇-'[跪]에 대응하는데, 'ㄹ' 말음 어간이 'ㄶ' 말음 어간으로 재구조화된 것이 특이하다. 비록 'ㄹ' 말음 어간은 아니었지만 역시 'ㄶ' 말음을 갖는 것으로 재구조화된 어간으로는 '듧-'[穿](>뚫-)을 들 수 있다.

● 잇다이다 : 있었습니다. 빈두로존자가 "예전에 여래께서 5백 아라한을 데리고 왕사성에 계시어 안거하실 적에도 내가 그중에 있었습니다."라고 아육왕에게 말하는 부분으로, '잇-+-더-+-오-+-이-+-다'로 분석할 수 있다. 이 중, '다'는 과거 시상 선어말어미 '-더-'에 주어가 1인칭임을 나타내는 선어말어미 '-오-'가 통합하여 실현된 것이다.

● 조쳐 : 아울러. '조치-'[兼]에 연결어미 '-어'가 통합된 것이다. 중세국어의 '조쳐'를 문법화된 조사로 보는 견해도 있으나 중세국어 시기에 '조쳐'의 문법화가 완료되었다는 적극적인 증거를 찾기 어렵고, 해당 문맥에서는 '조쳐'의 목적어로 볼 수 있는 '大山을'이 실현되어 있으므로 이때의 '조쳐'는 여전히 '조치-'의 활용형으로 쓰이고 있는 것으

로 파악된다.

● 뵈ᄂᆞ다 : 보이느냐. 세존이 빈두로존자에게 '어찌 신족을 내어 보이 느냐'며 꾸짖는 부분으로, 외현되지는 않았으나 청자인 빈두로존자를 문장의 주어로 삼아 묻는, 2인칭 의문어미 '-ㄴ다, -ㄹ다'가 쓰이는 전형적인 문맥이다. '-ㄴ다'와 '-ㄹ다'는 의문사의 유무와 관계없이 사용되다가 근대국어 시기에 들어 소멸된다. '-ㄴ다'와 '-ㄹ다'의 변화 과정에 대해서는 이승희(1996)을 참고할 수 있다. 이 2인칭 의문형 '-ㄴ다'에서 평서형어미 '-ㄴ다'의 기원을 찾은 논의로는 정언학(2005)를 참고할 수 있다.

『월인석보』

● 가ᄌᆞᆯ비ᅀᆞᆸᄫᅩᇙ 디 : 비교할 것이. '비교하다'를 뜻하는 어간 '가ᄌᆞᆯ비-' [譬]에 '-ᅀᆞᆸ-', '-오-', '-ᄚ', '드', '-이'가 차례로 통합한 것이다. 이때의 '-ᅀᆞᆸ-'은 비교 대상이 상위자인 '如來'이므로 이를 나타내기 위해 쓰인 것으로 보인다.

● ᄆᆞ츠시고 : 마치시고. '마치다'를 뜻하는 어간 '몿-'[終]에, 주어가 상위자인 '如來'이므로 주체높임을 나타내는 '-ᄋᆞ시-'와, 연결어미 '-고'가 차례로 통합한 것이다.

● 나토ᄂᆞ다 : 나타내느냐. 『석보상절』의 '뵈ᄂᆞ다'에 대응하는 것으로 『석보상절』과 동일하게 2인칭 의문형어미 '-ㄴ다'가 쓰였다. 『석보상절』에서는 주어가 외현되지 않았으나 『월인석보』에는 '네'로 실현되어 있다.

5. 『석보상절』권24, 45b-47a / 『월인석보』권25, 122a-125a

① 언해문

『석보상절』권24, 45b-47a

> 坐 如來 比丘둘 더브르시고 城의 드러 乞食ᄒ거시ᄂᆞᆯ 나도 조쪼바 가다니
> 두 아히 몰앳 가온ᄃᆡ 이셔 노다가 부텨 오시거늘 보ᅀᆞᆸ고 몰애 우희여 부텨
> ᄭᅴ 받ᄌᆞ바ᄂᆞᆯ 世尊이 記ᄒ샤ᄃᆡ 나 滅度ᄒᆞᆫ 百年 後에 요 아히 巴蓮弗邑에 王이
> ᄃᆞ외야 閻浮提ᄅᆞᆯ 가져 내 舍利로 八萬 四千 塔ᄋᆞᆯ 셰리라 ᄒᆞ더시니 그 아히
> 이젯 王 모미시니이다 王이 坐 무러ᄃᆡ 尊者ㅣ 어듸 겨시니잇고 對答호ᄃᆡ 揵
> 陁摩羅山애 이셔 梵行ᄒᆞᄂᆞᆫ 즁둘콰 ᄒᆞᆫᄃᆡ 잇ᄂᆞ이다 王이 坐 무러ᄃᆡ 眷屬ᄋᆞᆫ 며
> 치니잇고 對答호ᄃᆡ 六萬 阿羅漢이이다 王이 나라해 出令호ᄃᆡ 王이 이제 十萬
> 兩ㅅ 金으로 모ᄃᆞᆫ 즁님내ᄭᅴ 布施ᄒ시고 一千 독 香湯ᄋᆞ로 菩提樹에 믈 주시
> ᄂᆞ니 五衆이 다 모ᄃᆞ라 ᄒᆞ야ᄂᆞᆯ【五衆ᄋᆞᆫ 沙彌와 沙彌尼와 式叉摩那와 比丘와
> 比丘尼왜라】

『월인석보』권25, 122a-125a

> 坐 如來 比丘僧둘 ᄃᆞ리시고 城에 드러 乞食ᄒᆞ싫 제 王과 두 童子ㅣ 몰앳
> 가온ᄃᆡ 이셔 노ᄅᆞ시다가 부텨 오시거늘 ᄇᆞ라ᅀᆞᆸ고 몰애 바다 부텨ᄭᅴ 받ᄌᆞ바
> 시ᄂᆞᆯ 世尊이 記ᄒᆞ샤ᄃᆡ 뎌 童子ㅣ 나 滅度ᄒᆞᆫ 百歲 後에 이 童子ㅣ 巴蓮弗邑에
> 王이 ᄃᆞ외야 閻浮提ᄅᆞᆯ 거ᄂᆞ려 일후미 阿育이리니 내 舍利ᄅᆞᆯ 너비 펴 ᄒᆞ롯 內
> 예 八萬 四千 塔ᄋᆞᆯ 셰리라 ᄒᆞ시니 이제 王 모미 긔시니이다 내 그제 坐 그
> 中에 잇다이다 王이 尊者ᄭᅴ 술보ᄃᆡ 尊者 이제 어듸 겨시니잇고 尊者ㅣ 對答
> 호ᄃᆡ 北山애 잇ᄂᆞ니 山ㅅ 일후미 揵陁摩羅ㅣ니 ᄒᆞᆫ가지로 梵行ᄒᆞᄂᆞᆫ 僧둘콰 ᄒᆞᆫ
> ᄃᆡ 잇ᄂᆞ이다 王이 坐 무러ᄃᆡ 몃 眷屬이 잇ᄂᆞ니잇고 尊者ㅣ 對答호ᄃᆡ 六萬 阿
> 羅漢이니이다 尊者ㅣ 닐오ᄃᆡ 王이 므슴 해 무르시ᄂᆞᆫ고 이제 즁의게 供養ᄒ

쇼셔 밥 다 머그면 王이 歡喜ᄒᆞ시게 호리이다【阿育王傳에 닐오디 므슴 해 무르시ᄂᆞᆫ고 ᄢᅵ니 ᄒᆞ마 다ᄃᆞᄅᆞ니 즁의 바블 주쇼셔 밥 다 먹고 다시 王 爲ᄒᆞ야 다 술ᄫᅩ리이다】王이 닐오디 올ᄒᆞ시이다 尊者하 몬져 내이 念佛 므슴몰 니ᄅᆞ와다 菩提樹를 저진 後에ᅀᅡ 香美飮食ᄋᆞ로 즁님내ᄭᅴ 받ᄌᆞᄫᅩ리이다 ᄒᆞ고 羣臣 勅ᄒᆞ야 나라해 出令호ᄃᆡ 王이 이제 十萬 兩 金을 내야 衆僧의게 布施ᄒᆞ고 즈믄 독 香湯ᄋᆞ로 菩提樹를 저지시ᄂᆞ다 ᄒᆞ야 五衆을 모도더니【五衆은 沙彌 沙彌尼 式叉摩那 比丘 比丘尼라 式叉摩那ᄂᆞᆫ 法 빈호ᄂᆞᆫ 女ㅣ라 혼 마리라】

② 현대역

『석보상절』

또 여래께서 비구들과 더불어 성에 들어 걸식하시니 나도 따라갔는데, 두 아이가 모래 가운데에서 놀다가 부처님께서 오시거늘 부처님을 뵙고 모래를 움켜 부처님께 바치니, 세존께서 수기하시기를 '내가 멸도하고 나서 100년 후에 요 아이가 파련불읍에서 왕이 되어 염부제를 다스려 내 사리로 8만 4천 탑을 세울 것이다.' 하셨는데 그 아이가 지금의 왕이십니다." 왕이 또 묻기를 "존자께서 어디 계십니까?" 빈두로가 대답하기를 "건타마라산에서 범행(梵行)하는 스님들과 한데 있습니다." 왕이 또 묻기를 "권속은 몇입니까?" 존자가 대답하기를 "6만 아라한입니다." 왕이 나라에 출령하기를 "왕이 이제 10만 냥의 금으로 모든 스님들께 보시하시고 천 개 항아리에 든 향탕으로 보리수에 물을 주시니 오중(五衆)이 다 모여라." 하거늘【오중은 사미와 사미니와 식차마나와 비구와 비구니이다.】

『월인석보』

또 여래께서 비구승들을 데리고 성에 들어 걸식하실 때 왕과 두 동자가 모래 가운데에서 노시다가 부처께서 오셨는데, 부처를 바라보고 모래를 받아 부처께 바치시니 세존께서 수기하시기를 '저 동자가 내가 멸도하고 나서 100세 후에 이 동자가 파련불읍에서 왕이 되어 염부제를 거느려 이름이 아육일 것이니, 내 사리를 널리 펴 하루 안에 8만 4천 탑을 세울 것이다.' 하셨는데 지금 왕의 몸이 그 동자이십니다. 내가 그때 또 그중에 있었습니다." 왕이 존자께 아뢰기를 "존자께서는 지금 어디에 계십니까?" 존자가 대답하기를 "북산에 있으니 산의 이름이 건타마라인데, 함께 범행하는 승려들과 한데 있습니다." 왕이 또 묻기를 "몇 명의 권속이 있습니까?" 존자가 대답하기를 "6만 아라한입니다." 존자가 말하기를 "왕이 어찌 이리도 많이 물으십니까? 이제 승려에게 공양하십시오. 밥을 다 먹으면 왕을 기쁘게 해 드릴 것입니다."【『아육왕전』에서 이르기를 "어찌 이리도 많이 물으십니까? 끼니때가 이미 다다랐으니 중의 밥을 주십시오. 밥을 다 먹고 다시 왕을 위하여 모두 아뢰겠습니다."】왕이 말하기를 "옳으십니다. 존자이시여, 먼저 나의 염불의 마음을 일으켜 보리수를 적신 후에야 향기롭고 맛있는 음식으로 스님들게 바치겠습니다." 하고 신하들에게 명령하여 나라에 출령하기를 "왕이 이제 10만 냥의 금을 내어 스님들에게 보시하고 천 개 항아리에 든 향탕으로 보리수를 적시십시오." 하여 오중을 모았으니【오중은 사미, 사미니, 식차마나, 비구, 비구니이다. 식차마나는 법을 배우는 여자라는 말이다.】

③ 저경

『석보상절』:『석가보(釋迦譜)』 권5, 아육왕조팔만사천탑기(阿育王造八萬四千塔記) 제31〈『잡아함경(雜阿含經)』〉【『대정신수대장경(大正新脩大藏經)』제50, 사전부(史傳部), 80면】.

又復如來 將諸比丘僧入城乞食 時王共二童子沙土中戲 遙見佛來捧於塵沙 奉上於佛 時世尊記彼童子 於我滅度百歲之後 此童子於巴連弗邑 當受王位領閻浮提 名曰阿育 當廣布我舍利 一日之中當造八萬四千塔 今王身是也 我爾時亦在於

中 時王白尊者曰 尊者今住在何處 尊者答王曰 在於北山 山名揵陀摩羅 共諸同梵
行僧俱 王復問曰有幾眷屬 尊者答曰六萬阿羅漢 尊者曰王何須多問
　　今當施設供養於僧食竟 使王歡喜 王言如是尊者 然我今先當供養佛念所覺菩提
之樹 然後香美飲食施設於僧 救諸群臣唱令國界 王今捨十萬兩金布施衆僧 千瓮
香湯溉灌菩提樹 集諸五衆

『월인석보』:『석보상절』 저경과 동일함.

　* 위 내용 중에서 『석보상절』 앞부분에 "나도 조쫏바 가다니"가 첨
가된 점을 지적해 둔다. 이처럼 『월인석보』나 저경에 없는 부분이 『석
보상절』에서 확인되는데 그리 흔한 일은 아니기 때문에 구별해 두기로
하겠다. 이 부분은 『석보상절』 편찬자가 보다 자연스럽게 표현하기 위
해서 임의적으로 첨가한 것으로 생각된다.

　* 언해문과 저경을 비교해 보면 한문의 구성이 명사절처럼 보이는데
언해문에서 접속문으로 번역하는 예들이 확인된다. "時王共二童子沙土
中戲 遙見佛來捧於塵沙 奉上於佛"에서 밑줄 친 부분이 그러한 경우에
해당된다. 한문의 구성으로 볼 때 '부텨 오샤몰 보ᅀᆞᆸ고' 정도로 나타날
것 같은데 『석보상절』에서는 "부텨 오시거늘 보ᅀᆞᆸ고", 『월인석보』에서
는 "부텨 오시거늘 ᄇ라ᅀᆞᆸ고"처럼 접속문으로 번역하였다.

　*『월인석보』의 "이제 王 모미 긔시니이다"는 '지금 왕의 몸이 그(동
자)이십니다.' 정도로 해석된다. '당시 부처님께 모래로 보시를 하던 그
아이가 지금의 아육왕임'을 말하는 문맥으로, 저경의 '今王身是也'을 그
대로 언해한 것이다. 이를 현대국어로 옮기면 '지금 왕의 몸이 그 동자
이십니다.' 정도가 될 것인데 자연스러운 표현은 아니다. 『석보상절』은
같은 부분을 '그 아히 이젯 王 모미시니이다'로 옮기고 있는데 이는 '그 아

이가 지금의 왕(의 몸)이십니다.' 정도로 풀이된다. 여기서도 『석보상절』이 우리말에 가깝게 언해하는 경향이 있었다는 점을 확인할 수 있다.

④ 주석

『석보상절』

● 조쫘 : 따라. '따르다'를 뜻하는 어간 '좇{좇}-'[從]에 '-줍-'과 '-아' 가 차례로 통합한 것이다. 이때의 '-줍-'은 따르는 대상인 목적어가 '如 來'이므로 이를 높이기 위해 쓰인 것이다.

● 노다가 : 놀다가. '노{놀}-'[遊]에 연결어미 '-다가'가 통합한 것으로, '놀-'의 'ㄹ'이 'ㄷ' 앞에서 탈락하였다.

● 즁둘콰(RHH) : 중들과. '즁#둟+-과'로 분석된다. 중세국어에서 복 수접미사 '(-)둟'은 완전히 문법화하지 않은 상태였는데, 여기서는 그 증거가 성조 실현을 통해 드러난다. 율동규칙의 영역에 들어오지 않는 이 어형은 '(-)둟'이 여전히 어휘형태소적 용법으로 쓰이고 있음을 말해 주는 것이다.

● 즁님내끠(RRHH) : 스님들께. 중세국어의 복수접미사는 '(-)둟' 외에 도 여기에 쓰인 '-내'가 존재하는데, '(-)둟'이 일반적으로 쓰이던 복수 접미사라면 '-내'는 존귀한 인물들에 대해 쓰이던 복수접미사로 알려 져 있다(안병희 1992). 이 부분에서는 후행 서술어에 '-숩-' 등이 쓰이지 는 않았으나 접미사 '-님'이나 '-끠'를 통해서도 아육왕이 '즁'을 대우하 고 있다고 볼 수 있을 것이다. 한편, 15세기 국어에서 접미사로 쓰이는 '-님'도 음운론적으로는 명사로서의 성조 실현을 그대로 보여 주고 있 다. '즁님내끠(RRHH)'가 율동규칙의 영향을 받지 않고 있는 것이다.

『월인석보』

● 저진 : 적신. '젖다'를 뜻하는 어간 '젖-'에 사동접미사 '-이-'가 통
합된 관형사형이다.

6. 『석보상절』권24, 47a-48a / 『월인석보』권25, 125a-127a

① 언해문

『석보상절』권24, 47a-48a

王ㅅ 아둘 拘那羅ㅣ라 ᄒᆞ리 王ㅅ 겨틔 안잿다가 말란 아니ᄒᆞ고 두 솑가라
ᄅᆞᆯ 드니 두 ᄇᆞ룰 곱게 供養코져 ᄒᆞ논 ᄠᅳ디러니 大衆돌히 다 우ᅀᆞ며 王도 우
ᅀᆞ며 닐오ᄃᆡ 이 아기 功德을 더으놋다 ᄒᆞ고 닐오ᄃᆡ 내 ᄯᅩ 三十萬兩ㅅ 金으로
모든 즁님내룰 供養ᄒᆞ며 ᄯᅩ 一千 독 香湯ᄋᆞᆯ 더 내야 菩提樹를 싯교리라 ᄒᆞ야
ᄂᆞᆯ 그 王子ㅣ ᄯᅩ 네 솑가라ᄅᆞᆯ 드러늘 王이 도라 보고 上座ᄭᅴ 닐오ᄃᆡ 내 庫앳
쳔량ᄋᆞ란 말오 그 外옛 녀나ᄆᆞᆫ 것과 閻浮提와 夫人과 婇女와 臣下와 이 아기
조쳐 다 내야 賢聖 즁님내ᄭᅴ 布施ᄒᆞ노이다 ᄒᆞ고 나라해 出令ᄒᆞ니라 그ᄢᅴ 王
과 上座와 比丘둘히 香湯ᄋᆞ로 菩提樹를 싯기니 그 남기 倍倍히 싁싁ᄒᆞ고 길
어늘 王이며 臣下ㅣ 다 ᄀᆞ장 깃거ᄒᆞ더라

『월인석보』권25, 125a-127a

그제 王子ㅣ 일후미 拘那羅ㅣ라 ᄒᆞ리 王 올흔녀긔 잇더니 두 솑가라ᄅᆞᆯ 들
오 말 아니ᄒᆞ니 二倍 供養코져 혼 ᄠᅳ디러니 大衆이 보고 다 웃거늘 王도 우
ᅀᅥ 닐오ᄃᆡ 王子ㅣ 功德 더으놋다 王이 ᄯᅩ 닐오ᄃᆡ 내 ᄯᅩ 三十萬 兩 金ᄋᆞ로 衆

僧을 供養ᄒ고 ᄯ 즈믄 독 香湯ᄋ로 菩提樹를 싯교리라 그제 王子ㅣ ᄯ 네
가라ᄀᆯ 드니 四倍코젓 ᄠᅳ디러니 王이 怒ᄒ야 臣下ᄃ려 닐오ᄃᆡ 王子 ᄀᆞᄅᆞ쳐
날와 ᄃᆞ토게 ᄒᄂᆞ뇨 臣下ㅣ 술ᄫᅩᄃᆡ 뉘 王과 겻구리잇고 그러나 王子ㅣ 聰慧
利根ᄒ샤 功德을 더으실ᄊᆡ 이 이룰 ᄒ시ᄂᆞ소이다 그제 王이 王子 도라 보고
上座ᄭᅴ 술ᄫᅩᄃᆡ 내 庫藏앳 거스란 말오 녀나믄 一切 것과 閻浮提 夫人 婇女
諸臣 眷屬과 나와 拘那羅子와 다 賢聖衆僧ᄭᅴ 布施ᄒ노이다 ᄒ니라 그제 王과
上座와 比丘僧괘 즈믄 독 香湯ᄋ로 菩提樹를 싯기니 菩提樹ㅣ 倍히 싁싁고
퍼디거늘 王과 羣臣돌쾌 ᄀᆞ장 歡喜ᄒ더라

② 현대역

『석보상절』

왕의 아들 구나라라고 하는 이가 왕 곁에 앉아 있다가 말은 하지 않고 두
손가락을 드니 두 배로 공양하고자 하는 뜻이었으니, 대중들이 모두 웃고
왕도 웃으며 말하기를 "이 아기가 공덕을 더하는구나!" 하고 말하기를 "내가
또 30만 냥의 금으로 모든 스님들을 공양하며 또 천 개 항아리에 든 향탕을
더 내어 보리수를 씻길 것이다." 하거늘, 그 왕자가 또 네 손가락을 드는데
왕이 돌아보고 상좌께 말하기를 "내 창고에 있는 재물은 말고 그 밖의 다른
것과 염부제와 부인과 채녀와 신하와 이 아기를 아울러 다 내어 현성 스님
들께 보시하겠습니다." 하고 나라에 출령하였다. 그때 왕과 상좌와 비구들이
향탕으로 보리수를 씻기니 그 나무가 곱절로 장엄해지고 높이 자라니 왕이
며 신하가 모두 크게 기뻐하였다.

『월인석보』

그때 왕자가 이름이 구나라라고 하는 이가 왕의 오른쪽에 있었는데, 두

손가락을 들고 말을 하지 않으니 두 배 공양하고자 한 뜻이었으니, 대중이 보고 모두 웃는데 왕도 웃으며 말하기를 "왕자가 공덕을 더하는구나!" 왕이 또 말하기를 "내가 또 30만 냥의 금으로 스님들을 공양하고 또 천 개 항아리에 든 향탕으로 보리수를 씻길 것이다." 그때 왕자가 또 네 손가락을 들었는데, 네 배로 공양하고자 하는 뜻이었다. 왕이 노하여 신하에게 말하기를 "누가 왕자를 가르쳐 나와 다투게 하는가?" 신하가 아뢰기를 "누가 왕과 겨루겠습니까? 그러나 왕자가 총명한 지혜와 이근(利根)을 지녀 공덕을 더하시므로 이 일을 하신 것입니다." 그때 왕이 왕자를 돌아보고 상좌께 아뢰기를 "내 창고에 있는 것은 말고 다른 일체의 것과 염부제, 부인, 채녀, 여러 신하, 권속과 나와 아들 구나라를 모두 현성 스님들께 보시하려 합니다." 하였다. 그때 왕과 상좌와 비구니가 천 개 항아리에 든 향탕으로 보리수를 씻기니 보리수가 배로 장엄해지고 무성해지니 왕과 여러 신하들이 크게 기뻐하였다.

③ 저경

『석보상절』:『석가보(釋迦譜)』 권5, 아육왕조팔만사천탑기(阿育王造八萬四千塔記) 제31 〈『잡아함경(雜阿含經)』〉【『대정신수대장경(大正新脩大藏經)』 제50, 사전부(史傳部), 80면】.

時王子名曰拘那羅 在王右邊 擧二指而不言說 意欲二倍供養 大衆見之皆盡發笑 王亦發笑而語言 嗚呼王子乃有增益功德 王復言我復以三十萬兩金供養衆僧 復加千瓮香湯 洗浴菩提樹 時王子復擧四指 意在四倍 時王嗔恚語臣曰 誰教王子作是事與我興競 臣啓王言 誰敢與王興競 然王子聰慧利根 增益功德故作是事耳 時王右顧視王子 白上座曰 除我庫藏之物 餘一切物及閻浮提 夫人婇女諸臣眷屬及我拘那羅子 皆悉布施賢聖衆僧 唱令國界 時王上座及比丘僧 以千瓮香湯 洗浴菩提樹時 菩提樹倍復嚴好增長茂盛 時王及諸群臣生大歡喜

『월인석보』:『석보상절』 저경과 동일함.

* 저경의 '擧二指而不言說'에 대한 두 언해문의 차이가 흥미롭다. 『석보상절』에서는 "말란 아니ᄒ고 두 솑가라ᄀᆞᆯ 드니"로 언해되었고, 『월인석보』에서는 "두 솑가라ᄀᆞᆯ 들오 말 아니ᄒ니"로 언해되었다. 저경 한문을 고려하면 『월인석보』가 더 원전에 가깝게 언해되었다고 볼 수 있으나 현대국어 직관으로 보면 『석보상절』이 더 자연스럽게 언해되었다고 볼 수 있는 부분이다. 아육왕의 아들 구나라가 왕의 말이 끝난 다음에 아무 말 없이 두 손을 든 장면으로 이해되기 때문이다.

  * 저경의 '時王子復擧四指'에 대한 두 언해문에서도 흥미로운 사실이 확인된다. 『석보상절』에서는 "그 王子ㅣ ᄯᅩ 네 솑가라ᄀᆞᆯ 드러늘"로 언해되었고, 『월인석보』에서는 "그제 王子ㅣ ᄯᅩ 네 가라ᄀᆞᆯ 드니"로 언해되었다. 여기에서 '時'가 『석보상절』에서는 '그'로 언해되어 지시 관형사처럼 해석되나 『월인석보』에서는 '그제'로 언해되어 시간을 나타내는 명사처럼 해석되는데, 이 예만 가지고 단정 지을 수는 없지만 '그'가 현대국어에서보다 더 다양하게 사용된 것이 아닌가 한다.

  ④ 주석

  『석보상절』

  ● 안잿다가 : 앉아 있다가. '앉-[坐]+-아#잇-+-다가'와 같은 구성으로 분석된다.

  ● 두 ᄇᆞᄅᆞᆯ : 두 배를. '두#ᄇᆞᆯ+-ᄋᆞᆯ'과 같이 분석할 수 있으며, 이때 'ᄇᆞᆯ'은 '倍'를 의미하는 명사이다.

  ● 쁘디러니 : 뜻이었으니. '쁟[意]+-이-+-러-+-니'로 분석된다. 계사 뒤에서 '-더-'가 '-러-'로 교체되어 실현되었다.

● 싯교리라 : 씻길 것이다. '싯-[洗]+-기-+-오-+-리-+-라'로 분석된다. 이 부분은 아육왕이 "내가 일천 독의 향탕을 더 내어 보리수를 씻기겠다."라고 말하는 부분이므로, '-오-'는 1인칭 주어의 의도를 나타내기 위해 쓰인 것으로 볼 수 있다.

● 조처 : 함께, 아울러. 중세국어의 '조처'에 대해서는 이를 문법화된 보조사로 처리하는 견해와 중세국어 단계에서는 문법화가 완료되지 않았으므로 활용형으로 처리하는 견해 두 가지가 존재한다. 이 문맥에서는 '조처'를 조사로 보고 '이 아기조차 다 내어'로 해석하여도, '조처'를 활용형으로 보고 '이 아기를 아울러 다 내어'로 해석하여도 무리가 없어 보인다. 그렇지만 중세국어 시기에 '조처'를 조사로 판단할 만한 적극적인 근거가 없고, 선행하는 명사구를 목적어 논항으로 보고 '조치-'[兼]의 활용형으로 해석하여도 의미상 무리가 없다. 또한 이 '조처'는 저경의 '及'에 대응하는데 이를 고려해도 활용형으로 처리하는 편이 좋을 것으로 보인다. 중세국어 '조처'를 보조사로 처리한 논의는 허웅(1989), 이기문(1972)를, 활용형으로 처리한 논의는 김진형(1995), 하귀녀(2005)를 참고할 수 있다.

『월인석보』

● 더으놋다 : 더하는구나. '더하다'를 뜻하는 어간 '더으-'[益]에 감동법 선어말어미 '-놋-'과 종결어미 '-다'가 차례로 통합한 것이다.

● 겻구리잇고 : 겨루겠습니까. '겻구-[抗]+-리-+-잇-+-고'로 분석된다. 해당 문맥은 신하가 아육왕에게 "누가 왕과 겨루겠냐?"라고 묻는 부분이다. 따라서 청자가 상위자인 아육왕임을 나타내기 위해 '-잇-'이 쓰인 것으로 볼 수 있다.

7. 『석보상절』 권24 : 해당 부분 없음. / 『월인석보』 권25, 127a-128b

① 언해문

『월인석보』 권25, 127a-128b

> 그제 王이 菩提樹 싯기고 버거 衆僧끠 供養ᄒ더니 上座 耶舍ㅣ 王끠 닐오
> 더 大王하 이제 ᄀ장 比丘僧이 모다 잇ᄂ니 淳信혼 ᄆᅀᅳᄆᆞᆯ 發ᄒᅇᅣ 供養ᄒᅇᅣ
> ᅀᅡ ᄒ리이다 王이 우브터 아래 至히 손ᅀᅩ 供養ᄒ더니 두 沙彌 밥 바다 各各
> ᄀᆞᆯ로 歡喜丸을 뭉긔여 서르 더디더니 王이 보고 우ᅀᅥ 닐오더 이 沙彌 아히
> 노릇ᄒᄂ다 供養 다ᄒ고 王이 上座ㅅ 알ᄑᆡ 도로 와 셔거ᄂᆞᆯ 上座ㅣ 닐오더 王
> 이 信敬티 아니혼 ᄆᅀᅳᄆᆞᆯ 내디 마ᄅᆞ쇼셔 王이 對答ᄒ오더 信敬티 아니혼 ᄆᅀᅳ
> 미 업수이다 그러나 두 沙彌 아히 노릇ᄒᅇᅣ 世間 아히 ᄒᆞᆰ 무저그로 서르 더
> 디ᄃᆞᆺ ᄒ더이다 上座ㅣ 닐오더 뎌 두 沙彌 다 解脫혼 阿羅漢이라 서르 바ᄇᆞᆯ
> 받ᄌᆞᆸ더니이다

② 현대역

『월인석보』

> 그때 왕이 보리수를 씻기고 다음으로 승려들께 공양하였는데 상좌 야사
> 가 왕께 말하기를 "대왕이시여, 이제 최고 비구승이 모여 있으니 맑고 성실
> 한 마음을 내어 공양해야 하겠습니다." 왕이 위부터 아래에 이르기까지 손
> 수 공양하였는데, 두 사미가 밥을 받아 각각 보릿가루로 환희환(歡喜丸)을
> 뭉쳐 서로 던졌는데 왕이 보고 웃으며 말하기를 "이 사미가 아이 놀이를 한
> 다." 공양을 다하고 왕이 상좌 앞에 도로 와 섰는데 상좌가 말하기를 "왕이
> 믿고 존경하지 않는 마음을 내지 마십시오." 왕이 대답하기를 "믿고 존경하

지 않는 마음이 없습니다. 그러나 두 사미가 아이 놀이를 하여 세간 아이의
흙무더기로 서로 던지듯 하였습니다." 상좌가 말하기를 "저 두 사미가 모두
해탈한 아라한이라 서로 밥을 바친 것이었습니다."

③ 저경

『월인석보』:『석가보(釋迦譜)』 권5, 아육왕조팔만사천탑기(阿育王造八萬四千塔
記) 제31 〈『잡아함경(雜阿含經)』〉【대정신수대장경(大正新脩大藏經)』 제50, 사
전부(史傳部), 80면].

時王洗浴菩提樹已 次復供養衆僧 時彼上座耶舍語王言 大王今大有比丘僧集
當發淳信心供養 時王從上至下自手供養 彼有二沙彌得食已 各以麨團 餅歡喜丸
更互相分 王見卽笑而言 此沙彌作小兒戲 供養訖已 王還上座前立 上座語王言 王
莫生不信敬心 王答上座 無有不信敬心 見二 沙彌作小兒戲 如世間小兒戲 如世間
小兒 以土團更互相擲 如是二沙彌 以麨團 以餅歡喜丸更互相擲 上座白王言 彼二
沙彌 是俱解脫阿羅漢 更相奉食

④ 주석

『월인석보』

● 우브터 : 위부터. '웋'[上]에 '븥-'의 활용형에서 문법화를 통해 형
성된 보조사 '-브터'가 통합한 것이다. '-브터'는 15세기에 조사로서의
문법화가 완전히 이루어지지 않았다. '-브터'의 첫음절 초성이 '웋' 뒤
에서 유기음화를 겪지 않은 것은 '-브터' 앞에 휴지를 재구할 수 있음
을 말해 준다.

•더디더니 : 던지더니. 현대국어의 '던지-'는 '더디->더지->던지-'의 과정을 거친 것이다. 이와 같이 파찰음 앞에서 'ㄴ'이 첨가되는 예는 'ᄀ초->ᄀᆫ초-[藏], ᄒ오ᅀᅡ>ᄒ온ᅀᅡ, 고티->고치->곤치-' 등에서도 발견된다. 파찰음 앞 'ㄴ' 첨가 현상에 대해서는 유창돈(1964/1975 : 109-112), 허웅(1965/1985 : 554), 소신애(2010) 등을 참고할 수 있다.

8. 『석보상절』 권24 : 해당 부분 없음. / 『월인석보』 권25, 128b-129b

① 언해문

『월인석보』 권25, 128b-129b

王이 信心을 더어 念호ᄃᆡ 이 두 沙彌 能히 서르 施ᄒᆞᄂᆞ니 내 이제 一切 즁님ᄭᅴ 깁과 劫貝를 施호리라【劫貝ᄂᆞᆫ 木綿이니 正히 닐옳뎬 迦波羅 ㅣ니 樹華ㅅ 일후미니 高昌國은 氍이라 ᄒᆞᄂᆞ니 굴그니ᄂᆞᆫ 남기 ᄃᆞ외ᄂᆞ니 대가리를 ᄲᅢ혀 柳絮 ᄀᆞᆮᄒᆞᆫ 고즐 내야 글로 뵈 ᄧᆞᄂᆞ니라 柳絮ᄂᆞᆫ 버듨 소오미라】그제 두 沙彌 王ㅅ 念을 알오 서르 닐오ᄃᆡ 王을 倍히 敬信ᄒᆞ시게 ᄒᆞ져코 ᄒᆞᆫ 沙彌ᄂᆞᆫ 鑊 자바 王ᄭᅴ 심기고 ᄒᆞᆫ 沙彌ᄂᆞᆫ 믈드리ᄂᆞᆫ 플 심겨늘 王이 무로ᄃᆡ 므슷 일 ᄒᆞ료 두 沙彌 닐오ᄃᆡ 王이 우리를 因ᄒᆞ샤 한 즁의게 깁과 劫貝를 施호려 ᄒᆞ실ᄊᆡ 大王이 믈드리샤 衆僧의게 施ᄒᆞ시게코져 ᄒᆞ노이다 王이 念호ᄃᆡ 내 비록 ᄆᆞᅀᆞ매 念코도 이베 니르디 아니ᄒᆞ얫거늘 이 두 達士ㅣ 他心智를 得ᄒᆞ야 내 ᄆᆞᅀᆞ믈 아놋다 ᄒᆞ고

② 현대역

『월인석보』

　　왕이 신심을 더하여 생각하기를 "이 두 사미가 능히 서로 보시하니, 내가 이제 일체 스님께 비단과 겁패를 보시하리라."【겁패는 목면이니 올바르게 말한다면 가파라(迦波羅)이니 수화(樹華)의 이름인데, 고창국에서는 첩이라 하니 굵은 것은 나무가 되니 껍데기를 깨뜨려 유서(버들개지) 같은 꽃을 내어 그것으로 베를 짜는 것이다. 유서는 버들의 솜이다.】그때 두 사미가 왕의 생각을 알고 서로 말하기를 "왕이 두 배로 공경하고 믿으시게 하자." 하고 한 사미는 가마솥을 잡아 왕께 전하고, 다른 사미는 물들이는 풀을 전하니, 왕이 묻기를 "무슨 일을 하려는 것인가?" 두 사미가 말하기를 "왕이 우리로 인해 많은 스님에게 비단과 겁패를 보시하려 하시므로, 대왕이 그것들을 물들이시어 승려들에게 보시하시게 하고자 합니다." 왕이 생각하기를 '내가 비록 마음에 생각하고도 입에 담지 않았는데 이 두 달사가 타심지를 얻어 내 마음을 아는구나!' 하고

③ 저경

『월인석보』:『석가보(釋迦譜)』 권5, 아육왕조팔만사천탑기(阿育王造八萬四千塔記) 제31 〈『잡아함경(雜阿含經)』〉【『대정신수대장경(大正新脩大藏經)』 제50, 사전부(史傳部), 80~81면】.

　　王聞是已增其信心　而作是念此二沙彌能展轉相施　我今亦當於一切僧人施絹劫貝　時二沙彌知王心所念　二沙彌共相謂言　令王倍增敬信　一沙彌持鑊授與王　一沙彌授以染草　王問彼沙彌　用作何等　二沙彌白王言　王因我故　施與衆僧絹及劫貝　我欲令大王染成其色　施與衆僧　時王作是念　我雖心念口未發言　此二達士　得他心智而知我心

④ 주석

『월인석보』

● 더어 : 더하여. '더하다'를 뜻하는 어간 '더으-'에 연결어미 '-어'가
통합한 것이다.

● 빼혀 : 깨뜨려. '깨뜨리다'를 뜻하는 어간 '빼혀-'[剖]에 연결어미
'-어'가 통합한 것이다. '빼혀-'는 '깨뜨리다' 외에도 '깨치다'[判]의 의
미를 나타내기도 한다.

● 심기고 : 전하고. '심-+-기-+-고'로 분석할 수 있는데 저경의 '授'
에 대응하는 것이다.

● 아놋다 : 아는구나. '알다'를 뜻하는 어간 '아{알}-'[知]에 감동법
선어말어미 '-놋-'과 종결어미 '-다'가 차례로 통합한 것이다. '알-'의
어간 말음 'ㄹ'이 'ㄴ' 앞에서 탈락하였다.

9. 『석보상절』 권24, 48a-48b / 『월인석보』 권25, 129b-130b

① 언해문

『석보상절』 권24, 48a-48b

그제사 王이 즁님내끠 우브터 아래 니르리 손소 진지ᄒᆞ야 供養ᄒᆞ고 袈裟
와 四億萬兩ㅅ 보빅로 五部衆을 布施ᄒᆞ고【五部衆은 우흿 五衆이라】 ᄯᅩ 四十
億萬兩ㅅ 보빅로 閻浮提와 夫人과 媒女와 太子와 臣下와ᄅᆞᆯ 도로 사아 내니
阿育王ㅅ 功德 그지 업수미 이러ᄒᆞ더라

『월인석보』 권25, 129b-130b

王이 즉재 머리 조ᅀᅡ 衆僧의게 恭敬ᄒᆞ야 禮數ᄒᆞ고 沙彌ᄃᆞ려 닐오ᄃᆡ 내 너
희롤 因ᄒᆞ야 僧衣롤 施ᄒᆞ고 僧衣 施ᄒᆞᆫ 後에 ᄯᅩ 三衣와 四億萬 兩 珎寶로 五部
衆의게 施ᄒᆞ고 ᄯᅩ 四十億萬 兩 珎寶로 閻浮提 宮人 婇女 太子 羣臣을 사 내노
라 ᄒᆞ니【阿育王經에 닐오ᄃᆡ 몸 조처 사 내다 ᄒᆞ니라】阿育王의 지손 功德
그지업수미 이 곧ᄒᆞ니라

② 현대역

『석보상절』

그때야 왕이 스님들께 위부터 아래에 이르기까지 손수 진지를 지어 공양
하고 가사와 4억만 냥의 보배로 오부중을 보시하고【오부중은 위에 있는 오
중이다.】또 40억만 냥의 보배로 염부제와 부인과 채녀와 태자와 신하를 도
로 사 내니 아육왕의 공덕이 그지없음이 이러하였다.

『월인석보』

왕이 즉시 머리를 조아려 승려들에게 공경하여 예를 표하고 사미에게 말
하기를 "내가 너희로 인하여 승복을 보시하고, 승복을 보시한 후에 또 삼의
와 4억만 냥의 진보로 오부중에게 보시하고 또 40억만 냥의 진보로 염부제
의 궁인, 채녀, 태자, 군신을 사 낸다." 하였더니【『아육왕경』에서 이르기를
"몸도 아울러 사 냈다." 하였다.】아육왕이 지은 공덕이 그지없음이 이와 같
았다.

③ 저경

『석보상절』：『석가보(釋迦譜)』 권5, 아육왕조팔만사천탑기(阿育王造八萬四千塔記) 제31〈『잡아함경(雜阿含經)』〉【『대정신수대장경(大正新脩大藏經)』 제50, 사전부(史傳部), 81면】.

王卽稽首敬禮衆 語沙彌言 我因汝等施僧衣 施僧衣已 復以三衣幷四億萬兩珍寶 嚫五部衆嚫願已 復以四十億萬兩珍寶 贖取閻浮提宮人綵女 及大子群臣 阿育王所作功德無量如是

『월인석보』：『석보상절』 저경과 동일함.

④ 주석

『석보상절』

●사아 : 사. '사-'[買]에 연결어미 '-아'가 통합한 것이다. 현대국어에서는 동사 어간에 연결어미 '-아'가 통합될 때, 동사 어간 말음이 '아'나 '어'이면 연결어미를 표기하지 않는다. 『월인석보』의 같은 부분에서도 연결어미를 표기하지 않았으나 『석보상절』의 이 부분에서는 연결어미를 표기하고 있다.

『월인석보』

●沙彌ᄃᆞ려 : 사미에게. 여기에 쓰인 '-ᄃᆞ려'는 'ᄃᆞ리-'의 활용형에서 문법화된 조사로, 여격조사로 기능한다는 점, 기원 형식이라고 할 수 있는 동사의 활용형이 현대국어에서는 불완전 동사로 남게 되었다는

점 등에서 '-더브러'와 유사한 점이 많고, 따라서 종종 함께 다루어져
왔다. 여격조사로 문법화된 '-드려'와 '-더브러'의 분포, 기능, 통사적
특성 등에 대해서는 장요한(2010a)을 참고할 수 있다.

- 지손 : 지은. '짓-[造]+-오-+-ㄴ'으로 분석된다. 이때 통합한 '-오-'
는 이른바 대상법이라 불리는 것으로, 관형절의 핵명사가 서술어의 목
적어에 해당할 때 통합되는 것으로 알려져 있다.

제16장

아육왕의 아우 선용의 출가

1. 『석보상절』 권24, 25b-30a / 『월인석보』 권25, 130b-131b

① 언해문

『석보상절』: (*『석보상절』 권24, 25b-30a에 해당하므로 앞장에서 제시함.)

『월인석보』 권25, 130b-131b

> ○ 阿育王의 아ᅀᆞ 일훔 善容이 山이 드러 山行ᄒᆞ다가 梵志둘히 옷 밧고 神仙 求ᄒᆞ노라 ᄒᆞ야 나못닙도 머그며 ᄇᆞ롬과 氣韻을 마시며 지예도 누ᄫᅳ며 가시남기도 누버 種種 苦行ᄒᆞ더 得호미 업거늘 善容이 보고 무로ᄃᆡ 예셔 道理行ᄒᆞ더 엇던 시르미 잇관ᄃᆡ 일운 일 업슨다 梵志 닐오ᄃᆡ 한 사ᄉᆞ미 ᄌᆞ조 흘레ᄒᆞ거늘 보고 ᄆᆞᅀᆞᄆᆞᆯ 뮈워 몯 치자배라 善容이 念호ᄃᆡ 梵志둘히 氣韻이 바려ᄒᆞ더 손지 婬欲이 잇ᄂᆞ니 釋子 沙門이 飮食이 됴코 됴ᄒᆞᆫ 床坐애 이셔 오ᄉᆞᆯ 時節로 닙고 香花 ᄠᅬ오 엇뎨 欲이 업스리오

② 현대역

『월인석보』

○ 선용이라는 아육왕의 아우가 산에 들어가 산행을 하다가 범지들이 옷을 벗고 '신선을 구한다.' 하여 나뭇잎도 먹으며 바람과 기운을 마시며 재에도 누우며 가시나무에도 누워 갖가지 고행을 했는데도 얻은 것이 없으니, 선용이 범지들을 보고 묻기를 "여기서 도리를 수행하되 어떤 시름이 있기에 이룬 일이 없느냐?" 범지가 말하기를 "많은 사슴이 자주 교미하는 것을 보고 그것이 내 마음을 흔들리게 하여 마음을 다잡지 못하겠구나!" 선용이 생각하기를 '범지들이 기운이 모자란데도 여전히 음욕이 있는데, 석자 사문이 좋은 음식을 먹고 좋은 자리에서 시절에 따라 옷을 입고 향화를 맡으니 어찌 음욕이 없겠는가?' 하였다.

③ 저경

『월인석보』:『석가보(釋迦譜)』 권3, 아육왕제출가조석상기(阿育王弟出家造石像記) 제25 〈『구리뢰옥경(求離牢獄經)』〉【『대정신수대장경(大正新脩大藏經)』 제50, 사전부(史傳部), 67면】.

阿育王弟名善容入山遊獵 見諸梵志裸形曝露 以求神仙 或食樹葉或吸風服氣 或臥陸垢或臥莉棘 種種苦行以求梵福 勞形苦體而無所得 王弟見而問曰 在此行道 有何患累而無成辦 梵志報曰 坐有群鹿數共合會 我見心動不能自制 王子聞已 尋生惡念 此等梵志服風 氣力羸惙 猶有婬欲 過患不除 釋子沙門飲食甘美 在好床坐 衣服隨時 香花自熏 豈得無欲

④ 주석

『월인석보』

● 몯 치자배라 : 못 다잡겠구나, 다잡지 못하겠구나. '잡-'에 접두사 '치-'가 붙어 '치잡-'이 되고 여기에 감탄의 의미를 나타내는 '-애라'가 통합한 것이다. '-애라'에 대해서는 1-2. 『석보상절』 '알패라' 항목 참고.

● 뾔오 : 쬐고. '熏' 정도로 해석할 수 있는 '뾔-'에 연결어미 '-고'가 통합한 것이다. '뾔-'는 '熏' 또는 '曝'의 뜻으로 쓰인다.

예 熏은 뾀 씨니 ᄆᆞᅀᆞ미 體를 뾔야 더러우며 조ᄒᆞᆫ 일둘흘 일울 씨라 <법화경언해3 : 12b>
曝 별뾀 포<신증유합하 : 7b>

2. 『석보상절』 권24, 25b-30a / 『월인석보』 권25, 131b-133b

① 언해문

『석보상절』 : (*『석보상절』 권24, 25b-30a에 해당하므로 앞장에서 제시함.)

『월인석보』 권25, 131b-133b

> 阿育이 듣고 시름ᄒᆞ야 내 ᄒᆞᆫ 앗이로ᄃᆡ 邪見을 내도소니 내 方便으로 惡念을 더루리라 ᄒᆞ고 妓女둘흘 莊嚴ᄒᆞ야 善容이게 가 즐기라 ᄒᆞ고 미리 大臣을

勅ㅎ야디 나옷 善容일 주기라커든 그듸내 닐웨를 기드려 주겨지라 ㅎ라 ㅎ고
王이 善容이게 가 닐오디 엇뎨 내 妓女 드려 즐겨 ㅎ는다 ㅎ고 怒ㅎ야 大臣
블러 닐어 주기라 ㅎ야눌 臣下둘히 諫ㅎ디【諫온 고돈 마리라】王이 다믄
ᄒᆞᆫ 앗이시니 닐웨를 기드려지이다 王이 좀좀ㅎ야 듣고 쏘 누겨 善容일 내
밍ᄀᆞ리 ㅎ야 내 宮 안해 드러 풍류ㅎ고 즐기게 ㅎ라 닐웨 다ᄃᆞᆫ거늘 王이 使
者 브려 무로디 네 닐웻 ᄉᆞᅀᅵ예 快樂더녀 善容이 對答ㅎ디 大王하 엇던 快樂
이 이시리잇고 王이 무로디 내 옷 닙고 내 宮殿에 드러 한 女妓로 즐기고 됴
ᄒᆞᆫ 차반 먹거니 엇뎨 快樂디 아니타 ㅎ□(ᄂᆞ)□(다)

② 현대역

『월인석보』

    아육이 듣고 시름하여 '나의 하나뿐인 아우인데 부정한 생각을 내니 내가
방편으로 나쁜 생각을 덜 것이다.' 하고 기녀들을 치장하여 선용에게 가 즐
기라 하고 미리 대신에게 명령을 내리기를 "내가 '선용을 죽여라.' 하면 그
대들이 '7일을 기다렸다가 죽이시길 바랍니다.'라고 하여라." 하고 왕이 선
용에게 가서 말하기를 "어찌 나의 기녀를 데리고 즐기느냐?" 하고 노하여
대신을 불러 일러 "죽여라." 하니 대신들이 간하기를【간은 곧은 말이다.】
"왕이 아우가 오직 하나뿐이시니 7일을 기다리시길 바랍니다." 하였다. 왕이
잠잠히 듣고 마음을 가라앉히고 "선용을 나처럼 입혀 내 궁 안에 들어가 풍
악을 울리고 즐기게 해라." 하였다. 7일이 되니 왕이 사신을 부려 묻기를 "7
일 동안 즐거웠더냐?" 선용이 대답하기를 "대왕이시여, 무슨 쾌락이 있겠습
니까?" 왕이 묻기를 "내 옷을 입고 내 궁전에 들어가 많은 기녀들과 즐기고
좋은 음식을 먹었는데 어찌 즐겁지 않다고 하느냐?"

③ 저경

『월인석보』:『석가보(釋迦譜)』 권3, 아육왕제출가조석상기(阿育王弟出家造石像記) 제25 〈『구리뢰옥경(求離牢獄經)』〉【『대정신수대장경(大正新脩大藏經)』 제50, 사전부(史傳部), 67면】.

阿育聞弟有此議論 卽懷憂感 吾唯有一弟 忽生邪見恐永迷沒 我當方宜除其惡念 卽還宮內 勅諸妓女各自嚴莊 至善容所共相娛樂 預勅大臣吾有所圖 若我勅卿殺善容者 卿等便諫 須待七日隨王殺之 時諸妓女卽往娛樂 未經時頃王躬自往語弟 王子何爲將吾妓女 妻妾恣意自娛 奮其威怒以輪擲空 召諸大臣卽告之曰 汝等將去詣市殺之 諸臣諫曰 今王唯有此一弟 願聽七日奉依王命 時王默然聽臣所諫 王復寬恩勅語諸臣 命聽王子著吾服飾 天冠威容如吾不異 內吾宮裏 作倡妓樂共娛樂之 至七日到王遣使問云何 王子七日之中意志自由快樂不乎 弟報王曰 大王當知不見不聞有何快樂 王問弟曰 著吾服飾入吾宮殿 衆妓自娛食以甘美 何以面欺 不見不聞不快樂耶

* 위 『월인석보』의 마지막 부분이 훼손되어 언해가 분명하지 않으나 "王이 무로디 내 옷 닙고 내 宮殿에 드러 한 女妓로 즐기고 됴한 차반 먹거니 엇뎨 快樂디 아니타 ᄒ□(ᄂ)□(다)"처럼 생략된 부분이 'ᄂ'과 '다'로 판단된다. 아육왕이 아우 선용에게 묻는 장면이 인용구성을 취하고 있어 현재 의문형이 표시되어야 하기 때문이다. 이 부분에 대해 『석보상절』에서는 "王이 親히 가 무로디 네 내 옷 닙고 내 宮殿에 드러 내 풍류바지 드리고 됴한 차반 먹고 이쇼디 엇뎨 몯 듣고 몯 보노라 ᄒᄂ다"<석보상절24 : 28b>로 언해되었다.

④ 주석

『월인석보』

● 나옷 : 내가. '나'에 [지적] 혹은 [강조]의 뜻을 나타내는 보조사 '-옷'이 통합하여 쓰인 것이다. 해당 문맥은 "내가 '선용을 죽여라.'라고 하거든"으로 '-거든'에 의한 조건절에 '-옷'이 쓰이고 있는 전형적인 예이다.

● 妓女 드려 : 기녀를 데리고. '드려'가 '드리-'의 활용형으로 여전히 쓰이고 있는 예이다. '-에게', '-더러' 등을 의미하는 문법화된 조사 '-드려'와는 달리 해당 문맥의 '드려'는 '妓女'를 목적어로 취하는 서술어의 활용형이다.

● 즐겨 ᄒᆞᆫ다 : 즐기느냐. '즐기-+-어#ᄒᆞ-+-ㄴ다'로 분석할 수 있는 구성으로, '-ㄴ다'는 2인칭 의문형어미이다. 중세국어에서 동사 어간에 결합한 '-어 ᄒᆞ다'는 '동작성의 강조'를, 형용사 어간(주로 색채형용사)에 결합한 '-어 ᄒᆞ다'는 '상태성의 강조'를 나타내는 것으로 알려져 있다(이현희 1985). 현대국어에는 동사 어간에 통합한 '-어 하다'는 '보아하니' 정도만이 남아 있고 형용사 어간 뒤에 통합하는 경우가 대부분인데, 이때 '-어 하다'는 형용사 어간을 동사로 바꾸어 주는 역할을 한다. 이현희(1985)에서는 형용사 어간 뒤에 붙어 이를 동사로 쓰이게 하는 '-어 하다'류는 후기 근대국어 단계에서 형성된 것으로 중세국어 시기에 형용사 어간에 통합하던 '-어 ᄒᆞ다'와는 다른 것으로 판단하였다.

● 누거 : 누그러뜨려, 가라앉혀. '가라앉다'를 뜻하는 어간 '눅-'[弛]에 사동접미사 '-이-'와 연결어미 '-어'가 통합한 것이다.

3. 『석보상절』 권24, 25b-30a / 『월인석보』 권25, 133b-135b

① 언해문

『석보상절』: (*『석보상절』 권24, 25b-30a에 해당하므로 앞장에서 제시함.)

『월인석보』 권25, 133b-135b

善容이 술보디 주긇 사르미 비록 命이 긋디 아니ᄒᆞ야도 주그니와 다르디 아니커니 엇던 ᄠᅳ드로 五欲애 著ᄒᆞ리잇고 王이 닐오디 어린 마리로다 네 ᄒᆞᆫ 모믈 分別ᄒᆞ야도 欲애 이셔 즐겁디 아니ᄒᆞ거니 ᄒᆞ믈며 沙門釋子ㅣ 三世를 分別ᄒᆞ야 ᄒᆞᆫ 모미 주그면 ᄯᅩ ᄒᆞᆫ 모믈 守ᄒᆞ야 億百千世에 몸마다 受苦ᄒᆞ야 그지업슨 시르미라 비록 사르미 ᄃᆞ외야도 ᄂᆞ미 브료미 ᄃᆞ외며 시혹 艱難ᄒᆞ야 옷 바비 업ᄂᆞ니 이룰 念홀씨 出家□(ᄒᆞ)□(야) □(道)理ᄒᆞ야 無爲ᄒᆞᆫ 世間□(애) 버서날 이룰 求ᄒᆞᄂᆞ니 ᄒᆞ다가 精勤티 아니ᄒᆞ면 ᄯᅩ 다시 劫數ㅅ 受苦를 디내ᄂᆞ니라 그제 善容이 ᄆᆞᅀᆞ미 여러 王ᄭᅴ 나ᅀᅡ가 술보디 王 마룰 듣ᄌᆞᆸ노니 ᄭᅢ와이다 生老病死ㅣ 實로 아쳗버 시름 受苦로 흘러올 모미 긋디 아니ᄒᆞᄂᆞ니 願흔든 大王이 道理ᄒᆞ게 ᄒᆞ쇼셔 王이 닐오디 이 時節을 아라 ᄒᆞ라 善容이 즉재 하딕ᄒᆞ고 나가 沙門이 ᄃᆞ외야 禁戒를 바다 밤나재 精勤ᄒᆞ야 阿羅漢果를 得ᄒᆞ야 六□(通)□(이) 물가 ᄉᆞᄆᆞ차 마ᄀᆞᆫ 디 업더라

② 현대역

『월인석보』

선용이 아뢰기를 "죽을 사람은 비록 목숨이 끊어지지 않아도 죽은 사람과 다르지 않거늘 무슨 뜻으로 오욕에 집착하겠습니까?" 왕이 말하기를 "어리

석은 말이구나. 네가 한 몸을 분별하여도 오욕에서 즐겁지 않거늘, 하물며 사문석자가 삼세를 분별하여 한 몸이 죽으면 또 한 몸을 지켜 백억 천 세에 몸마다 괴로움을 받아 시름이 그지없다. 비록 사람이 되어도 남의 부림을 받는 사람이 되며 때로는 가난하여 옷과 밥이 없으니, 이를 생각하므로 출가하여 도리를 하여 무위한 세상에서 벗어날 일을 구하니 만약 부지런히 힘쓰지 않으면 또 다시 겁수의 고통을 지내는 것이다." 그때 선용의 마음이 열려 왕께 나아가 아뢰기를 "왕의 말을 들으니 깨달았습니다. 생로병사가 싫어 시름과 고통으로 흘러오는 몸이 끊어지지 않으니 원하건대 대왕이 나를 도리를 배워 수행하게 하십시오." 왕이 말하기를 "때를 알아서 하여라." 선용이 즉시 하직하고 나가 사문이 되어 금계를 받아 밤낮으로 부지런히 힘써 아라한과를 얻어 육통이 맑고 통하여 막힌 데가 없었다.

③ 저경

『월인석보』:『석가보(釋迦譜)』 권3, 아육왕제출가조석상기(阿育王弟出家造石像記) 제25 〈『구리뢰옥경(求離牢獄經)』〉【『대정신수대장경(大正新脩大藏經)』 제50, 사전부(史傳部), 67면】.

弟白王言 應死之人 雖未命絶與死何異 當有何情著於五欲耶 王告弟曰 咄愚所啓 汝今一身憂慮百端 一身斷滅在欲不樂 豈況沙門釋子 憂念三世一身死壞 復受一身億百千世 身身受苦無量患惱 雖出爲人與他走使 或生貧家衣食窮乏 念此辛酸故出家爲道 求於無爲度世之要 設不精勤 當復更歷劫數之苦 是時王子心開意解 前白王言 今開王敎乃得醒悟 生老病死實可厭患 愁憂苦惱流轉不息 唯願大王見聽爲道謹愼修行 王告弟曰 宜知是時 弟卽辭王出爲沙門 奉持禁戒晝夜精勤 遂得阿羅漢果 六通清徹 無所罣礙

* 위『월인석보』의 "비록 사ᄅᆞ미 ᄃᆞ외야도 ᄂᆞ믜 브료미 ᄃᆞ외며 시혹 艱難ᄒᆞ야 옷 바비 업느니 이룰 念ᄒᆞᆯᄊᆡ 出家□(ᄒ)□(야) □(道)理ᄒᆞ야 無爲ᄒᆞᆫ 世間□(애) 버서날 이룰 求ᄒᆞᄂᆞ니"에서 훼손된 부분은 '出家□(ᄒ)

□(야) □(道)理ㅎ야 無爲혼 世間□(애)'처럼 복원할 수 있겠다. 이 부분은 『석보상절』에서 "ㅎ믈며 無數劫에 주그락 살락 ㅎ야 그지 업슨 受苦ㅎ미 엇더뇨 沙門이 이를 시름ㅎ야 出家ㅎ야 道理 빈화 輪廻 버술 이를 求ㅎᄂ니라"<석보상절24 : 29b>로 언해되어 있다.

④ 주석

『월인석보』

● 긋디 : 끊어지지. '끊어지다, 그치다'를 뜻하는 어간 '긋-'[斷]에 연결어미 '-디'가 통합한 것이다.

● 브료미 : 부림이. '브리-[使+-옴+-이]'로 분석된다. 해당 부분을 직역하면 '비록 사람이 되어도 남에게 부림이 되며'이나 '남에게 부림을 받는 사람이 되며' 정도로 의역하였다.

● 씨와이다 : 깨달았습니다. '깨닫다'를 의미하는 '씨오-'[使覺]에 '-아', '-이-', '-다'가 차례로 통합한 것이다. '씨오-'가 타동사이므로 '-거-'가 아닌 '-아-'가 쓰였다.

● 아쳘버 : 싫어. 중세국어에서 '아쳔-'[厭]은 '아쳘-'과 공존한다. '아쳔-'은 'ㄷ' 불규칙 동사 어간인데 이것이 'ㄹ' 말음 어간으로 변화한 것이 '아쳘-'이다. 이 둘은 'ᄋ'계 어미와 결합한 활용형에서 가장 큰 차이를 보인다. '아쳔-'은 '아쳐롤시니<남명집언해상8b>, 아쳐로몰<능엄경언해9 : 82a>' 등으로 실현되는데 반해, '아쳘-'은 '아쳘며<원각경언해하1-2 : 16b>, 아쳘시라<내훈1 : 29b>' 등과 같이 실현되는 것이다 (유필재 2009 : 170 참고).

제17장

아육왕의 염부제 보시·죽음

1. 『석보상절』 권24 : 해당 부분 없음. / 『월인석보』 권25, 135b-136a

① 언해문

『월인석보』 권25, 135b-136a

其五百八十

梵志 모디러 네 ᄂᆞ치 ᄃᆞ외어늘 端正이 드러 숨기니

겨지비 모디러 두 눈을 ᄲᅡ혀아놀 鬼神이 도로 불기니

其五百八十一

薄拘羅ㅣ 말 업더니 淸白을 나토아 ᄒᆞᆫ 낱 돈을 아니 바ᄃᆞ니

阿育王 發願이 커 閻浮提를 내야 億百千金을 ᄌᆞ라게 ᄒᆞ니

---

② 현대역

『월인석보』

기580
범지가 모질어 네 얼굴이 되니 단정이 들어 삼키니
여인이 모질어 두 눈을 뽑거늘 귀신이 도로 밝히니

기581
박구라가 말이 없더니 청백을 나타내어 돈 한 닢 받지 않으니
아육왕 발원이 커 염부제를 내어 억백 천금을 족하게 하니

---

2. 『석보상절』 권24 : 해당 부분 없음. / 『월인석보』 권25, 136a-137a

① 언해문

『월인석보』 권25, 136a-137a

○ 阿育王□(이) ᄀ장 敬信ᄒ야 諸比丘□(ᄭᅴ) □(무)□(로)□(디) 뉘 佛法 中
에 能□(히) □(큰) □(布)施ᄅᆞᆯ ᄒᆞ니잇고 比丘□(ᄃᆞᆯ)□(히) 닐오ᄃᆡ 給孤獨長者ㅣ
못 큰 布施ᄅᆞᆯ ᄒᆞ니이다 王이 ᄯᅩ 무로ᄃᆡ 뎌 布施 언매잇고 比丘ㅣ 對答ᄒᆞᄃᆡ
億千金이니이다 王이 너교ᄃᆡ 뎌 長者ㅣ로ᄃᆡ 오히려 億千 金을 ᄇᆞ리니 내 이
제 王 ᄃᆞ외야 엇뎨 億千 金ᄲᅮᆫ 施ᄒᆞ료 반ᄃᆞ기 億百千 金으로 施ᄒᆞ리라

---

② 현대역

『월인석보』

○ 아육왕이 매우 공경하고 믿는 마음으로 여러 비구께 묻기를 "불법 중에 누가 많은 보시를 했습니까?" 비구들이 말하기를 "급고독장자가 가장 많은 보시를 했습니다." 왕이 또 묻기를 "그 보시가 얼마입니까?" 비구가 대답하기를 "억천금입니다." 왕이 여기기를 "그가 장자인데도 억천금을 버리니 내가 이제 왕이 되어 어찌 억천금만 보시하리오? 반드시 억백천금으로 보시하리라." 하였다.

③ 저경

『월인석보』:『석가보(釋迦譜)』 권5, 아육왕조팔만사천탑기(阿育王造八萬四千塔記) 제31 〈『잡아함경(雜阿含經)』〉【『대정신수대장경(大正新脩大藏經)』 제50, 사전부(史傳部), 81면】.

阿育王得大敬信 問諸比丘言 誰於佛法中 能行大布施 諸比丘言 給孤獨長者最行大施 王復問曰 彼施幾許 比丘答曰 以億千金 王聞已如是思惟 彼長者尚能捨億千金 我今爲王 何緣復以億千金施 當以億百千金施

*『월인석보』 권25 136a-139a는 아육왕이 급고독장자보다 더 많이 보시하고, 이후 염부제를 보시하고 죽음에 이르는 장면을 담은 부분이다. 그런데 이 부분에 특히 훼손된 부분이 많이 있는데, 이 장면은 『석보상절』에서 생략되어 있어 참고할 수가 없다. 그래서 참여 연구자들이 상의하여 위 언해문에 제시한 것과 같이 복원한 내용을 표시해 두었다. 그러나 복원 불가능하다고 판단한 부분은 그대로 두었다.

④ 주석

『월인석보』

● 언매잇고 : 얼마입니까. '얼마'에 해당하는 '언마'에 계사 '-이-', 청자대우의 '-잇-', 의문형 종결어미 '-고'가 차례로 통합하였다. 해당 문맥은 아육왕이 비구들에게 給孤獨長者가 보시를 얼마나 했는지 묻는 부분으로, 이때 '-잇-'은 청자인 '비구'들을 대우하기 위해 쓰인 것이다. 아육왕이 비구들을 대우하고 있음은 '-잇-' 외에도 조사 '-끠'가 사용된 점을 통해서도 볼 수 있다.

● 億千 金쑨 施ᄒᆞ료 : 억천금만을 보시하겠는가. 현대국어의 '-뿐'은 뒤에 계사가 통합하여 '-뿐이다'의 형식으로 주로 쓰이므로, '-뿐'이 통합할 수 있는 명사구는 '-이-'나 '아니-'의 주어에 해당하는 명사구로 제한된다고 할 수 있다. 그러나 '億千 金쑨'과 같이 중세국어에서는 타동사의 목적어 명사구에도 '-쑨'이 통합 가능한데, 현대국어에서 위와 같은 문맥에서라면 오히려 '-만'이 쓰이는 것이 자연스러울 것이다. 현대국어와 중세국어의 '-뿐', '-만'의 구체적인 쓰임에 대해서는 박진호 (1995)를 참고할 수 있다.

3. 『석보상절』 권24 : 해당 부분 없음. / 『월인석보』 권25, 137a-139a

① 언해문

『월인석보』 권25, 137a-139a

그제 王이 八萬 四千 佛塔을 셰오 塔마다 ᄯᅩ 百千 金을 施□(ᄒ)□(고) □
(ᄡᅩ) 五歲大會롤 ᄒ니 會□(예) □(三)□(百)□(千) 比丘ㅣ어늘 □(三)□(百)□(億)
□(金)으로 供養ᄒ□(니) □(뎌) □(衆) 中에 第一分은 阿羅漢이오 第二分은 學
人이오 第三分은 貞實ᄒᆞᆫ 凡夫ㅣ러니 아릆 庫藏ᄋᆞ란 덜오 이 閻浮提 夫人 婇
女 太子 大臣을 聖僧끠 施ᄒ고 四十億 金으로 도로 사 내니 이ᄀ티 혜면 九
十六億 千 金이러니 王이 重히 病 ᄒ야 제 命終홇 둘 아라 닐오ᄃᆡ 내 샹넷 願
온 億百千□(金)□(을) 치와 功德을 지소려 타니 □(이)□(제) □(願)□(이) 滿足
디 몯ᄒ야 죽□□ □□□□ 前後에 施혼 金□(寶)□(롤) 혜니 四億이 몯 다 챗
더니 王이 니러 안자 四方올 ᄇ라고 合掌ᄒ야 禮數ᄒ고 諸佛을 念ᄒᅀᆞᄫᆞ며
닐오ᄃᆡ 내 이제 ᄯᅩ 閻浮提로 三寶애 施ᄒ노이다 ᄒ고 죠희예 써 封ᄒ야 印
티고 命終ᄒ니라

② 현대역

『월인석보』

그때 왕이 8만 4천 불탑을 세우고 탑마다 또 백천금을 보시하고 또 오세
대회를 하니, 대회에 삼백천 비구가 모였거늘 삼백억금으로 공양하니 그 무
리 중에 첫째 무리는 아라한이고, 둘째 무리는 학인이고 셋째 무리는 정실
한 범부였는데, 개인 창고의 재화를 덜고, 이 염부제, 부인, 채녀, 태자, 대신

을 성승께 보시하고 40억금으로 도로 사 내니, 이같이 계산하면 96억 천금이 었는데, 왕이 중한 병을 앓아 스스로 명이 다할 줄을 알고 말하기를 "나의 평소 소원은 100억 천금을 채워 공덕을 지으려 하였는데 이제 소원을 만족 시키지 못하고 죽□□□□□" 전후에 보시한 금보를 계산하니 4억이 다 차지 못하였는데 왕이 일어나 앉아 사방을 바라보고 합장하여 예를 표하고 제불을 생각하며 말하기를 "내가 이제 또 염부제를 삼보에 보시합니다." 하 고 종이에 써 봉하여 도장을 찍고 목숨을 마쳤다.

③ 저경

『월인석보』:『석가보(釋迦譜)』 권5, 아육왕조팔만사천탑기(阿育王造八萬四千塔記) 제31 〈『잡아함경(雜阿含經)』〉【『대정신수대장경(大正新脩大藏經)』 제50, 사전부(史傳部), 81면】.

時王起八萬四千佛塔 於彼一一塔中復施百千金 復作五歲大會 會有三百千比丘 用三百億金供養於彼 彼衆中第一分是阿羅漢 第二分是學人 第三分是貞實凡夫 除私庫藏 此閻色提夫人婇女太子大臣 施與聖僧四十億金 還復贖取 如是計校 用 九十六億千金 乃至王得重病自知命盡 王言我常所願 欲以滿億百千金作功德 今 願不得滿足 便就後世 時計校前後所施金寶 唯減四億未滿 (줄임) 時王從臥起而 坐 顧望四方合掌作禮 念諸佛德心念口言 我今復以此閻色提施與三寶 時王盡書 紙上而封緘之 以齒印印之 作如是事畢 卽便無常

④ 주석

『월인석보』

● 아롮 : 사사로운, 개인의. '私'를 뜻하는 명사 '아룸'에 속격조사 '-ㅅ'

이 통합하여 쓰인 것이다.

● 命終훓 둘 : 명이 다할 줄을, 명이 다할 것을. '목숨이 다하다'를 뜻하는 '命終ㅎ-'에 관형사형어미 '-ㄹ', 형식명사 'ㄷ'와 목적격 조사 '-ㄹ'이 통합한 구성이다.

● 몯 다 챗더니 : 다 차지 못하였는데. '챗더니'는 '차-[滿]+-아#잇-+-더-+-니'로 분석할 수 있는 구성이다. 해당 부분에서 '몯'은 현대국어와 달리 '다'라는 부사 앞에 쓰이는 것이 가능한데, '다 몯'과 '몯 다'가 공존하다가 후대에는 '다 몯'과 같이 '몯'이 부사에 후행하는 위치에만 나타나게 된 것으로 알려져 있다(이지영 2005).

제18장

법익의 아들 삼바제가 아육왕의 왕위를 계승함

1. 『석보상절』 권24 : 해당 부분 없음. / 『월인석보』 권25,
   139a-140a

① 언해문

『월인석보』 권25, 139a-140a

○ 臣下둘히 太子를 王 셰유려커늘 阿㝹羅阤 大臣이 닐오뎌 太子를 몯 셰
ᅀᆞᄫᅡ리니 엇뎨어뇨 ᄒᆞ란뎌 大王 겨싫 저긔 本來□(ᄉ) □(誓)□(願)이 十萬億
金□(을) □(치)□(와) □(功)□(德)을 지ᅀᆞ려 ᄒᆞ시다□(가) □□□ □(몯)□(ᄒᆞ)
□(실)ᄊᆡ 閻浮提를 三□(寶)□(애) 施ᄒᆞ샤 치오려 ᄒᆞ시니 이제 大地 三寶애 屬
거니 엇뎨 太子를 셰ᅀᆞᄫᆞ료 臣下둘히 議論ᄒᆞ야 四億 金을 내야 뎌레 보내오
法益太子ㅅ 아ᄃᆞᆯ 三波提太子ㅣ 王 ᄃᆞ외니라

② 현대역

『월인석보』

○ 신하들이 태자를 왕으로 세우려 하거늘 아누라타 대신이 말하기를 "태자를 세우지 못할 것이니 어째서인가 하면, 대왕께서 살아 계실 적에 본래 서원이 10만억금을 채워 공덕을 지으려 하셨다가 □□□ 못 하였으므로 염부제를 삼보에 보시하시어 채우려 하셨으니, 이제 대지가 삼보에 속하였는데 어찌 태자를 세우겠는가?" 신하들이 의논하여 4억금을 내어 절에 보내고 법익태자의 아들인 삼바제태자가 왕이 되었다.

---

③ 저경

『월인석보』:『석가보(釋迦譜)』 권5, 아육왕조팔만사천탑기(阿育王造八萬四千塔記) 제31〈『잡아함경(雜阿含經)』〉【대정신수대장경(大正新脩大藏經)』 제50, 사전부(史傳部), 82면】.

爾時諸臣欲立太子以紹王位 中有一大臣 名曰阿㝹羅陀 語諸臣曰 不得卽立太子 所以者何 大王阿育在時 本誓願滿十萬億金 作諸功德 猶減四億 不滿十萬億 以是故 今捨閻色提 施與三寶欲令滿足 今是大地屬於三寶 云何而立太子爲王 諸臣聞已 議出四億金送與寺中 卽便立法益之子爲王 名三波提

---

* 위 『월인석보』의 내용은 법익태자의 아들인 삼바제태자가 왕이 되는 장면을 담은 부분으로 『석보상절』에서는 생략된 내용이다. 한편, 위 부분도 많은 글자가 훼손되어 확인되지 않는데 참여 연구자들이 상의하여 훼손된 부분을 복원하여 제시해 두었다. 그러나 복원 불가능하다고 판단한 부분은 그대로 두었다.

④ 주석

『월인석보』

● 셰유려커늘 : 세우려 하거늘. '셰유려 ㅎ거늘'에서 'ㅎ-'의 'ᄋ'가 탈락하였다. 중세국어의 'ㅎ-' 탈락 규칙에 대해서는 10-2.『월인석보』 'ᄀᆞ독게코져' 항목 참고.

● 셰슙ᄫᅳ리니 : 세우겠으니. '서다'를 뜻하는 어간 '셔-'에 '-이-', '-슙-', '-ᄋᆞ리-', '-니'가 차례로 통합한 구성이다. 이때 '-이-'는 사동접미사이고, '-슙-'은 화자인 '大臣'보다 목적어인 '태자'가 상위자이기 때문에 쓰였다.

● 치오려 : 채우려. 사동접미사 '-ㅣ-'와 '-오-'가 이중으로 분석된다. 이러한 유형의 사동사에 대하여 "이중적(二重的)인 사동형화(使動形化) 보조어간(補助語幹)"(남광우 1962 : 18), "이중 사동형(二重使動形)"(허웅 1964 : 148, 이상억 1970 : 193)으로 보는 것이 전통적인 견해였다. '-이-'에 의한 파생어가 다시 '-오-' 파생 규칙의 입력부가 된 것으로 보는 구본관(1998 : 275, 각주 56)의 견해나, "'서다(<셔다)'에서 '이'가 결합하여 사동사 '세다(<셰다)'가 만들어져 사동사로 쓰이다가 사동성이 잘 느껴지지 않는 상황에서 다시 '우'가 결합한 '세우다'가 만들어진 것"으로 보는 고영근·구본관(2008 : 363)의 입장도 이와 비슷한 입장이다.

제19장

태자 법익 이야기

1. 『석보상절』 권24, 48b-50a / 『월인석보』 권25, 140a-141a

① 언해문

『석보상절』 권24, 48b-50a

○ 阿育王이 太子 法益이 八萬 四千 塔 셰슨본 나래 나니【法益이 긔 拘那
羅 l 니 이 太子ㅅ 누니 ㅈ굿고 고봇 야이 拘那羅 l 라 홀 새 누니 ⼇홀씨 拘
那羅 l 라 ᄒ더라】이 太子의 擧動이 천천ᄒ고 글도 잘 ᄒ며 활도 잘 쏘며 一
絃琴을 잘 노더니【絃은 시우리라】王ㅅ 夫人 ᄒ나히 그 太子ᄅᆞᆯ ᄉᆞ랑ᄒ야
더러본 ᄠᅳ들 ᄒ거늘 太子 l 구틔여 從티 아니ᄒᆫ대 그 夫人이 怨望ᄒ고 제 이
리 現露홀가 ᄒ야【現露ᄂᆞᆫ 나다날 씨라】아ᄆᆞ례나 뎌 太子ᄅᆞᆯ 모삐 밍ᄀ로리
라 ᄒ야 王ᄭᅴ 닐오ᄃᆡ 이제 四方이 大平ᄒ니 太子 l 德과 지조왜 ᄀᆞᄌᆞ란ᄃᆡ ㅈ굿
나라해 보내샤 人心을 뫼호게 ᄒ쇼셔 王이 그 말 드러 太子ᄅᆞᆯ 보내니 太子 l
가 公事ᄅᆞᆯ 甚히 잘 ᄒ더라

『월인석보』권25, 140a-141a

【法益太子ᄂᆞᆫ 八萬 四千 塔 셸 나래 나니 눈 고보미 鳩那羅 새 누니 ᄀᆞᆮᄒᆞᆯᄊᆡ 일훔 지ᄒᆞ니【【法益太子ㅣ 나거늘 王이 깃거 닐오ᄃᆡ 先王 種이 큰 名稱이 잇거늘 내 이제 ᄯᅩ 能히 法에 增長ᄒᆞ야 이 아ᄃᆞᆯ롤 나쾃라 □□□□이라 일훔 지ᄒᆞ니라 젓□□□□□ 오나ᄂᆞᆯ 王이 보□(고)□□□□□□(下)ᄃ려 무로ᄃᆡ □□□□□□□□다 對答호□(ᄃᆡ) □□□□□□(鳩)那羅□□□□□□□이다 王이 즉□(재) □□□□□□ 자바 오라 ᄒᆞ야ᄂᆞᆯ 刹□□□□(싀)예 자바 오니 마치 ᄀᆞᆮ거늘 □(鳩)□(那)羅ㅣ라 일훔 지□(ᄒᆞ)니라】】舉動이 천천ᄒᆞ고 글도 잘 ᄒᆞ며 활도 잘 쏘며 一弦琴을 잘 노더니 王ㅅ 夫人 ᄒᆞ나히 보고 ᄉᆞ랑ᄒᆞ야 더러본 ᄠᅳ들 ᄒᆞ거늘 太子ㅣ 구틔여 從티 아니ᄒᆞᆫ대 夫人이 怒ᄒᆞ고 제 이리 낧가 저허 王ᄭᅴ 술ᄫᅩᄃᆡ 太子ㅣ 德과 지조왜 ᄀᆞᄌᆞ시니 ᄀᆞ쇄 보내샤 百姓의 ᄆᆞᅀᆞᄆᆞᆯ 뫼호시게 ᄒᆞ쇼셔 王이 太子ᄅᆞᆯ 보내니 太子ㅣ 甚히 잘 다ᄉᆞ리더니

② 현대역

『석보상절』

○ 아육왕의 태자 법익이 8만 4천 탑을 세운 날에 태어나니【법익이 그가 구나라이니 이 태자의 눈이 깨끗하고 고운 모습이 구나라라 하는 새의 눈과 같으므로 구나라라 하였다.】이 태자의 거동이 의젓하고 글도 잘 지으며 활도 잘 쏘며 일현금을 잘 타더니【현은 줄이다.】왕의 부인 하나가 그 태자를 사랑하여 더러운 뜻을 품었는데 태자가 억지로 따르지 아니하니 그 부인이 원망하고 제 일이 현로(現露)할까 하여【현로는 나타나는 것이다.】“어떻게든 저 태자를 못쓰게 만들겠다” 하여 왕께 말하기를 “이제 사방이 태평하니, 태자가 덕과 재주를 갖추었으니 변방 나라에 보내시어 인심을 모으게 하소서.” 하여 왕이 그 말을 들어서 태자를 보내니 태자가 가서 공사(公事)를 매우 잘 하였다.

『월인석보』

【법익태자는 8만 4천 탑을 세운 날에 태어나니 눈 고움이 구나라(라는) 새 눈과 같으므로 이름 지으니 【【법익태자가 태어나니 왕이 기뻐하며 말하기를 "선왕 종족이 큰 명칭이 있어서 내가 이제 또 능히 법에 증장하여 이 아들을 낳았다." 하여 □□□□□이라 이름을 지었다. 젓□□□□□ 오거늘 왕이 보고 □□□□□下에게 묻기를 "□□□□□□□□나?" 대답하기를 "□□□□□□□구나라□□□□□□□□□입니다." 왕이 즉시 □□□□□□□ 잡아 오라고 하여 찰□□□□이에 잡아 오니 마치 구나라와 같아서 구나라라고 이름을 지었다.】】 거동이 의젓하고 글도 잘 지으며 활도 잘 쏘며 일현금을 잘 타더니 왕의 부인 하나가 보고 사랑하여 더러운 뜻을 품었는데 태자가 억지로 따르지 아니하니 부인이 노하고 제 일이 드러날까 두려워하여 왕께 아뢰기를 "태자가 덕과 재주를 갖추었으니 변방에 보내시어 백성의 마음을 모으시게 하소서." 왕이 태자를 보내니 태자가 매우 잘 다스렸다.

③ 저경

『석보상절』: 『석가보(釋迦譜)』 권5, 아육왕조팔만사천탑기(阿育王造八萬四千塔記) 제31 〈『잡아함경(雜阿含經)』〉 『대정신수대장경(大正新脩大藏經)』 제50, 사전부(史傳部), 81면】.

法益經云 王有太子 名達摩跋檀那 齊言法益 是起八萬四千塔日所生也 眼可愛如 似鳩那羅鳥眼 卽以爲名焉 風姿明雅有文武稱 善彈一弦琴 王有一別房夫人 見而愛之欲與私通 太子固辭不從 夫人懷恨旣深 又恐事泄密欲棄之 因白王曰 當今華裔一化四海同風 太子年德俱美文武備通 宜可鎭撫邊要以取百姓之心 王從其志 卽分部兵衆以送 太子在鎭甚有治能

『월인석보』: 『석보상절』 저경과 동일함.

* 위 『석보상절』과 『월인석보』는 태자 법익의 어린 시절에 대한 내용으로 구성되었는데, 『석보상절』은 언해문으로 이루어졌으나 『월인석보』는 협주문으로 이루어졌다는 점에서 차이를 보인다. 해당 저경은 동일하다.

* 위 『월인석보』에서 '【【   】】'은 협주문의 협주문으로서 실제 문헌을 보면 위로 두 칸 아래부터 시작된다.

* 위 『월인석보』는 많은 부분이 훼손되었는데 특히 협주문에 밑줄 친 부분은 많은 부분이 훼손되어 복원하기가 매우 어려워 그대로 두었다. 한편, 밑줄 친 내용은 저경의 "眼可愛如 似鳩那羅鳥眼 卽以爲名焉"에 해당하는 것으로 왕이 법익태자의 이름을 어떻게 짓게 되었는지에 대한 내용으로 『석보상절』에서는 생략된 부분이다.

④ 주석

『석보상절』

● ᄀᆞᆺᄀᆞᆺ고 : 깨끗하고. '깨끗하다'를 뜻하는 어간 'ᄀᆞᆺᄀᆞᆺᄒᆞ-'에 연결어미 '-고'가 통합한 것이다. 중세국어에서 '깨끗하다'의 의미를 나타내는 것은 'ᄀᆞᆺᄀᆞᆺᄒᆞ-' 외에도 '좋-'이 존재하는데, 현대국어에는 '좋-'이 '둏-'과의 경쟁 끝에 소멸하고 'ᄀᆞᆺᄀᆞᆺᄒᆞ-'에서 비롯된 형식인 '깨끗하-'만 남아 있다.

● 고ᄫᆞᆫ 야이 : 고운 모습이, 고운 모양이. 'ㅇ'이 음절 초성에 쓰이는 표기 방식은 정음 창제 초기 문헌의 특징이라고 할 수 있다. 이에 대해서는 9-14. 『월인석보』 '쥬의게' 항목 참고.

● 눈 고ᄫᆞ미 鳩那羅 새 누니 ᄀᆞᆮᄒᆞᆯ씨 : 눈의 고움이 구나라라는 새의 눈과 같으므로. '눈'의 '고움'을 '鳩那羅라는 새의 눈'과 비교하여 둘의 속성이 동등하다고 판정하는 동등 판정 구문이다. 김정아(1998)에서는 'ᄀᆞᆮᄒᆞ-'에 의한 동등 판정 구문을 '-이 -이 ᄀᆞᆮᄒᆞ-' 유형과 '-이 -와 ᄀᆞᆮᄒᆞ-' 유형 두 가지로 제시하였다. 김정아(1998)을 바탕으로 하여 '눈'을 비교대상1(E1), '고봄'은 비교대상1의 성질(Q), '鳩那羅 새 눈'을 비교대상2(E2)으로 본다면 $[[E_1+Q]$이 E_2이 ᄀᆞᆮᄒᆞ다]가 되어, 'ᄀᆞᆮᄒᆞ-'에 바로 선행하는 명사구 뒤에 조사 '-이'가 통합하는 유형 중 두 번째에 해당한다. 더 구체적인 사항은 김정아(1998)을 참고할 수 있다.

● 시우리라 : 현이다. '시위, 줄' 정도로 해석할 수 있는 '시울'[絃]에 계사 '-이-'와 종결어미 '-라'가 차례로 통합한 것이다. 계사 뒤에서 종결어미 '-다'가 '-라'로 교체되어 쓰였다.

● 모ᄢᅦ : 못쓰게. '모{못}+ᄡᅳ-[用]+-긔' 정도로 분석해 볼 가능성이 있으나 용례 자체가 극소수인 예라 단정하기는 어렵다. 『석보상절』의 해당 부분 외에 아래의 예 정도에서만 확인된다.

예 社稷그을 ᄒᆞ마 모ᄢᅦ 밍ᄀᆞᄅᆞ시릴씨<삼강행실도(런던대본)충 : 32>

『월인석보』

● 쳔쳔ᄒᆞ고 : 의젓하고. '의젓하다'를 뜻하는 어간 '쳔쳔ᄒᆞ-'에 연결어미 '-고'가 통합한 것이다. 중세국어의 '쳔쳔ᄒᆞ-'는 '의젓하다' 혹은 '쳔쳔하다'의 의미로 모두 쓰였으나 현대국어에서는 '의젓하다'의 의미는 거의 찾아보기 어렵다.

2. 『석보상절』 권24, 50a-51a / 『월인석보』 권25, 141a

① 언해문

『석보상절』 권24, 50a-51a

> 훈 힌 남죽ᄒ거늘 王이 病을 호디 오온 모미 고론 더러본 내 나거늘 天下
> 앳 醫員이 고티다가 몯ᄒ야늘 그 夫人이 ᄀᄆ니 사ᄅ몰 브려 나랏 內예 王ᄉ
> 病 ᄀ틀 사ᄅ몰 어더 ᄃ려다가 비룰 ᄩ 보니 그 소배 거믄 벌에 기리 두ᄉ
> 츤 ᄒ니 잇고 내 하 더러버 사ᄅ미 몯 나ᅀ가리러라 온 가짓 藥올 브ᅀ우디 그
> 내 더욱 甚ᄒ다가 마ᄂᆶ 氣韻을 쐬니 그 벌에 죽고 그 내 즉자히 업거늘 그
> 夫人이 王ᄭ 닐오디 王ᄉ 病을 내 어루 고티ᅀᄫ오리니 나롤 닐웨만 王이 ᄃ외
> 에 ᄒ쇼셔 王이 깃거 닐오디 내 病을 됴케 홀씨언뎡 닐웨 王 ᄃ외요미 므슴
> ᄒ료 ᄒ야눌 夫人이 마ᄂ롤 받ᄌᄫ 좌시게 ᄒ니 즉자히 됴커늘

『월인석보』 권25, 141a

> 王이 病을 ᄒ니 온 모미 더러본 내 나거늘 天下ᄉ 醫員이 고티디 몯더니
> 夫人이 ᄀᄆ니 王ᄉ 病 ᄀ틀 사ᄅ몰 어더 비룰 ᄩ 보니 거믄 벌에 잇거늘 마
> ᄂ롤 쐬니 벌에 죽고 내 歇커늘 王ᄭ 술ᄫ디 내 어로 고툐리니 나롤 닐□(웨)
> □(룰) 王 ᄃ외에 ᄒ쇼셔 王이 깃□(거) □□□ 내 病이 됴ᄒ션뎡 닐웨 □□
> □□ □(夫)人이 마ᄂ롤 王□□□□□□ □(됴)커늘

② 현대역

『석보상절』

> 한 해 남짓하니 왕이 병을 앓아서 온몸이 곯은 더러운 냄새가 났는데 천

하의 의원이 고치다가 못하여서 그 부인이 가만히 사람을 부려 나라 안에 왕과 병이 같은 사람을 얻어서 데려다가 배를 갈라 보니 그 속에 길이가 두어 치인 검은 벌레가 있어서 냄새가 아주 더러워 사람이 못 나아가겠더라. 백 가지의 약을 부었는데 그 냄새 더욱 심하다가 마늘의 기운을 쐬니 그 벌레 죽고 그 냄새 즉시 없어져서 그 부인이 왕께 말하기를 "왕의 병을 내가 능히 고치겠으니 나를 이레 동안 왕이 되게 하소서." 하여 왕이 기뻐하며 말하기를 "내 병을 좋아지게만 한다면 이레 왕이 되는 것이 무슨 문제가 있겠느냐?" 하거늘 부인이 마늘을 바쳐 드시게 하니 즉시 좋아져서

『월인석보』

왕이 병을 앓아서 온몸이 더러운 냄새가 났는데 천하의 의원이 고치지 못하더니 부인이 가만히 왕의 병과 같은 사람을 얻어 배를 갈라 보니 검은 벌레가 있어서 마늘을 쐬니 벌레가 죽고 냄새가 사라졌는데 왕께 아뢰기를 "내가 능히 고치겠으니 나를 이레 동안 왕이 되게 하소서." 왕이 기뻐 □□ □ "내 병이 좋아지기만 한다면 이레 □□□□" 부인이 마늘을 왕□□□□ □□□ 좋아졌는데

③ 저경

『석보상절』:『석가보(釋迦譜)』권5, 아육왕조팔만사천탑기(阿育王造八萬四千塔記) 제31 〈『잡아함경(雜阿含經)』〉【『대정신수대장경(大正新脩大藏經)』제50, 사전부(史傳部), 81면】.

歲餘王忽遍身患臭 天下師藥皆不能治 夫人密使人訊訪國內 與王病同者 破腹看之 得一黑虫長數寸 臭不可近 卽取衆藥灌之 其臭彌甚 又以大蒜熏之 虫死而臭歇 於是白王曰 妾能治王必使得差 願聽我七日爲王 王喜而許之曰但令我差七日

何有哉 夫人卽以大蒜與王 令服之便愈

『월인석보』:『석보상절』저경과 동일함.

* 위 내용은 왕의 부인이 왕의 병을 고치기 위해서 여러 가지를 시도하여 끝내 왕의 병을 고치는 장면이다. 그런데 이 부분은 오히려『석보상절』이『월인석보』보다 더 자세히 풀이하고 있다. 많은 부분을 생략하여 기술한『석보상절』의 언해 양상과 차이를 보이는 점이나 일부분에 그치기 때문에 큰 의미는 두지 않는다.

④ 주석

『석보상절』

● 오온 : 모든, 온. '오올-[全]+-ㄴ'으로 분석된다. 어간의 말음 'ㄹ'이 치음 'ㄴ' 앞에서 탈락하였다.

● 짜 : 갈라. '가르다', '깨뜨리다'를 의미하는 어간 '딴-'[破]에 연결어미 '-아'가 통합한 것이다.

● 소배 : 속에. 소위 'p/k 교체'로 불리는 음운 현상에 대해서는 9-5.『월인석보』 '소배' 항목 참고.

● 츤 : 치(寸)는. '츤'에 대한 해석과 분석 문제에는 여전히 논란의 여지가 있어 보이므로 여기에서는 어느 하나로 단정 짓지 않고 그간의 연구를 정리하는 것에 그친다. 김영배(1972)에서는 '치'와 의미가 동일한 '츤'이 존재하는 것으로 보았으나 김영배(2009)에서는 '寸'에 대응되는 '칟'의 예를 제시하면서[두어 칟 혀에 梵世예 니르로몰 나토시며(於數寸

之舌 現至梵世)<법화경언해6 : 103a>] '쳑'로 표기해야 할 것이 잘못되지 않았는가 하는 견해를 제시하였다. 이에 따르면 '寸'은 '치'와 '쳑' 두 가지 이형태를 갖는 것이 된다. 이 밖에 '츤'을 '츠'와 보조사 '-ㄴ'으로 분석한 견해도 있다(김영신 1983).

『월인석보』

• 고툐리니 : 고치겠으니, 고칠 것이니. '고치다'를 뜻하는 어간 '고티-'에 1인칭 주어의 의도를 나타내는 '-오-', 미래 시상의 선어말어미 '-리-', 연결어미 '-니'가 차례로 통합한 것이다.

3. 『석보상절』 권24, 51a-51b / 『월인석보』 권25, 141a-141b

① 언해문

『석보상절』 권24, 51a-51b

그 夫人이 王이 ᄃᆞ외야 勅書 밍ᄀᆞ라 太子ᄭᅴ 보내야 두 눈ᄌᆞᅀᆞ롤 ᄲᅡ혀 보내라 ᄒᆞ고 다ᄅᆞᆫ 사ᄅᆞᆷ을 갑새 보내니 太子ㅣ 아바닚 勅書ㅣ 신가 너겨 깃스봐 ᄒᆞᆫ 눈 ᄲᅡ혀 숪바다애 연자 두고 오래 보니 苦空無我ᄅᆞᆯ 아라 須陁洹道ᄅᆞᆯ 得ᄒᆞ니라 그리코ᅀᅡ ᄯᅩ ᄒᆞᆫ 누늘 ᄆᆞᆺ ᄲᅡ혀 그 使者ᄅᆞᆯ 맛디고 자내 妃子와 서르 븓드러 城 밧긔 거러 나니 길 녧 사ᄅᆞ미 울오 닐오ᄃᆡ 하ᄂᆞᆯ하 太子ㅣ 므슷 罪 겨시관ᄃᆡ 이리 ᄃᆞ외어시뇨 ᄒᆞ고 절ᄒᆞ야 보내며 모ᄀᆞᆯ 메여 셜ᄫᅥ 주그니도 잇더라

『월인석보』권25, 141a-141b

宮中□□□□□□□□□□(賀)터니 □□□□□□□□□□□ 夫人 □□□
□□□□□ □(法)□(益)의 두 눈 □□□□□□□□□ㅣ 勅 바다 깃□(거)
□□□□□□져 ᄒᆞᆫ □(눈) 싸혀 솞바당□(애) □□□□□ □(苦)空無我롤 아
라 須□(陀)□(洹)올 得ᄒᆞ고 後에 ᄒᆞᆫ 눈 □(ᄆᆞ)□(ᄌᆞ) □(싸)□(혀) 주고 妃子와
서르 자바 거러 城에 나니 길 녏 사ᄅᆞ미 눖믈 흘리며 다 울워러 하ᄂᆞᆯ 블로디
太子ㅣ 엇던 罪로 이러커시뇨 절ᄒᆞ며 목몌여 다 몯 니러 주그리도 잇더라

② 현대역

『석보상절』

   그 부인이 왕이 되어 칙서를 만들어 태자께 보내어 "두 눈자위를 빼어 보
내라." 하고 다른 사람을 대신 보내니 태자가 '아버님의 칙서이신가?' 여기
고 기뻐하여 눈 하나를 빼어 손바닥에 얹어 두고 오랫동안 보니 고공무아를
알아 수다원도를 얻었다. 그리하고서야 또 눈 하나를 마저 빼어 그 사자에
게 맡기고 자기 부인과 서로 붙들고 성 밖에 걸어 나가니 길 다니는 사람이
울고 말하기를 "하늘이시여, 태자가 무슨 죄가 있으시기에 이리 되시었는
가?" 하고 절하여 보내며 목메어 서러워 죽은 이도 있었다.

『월인석보』

   궁중□□□□□□□□하 했더니 □□□□□□□□□□ 부인 □□
□□□□□□ 법익의 두 눈 □□□□□□□□□이 칙서를 받아 기뻐 □
□□□□□□자 눈 하나를 빼어 손바닥에 □□□□□ 고공무아를 알아 수다
원을 얻고 후에 눈 하나를 마저 빼어 주고 부인과 서로 붙들고 걸어 성에서

나가니 길 다니는 사람이 눈물 흘리며 다 하늘에 부르짖기를 "태자가 어떤 죄로 이러하시는가?" 절하며 목메어 일어나지 못해 죽은 이도 있었다.

③ 저경

『석보상절』: 『석가보(釋迦譜)』 권5, 아육왕조팔만사천탑기(阿育王造八萬四千塔記) 제31 〈『잡아함경(雜阿含經)』〉【『대정신수대장경(大正新脩大藏經)』 제50, 사전부(史傳部), 81면】.

於是宮中綵女上酒稱慶　令王醉臥無所覺知　夫人卽嫌恨太子　卽矯敕挑其兩眼
令餘人代之　國法以王齒爲印　乃以臘摸王齒而印之　太子奉敕歡喜無怨　先挑一眼
置掌中　看之良久乃悟苦空無我　得須陀洹道　然後以一眼與之　於是與其妃相攜步
行出城　行人爲之流涕　悉仰頭呼天　太子有何罪乃致此耶　辭拜鳴咽並不能復起　亦
有感激致死者

『월인석보』: 『석보상절』 저경과 동일함.

④ 주석

『석보상절』

● 갑새 : 대신. '값+-애'로 분석할 수 있는데, 중세국어에는 '갑새'가 '價'의 의미와 '代身'의 의미로 쓰인 예들을 모두 발견할 수 있다.

例 이 수양 아질게양 악대양 염쇠삿기 암염쇼 모도와 언머만 <u>갑새</u> 풀 오져 ᄒᆞᄂᆞᆫ다<번역노걸대하 : 21b-22a>

내 남지는 여위오 젹거니와 숢지고 거믄 겨지비 마시 됴타 ᄒᆞᄂᆞ니
내 숢지고 거므니 내 갑새 죽가지이다<삼강행실도(런던대본)열 : 28>

● 연자 : 없어. 15세기 국어의 '엱-'[置]은 '앉-'[座]과 형태 · 의미상으
로 서로 관련되어 있다. '앉-'은 '앗-'(앗는<석보상절19 : 6a)과 '앚-'(앚
노라<능엄경언해1 : 3b)으로도 나타나며, '엱-'에 대해서는 '엿-'(여저
<석보상절13 : 17a)이 발견된다. 이상의 사실과 『계림유사』의 '坐曰阿
則家囉' 및 『조선관역어』의 '坐 阿格刺' 등의 기록을 고려한다면 '앉-'과
'엱-'은 각각 '*앚-'과 '*엿-'으로 소급됨을 알 수 있다(이기문 1968 참고).
● 자내 : '자내'는 '몸소, 스스로' 정도로 해석되거나 재귀사로서 '자
기' 정도로 해석되는 예가 모두 존재한다.

예 舍利佛도 자내 毗沙門王이 ᄃᆞ외니(時舍利弗自化身作毘沙門王)<석보
    상절6 : 33>
    耶輸는 前生애 어마님과 ᄒᆞᆫ디 가시다가 길 머러 ᄀᆞᆺᄇ실ᄊᆡ 몰보기
    ᄐᆞᆯᄒᆞ야 자내 지믈 어마님 맛디시고<석보상절3 : 37b>

『석보상절』의 해당 부분은 법익태자가 '마지막 남은 한 눈을 마저 빼
주고 자신의 부인과 붙들고 성에서 나가는' 문맥이므로, 재귀사로 쓰였
다고 할 수 있다.

『월인석보』

● 니러 : 일어나. '일어나다'를 뜻하는 어간 '닐-'에 연결어미 '-어'가
통합된 것으로 저경의 '起'에 대응하는 것이다.

4. 『석보상절』 권24, 51b-52b / 『월인석보』 권25, 141b-142b

① 언해문

『석보상절』 권24, 51b-52b

太子ㅣ 것바ᅀᅵ ᄃᆞ외야 빌머거 사니다가 마초아 믿나라해 도라오니 손지 一絃琴을 가져 ᄃᆞ니며 간 ᄃᆡ마다 노더라 그ᄢᅴ 大臣이 太子ᆫᄀᆞᆫ 곧 아란마ᄅᆞᆫ 夫人ᄋᆞᆯ 므ᅀᅴ여 내야 닐오ᄆᆞᆯ 몯ᄒᆞ야 ᄒᆞᆫ 사ᄅᆞᄆᆞᆯ 브터 王ᄭᅴ 닐오ᄃᆡ 밧긔 ᄒᆞᆫ 쇼겨이 琴을 잘 노ᄂᆞ이다 王이 블러 보니 ᄌᆞ걋 太子ㅣ러라 마조 보아 太子와 며느리왜 차림 몯ᄒᆞ얫다가 씨니 그제ᅀᅡ 그 根源을 아라 그 夫人ᄋᆞᆯ 주규려 ᄒᆞ거늘 太子ㅣ 슬허 마ᄅᆞ쇼셔 請ᄒᆞᅀᆞᄫᅡ늘 王이 듣디 아니ᄒᆞ고 브레 ᄉᆞ라 주기니라 王이 後에 神靈ᄭᅴ 盟誓ᄒᆞ야 비니 太子ㅅ 누니 다시 나거늘 王이 몯내

(이하는 낙장)

『월인석보』 권25, 141b-142b

乞食ᄒᆞ야 두루 ᄃᆞ녀 마초아 本國에 도라와 손지 一弦琴 가져간 ᄃᆡ마다 놀어늘 그제 大臣이 太子ᆫᄀᆞᆫ 둘 알며 ᄯᅩ 夫人 혼 이린 둘 □(아)□□□□□□ 다ᄅᆞᆫ 사ᄅᆞᄆᆞᆯ 브터 王□□□□□□(혼) 盲人이 琴을 □□□□□매 드르쇼셔 王이 블러 □□□□□(子)와 妃子왜 것ᄆᆞᄅᆞ주□(거) ᄶᅡ해 디여 □(오)라거ᅀᅡ 씨어늘 즉재 무러 夫人 □(혼) 이ᄅᆞᆯ 아란마ᄅᆞᆫ 王이 아ᄅᆡ 五□(戒)ᄅᆞᆯ 受ᄒᆞ야 殺生ᄋᆞᆯ 아니홀□(씨) □(肉)刑ᄒᆞ야【【肉刑은 술 刑罰이라】】기□(픈) □(수)프레 더디더니라 王□□□□□□□□□ 眼根□□□□□□ □□□□□(應)ᄒᆞ야 조□□□□□□야ᄂᆞᆯ 王이 寶冠 □(바)□□□□ 太子 주어 轉輪□(王)□ □□ 여슷 히ᄅᆞᆯ 다ᄉᆞ리더니 法□□□ □(王)ᄭᅴ 술ᄫᅡ 出家ᄒᆞ야지□(이)□(다) □□ᄂᆞᆯ 王이 出家케 ᄒᆞ고 阿□□이 도로 셔고 法益의 아ᄃᆞᆯ □(三)□(波)提ᄅᆞᆯ 太子 사마 ᄃᆡᆺ더니□(라)】

② 현대역

『석보상절』

태자가 거지가 되어 빌어먹으며 살다가 마침내 본국에 돌아오니 여전히 일현금을 가지고 다니며 가는 데마다 연주를 하였다. 그때 대신이 태자인 것을 알았지만 부인을 무서워하여 드러내서 말하지 못하여 한 사람을 의지하여 왕께 말하기를 "밖에 한 소경이 금을 잘 연주합니다." 하여 왕이 불러 보니 자신의 태자였다. 마주 보고 태자와 며느리가 정신을 차리지 못하였다가 깨니 그제야 그 근원을 알아 그 부인을 죽이려 하였는데 태자가 슬퍼하여 "그러지 마소서."라고 청하였지만 왕이 듣지 않고 불에 살라 죽였다. 왕이 후에 신령께 맹서하여 비니 태자의 눈이 다시 났는데 왕이 못내

　(이하는 낙장)

『월인석보』

걸식하며 두루 다니다가 마침내 본국에 돌아와 여전히 일현금을 가지고 가는 데마다 연주를 하였는데 그때 대신이 태자인 것을 알고 또 부인이 한 일인 것을 아□□□□□□ 다른 사람을 의지하여 왕□□□□□□ "한 맹인이 금을 □□□□□□매 들으소서." 하여 왕이 불러 □□□□자와 부인이 까무러쳐 땅에 쓰러졌다가 오랜 후에야 깼는데 즉시 물어 부인이 한 일을 알았지만 왕이 예전에 오계를 받아 살생을 하지 않으므로 육형하여 【【육형은 살에 관한 형벌이다.】】 깊은 숲에 던졌다. 왕□□□□□□□□ 안근□□□□□□□□□□응 하여 조□□□□□□앉았는데 왕이 보관 바□□□□□ 태자에게 주어 전륜왕□□□ 여섯 해를 다스렸더니 법□□□ 왕께 아뢰기를 "출가하고 싶습니다." □□였는데 왕이 출가하게 하고 아□□이 도로 서고 법익의 아들 삼바제를 태자로 삼아 두었다.】

③ 저경

『석보상절』:『석가보(釋迦譜)』 권5, 아육왕조팔만사천탑기(阿育王造八萬四千塔記) 제31 〈『잡아함경(雜阿含經)』〉【『대정신수대장경(大正新脩大藏經)』 제50, 사전부(史傳部), 81~82면】.

乞食流迸遇還本國　猶持一弦琴在所而彈之　時有大臣　識是太子亦知夫人所爲 不敢以問　乃因餘人啓王　外有一盲人能彈琴　備六十四伎變弄殊絶　不可不聞　王卽 召之乃見其子　子婦悶絶墜地　良久乃蘇卽問其故　方悟是夫人所爲　王先受五戒不 復殺生　唯肉刑之棄於深林　太子聞夫人被刑　結氣發病而死　王年耆悋[示耆毛]　疾 臥床褥無復威力　半年之中諸臣行事　王卒後立位　法益之子名三波提　紹位也 (줄 임) 王後發誓使得眼根　神感之應更生淨眼　王見瑞應不可稱記　脫己寶冠授與法益 紹轉輪王治化六年　法益治化已經六年　白父王曰乞聽出家　王卽聽許令出家學道

『월인석보』:『석보상절』 저경과 동일함.

 * 위『석보상절』이후 부분인 53장 이하는 낙장되어 확인되지 않는다. 이호권(2001)에서는 저본인『석가보』의 남은 내용으로 보아 '1-2장' 정도가 낙장된 것으로 추측하였다. 한편, 저경의 "唯肉刑之棄於深林"의 언해가 차이를 보이는데,『석보상절』에서는 "브레 스라 주기니라"와 같이 언해되었고『월인석보』에서는 "(肉)刑ᄒ야【【肉刑은 술 刑罰이라】】 기□(픈) □(수)프레 더디니라"와 같이 언해되었다.

④ 주석

『석보상절』

• 믿나라해 : 본국. '믿나랗'은 '믿{밑}'[本]과 '나랗'[國]의 합성어이다.

● 아란마른 : 알았건만. '알-[知]+-아-+-ㄴ마른'으로 분석할 수 있는 구성으로 '알-'이 타동사이므로 '-거-'가 아닌 '-아-'가 쓰였다.

● ᄉᆞ라 : 살라. '사르다'를 뜻하는 어간 '술-'[焚]에 연결어미 '-아'가 통합한 것이다.

『월인석보』

● 것ᄆᆞᄅ주거 : 까무러쳐. '까무러치다'를 뜻하는 어간 '것ᄆᆞᄅ죽-'[悶絶]에 연결어미 '-어'가 통합한 것이다.

● 出家ᄒᆞ야지이다 : 출가하고 싶습니다. '出家ᄒᆞ-+-야-+-지이다'로 분석할 수 있는 구성으로, '원망(願望)'을 나타내는 어미 '-지이다'를 확인할 수 있다. '-지이다'에서 볼 수 있듯이 청자대우의 '-이-'가 '지'와 '-다' 사이에 들어갈 수 있으므로, '-지라'와 '-지이다'에서 '-지-'를 원망의 선어말어미로 분석해 내는 견해도 존재한다. 반대로 '-지-'를 분석하지 않고 '-지라'와 '-지이다'를 그 자체로 원망법 어미로 처리하는 견해도 있다.

제20장

석가의 일생에 대한 해설

1. 『석보상절』 권24 : 해당 부분 없음. / 『월인석보』 권25,
142b-143a

① 언해문

『월인석보』: 권25, 142b-143a

其五百八十二
色身올 숨건□(댄) □□□에 느리샤 跋提河 □□□(度)ᄒ시나
法身올 숨건□(댄) □□□□시니잇가 어드러로 가시니잇가

其五百八十□(三)
가시다 호리잇가 눈 알ᄑᆡ ᄀ□(득) □□놀 顚倒 衆生이□□□□니

② 현대역

『월인석보』

기582
색신을 사뢸진대 □□□에 내리셔 발제하□□□도하셨으나
법신을 사뢸진대 □□□□십니까? 어디로 가셨습니까?
기583
가셨다 할 것입니까? 눈앞에 가득 □□늘 전도 중생이 □□□□니

---

2. 『석보상절』 권24 : 해당 부분 없음. / 『월인석보』 권25, 143a-144a

① 언해문

『월인석보』: 권25, 143a-144a

【眞을 브터 化롤 니□(ᄅ) □□□□□□□□ㅣ 이르시□(며) □□□□□
츠□□□□시나 眞□□□□□□시니 世俗이 닐오디 □□□(伽)□(毗)羅애 나
샤 摩竭□(陁)□(애) □(成)道ᄒ샤 波羅奈□(예) □(說)□(法)ᄒ시고 拘尸羅애 入
□(滅)□(ᄒ)시다 ᄒᄂ니 釋迦ㅣ 淨□(飯)□(王)宮에 示現 出生ᄒ□(샤) □(十)九
에 出家ᄒ샤 三十□(에) 成道ᄒ샤 住世 四十□(九)年이시고 說法 三百餘會시고
목수미 □(八)□(十)에 入滅을 뵈시니 滅□□□□□디 二千나만 ᄒᆞ니 □□□
□□□ 世俗이 닐오디 부□(톄) □□□□□시다 호미 올커니와 實□□□□□
건댄 오샤도 오샴 업스샤□(미) □□□□ ᄀᄅ매 비취돗 ᄒ시고 □(가)□□□
□ □(업)스샤미 虛空이 諸刹□(ᄂ)□(호)돗 ᄒ시니 이러면 비록 出世ᄒ시다
닐어도 出世 아니ᄒ시며 비록 入滅ᄒ시다 닐어도 入滅 아□(니)□(ᄒ)시니 그

럴씨 닐오디 慈容□(올) □□히 보수^ᇦ리라 말라 祇園□(大)□(道)場애 여희디
아니ᄒ시□(니) □□□라 慈容올 아숩고져 □(ᄒ)□□□□ 議思量ᄒ면 千萬□
□□라 道場올 알오져 ᄒ□□□□ □(觸)□□□□道場 □(아)□□□□□
  (이하는 낙장)

② 현대역

『월인석보』

【진신을 의지하여 화신을 이르□□□□□□□가 이루어지시며 □□□
□□ 차□□□□시나, 진□□□□시니, 세속에서 말하기를 "□□가비라에
나시고, 마갈타에서 성도하시고, 바라내에서 설법하시고, 구시라에 입멸하셨
다." 하니 석가께서 정반왕궁에 시현 출생하시어 19세에 출가하시고, 30세에
성도하시어, 주세 49년이시고, 3백여 회 설법하시고, 목숨 80세에 입멸을 하
시니, 멸□□□□□지 2천여 년이니, □□□□□□ 세속에서 말하기를 "부처
님이 □□□□□시다 함이 옳거니와 실□□□□□건댄 오셔도 오심 없으심
이 □□□□강에 비추듯 하시고, 가□□□□ 없으심이 허공이 제찰□ 나누
듯 하시니, 이러면 비록 출세하셨다고 말해도 출세하지 않으셨으며, 비록 입
멸하셨다 말해도 입멸하지 않으셨으니, 이에 말하기를 자용을 □□히 보려
고 하지 말라. 기원대도량에서 여의지 아니하시니□□□라. 자용을 알고져
하□□□□ 의사량 하면 천만□□□라. 도량을 알고자 하□□□□ 촉□□□
□ 도량 아□□□□□.
  (이하는 낙장)

③ 저경

『월인석보』: 미상

* 위 내용은 석가의 일생에 대한 간략한 해설을 담은 부분인데 해당 저경이 분명하지 않고, 144장 이후가 낙장되어 그 내용이 완결되지 않은 상태이다. 이 뒤에 얼마나 더 많은 내용이 있는지는 알 수가 없다.

④ 주석

『월인석보』

• 여희디 : 여의지. '여의다'를 뜻하는 어간 '여희-'[喪]에 연결어미 '-디'가 통합한 것이다.
• 알오져 : 알고자. '알-+-오져'로 분석할 수 있는 구성으로, 어간 말음 'ㄹ' 뒤에서 '-고져'가 '-오져'로 실현되었다.

참고문헌

〈논저류〉

강성일(1972), 중세국어 조어론 연구, 『동아논총』 9, 동아대학교, 213-328.

강순애(1998), 새로 발견된 초참본 『월인석보』 권25에 관한 연구 : 그 구성과 저경을 중심으로, 『서지학연구』 16, 서지학회, 95-125.

강순애(2005), 『장흥 보림사장 초참본 월인석보 권 25 연구』, 아세아문화사.

강은국(1993), 『조선어 접미사의 통시적 연구』, 서광학술자료사.

고광모(1991), ㄴ첨가와 사이시옷에 관하여, 『언어연구』 3, 서울대학교 언어연구소, 1-22.

고광모(1992), 국어의 음운 변화 syV>sV에 대하여, 『논문집』 13-2, 목포대학, 1-17.

고석주(2000), 한국어 조사의 연구 : '-가'와 '-를'을 중심으로, 연세대학교 박사학위 논문.

고영근(1980), 중세어의 어미활용에 나타나는 '거/어'의 교체에 대하여, 『국어학』 9, 국어학회, 55-99.

고영근(1986), 능격성과 국어의 통사구조, 『한글』 192, 한글학회, 43-76.

고영근・구본관(2008), 『우리말 문법론』, 집문당.

곽충구(1980), 십팔세기 국어의 음운론적 연구, 『국어연구』 43, 서울대학교 국어연구회.

곽충구(1996), 국어사 연구와 국어 방언, 『이기문교수 정년퇴임기념논총』, 신구문화사, 45-71.

곽충구(2001), 구개음화 규칙의 발생과 그 확산, 『진단학보』 92, 진단학회, 237-268.

곽충구(2011), 구개음화 규칙의 전파와 어휘 확산 : 조선족 육진방언의 경우, 『국어학』 61, 국어학회, 3-40.

곽충구(2012), 육진방언의 음성과 음운사, 『방언학』 16, 한국방언학회, 121-154.

구본관(1996), 중세국어 형태, 『국어의 시대별 변천 실태 연구』 1, 국립국어연구원, 56-113.

구본관(1997), 의미와 통사범주를 바꾸지 않는 접미사류에 대하여, 『국어학』 29, 국어학회, 113-140.

구본관(1998), 『15세기 국어 파생법에 대한 연구』(국어학총서 30), 국어학회, 태학사.

구본관(2001), 수사와 수관형사의 형태론, 『형태론』 3-2, 박이정, 265-284.

구본관(2004), 중세국어 'X ᄒᆞ- + -이' 부사 형성, 『국어국문학』 136, 국어국문학회, 105-134.

김경아(1991), 중세국어 후음에 대한 일고찰 : 순경음 ᄫ의 변화와 관련하여, 『국어학의 새로운 인식과 전개』(김완진 선생 회갑기념논총), 민음사, 108-127. [재수록 : 이병근·박창원 편(1998), 『음운 Ⅱ』(국어학강좌5), 태학사, 283-306].

김기종(2003), 석보상절과 월인석보의 구성방식과 비교 연구, 『한국어문학연구』 41, 한국어문학연구학회, 317-342.

김기종(2005), 석보상절의 저경과 저경 수용 양상, 『서지학연구』 30, 서지학회, 151-182.

김문오(1998), 중세국어 자타 양용동사의 연구, 『문학과 언어』 20-1, 문학과 언어연구회, 1-26.

김문오(1999), '석보상절과 월인석보 소재 석보상절의 대조 연구 : 유의적 대응 표현을 중심으로, 『어문론총』 33, 경북어문학회, 101-150.

김성규(1994), 중세국어의 성조 변화에 대한 연구, 서울대학교 박사학위논문.

김성규(1995), '사ᄅᆞ다'류의 파생어, 『한일어학논총 : 남학 이종철선생 회갑기념논총』, 국학자료원, 381-394.

김성규(2009), 중세국어 음운론의 쟁점, 『국어사 연구』 9, 국어사학회, 41-68.

김영배(1972), 『석보상절 제23·24 주해』, 일조각.

김영배(1999), 『월인석보』의 편찬, 『대장경의 세계』, 동국역경원, 577-602.

김영배(2001), 『월인석보(月印釋譜)』의 국어학적 위상, 『한국문학연구』 24, 동국대학교 한국문화연구소, 167-190.

김영배(2005), 『월인석보 제25』의 희귀어에 대하여, 『한국어문학연구』 45, 한국어문학연구학회, 9-25.

김영배(2009), 『석보상절 제23·24 연구』, 동국대학교출판부.

김영욱(1995), 『문법형태의 역사적 연구 : 변화의 이론과 실제』, 박이정.

김옥영(2010), 공명도 제약과 중세국어 후음 'ㅇ', 『한국어학』 49, 한국어학회, 91-117.

김완진(1973), 『중세국어성조의 연구』(한국문화연구총서 11), 서울대학교문리과대학 한국문화연구소..

김유범 외(2002), 'ㄴ'삽입 현상의 연구사적 검토, 『어문논집』 46, 민족어문학회, 41-71.

김유범(2005), 중세국어 '-밭-/-완(원)-'의 형태론과 음운론, 『한국어학』 26, 한국어학회, 25-65.

김정아(1996), 『중세국어의 비교구문 연구』, 태학사.

김주필(1985), 구개음화에 대한 통시론적 연구, 『국어연구』 68, 서울대학교 국어연구회.

김주필(1988), 중세국어 음절말 치음의 음성적 실현과 표기, 『국어학』 17, 국어학회, 203-228.

김진형(1995), 중세국어 보조사에 대한 연구 : 목록 설정을 중심으로, 서울대학교 석사학위논문.

김차균(1983), 국어의 약음소들에 나타나는 음운론적인 과정들의 연구, 『음운론의 원리』, 창학사, 51-98.

남광우(1962), 사동·피동형의 역사적고찰 : "-이-, -우-" 보조어간이 붙는 것을 중심으로, 『국어학논문집』, 일우사, 13-64.

남미정(2011), 보조사 '까지, 마저, 조차'의 발달과 의미 관련성, 『국어사 연구』 12, 국어사학회, 169-192.

마기옥(2007), 국어 피·사동 접사의 중첩형에 대한 연구, 동의대학교 석사학위논문.

목정수(2003), 한정조사 {(이)나}의 통사론과 서법 제약, 『한글』 260, 한글학회 113-148.

박금자(1997), 『15세기 언해서의 협주 연구』, 집문당.

박부자(2008), 16세기 국어 {대로}의 변화, 『국어학』 52, 국어학회, 221-255.

박선우(2005), 위치적 유표성과 한국어의 ㄴ삽입, 『음성·음운·형태론 연구』 11-2, 한국음운론학회, 323-335.

박진호(1995), 현대국어 '만', '뿐', '따름'과 중세국어 '만', '뿐', '〮ᄯᆞ〮ᄅᆞᆷ'의 문법적 지위에 대하여, 『국어학논집』 2, 태학사.

박진호(2007), 유형론적 관점에서 본 한국어 대명사 체계의 특징, 『국어학』 50, 국어학회, 115-147.

박진호(2011), 서강대학교 국어국문학과 대학원 「중세국어 형태연구」 강의록.

박창원(1984), 중세국어의 음절말 자음 체계, 『국어학』 13, 국어학회, 171-197.

백두현(1992), 『영남 문헌어의 음운사 연구』(국어학총서 19), 국어학회, 태학사.

사재동(1970), 월인석보의 형태적 연구, 『어문연구』 6, 어문연구회, 33-64.

사재동(1990), 월인석보와 강창문학적 연구, 『애산학보』 9, 애산학회, 1-29.

서정목(1989), '반말체' 형태 '-지'의 형태소 확인, 『이혜숙 교수 정년 기념논문집』, 한신문화사. [재수록 : 서정목(1994), 『국어 통사 구조 연구 I』, 서강대학교 출판부, 407-434].

서정목(1994), 『국어 통사 구조 연구 I』, 서강대학교 출판부.

세종대왕기념사업회 편(2009a), 『역주 월인석보 제25(상권)』, 세종대왕기념사업회.

세종대왕기념사업회 편(2009b), 『역주 월인석보 제25(하권)』, 세종대왕기념사업회.

소신애(2004), /ㅅ, ㅈ, ㅊ/의 음가(音價)와 구개모음화(口蓋母音化) : 연변(延邊) 훈춘(琿春) 지역(地域) 조선어를 중심으로, 『국어국문학』 137, 국어국문학회, 269-299.

소신애(2010), 파찰음 앞 /ㄴ/ 삽입 현상에 관하여, 『국어국문학』 154, 국어국문학회, 5-32.

소신애(2011), 국어의 'p/k 교체'에 대하여, 『국어국문학』 158, 국어국문학회, 101-134.

신승용(2006), 치음 /ㅅ/, /ㅈ/의 조음위치 이동 원인과 변화 과정, 『국제어문』 36, 국제어문학회, 117-144.

심재완(1959), 석보상절 제11에 대하여, 『청구대 논문집』 2.

안병희(1959), 십오세기국어의 활용어간에 대한 형태론적 연구, 『국어연구』 7, 서울대학교 국어연구회.

안병희·이광호(1990), 『중세국어문법론』, 학연사.

안병희(1992), 『국어사 자료연구』, 문학과지성사.

안병희(1993), 월인석보 편찬과 이본, 『진단학보』 75, 진단학회, 183-195.

안병희 외(2002), 『중세국어연습』, 한국방송통신대학교 출판부.

오종갑(1983), ㅑ, ㅕ, ㅛ, ㅠ의 변천, 『한국학논집』 10, 계명대학교 한국학연구소, 285-305.

원순옥(2005), 석보 상절(釋譜詳節) 권24와 월인 석보(月印釋譜) 권25의 대조 연구 : 고유어와 한자어의 대응 관계를 중심으로, 『한국말글학』 22, 한국말글학회, 97-126.

유창돈(1964), 『이조국어사 연구』, 선명문화사.

유창돈(1975), 『국어국문학총서』 3, 삼우사.

유필재(2004), '말다(勿)' 동사의 음운론과 형태론, 『국어학』 43, 국어학회, 97-118.

유필재(2005), ㄷ불규칙동사의 내적 재구, 『어학연구』 41-3, 서울대학교 어학연구소, 635-654.

유필재(2007), 후기중세국어 부사파생접미사 '-이'의 형태음운론, 『국어학』 49, 국어학회, 3-31.

유필재(2009), ㄷ불규칙동사의 역사적 변화, 『어학연구』 45-1, 서울대학교 어학연구소, 157-175.

유필재(2010), 중세국어 이전 시기 ㄷ불규칙용언, 『최명옥 선생 정년 퇴임 기념 국어학논총』, 태학사, 517-530.

육효창(1995), 중세국어 음절말에서의 치음의 음가고, 『동악어문논집』 30, 동악어문학회, 123-153.

이규호(2006), 노걸대류 출발점 표시의 조사들, 『중국학연구』 36, 중국학연구회, 75-94.

이근주(1986), ㄷ·ㅅ종성에 대하여, 『국어학신연구』, 탑출판사, 51-60.

이기갑(1981), 15세기 국어의 상태지속상과 그 변천, 『한글』 173·174, 한글학회, 401-421.

이기문(1959), 십육세기 국어의 연구, 『문리논집』 4, 고려대학교 문리과대학. [재간행 : 이기문(1978), 『십육세기 국어의 연구』(국어학 연구선서 3), 탑출판사].

이기문(1962), 중세국어의 특수 어간 교체에 대하여, 『진단학보』 23, 진단학회, 119-153.

이기문(1963), 『국어표기법의 역사적 연구』(한국연구총서 18), 사단법인 한국연구원.

이기문(1968), 동사어간 「앉-」과 「엱-」의 사적고찰, 『도남조윤제박사 회갑기념논문집』, 신아사, 341-350.

이기문(1972a), 『국어음운사연구』(국어학총서 3), 국어학회, 탑출판사.

이기문(1972b), 『국어사 개설(개정판)』, 탑출판사.

이기문(1979), 중세국어 모음론의 현상과 과제, 『동양학』 9, 단국대학교 동양학연구소, 23-36.

이기문(1978), 『십육세기 국어의 연구』(국어학 연구선서 3), 탑출판사.

이기문(1985), 국어 어휘사의 한 측면, 『역사언어학(김방한선생회갑기념논문집)』, 전예원. [재수록 : 이기문(1991), 33-42].

이기문(1991), 『국어 어휘사 연구』, 동아출판사.

이기문(1998), 『신정판 국어사개설』, 태학사.

이기문·김진우·이상억(2000), 『증보판 국어음운론』, 학연사.

이병근·박창원 편(1998), 『음운 II』(국어학강좌 5), 태학사.

이동림(1959), 『주해 석보상절』, 동국대학교 출판부.

이상억(1970), 국어의 사동·피동구문연구, 『국어연구』 26, 서울대학교 국어연구회.

이숭녕(1939), 조선어 이화작용에 대하여, 『진단학보』 11, 진단학회, 1-42.

이숭녕(1981), 『중세국어문법』, 을유문화사.

이승욱(2007), 중세어 통사구조의 문법화에 대한 산고 : 여격형성의 초기과정을 중심으로, 『한국어연구』 4, 한국어연구회, 63-94.

이승희(1996a), 중세국어 감동법 연구, 서울대학교 석사학위논문.

이승희(1996b), 중세국어 의문법 '-ㄴ다'계 어미의 소멸 원인, 『관악어문연구』 21, 서울대학교 국어국문학과, 255-266.

이승희(2005), '-고라'의 의미 기능에 대한 고찰, 『형태론』 7-1, 박이정, 81-97.

이승희(2009), 중세국어 'NP1앳 NP2' 구성의 의미 유형에 대한 고찰, 『국어학』 54, 국어학회, 197-223.

이은정(1986), 8종성에서의 '-ㅅ'에 대하여, 『한글』 192, 한글학회, 3-18.

이익섭(1987), 음절말 표기 'ㅅ'과 'ㄷ'의 사적 고찰, 『성곡논총』 18, 성곡학술문화재단, 113-153.

이익섭(1992), 『국어표기법연구』, 서울대학교출판부.

이인자(1984), 15세기 국어의 'ㄷ·ㅅ'종성고, 동국대학교 석사학위논문.

이진호(2012), 국어 PK-교체에 대한 종합적 고찰, 『국어학』 63, 국어학회, 247-273.

이진호(2012), 『한국어의 표준 발음과 현실 발음』, 아카넷.

이현규(1995), 국어 문법사 기술의 연속성과 관련된 한두 문제, 『서강대학교 국어국문학과 창과 30주년 기념 학술대회 발표문』.

이현희(1985), 'ᄒᆞ다' 어사의 성격에 대하여, 『한신논문집』 2, 한신대학교 출판부, 221-248.

이현희(1994), 『중세국어 구문연구』, 신구문화사.

이현희(1995), 'ᄡᅡ'와 '沙', 『한일어학논총(남학 이종철선생 회갑기념논총)』, 국학자료원, 523-583.

이현희(1997), 중어국어 강세접사에 관한 일고찰, 『한국어문학논고(최태영 교수 회갑기념 논총)』, 태학사, 707-724.

이호권(2001), 『석보상절의 서지와 언어』(국어학총서 39), 국어학회, 태학사.

임동훈(1997), 이중 주어문의 통사 구조, 『한국문화』 19, 서울대학교 한국문화연구소, 31-66.

장요한(2010a), 중세국어 조사 '-ᄃᆞ려', '-더브러', '-의/ㅅ손ᄃᆡ'의 문법, 『한민족어문학』 56, 한민족어문학회, 5-43.

장요한(2010b), 『15세기 국어접속문의 통사와 의미』(국어학총서 67), 국어학회, 태학사.

장요한(2011a), 중세국어 "마초아"의 용법과 어휘화, 『언어와 정보사회』 14, 서강대학교 언어정보연구소, 1-19.

장요한(2011b), 중세국어 접속어미 '-디옷'의 문법에 대하여, 『국어학』 61, 국어학회, 299-415.

장요한(2012), 국어 접속어미의 통시적 연구―'커니와'와 '-다니'의 통시적 변화를 중심으로,『어문학』119, 1-26.

장요한(2013a), 중세국어 'ㄴ뎡'류 접속어미의 문법, 2013년도 배달말학회 발표문.

장요한(2013b), 중세국어 의문사 '므스'류의 교체 양상과 단일화,『언어와 정보사회』 20, 서강대학교 언어정보연구소, 235-259.

장윤희(1996), 중세국어 '이싼녀' 구문의 구조와 성격,『관악어문연구』21, 서울대학교 국어국문학과, 339-376.

장윤희(2002a),『중세국어 종결어미 연구』(국어학총서 41), 국어학회, 태학사.

장윤희(2002b), 국어 동사사의 제문제,『한국어 의미학』10, 한국어의미학회, 143-159.

장윤희(2006), 고대국어의 파생 접미사 연구,『국어학』47, 국어학회, 91-144.

정언학(2003), 중세국어 '-어 이셔>-에셔>-어셔'의 문법화에 대한 연구,『어문연구』 31-4, 한국어문교육연구회, 33-58.

정언학(2005), 평서형 어미 '-ㄴ다/-는다'의 성립에 대한 통시적 고찰,『어문연구』 33-4, 한국어문교육연구회, 81-107.

정언학(2006),『상 이론과 보조 용언의 역사적 연구』, 태학사.

정연찬(1987), 欲字初發聲을 다시 생각해 본다,『국어학』16, 국어학회, 11-40.

정재영(2001), 국어 감탄문의 변화 : 감탄법 종결어미의 변화를 중심으로,『진단학보』 92, 진단학회, 293-325.

지춘수(1964), 종성팔자제한에 있어서「ㄷ, ㅅ」설정에 대한 고찰,『국어국문학』27, 국 어국문학회, 145-165.

지춘수(1971), ㅅ 종성 재론,『한글』147, 한글학회, 121-154.

지춘수(1986), 국어 표기사 연구, 경희대학교 박사학위논문.

최동주(1989), 국어 능격성 논의의 문제점,『주시경학보』3, 주시경연구소, 154-159.

최동주(1995a), 국어 시상체계의 통시적 변화에 관한 연구, 서울대학교 박사학위논문.

최동주(1995b), 국어 선어말어미 배열순서의 역사적 변화,『언어학』17, 한국언어학회, 317-335.

최동주(1996), 중세국어 문법,『국어의 시대별 변천사』1, 국립국어연구원, 152-209.

최동주(1999), '이'계 특수 조사의 문법화,『형태론』1-1, 박이정, 43-60.

최명옥(1989), 국어 움라우트의 연구사적 고찰,『주시경학보』3, 주시경연구소, 7-39.

최임식(1984), 19세기 후기 서북방언의 모음체계, 계명대학교 석사학위논문.

하귀녀(2004), 보조사 '-곳/옷'과 '-火ㅅ',『국어학』43, 국어학회, 181-208.

하귀녀(2005), 국어 보조사의 역사적 연구, 서울대학교 박사학위논문.

한동완(1986), 과거시제 '-었-'의 통시론적 고찰,『국어학』15, 국어학회, 217-248.

허 웅(1953), 이조초기 문헌의 표기법에 나타난 문법의식, 『국어국문학』 3, 국어국문
학회, 38-41.

허 웅(1957), 『국어음운론』, 정음사.

허 웅(1964), 서기 15세기 국어의 사역·피동의 접사, 『동아문화』 2, 서울대학교 동아
문화연구소, 127-166.

허 웅(1965), 『국어음운학(개정신판)』, 정음사.

허 웅(1975), 『우리 옛말본 : 15세기 국어 형태론』, 샘문화사.

허 웅(1977), 15세기에서 16세기에 이르는 국어 때매김법의 변천, 『세림한국학논총』
1, 세림장학회, 413-484.

허 웅(1985), 『국어 음운학 : 우리말 소리의 오늘·어제』, 샘문화사.

허 웅(1989), 『16세기 우리 옛말본』, 샘문화사.

홍윤표(1994a), 『근대국어연구(Ⅰ)』, 태학사.

홍윤표(1994b), 중세국어의 수사에 대하여, 『국문학논집』 14, 단국대학교 국어국문학
과, 29-55.

황국정(2005), 조사 '-로'의 '대상성'에 관한 통시적 연구, 『형태론』 7-1, 박이정, 111-
134.

河野六郎(1953), 中期朝鮮語用言語幹の聲調に就いて, 『金田一博士 古稀記念 言語民俗論叢』,
三省堂. [재수록 : 河野六郎(1979), 『河野六郎著作集 1』, 東京 : 平凡社, 446-463].

〈사전류〉
곽철환(2003), 『시공 불교사전』, 시공사.

김길상(1998a), 『불교대사전 (상)』, 홍법원.

김길상(1998b), 『불교대사전 (하)』, 홍법원.

남광우(1997), 『교학 고어사전』, 교학사.

백과사전부(1989), 『두산백과』, 두산잡지BU.

유창돈(2005), 『이조어사전』(15판), 연세대학교 출판부.

이지관(1998a), 『가산 불교대사림 (1)』, 가산불교문화원.

이지관(1998b), 『가산 불교대사림 (2)』, 가산불교문화원.

이지관(2000), 『가산 불교대사림 (3)』, 가산불교문화원.

이지관(2001), 『가산 불교대사림 (4)』, 가산불교문화원.

이지관(2003), 『가산 불교대사림 (5)』, 가산불교문화원.

진현종(1999), 『한 권으로 읽는 팔만대장경』, 들녘.

한글학회 편(1992), 『우리말 큰사전 4 : 옛말과 이두』, 어문각.

『두산백과』(1989), 두산잡지BU.

『불교학대사전』(1988), 홍법원.

『새로 나온 인명사전』(2002), 민중서관.

『종교학대사전』(1998), 한국사전연구사.

『표준국어대사전』(1999), 두산동아.

『한국고전용어사전』(2001), 세종대왕기념사업회.

『한국 불교대사전』(1982), 보련각.

〈Web〉

21세기 세종계획, www.sejong.or.kr.

부록
불교용어

불교용어

••• ㄱ

• **가람(伽藍)** saṃghārāma 승려가 거주하면서 불도(佛道)를 닦는 곳. ≒승가라마(僧伽羅摩), 승가람(僧伽藍), 승가람마(僧伽藍摩).

• **가류타이(迦柳陀夷)** Kālodāyin 부처의 제자. 실달태자(悉達太子)가 왕궁에 있을 때의 스승이었다.

• **가사(袈裟)** kaṣāya 승려들이 입는 법복(法服). 청(靑), 황(黃), 적(赤), 백(白), 흑(黑)의 다섯 가지 정색(正色)이 아닌 색깔로 물들여 이렇게 이른다. ≒간색복(間色服), 괴색(壞色), 부정색(不正色).

• **가섭(迦葉)** Kāśyapa 석가(釋迦)의 십대제자(十大弟子) 중 한 사람. ≒대가섭(大迦葉), 대구씨(大龜氏), 대음광(大飮光), 마하가섭(摩訶迦葉), 음광(飮光).

• **가섭불(迦葉佛)** Kāśyapa-buddha 석가모니불(釋迦牟尼佛)에 앞서 과거 세상의 7불(佛) 가운데 6번째 부처. ≒음광불(飮光佛). <참고>가섭(迦葉).

• **가타(伽陀)** gāthā 부처의 공덕이나 가르침을 찬미하고 교리를 서술한 4구(四句)의 시구(詩句). ≒게(偈), 게송(偈頌).

• **간색복(間色服)** 승려들이 입는 법복(法服). 청(靑), 황(黃), 적(赤), 백(白), 흑(黑)의 다섯 가지 정색(正色)이 아닌 색깔로 물들여 이렇게 이른다. ≒가사(袈裟), 괴색(壞色), 부정색(不正色).

• **갈마소(羯摩疏)** 당나라 도선스님이 지은 책. ≒업소(業疏).

• **개(蓋)** 불좌 또는 높은 좌대를 덮는 장식품. 나무나 쇠붙이로 만들어 법

회 때 법사의 위를 덮는다. ≒산개(傘蓋).

● 건추(犍椎) ghaṇṭā 때나 모임을 알리기 위해 쳐서 소리를 내는 기구를 통틀어 이르는 말.

● 건타마라산(楗陁摩羅山) Gandhamādna 염부제주(閻浮提洲)의 중심인 설산(雪山). 무열지(無熱池)의 북쪽에 있다. ≒향산(香山), 향취산(香醉山).

● 겁수(劫水) 괴겁(壞劫) 때에 일어난다는 큰 홍수.

● 겁탁(劫濁) 오탁(五濁)의 하나. 말세(末世)에 일어나는 재앙과 재난이다.

● 게(偈) gāthā 부처의 공덕이나 가르침을 찬미하고 교리를 서술한 4구(四句)의 시구(詩句). ≒가타(伽陀), 게송(偈頌).

● 게송(偈頌) gāthā 부처의 공덕이나 가르침을 찬미하고 교리를 서술한 4구(四句)의 시구(詩句). ≒가타(伽陀), 게(偈).

● 견도(見道) 삼도(三道)의 첫째 단계. 처음으로 지혜를 얻어 번뇌(煩惱)와 미혹(迷惑)을 벗어나 진리를 보는 단계이다. ≒견제도(見諦道).

● 견로(堅牢) 대지(大地)의 신. 대지를 견고하게 유지하기 때문에 이렇게 이른다. 또한, 항상 가르침이 유포된 부분을 향해 법좌 아래에 있어 공경하며 지킨다고 한다. ≒견로지신(堅牢地神).

● 견로지신(堅牢地神) 대지(大地)의 신. 대지를 견고하게 유지하기 때문에 이렇게 이른다. 또한, 항상 가르침이 유포된 부분을 향해 법좌 아래에 있어 공경하며 지킨다고 한다. ≒견로(堅牢).

● 견제도(見諦道) 삼도(三道)의 첫째 단계. 처음으로 지혜를 얻어 번뇌(煩惱)와 미혹(迷惑)을 벗어나 진리를 보는 단계이다. ≒견도(見道).

● 견탁(見濁) 오탁(五濁)의 하나. 그릇된 견해가 걷잡을 수 없이 퍼지는 것이다.

- **결(結)** bandhana 심신(身心)을 묶어 속박하는 것. 중생을 속박하고 해탈 시키지 않기 때문에 이렇게 말한다. ≒결사(結使), 누(漏), 번뇌(煩惱).

- **결가부좌(結加趺坐)** 불도(佛道)의 좌법(坐法) 중 하나. 오른발을 왼쪽 허벅 다리 위에 얹고 왼발을 오른쪽 허벅다리 위에 얹거나 왼발을 오른 쪽 허벅다리 위에 얹고 오른발을 왼쪽 허벅다리 위에 얹는다. 석 가모니의 좌법에서 유래하였다.

- **결사(結使)** bandhana 심신(身心)을 묶어 속박하는 것. 중생을 속박하고 해탈시키지 않기 때문에 이렇게 말한다. ≒결(結), 누(漏), 번뇌(煩惱).

- **결집(結集)** saṃgīti 석가모니가 죽은 뒤에 제자들이 모여 스승의 가르침 을 모아서 정리한 것. 또는 그것을 집대성하여 경전을 만든 일.

- **경장(經藏)** ① 삼장(三藏)의 하나. 부처의 가르침을 기록한 불서(佛書)이다. ≒수다라(修多羅)②, 수다라장(修多羅藏). ② 절에서 불경(佛經)을 보관 해 두는 곳집.

- **계단(戒壇)** 계(戒)를 수여하는 의식을 행하기 위한 단(壇). 대체로 흙과 돌 로 쌓아서 만들며 대승(大乘) 계단, 소승(小乘) 계단의 두 가지가 있다.

- **계단경(戒壇經)** 당나라 도선스님이 지은 책. ≒계단도경(戒壇圖經), 관중창 립계단도경(關中創立戒壇圖經).

- **계단도경(戒壇圖經)** 당나라 도선스님이 지은 책. ≒계단경(戒壇經), 관중창 립계단도경(關中創立戒壇圖經).

- **계도견(戒盜見)** 칠견(七見)의 하나. 그릇된 계율이나 금지 조항을 바른 것 으로 간주하는 견해이다.

- **계림정사(鷄林精舍)** 기원전 3세기에 아육왕이 도읍지인 화씨성(華氏城)의 동남쪽에 지은 사원. ≒계원사(雞園寺), 계작정사(雞雀精舍).

- **계작정사(雞雀精舍)** 기원전 3세기에 아육왕이 도읍지인 화씨성(華氏城)의 동남쪽에 지은 사원. ≒계림정사(鷄林精舍), 계원사(雞園寺).

- **계원사(雞園寺)** 기원전 3세기에 아육왕이 도읍지인 화씨성(華氏城)의 동남쪽에 지은 사원. ≒계림정사(鷄林精舍), 계작정사(雞雀精舍).

- **계족산(雞足山)** 가섭(迦葉)이 수행하다가 입적(入寂)한 산. 인도의 마갈타국(摩竭陀國)에 있다.

- **고공무상무아(苦空無常無我)** 고제(苦諦)의 경계를 관찰하여 일어나는 네 가지 지해(智解). 이 세상의 사물은 중생(衆生)의 몸과 마음을 핍박하여 괴롭게 하므로 '고(苦)', 모든 것은 인연의 화합으로 생기는 것이어서 그 무엇도 실체나 제 성품이 있는 것이 아니므로 '공(空)', 모든 것은 인연이 흩어지면 갑자기 없어지므로 '무상(無常)', 모두 공(空)하고 무상(無常)하여 나, 혹은 나의 소유물이라고 고집할 것이 없으므로 '무아(無我)'라 관찰함을 이른다. ≒고공무아(苦空無我).

- **고공무아(苦空無我)** 고제(苦諦)의 경계를 관찰하여 일어나는 네 가지 지해(智解). 이 세상의 사물은 중생(衆生)의 몸과 마음을 핍박하여 괴롭게 하므로 '고(苦)', 모든 것은 인연의 화합으로 생기는 것이어서 그 무엇도 실체나 제 성품이 있는 것이 아니므로 '공(空)', 모든 것은 인연이 흩어지면 갑자기 없어지므로 '무상(無常)', 모두 공(空)하고 무상(無常)하여 나, 혹은 나의 소유물이라고 고집할 것이 없으므로 '무아(無我)'라 관찰함을 이른다. ≒고공무상무아(苦空無常無我).

- **고도(苦道)** 삼도(三道)의 하나. 그릇된 행위와 말, 생각을 일으킨 과보로 받는 괴로움이다.

- **고승(高僧)** 덕이 높은 승려. ≒성승(聖僧)①.

- **고지(苦智)** 십지(十智)의 하나. 욕계(欲界), 색계(色界), 무색계(無色界)의 고

제(苦諦)를 체득한 지혜이다.

● **고창국(高昌國)** 서역의 고대 국가. 지금의 중국 신강성(新疆省) 토로번(吐魯番)에 해당하는 지역이다. 이 지역은 예로부터 불교가 흥성해 많은 승려를 배출하고 역경 등이 행해졌으며, 독자적인 불교문화를 낳았다.

● **공겁(空劫)** 사겁(四劫)의 하나. 이 세계가 무너져 사라지고 다음 세계에 이르기까지의 시기 이른다.

● **공계(空界)** '진여(眞如)'를 허공에 비유하여 이르는 말. 진여는 허공과 같이 빛도 없고, 모양도 없으면서 만유(萬有)를 온통 휩싸고 있다 하여 이르는 말이다. =허공계(虛空界)②.

● **공양(供養)** ① 불(佛), 법(法), 승(僧)의 삼보(三寶)나 죽은 이의 영혼에게 음식, 꽃 따위를 바치는 일. 또는 그 음식. ② 절에서 음식을 먹는 일.

● **과도견(果盜見)** 칠견(七見)의 하나. 그릇된 행위로 얻은 결과를 바른 것으로 간주하는 견해이다.

● **관세음(觀世音)** Avalokiteśvara bodhi-sattva 아미타불(阿彌陀佛)의 왼편에서 교화를 돕는 보살. 세간의 중생이 갖가지 괴로움을 받을 때, 그의 이름을 부르면 그 음성을 듣고 대비와 지혜로써 자유자재로 중생을 괴로움에서 벗어나게 해 준다는 보살이다. 늑관세음보살(觀世音菩薩), 관음(觀音), 관음보살(觀音菩薩).

● **관세음보살(觀世音菩薩)** Avalokiteśvara bodhi-sattva 아미타불(阿彌陀佛)의 왼편에서 교화를 돕는 보살. 세간의 중생이 갖가지 괴로움을 받을 때, 그의 이름을 부르면 그 음성을 듣고 대비와 지혜로써 자유자재로 중생을 괴로움에서 벗어나게 해 준다는 보살이다. 늑관세음(觀世音), 관음(觀音), 관음보살(觀音菩薩).

- 관음(觀音) Avalokiteśvara bodhi-sattva 아미타불(阿彌陀佛)의 왼편에서 교화를 돕는 보살. 세간의 중생이 갖가지 괴로움을 받을 때, 그의 이름을 부르면 그 음성을 듣고 대비와 지혜로써 자유자재로 중생을 괴로움에서 벗어나게 해 준다는 보살이다. ≒관세음(觀世音), 관세음보살(觀世音菩薩), 관음(觀音), 관음보살(觀音菩薩).

- 관음보살(觀音菩薩) Avalokiteśvara bodhi-sattva 아미타불(阿彌陀佛)의 왼편에서 교화를 돕는 보살. 세간의 중생이 갖가지 괴로움을 받을 때, 그의 이름을 부르면 그 음성을 듣고 대비와 지혜로써 자유자재로 중생을 괴로움에서 벗어나게 해 준다는 보살이다. ≒관세음(觀世音), 관세음보살(觀世音菩薩), 관음(觀音).

- 관중창립계단도경(關中創立戒壇圖經) 당나라 도선스님이 지은 책. ≒계단경(戒壇經), 계단도경(戒壇圖經).

- 괴겁(壞劫) 사겁(四劫)의 하나. 세계가 무너져 멸망하는 기간을 이른다.

- 괴색(壞色) 승려들이 입는 법복(法服). 청(靑), 황(黃), 적(赤), 백(白), 흑(黑)의 다섯 가지 정색(正色)이 아닌 색깔로 물들여 이렇게 이른다. ≒간색복(間色服), 가사(袈裟), 부정색(不正色).

- 교범바제(憍梵波提) Gavāṁpati 부처의 제자 중 한 사람. 율법 해석의 최고 권위자이다.

- 교법(敎法) 부처님의 가르침. ≒교칙(敎勅).

- 교진여(憍陳如) Kauṇḍinya 석가모니의 첫 제자였던 다섯 비구 중의 한 사람. ≒아야교진여(阿若憍陳如).

- 교칙(敎勅) 부처님의 가르침. ≒교법(敎法).

- 구(具) 비구와 비구니가 받는 계(戒). 비구에게는 250계, 비구니에게는 348계가 있다. 모든 계율이 완전히 구비되었다 하여 구족계라 하

며, 이를 잘 지키면 열반의 경지에 다다를 수 있다고 한다. 늑구족
계(具足戒), 비구계(比丘戒).

● **구나라(拘那羅)** Kuṇāla 아육왕(阿育王)의 태자 달마바타나(達磨婆陀那)의
별명. 태자의 눈이 맑기가 구나라조(鳥)와 같으므로 이같이 이른다.

● **구나라타(拘那羅陀)** Guṇarata 남조 진(陳)나라 때의 승려. 삼장(三藏)에 정
통한 서천축(西天竺) 우선니국(優禪尼國) 사람이다. 번역한 책으로는 『섭
대승론(攝大乘論)』, 『유식론(唯識論)』 등이 있다. 늑진제(眞諦).

● **구담(瞿曇)** Gautama 부처님이 속한 종족의 성씨.

● **구로주(俱盧洲)** kuru 사대주(四大洲)의 하나. 수미산(須彌山) 북쪽에 있다는
대륙으로, 사대주(四大洲) 가운데 가장 살기 좋은 곳이라 한다.

● **구시나가라(拘尸那伽羅)** Kuśinagara 고대 중인도에 있던 말라국(malla國)
의 도읍지. 부처가 입멸(入滅)한 곳이다. 늑구시나갈국(鳩尸那竭國).

● **구시나갈국(鳩尸那竭國)** Kuśinagara 고대 중인도에 있던 말라국(malla國)
의 도읍지. 부처가 입멸(入滅)한 곳이다. 늑구시나가라(拘尸那伽羅).

● **구족계(具足戒)** 비구와 비구니가 받는 계(戒). 비구에게는 250계, 비구니
에게는 348계가 있다. 모든 계율이 완전히 구비되었다 하여 구족
계라 하며, 이를 잘 지키면 열반의 경지에 다다를 수 있다고 한다.
늑구(具), 비구계(比丘戒).

● **규환지옥(叫喚地獄)** 팔열지옥(八熱地獄) 중의 넷째. 살생하고 도둑질하고
음란한 짓을 하고 술을 마신 죄인이 죽어서 가게 된다는 지옥으로,
끓는 가마솥이나 불 속에서 고통을 받는다고 한다. 늑호규지옥(號
叫地獄).

● **근상하지력(根上下智力)** 십력(十力)의 하나. 중생의 능력이나 소질의 우열
을 아는 능력이다.

- **금강삼매(金剛三昧)** 금강(金剛)과 같이 일체 걸림이 없이 모든 사물의 삼매(三昧)를 통달한 것. ≒금강유정(金剛喩定), 금강심(金剛心)②, 금강정(金剛定).

- **금강신(金剛身)** 금강석(金剛石)처럼 단단한 신체. 불법의 이치와 일치하는 부처의 몸을 이른다. ≒법신(法身).

- **금강심(金剛心)** ① 어떤 유혹에도 흔들리지 않는 견고한 마음. ② 금강(金剛)과 같이 일체 걸림이 없이 모든 사물의 삼매(三昧)를 통달한 것. ≒금강삼매(金剛三昧), 금강유정(金剛喩定), 금강정(金剛定).

- **금강유정(金剛喩定)** 금강(金剛)과 같이 일체 걸림이 없이 모든 사물의 삼매(三昧)를 통달한 것. ≒금강삼매(金剛三昧), 금강심(金剛心)②, 금강정(金剛定).

- **금강정(金剛定)** 금강(金剛)과 같이 일체 걸림이 없이 모든 사물의 삼매(三昧)를 통달한 것. ≒금강삼매(金剛三昧), 금강심(金剛心)②, 금강유정(金剛喩定).

- **금륜왕(金輪王)** 사륜왕(四輪王)의 하나. 수미 사주(須彌四洲)인 네 천하(四天下) 중에서 동녘의 불바제(弗婆提), 서녘의 구타니(瞿陁尼), 남녘의 염부제(閻浮提), 북녘의 울단월(鬱單越)을 모두 다스린 전륜왕(轉輪王)이다.

- **금색신(金色身)** 금빛을 칠하여 만든 부처의 몸.

- **금인불(金仁佛)** 부처. 또는 불상. 금인(金仁)은 부처의 몸이 금빛인 데에서 금인(金人)이라 하는 것을 이른다.

- **급고독장자(給孤獨長者)** Anāthapiṇḍada 석가모니가 살아 있을 때 생존했던 인도 사위성(舍衛城)의 장자(長者). 자비심이 많아 가난한 사람에게 많은 혜택을 주었으며, 기타태자(祇陀太子)에게서 황금을 주고 구입한 동산에 기원정사(祇園精舍)를 지어 부처에게 바쳤다. ≒수달

(須達), 수달장자(須達長者).

- **긍가하**(殑伽河) 인도의 갠지스 강. 늑항가(恒伽), 항하(恒河).

- **기**(記) vyākarana 부처가 제자들에게 미래의 증과(證果)에 대하여 미리 예언한 교설(教說). 또는 그런 예언을 주는 것. 늑수기(授記).

- **기원정사**(祇洹精舍) 중인도 사위성(舍衛城)에서 남쪽에 있는 기수급고독 원(祇樹給孤獨園)에 지은 절. 수달장자(須達長者)가 지어 부처에게 바 친 절이다. 늑기환(祇桓), 기환정사(祇桓精舍).

- **기환**(祇桓) 중인도 사위성(舍衛城)에서 남쪽에 있는 기수급고독원(祇樹給孤 獨園)에 지은 절. 수달장자(須達長者)가 지어 부처에게 바친 절이다. 늑기원정사(祇洹精舍), 기환정사(祇桓精舍).

- **기환정사**(祇桓精舍) 중인도 사위성(舍衛城)에서 남쪽에 있는 기수급고독 원(祇樹給孤獨園)에 지은 절. 수달장자(須達長者)가 지어 부처에게 바 친 절이다. 늑기원정사(祇洹精舍), 기환(祇桓).

●●● ㄴ

- **나한**(羅漢) arhan 생사를 이미 초월하여 배울 만한 법도가 없게 된 경지 의 부처. 늑아라한(阿羅漢)②.

- **낙변화천**(樂變化天) 육욕천(六欲天)의 다섯째 하늘. 이곳에 있는 신(神)들 은 바라는 대상을 스스로 만들어 놓고 즐긴다고 한다.

- **난타**(難陀) Nanda 팔대용왕(八大龍王)의 하나. 용왕들의 우두머리이다.

- **납의**(衲衣) 승려들이 입는 회색의 웃옷. 세상 사람들이 내버린 낡은 형 겊을 모아 누덕누덕 기워 만든 옷이라는 뜻에서 이르는 말이다.

- **내호**(內護) 부처가 제정한 계법(戒法)으로 신(身), 구(口), 의(意)를 보호하는 것.

- 녹수낭(鹿水囊) pariśrāvaṇa 비구가 늘 가지고 다니는 주머니. 물을 마실 때에 물속에 있는 작은 벌레나 티끌을 거르는 데에 쓴다.

- 녹야원(鹿野苑) mṛgadāva 갠지스 강 중류, 지금의 바라나시(Varanasi)에 서 북동쪽 약 7㎞ 지점에 있는 동산. 석가모니가 다섯 비구를 위하여 처음으로 설법한 곳이다.

- 누(漏) āsrava 마음에서 더러움이 새어 나옴. ≒결(結), 결사(結使), 번뇌(煩惱).

- 누진지력(漏盡智力) 십력(十力)의 하나. 번뇌를 모두 소멸시키는 능력이다.

- 누진통(漏盡通) 육신통(六神通)의 하나. 번뇌를 모두 끊어 내세(來世)에 미혹(迷惑)한 생존을 받지 않음을 아는 능력이다.

- 니사단(尼師壇) niṣīdana 비구가 앉거나 누울 때에 땅에 펴는 네모꼴인 깔개.

●●● ㄷ

- 다라니 dhāraṇī ① 가르침을 마음에 간직하여 많은 것을 기억하며 잊지 않음. ≒총지(總持)①. ② 부처나 보살 등의 서원(誓願)이나 덕(德), 또는 가르침이나 지혜를 나타내는 주문. 이 주문에는 불가사의한 힘이 있어서 이것을 외면 한량없는 가르침을 들어도 잊지 아니하고 모든 장애를 벗어나는 공덕을 얻는다고 한다. 보통 비교적 긴 주문을 다라니, 짧은 주문을 진언(眞言)이라 하지만 엄밀하게 구별하지는 않는다. ≒총지(總持)②.

- 다론(多論) 십송률(十誦律)의 비구계(比丘戒)를 해석한 책. 4~5세기경, 소승 불교(小乘佛敎)의 한 분파인 살바다부(薩婆多部)의 견해에서 번역되었다. 총 9권. ≒살바다(薩婆多), 살바다론(薩婆多論), 살바다비니비

바사(薩婆多毘尼毘婆沙).

- 다문(多聞) 부처의 가르침을 널리 듣고 많이 아는 것.

- 다비(茶毘) 불에 태운다는 뜻으로, 시체를 화장(火葬)하는 일을 이르는 말.

- 다자탑(多子塔) Pahuputraka 중인도 비사리(毘舍離)의 서북쪽에 인접해 있던 탑. 부처가 일찍이 이 탑 앞에서 가섭(迦葉)을 만나 반좌(半座)를 나누었다고 한다.

- 단견(斷見) 칠견(七見)의 하나. 세간(世間)과 자아(自我)는 사후(死後)에 없어 진다는 견해이다.

- 단월(檀越) danapati 조건 없이 절이나 승려에게 물건을 베풀어 주는 일. 또는 그런 일을 하는 사람.

- 당(幢) 법회 따위의 의식이 있을 때에, 절의 문 앞에 세우는 깃발. 장대 끝에 용머리를 만들고, 깃발에 불화(佛畫)를 그려 부처나 보살의 위 엄을 나타내는 장식 도구이다.

- 대가섭(大迦葉) 석가의 십대제자(十大弟子) 중 한 사람. ≒가섭(迦葉), 대구 씨(大龜氏), 대음광(大飮光), 마하가섭(摩訶迦葉), 음광(飮光).

- 대겁(大劫) 성겁(成劫), 주겁(住劫), 괴겁(壞劫), 공겁(空劫)의 네 겁을 합친 것. 세계의 성립으로부터 파멸에 이르기까지의 시간을 이른다.

- 대계(大戒) 비구와 비구니가 받아 지켜야 할 구족계(具足戒).

- 대구씨(大龜氏) 석가의 십대제자(十大弟子) 중 한 사람. ≒대가섭(大迦葉), 가섭(迦葉), 대음광(大飮光), 마하가섭(摩訶迦葉), 음광(飮光).

- 대규환지옥(大叫喚地獄) 팔열지옥(八熱地獄) 중의 다섯째. 살생하고 도둑질 하고 음란한 짓을 하고 술을 마시고 거짓말한 죄인이 죽어서 가게 된다는 지옥으로, 뜨거운 칼로 혀가 잘리는 고통을 받는다고 한다.

● 대당서역기(大唐西域記) 당나라 현장(玄奘)이 인도의 여러 곳을 다니면서 본 풍속, 의복, 지리, 물산 등을 기록한 책. 총 12권. 늑서역기(西域記).

● 대목건련(大目楗連) Mahamaudgalyayana 석가의 십대제자(十大弟子) 중 한 사람. 늑대목련(大目連), 마하목건련(摩訶目楗連), 목건련(目楗連), 목련(目連).

● 대목련(大目連) Mahamaudgalyayana 석가의 십대제자(十大弟子) 중 한 사람. 늑대목건련(大目楗連), 마하목건련(摩訶目楗連), 목건련(目楗連), 목련(目連).

● 대범천(大梵天) Mahā-brahman ① 색계(色界) 초선천(初禪天)의 셋째 하늘. 대범천왕이 있는 곳이다. ② 대범천에 있으면서 사바세계를 다스리는 천왕. 늑대범천왕(大梵天王).

● 대범천왕(大梵天王) Mahā-brahman 대범천에 있으면서 사바세계를 다스리는 천왕. 늑대범천(大梵天)②.

● 대비심(大悲心) 중생을 불쌍히 여겨 괴로움을 덜어 주려는 여러 부처와 보살의 마음.

● 대음광(大飮光) 석가의 십대제자(十大弟子) 중 한 사람. 늑가섭(迦葉), 대가섭(大迦葉), 대구씨(大龜氏), 마하가섭(摩訶迦葉), 음광(飮光).

● 대지도론(大智度論) 『마하반야바라밀경(摩訶般若波羅蜜經)』을 자세히 풀이한 책. 용수(龍樹)보살이 짓고 구마라습(鳩摩羅什)이 번역하였다. 늑지도론(智度論), 지론(智論).

● 대의(大衣) saṃghāti 삼의(三衣)의 하나. 승려가 설법과 탁발을 위해 왕궁과 취락에 들어갈 때에는 반드시 이것을 걸쳤다. 늑승가리(僧伽梨), 승가리의(僧伽梨衣), 중의(重衣).

● 대제자(大弟子) 석가의 뛰어난 열 명의 제자. 사리불(舍利弗), 목건련(目楗

連), 가섭(迦葉), 수보리(須菩提), 부루나(富樓那), 아나율(阿那律), 가전연 (迦旃延), 우바리(優波離/優婆離), 라후라(羅睺羅), 아난(阿難)이다. ≒십대 제자(十大弟子).

- 대주(大洲) 수미산(須彌山)의 사방(四方)에 있는 사대륙(四大陸).

- 대천(大千) 중천세계(中千世界)를 천 개 합한 세계. ≒대천계(大千界), 대천 세계(大千世界).

- 대천계(大千界) 중천세계(中千世界)를 천 개 합한 세계. ≒대천(大千), 대천 세계(大千世界).

- 대천세계(大千世界) 중천세계(中千世界)를 천 개 합한 세계. ≒대천(大千), 대천계(大千界).

- 대초열지옥(大焦熱地獄) 팔열지옥(八熱地獄) 중의 일곱째. 살생하고 도둑질 하고 음란한 짓을 하고 술을 마시고 거짓말하고 그릇된 견해를 일 으키고 비구니를 범한 죄인이 죽어서 가게 된다는 지옥으로, 뜨거 운 쇠로 된 방에서 살가죽이 타는 고통을 받는다고 한다.

- 대품(大品) 구마라습(鳩摩羅什)이 번역한 책. 『마하반야바라밀경(摩訶般若波 羅蜜經)』 27권이다. ≒대품반야경(大品般若經).

- 대품반야경(大品般若經) 구마라습(鳩摩羅什)이 번역한 책. 『마하반야바라 밀경(摩訶般若波羅蜜經)』 27권이다. ≒대품(大品).

- 덕차가(德叉迦) Takṣaka 팔대용왕(八大龍王)의 하나. 혀가 여러 개이며 분 노하여 사람이나 축생을 응시하면 그들은 목숨을 잃는다고 한다.

- 덕차시라국(德叉尸羅國) takṣaśila 서북 인도에 있었던 고대 도시 이름. 부처가 보살이었을 때 이곳에서 머리를 잘라 브라만(Brahman)에게 보시(布施)한 일이 있어 이러한 이름이 붙여졌다고 한다.

- **도리천(忉利天)** trāyastriṃśa 육욕천(六欲天)의 둘째 하늘. 33신(神)들이 사는 곳으로 수미산 정상에 있다. 중앙에 왕인 제석천(帝釋天)이 있고 사방의 봉우리에 각각 8신(神)이 있어 33신이다.

- **도리천왕(忉利天王)** 십이천(十二天)의 하나. 수미산 꼭대기에 있는 도리천의 임금으로, 사천왕과 삼십이천을 통솔하면서 불법과 불법에 귀의하는 사람을 보호하고 아수라의 군대를 정벌한다고 한다. 늑석제(釋帝), 제석(帝釋), 제석천왕(帝釋天王), 천제석(天帝釋)①. <참고>도리천(忉利天).

- **도복(道服)** 수도(修道)하는 사람이 입는 옷.

- **도솔천(兜率天)** tuṣita 육욕천(六欲天)의 넷째 하늘. 이곳에는 내원(內院)과 외원(外院)이 있는데, 내원에는 미륵보살(彌勒菩薩)이 수행 중이고 외원에는 신(神)들이 흡족해하면서 살고 있다고 한다.

- **도수(道樹)** 뽕나뭇과에 속하는 상록 활엽 교목(常綠闊葉喬木). 석가모니가 그 아래에서 변함없이 진리를 깨달아 불도(佛道)를 이루었다고 한다. 늑보리수(菩提樹), 아설타(阿說他), 필발라수(畢鉢羅樹).

- **도지(道智)** 십지(十智)의 하나. 욕계(欲界), 색계(色界), 무색계(無色界)의 도제(道諦)를 체득한 지혜이다.

- **도탈(度脫)** 번뇌의 얽매임에서 풀리고 미혹의 괴로움에서 벗어남. 본디 열반과 같이 불교의 궁극적인 실천 목적이다. 늑해탈(解脫).

- **도향(塗香)** 향나무 가루로 만든 향료. 수행자들이 물에 타서 몸에 발라 깨끗하게 하여 부처에게 공양한다.

- **독각승(獨覺乘)** 삼승(三乘)의 하나. 홀로 수행하여 깨달음의 경지에 이르는 교법을 이른다. 늑연각승(緣覺乘).

- **돌길라(突吉羅)** duṣkṛta 행위와 말로 저지른 가벼운 죄. 고의로 이 죄를

저질렀을 때는 한 명의 비구 앞에서 참회하고, 고의가 아닐 때는 마음속으로 참회하면 죄가 소멸된다. 늑돌길라죄(突吉羅罪).

● **돌길라죄(突吉羅罪)** duṣkṛta 행위와 말로 저지른 가벼운 죄. 고의로 이 죄를 저질렀을 때는 한 명의 비구 앞에서 참회하고, 고의가 아닐 때는 마음속으로 참회하면 죄가 소멸된다. 늑돌길라(突吉羅).

● **동륜왕(銅輪王)** 사륜왕(四輪王)의 하나. 수미 사주(須彌四洲)인 네 천하(四天下) 중에서 동녘의 불바제(弗婆提), 남녘의 염부제(閻浮提)의 두 천하를 다스린 전륜왕(轉輪王)이다.

● **두타(頭陀)** dhūta 번뇌의 티끌을 없애고 의식주에 대한 집착을 버리고 심신을 수련하는 일.

● **득승인(得勝印)** 인계(印契)의 명칭(名稱). 늑사야(闍耶), 승인(勝印).

● **등각(等覺)** samyak-saṃbodhi ① '부처'를 달리 이르는 말. 모든 부처의 깨달음은 한결같이 평등하다는 데서 나온 말이다. 늑정각(正覺)①. ② 보살이 수행하는 오십이위(五十二位) 단계 가운데 제51위 단계. 보살(菩薩)의 가장 높은 자리로, 수행이 꽉 차서 지혜와 공덕이 부처의 묘각과 같아지려는 지위이다. 늑등정각(等正覺), 정각(正覺)②, 정등각(正等覺).

● **등정각(等正覺)** samyak-saṃbodhi 보살이 수행하는 오십이위(五十二位) 단계 가운데 제51위 단계. 보살(菩薩)의 가장 높은 자리로, 수행이 꽉 차서 지혜와 공덕이 부처의 묘각과 같아지려는 지위이다. 늑등각(等覺)②, 정각(正覺)②, 정등각(正等覺).

● **등활지옥(等活地獄)** 팔열지옥(八熱地獄) 중의 첫째. 살생한 죄인이 죽어서 가게 된다는 지옥으로, 뜨거운 불길로 고통을 받다가 숨이 끊어지려면 찬바람이 불어와 깨어나서 다시 고통을 받는다고 한다.

● **라운**(羅雲) Rāhula 석가의 십대제자(十大弟子) 중 한 사람. 석가여래(釋迦如來)의 아들로 어머니는 구이(俱夷)이다. 석가(釋迦)가 성도(成道)한 뒤에 출가(出家)하여 제자가 되었다. ≒라후(羅睺), 라후라(羅睺羅).

● **라자그리하** Rājagrha 중인도(中印度) 마갈타국(摩竭陀國)의 수도. 석가모니가 중생을 제도한 중심지로, 불교에 관한 유적이 많다. ≒왕사성(王舍城).

● **라후**(羅睺) Rāhula 석가의 십대제자(十大弟子) 중 한 사람. 석가여래(釋迦如來)의 아들로 어머니는 구이(俱夷)이다. 석가(釋迦)가 성도(成道)한 뒤에 출가(出家)하여 제자가 되었다. ≒라운(羅雲), 라후라(羅睺羅).

● **라후라**(羅睺羅) Rāhula 석가의 십대제자(十大弟子) 중 한 사람. 석가여래(釋迦如來)의 아들로 어머니는 구이(俱夷)이다. 석가(釋迦)가 성도(成道)한 뒤에 출가(出家)하여 제자가 되었다. ≒라운(羅雲), 라후(羅睺).

● **마갈제국**(摩竭提國) Magadha 중인도의 동부, 지금의 비하르(Bihar)의 남쪽 지역에 있던 고대 국가. 도읍지는 왕사성(王舍城)이다. ≒마갈타(摩竭陀), 마갈타국(摩竭陀國).

● **마갈타**(摩竭陀) Magadha 중인도의 동부, 지금의 비하르(Bihar)의 남쪽 지역에 있던 고대 국가. 도읍지는 왕사성(王舍城)이다. ≒마갈제국(摩竭提國), 마갈타국(摩竭陀國).

● **마갈타국**(摩竭陀國) Magadha 중인도의 동부, 지금의 비하르(Bihar)의 남쪽 지역에 있던 고대 국가. 도읍지는 왕사성(王舍城)이다. ≒마갈제

국(摩竭提國), 마갈타(摩竭陀).

- **마나사(摩那斯) Manasvin** 팔대용왕(八大龍王)의 하나. 몸을 휘감아 바닷물을 가로막고 때맞추어 구름을 모아 비를 내린다고 한다.

- **마야(摩耶) Māyā** 석가모니(釋迦牟尼)의 어머니. 고대 인도 정반왕(淨飯王)의 왕비로, 석가모니를 낳고 7일 후에 죽었다. ≒마야부인(摩耶夫人), 마하마야(摩訶摩耶).

- **마야부인(摩耶夫人) Māyā** 석가모니(釋迦牟尼)의 어머니. 고대 인도 정반왕(淨飯王)의 왕비로, 석가모니를 낳고 7일 후에 죽었다. ≒마야(摩耶), 마하마야(摩訶摩耶).

- **마왕(魔王)** 욕계(欲界)의 제6천(第六天)인 타화자재천(他化自在天)의 우두머리인 파순(波旬). 법(正法)을 해치고 중생이 불도에 들어가는 것을 방해하는 귀신이다.

- **마음장(馬陰藏)** 부처의 32상(相)의 하나. 음경이 몸 안에 감추어져 있어 보이지 않는다. ≒음마장(陰馬藏), 음장상(陰藏相).

- **마투라국(摩偸羅國) Mathurā** 인도의 야무나(Yamuna) 강 중류 지역, 델리(Delhi) 남쪽에 인접해 있던 고대 국가.

- **마하가섭(摩訶迦葉) Mahākāśyapa** 석가의 십대제자(十大弟子) 중 한 사람. ≒가섭(迦葉), 대가섭(大迦葉), 대구씨(大龜氏), 대음광(大飮光), 음광(飮光).

- **마하마야(摩訶摩耶) Māyā** 석가모니(釋迦牟尼)의 어머니. 고대 인도 정반왕(淨飯王)의 왕비로, 석가모니를 낳고 7일 후에 죽었다. ≒마야(摩耶), 마야부인(摩耶夫人).

- **마하목건련 Mahamaudgalyayana** 석가의 십대제자(十大弟子) 중 한 사람. ≒대목건련(大目楗連), 대목련(大目連), 목건련(目楗連), 목련(目連).

- **마하승기율(摩訶僧祇律)** 비구(比丘)와 비구니(比丘尼)의 계율(戒律)을 정한 경전. 불타발타라(佛陀跋陀羅)와 법현(法顯)이 번역하였다. 제1권부터 제35권까지는 비구와 비구니 모두에 해당하며, 제36권부터 제40권까지는 비구니에게만 해당하는 계율이다. 총 40권. ≒승기(僧祇), 승기율(僧祇律).

- **만(慢)** māna 육번뇌(六煩惱)의 하나. 남을 업신여기고 자신을 높이는 마음이 생기는 번뇌이다.

- **만의(縵衣)** 통베를 조각으로 자르지 않고 기워서 만든 옷. 사미(沙彌)와 사미니(沙彌尼)가 입기도 하고, 비구가 정식 법복(法服)을 얻지 못했을 때 삼의(三衣) 대신 입는다.

- **말법(末法)** 삼시(三時)의 하나. 불법이 쇠퇴하여 오직 가르침만 있고 수행자도 깨달음을 이루는 자도 없는 시기이다. ≒말법시(末法時).

- **말법시(末法時)** 삼시(三時)의 하나. 불법이 쇠퇴하여 오직 가르침만 있고 수행자도 깨달음을 이루는 자도 없는 시기이다. ≒말법(末法).

- **말향(末香)** 주로 불공(佛供)을 드릴 때에 사용하는 가루로 된 향.

- **멸(滅)** 수행에 의해 진리를 체득하여 미혹(迷惑)과 집착(執着)을 끊고 일체의 속박에서 해탈(解脫)한 최고의 경지. 불교의 궁극적인 실천 목적이다. ≒멸도(滅度)①, 열반(涅槃)①, 적(寂), 적멸(寂滅).

- **멸도(滅度)** ① 수행에 의해 진리를 체득하여 미혹(迷惑)과 집착(執着)을 끊고 일체의 속박에서 해탈(解脫)한 최고의 경지. 불교의 궁극적인 실천 목적이다. ≒멸(滅), 열반(涅槃)①, 적(寂), 적멸(寂滅). ② 승려가 죽음. ≒열반(涅槃)②, 입열반(入涅槃), 입적(入寂), 입정(入定)③.

- **멸정(滅盡定)** 성자(聖者)가 모든 심상(心想)을 없애고 해탈(解脫)과 열반(涅槃)의 경지에 이르기를 바라면서 닦는 선정(禪定). ≒멸진정(滅盡定).

- **멸지(滅智)** 십지(十智)의 하나. 욕계(欲界), 색계(色界), 무색계(無色界)의 멸제(滅諦)를 체득한 지혜이다.

- **멸진정(滅盡定)** 성자(聖者)가 모든 심상(心想)을 없애고 해탈(解脫)과 열반(涅槃)의 경지에 이르기를 바라면서 닦는 선정(禪定). ≒멸정(滅定).

- **명탁(命濁)** 오탁(五濁)의 하나. 인간의 수명이 단축되는 것이다.

- **명행족(明行足)** 십호(十號)의 하나. 지혜와 수행을 완성하였다는 뜻이다.

- **모니불(牟尼佛)** 석가모니를 부처로 모시어 이르는 말. ≒석가모니불(釋迦牟尼佛), 가문불(釋迦文佛), 석가불(釋迦佛).

- **목건련(目犍連)** Mahamaudgalyayana 석가의 십대제자(十大弟子) 중 한 사람. ≒대목건련(大目犍連), 대목련(大目連), 마하목건련(摩訶目犍連), 목련(目連).

- **목련(目連)** Mahamaudgalyayana 석가의 십대제자(十大弟子) 중 한 사람. ≒대목건련(大目犍連), 대목련(大目連), 마하목건련(摩訶目犍連), 목건련(目犍連).

- **무간지옥(無間地獄)** 팔열지옥(八熱地獄) 중의 여덟째. 아비를 죽인 자, 어머니를 죽인 자, 아라한을 죽인 자, 승가의 화합을 깨뜨린 자, 부처의 몸에 피를 나게 한 자 등 지극히 무거운 죄를 지은 자가 죽어서 가게 된다는 지옥이다. 고통의 간격이 없는 지옥으로, 살가죽을 벗겨 불 속에 집어넣거나 쇠매(鐵鷹)가 눈을 파먹는 따위의 고통을 끊임없이 받는다고 한다. ≒아비지옥(阿鼻地獄).

- **무량겁(無量劫)** 헤아릴 수 없는 무한히 긴 시간. ≒아승기겁(阿僧祇劫).

- **무량광(無量光)** Amitābha 서방정토(極樂淨土)에 있는 부처. 수행 중에 모든 중생을 제도하겠다는 큰 소원을 품고 성불하여 극락에서 교화하고 있으며, 이 부처를 염(念)하면 죽은 뒤에 극락에 간다고 한다.

늑무량수(無量壽), 무타(彌陀), 아미타(阿彌陀), 아미타불(阿彌陀佛), 아미타여래(阿彌陀如來).

● **무량수(無量壽)** Amitāyus 서방정토(極樂淨土)에 있는 부처. 수행 중에 모든 중생을 제도하겠다는 큰 소원을 품고 성불하여 극락에서 교화하고 있으며, 이 부처를 염(念)하면 죽은 뒤에 극락에 간다고 한다. 늑무량광(無量光), 무타(彌陀), 아미타(阿彌陀), 아미타불(阿彌陀佛), 아미타여래(阿彌陀如來).

● **무량수(無量數)** 아미타불(阿彌陀佛) 및 그 땅의 백성의 수명이 한량이 없는 일.

● **무명(無明)** avidyā 진리를 알지 못하는 무지(無智). 모든 번뇌(煩惱)의 근원이 된다.

● **무상도(無上道)** '불도(佛道)'를 달리 이르는 말. 더할 나위 없이 훌륭한 도라 하여 이렇게 이른다.

● **무상사(無上士)** 십호(十號)의 하나. 그 위에 더 없는, 최상의 사람이다.

● **무상정각(無上正覺)** anuttarā-samyak-saṃbodhi 부처의 깨달음의 경지를 나타내는 말. 늑무상정등각(無上正等覺), 무상정등정각(無上正等正覺), 무상정변지(無上正遍知), 아뇩다라삼먁삼보리(阿耨多羅三藐三菩提), 아누다라삼막삼보리(阿耨多羅三藐三菩提).

● **무상정등각(無上正等覺)** anuttarā-samyak-saṃbodhi 부처의 깨달음의 경지를 나타내는 말. 늑무상정각(無上正覺), 무상정등정각(無上正等正覺), 무상정변지(無上正遍知), 아뇩다라삼먁삼보리(阿耨多羅三藐三菩提), 아누다라삼막삼보리(阿耨多羅三藐三菩提).

● **무상정등정각(無上正等正覺)** anuttarā-samyak-saṃbodhi 부처의 깨달음의 경지를 나타내는 말. 늑무상정각(無上正覺), 무상정등각(無上正等覺),

무상정변지(無上正遍知), 아뇩다라삼먁삼보리(阿耨多羅三藐三菩提), 아누
다라삼막삼보리(阿耨多羅三藐三菩提).

• **무상정변지**(無上正遍知) anuttarā-samyak-saṃbodhi 부처의 깨달음의 경
지를 나타내는 말. ≒무상정각(無上正覺), 무상정등각(無上正等覺), 무
상정등정각(無上正等正覺), 아뇩다라삼먁삼보리(阿耨多羅三藐三菩提), 아
누다라삼막삼보리(阿耨多羅三藐三菩提).

• **무색계**(無色界) 삼계(三界)의 하나. 육체와 물질의 속박을 벗어난 정신적
인 사유(思惟)의 세계를 이른다.

• **무생지**(無生智) 십지(十智)의 하나. 자신은 이미 고(苦)를 알았기 때문에
다시 알 필요가 없고, 집(集)을 끊었기 때문에 다시 끊을 필요가 없
고, 멸(滅)을 체득했기 때문에 다시 체득할 필요가 없고, 도(道)를 닦
았기 때문에 다시 닦을 필요가 없다고 아는 지혜이다.

• **무소외**(無所畏) vaiśāradya 불도를 닦는 데에 부딪히는 온갖 장애에 대
하여 두려움이 없음. ≒무외(無畏).

• **무열지**(無熱池) Anavatapta 향취산(香醉山)의 남쪽, 대설산(大雪山)의 북쪽
에 있다는 상상의 연못. 여기에 용왕이 살며, 맑은 물이 흘러내려
섬부주(贍部州)를 비옥하게 한다고 한다. ≒아뇩달지(阿耨達池).

• **무외**(無畏) vaiśāradya 불도를 닦는 데에 부딪히는 온갖 장애에 대하여
두려움이 없음. ≒무소외(無所畏).

• **무우**(無憂) Aśoka 마우리아(maurya) 왕조의 제3대 왕. 인도 남단부를 제
외한 전 인도를 통일하였다. ≒아수가(阿輸伽), 아수가왕(阿輸伽王),
아육(阿育), 아육왕(阿育王).

• **무우수**(無憂樹) aśoka '보리수(菩提樹)'를 달리 이르는 말. 석가(釋迦)가 남
비니원(藍毗尼園)의 이 나무 아래에서 태어날 때 마야부인(摩耶夫人)

이 이 나무를 잡았다고 한다.

- **무집(無執)** ① 집착하지 않음. ≒무착(無着)①. ② Asaṅga 인도의 불교론자(?310~?390). 미륵에게 대승 공관을 받아 법상(法相) 대승(大乘)의 교리를 선양하고, 많은 논소(論疏)를 지어 여러 대승경(大乘經)을 해석했다. 저서로는 『섭대승론(攝大乘論)』, 『현양성교론(顯揚聖敎論)』 등이 있다. ≒무착(無着)②, 아승가(阿僧伽).

- **무착(無着)** ① 집착하지 않음. ≒무집(無執)①. ② Asaṅga 인도의 불교론자(?310~?390). 미륵에게 대승 공관을 받아 법상(法相) 대승(大乘)의 교리를 선양하고, 많은 논소(論疏)를 지어 여러 대승경(大乘經)을 해석했다. 저서로는 『섭대승론(攝大乘論)』, 『현양성교론(顯揚聖敎論)』 등이 있다. ≒무집(無執)②, 아승가(阿僧伽).

- **무타(彌陀)** Amitāyus/Amitābha 서방정토(極樂淨土)에 있는 부처. 수행 중에 모든 중생을 제도하겠다는 큰 소원을 품고 성불하여 극락에서 교화하고 있으며, 이 부처를 염(念)하면 죽은 뒤에 극락에 간다고 한다. ≒무량광(無量光), 무량수(無量壽), 아미타(阿彌陀), 아미타불(阿彌陀佛), 아미타여래(阿彌陀如來).

- **무학도(無學道)** 삼도(三道)의 셋째 단계. 모든 번뇌를 끊어 더 닦을 것이 없는 아라한(阿羅漢)의 경지이다.

- **무학제자(無學弟子)** 부처의 제자 가운데 이미 다 배워서 이제는 배워야 할 것을 남기지 않은 경지에 이른 사람. ≒성자(聖者), 아라한과(阿羅漢果).

- **문수(文殊)** Mañjuśrī 석가모니불(釋迦牟尼佛)의 왼쪽에 있는 보살. 오른쪽에 있는 보현보살(普賢菩薩)과 함께 삼존불(三尊佛)을 이룬다. 그 모양이 가지각색이나 보통 사자를 타고 오른손에는 지혜의 칼을 들고 있고, 왼손에는 연꽃을 들고 있다. 대승 불교(大乘佛敎)에서 최고

의 지혜를 상징하는 보살이다. ≒문수보살(文殊菩薩), 문수사리(文殊師利).

● **문수보살(文殊菩薩)** Mañjuśrī 석가모니불(釋迦牟尼佛)의 왼쪽에 있는 보살. 오른쪽에 있는 보현보살(普賢菩薩)과 함께 삼존불(三尊佛)을 이룬다. 그 모양이 가지각색이나 보통 사자를 타고 오른손에는 지혜의 칼을 들고 있고, 왼손에는 연꽃을 들고 있다. 대승 불교(大乘佛敎)에서 최고의 지혜를 상징하는 보살이다. ≒문수(文殊), 문수사리(文殊師利).

● **문수사리(文殊師利)** Mañjuśrī 석가모니불(釋迦牟尼佛)의 왼쪽에 있는 보살. 오른쪽에 있는 보현보살(普賢菩薩)과 함께 삼존불(三尊佛)을 이룬다. 그 모양이 가지각색이나 보통 사자를 타고 오른손에는 지혜의 칼을 들고 있고, 왼손에는 연꽃을 들고 있다. 대승 불교(大乘佛敎)에서 최고의 지혜를 상징하는 보살이다. ≒문수(文殊), 문수보살(文殊菩薩).

● **미륵(彌勒)** Maitreya 대승 불교(大乘佛敎)의 대표적인 보살 가운데 하나. 내세(來世)에 성불(成佛)하여 사바세계(娑婆世界)에 나타나서 중생을 제도할 것이라는 보살이다. ≒미륵보살(彌勒菩薩), 미륵불(彌勒佛), 자씨(慈氏), 자씨보살(慈氏菩薩).

● **미륵보살(彌勒菩薩)** Maitreya 대승 불교(大乘佛敎)의 대표적인 보살 가운데 하나. 내세(來世)에 성불(成佛)하여 사바세계(娑婆世界)에 나타나서 중생을 제도할 것이라는 보살이다. ≒미륵(彌勒), 미륵불(彌勒佛), 자씨(慈氏), 자씨보살(慈氏菩薩).

● **미륵불(彌勒佛)** Maitreya 대승 불교(大乘佛敎)의 대표적인 보살 가운데 하나. 내세(來世)에 성불(成佛)하여 사바세계(娑婆世界)에 나타나서 중생을 제도할 것이라는 보살이다. ≒미륵(彌勒), 미륵보살(彌勒菩薩), 자씨(慈氏), 자씨보살(慈氏菩薩).

● **미사색부(彌沙塞部)** mahīśāsaka 석가(釋迦)가 입멸(入滅)한 후 300년경에

설일체유부(說一切有部)에서 갈라져 나온 파(派). 이 부(部)에서 다시 법장부(法藏部)가 갈라져 나왔다. ≒화지부(化地部).

● 미사색부율(彌沙塞部律) 불타집(佛陀什)과 축도생(竺道生)이 번역한 화지부(化地部)의 율장(律藏). 전체 내용은 다섯 부분으로, 제1분에는 비구의 251계, 제2분에는 비구니의 370계, 제3분에는 수계법(受戒法), 포살법(布薩法), 안거법(安居法), 자자법(自恣法) 등, 제4분에는 멸쟁법(滅諍法), 갈마법(羯磨法), 제5분에는 파승법(破僧法), 와구법(臥具法), 잡법(雜法), 차포살법(遮布薩法), 별주법(別住法) 등으로 구성되어 있다. 총 30권. ≒미사색부화혜오분율(彌沙塞部和醯五分律), 오분(五分), 오분율(五分律).

● 미사색부화혜오분율(彌沙塞部和醯五分律) 불타집(佛陀什)과 축도생(竺道生)이 번역한 화지부(化地部)의 율장(律藏). 전체 내용은 다섯 부분으로, 제1분에는 비구의 251계, 제2분에는 비구니의 370계, 제3분에는 수계법(受戒法), 포살법(布薩法), 안거법(安居法), 자자법(自恣法) 등, 제4분에는 멸쟁법(滅諍法), 갈마법(羯磨法), 제5분에는 파승법(破僧法), 와구법(臥具法), 잡법(雜法), 차포살법(遮布薩法), 별주법(別住法) 등으로 구성되어 있다. 총 30권. ≒미사색부율(彌沙塞部律), 오분(五分), 오분율(五分律).

● 미생원(未生怨/未生冤) Ajātaśatru 중인도 마갈타국의 국왕. ≒아도세왕(阿闍世王), 아사세왕(阿闍世王).

● 미타정인(彌陀定印) 왼쪽 손바닥을 위로 보이게 펴서 단전(丹田) 앞에 붙이고 오른손 역시 손바닥을 위로 보이게 펴서 왼쪽 손바닥 위에 포갠 상태에서 양쪽 엄지를 맞대고 양쪽 검지를 구부려 맞댄 손모양.

● 미후강(獼猴江) 인도의 오정사(五精舍)의 하나. 비사리국(毘舍利國) 암라여

원(菴羅女園) 곁에 있다. 부처가 경(經)을 설(說)한 곳이다. ≒미후지
(彌猴池).

● 미후지(彌猴池) 인도의 오정사(五精舍)의 하나. 비사리국(毘舍利國) 암라여
원(菴羅女園) 곁에 있다. 부처가 경(經)을 설(說)한 곳이다. ≒미후강
(彌猴江).

●●● ㅂ

● 바라문(婆羅門) Brahman 인도 카스트 제도에서 가장 높은 지위인 승려
계급. ≒브라만(Brahman), 브라흐마나(Brāhmaṇa)①.

● 바리때 pātra 절에서 쓰는 승려의 공양 그릇. ≒발다라(鉢多羅), 응기(應
器), 응량기(應量器).

● 박구라(薄拘羅) Bakula 석가(釋迦)의 제자.

● 반니원(般泥洹) parinirvāṇa 육신의 완전한 소멸, 곧 죽음. 또는 석가의
죽음. ≒반열반(般涅槃)①.

● 반열반(般涅槃) parinirvāṇa ① 육신의 완전한 소멸, 곧 죽음. 또는 석가
의 죽음. ≒반니원(般泥洹). ② 모든 번뇌를 완전히 소멸한 상태.

● 반좌(半座) 스승이 그 문하의 으뜸가는 제자에게 자기의 법좌(法座)를 나
누어 주어 앉게 하고, 설법하여 중생을 제도하게 함.

● 발난타(跋難陀) Upananda 팔대용왕(八大龍王)의 하나. 난타용왕의 동생으
로 비를 내려 흉년이 들지 않게 한다고 한다.

● 발다라(鉢多羅) pātra 절에서 쓰는 승려의 공양 그릇. ≒바리때, 응기(應
器), 응량기(應量器).

● 발탑(鉢塔) 부처가 성도하기 전, 소 치는 여자의 우유죽을 받아 마신 바

리를 공양하기 위해 세운 탑.

- **발탑(髮塔)** 부처가 출가할 때 자른 머리카락을 공양하기 위해 세운 탑.

- **방편(方便)** upāya 십바라밀(十波羅蜜)의 하나. 중생을 구제하기 위한 완전한 방편을 성취하는 것이다. ≒방편바라밀(方便波羅蜜).

- **방편력(方便力)** 십력(十力)의 하나. 중생을 구제하기 위해 그 소질에 따라 모든 수단과 방법을 행하는 능력이다.

- **방편바라밀(方便波羅蜜)** upāya-pāramitā 십바라밀(十波羅蜜)의 하나. 중생을 구제하기 위한 완전한 방편을 성취하는 것이다. ≒방편(方便).

- **백의(白衣)** 세속 사람. 인도에서는 승려가 아닌 사람은 모두 흰옷을 입었다는 데서 유래하였다.

- **번(幡)** 부처와 보살의 성덕(聖德)을 나타내는 깃발. 사용되는 색깔은 청(靑), 황(黃), 적(赤), 백(白), 흑(黑)의 다섯 가지이다. ≒번당(幡幢).

- **번뇌(煩惱)** kleśa 중생의 마음을 어지럽히고 미혹하게 하는 모든 생각. ≒결(結), 결사(結使), 누(漏).

- **번뇌도(煩惱道)** 삼도(三道)의 하나. 이치와 현상에 대한 미혹(迷惑)이다.

- **번뇌탁(煩惱濁)** 오탁(五濁)의 하나. 번뇌가 들끓음이다.

- **번당(幡幢)** 부처와 보살의 성덕(聖德)을 나타내는 깃발. 사용되는 색깔은 청(靑), 황(黃), 적(赤), 백(白), 흑(黑)의 다섯 가지이다. ≒번(幡).

- **범부(凡夫)** pṛthag-jana 어리석고 미혹(迷惑)한 사람. 또는 번뇌에 얽매여 생사를 초월하지 못하는 사람.

- **범왕(梵王)** Brahmā 색계(色界)의 초선천(初禪天)의 우두머리. 제석천(帝釋天)과 함께 부처를 좌우에서 모시는 불법 수호의 신이다. ≒범천(梵天)②, 범천왕(梵天王).

● **범음성(梵音聲)** 범왕(梵王)의 음성. 부처의 목소리를 찬양하여 이르는 것이다.

● **범지(梵志)** 바라문(婆羅門) 생활의 네 시기 가운데에 첫째. 보통 8세부터 16세까지, 또는 11세부터 22세까지로 스승에게 가서 수학(修學)하는 기간이다.

● **범천(梵天)** Brahmā ① 인도 사상에서 만유(萬有)의 근원인 브라만(Brahman)을 신격화한 것. ② 색계(色界)의 초선천(初禪天)의 우두머리. 제석천(帝釋天)과 함께 부처를 좌우에서 모시는 불법 수호의 신이다. 늑범왕(梵王), 범천왕(梵天王).

● **범천왕(梵天王)** Brahmā 색계(色界)의 초선천(初禪天)의 우두머리. 제석천(帝釋天)과 함께 부처를 좌우에서 모시는 불법 수호의 신이다. 늑범왕(梵王), 범천(梵天)②.

● **범행(梵行)** brahma-carya ① 맑고 깨끗한 행실. ② 불도의 수행.

● **법계정인(法界定印)** 두 손을 펴서 왼손을 아래로 하여 겹치고, 두 엄지손가락의 끝을 서로 맞댄 손 모양.

● **법기(法器)** ① 불도를 수행할 수 있는 소질이나 근성이 있는 사람. 부처가 될 수 있는 사람을 이른다. ② 불전(佛前)에 공양하거나 재(齋)를 올릴 때 쓰이는 기구(器具).

● **법륜(法輪)** dharmacakra 석가(釋迦)의 가르침.

● **법복(法服)** 승려가 입는 가사(袈裟)나 장삼 따위의 옷. 늑법의(法衣).

● **법신(法身)** 불법의 이치와 일치하는 부처의 몸 늑금강신(金剛身).

● **법신성(法身性)** 법신의 성품.

● **법안(法眼)** 오안(五眼)의 하나. 모든 현상의 참모습과 중생을 구제하는

방법을 두루 아는 보살의 눈이다.

- **법왕(法王)** '석가(釋迦)'를 달리 이르는 말. 법문(法門)의 왕이라는 뜻이다.

- **법의(法衣)** 승려가 입는 가사(袈裟)나 장삼 따위의 옷. ≒법복(法服).

- **법익태자(法益太子)** 아육왕(阿育王)의 아들.

- **법지(法智)** 십지(十智)의 하나. 욕계(欲界)의 사제(四諦)를 체득한 지혜이다.

- **벽지불(辟支佛)** pratyeka-buddha 부처의 가르침에 기대지 않고 스스로 도를 깨달은 성자(聖者). 그 지위는 보살의 아래, 성문(聲聞)의 위이다. ≒연각(緣覺), 지불(支佛).

- **보리(菩提)** bodhi ① 바르고 원만한 깨달음. 부처가 체득한 깨달음의 지혜, 경지이다. ≒삼보리(三菩提)①. ② 올바른 깨달음의 지혜를 얻기 위하여 닦는 도. 불과(佛果)에 이르는 길을 이른다. ≒삼보리(三菩提)②.

- **보리도량수(菩提道場樹)** bodhi-maṇḍ-vṛkṣa 석가(釋迦)가 깨달음을 얻은 보리수(菩提樹).

- **보리력(菩提力)** 십력(十力)의 하나. 깨달을 수 있는 능력이다.

- **보리살타(菩提薩埵)** bodhi-sattva 깨달음을 구하면서 중생을 교화하는 수행으로 미래에 성불(成佛)할 자. ≒보살(菩薩)②.

- **보리수(菩提樹)** Bodhidruma/Bodhivṛkṣa 뽕나뭇과에 속하는 상록 활엽 교목(常綠闊葉喬木). 석가모니가 그 아래에서 변함없이 진리를 깨달아 불도(佛道)를 이루었다고 한다. ≒도수(道樹), 아설타(阿說他), 필발라수(畢鉢羅樹).

- **보살(菩薩)** bodhi-sattva ① 부처가 전생에서 수생하던 시절, 수기(受記)를 받은 이후의 몸. ② 깨달음을 구하면서 중생을 교화하는 수행으로 미래에 성불(成佛)할 자. ≒보리살타(菩提薩埵). ③ 삼승(三乘)의 하

나. 보살이 큰 서원(誓願)을 세워 위로 보리를 구하고 아래로 중생을 교화하는 교법을 이른다. 늑보살승(菩薩乘).

● **보살승(菩薩乘)** 삼승(三乘)의 하나. 보살이 큰 서원(誓願)을 세워 위로 보리를 구하고 아래로 중생을 교화하는 교법을 이른다. 늑보살(菩薩)③.

● **보시(布施)** dāna ① 십바라밀(十波羅蜜)의 하나. 자비심으로 남에게 재물이나 불법을 베푸는 것이다. 늑보시바라밀(布施波羅蜜). ② 불가에 재물을 연보함.

● **보시바라밀(布施波羅蜜)** dāna-pāramitā 십바라밀(十波羅蜜)의 하나. 자비심으로 남에게 재물이나 불법을 베푸는 것이다. 늑보시(布施)①.

● **보현(普賢)** Samantabhara/Samantabhadra 석가모니불(釋迦牟尼佛)의 오른쪽에 있는 보살. 왼쪽에 있는 문수보살(文殊菩薩)과 함께 삼존불(三尊佛)을 이룬다. 형상은 크게 흰 코끼리를 탄 모양과 연화대에 앉은 모양 두 가지가 있다. 불교의 진리와 수행의 덕을 맡았으며, 문수보살(文殊菩薩)과 더불어 모든 보살의 으뜸이 되어 언제나 여래의 중생 제도를 돕는다. 늑보현보살(普賢菩薩).

● **보현보살(普賢菩薩)** Samantabhara/Samantabhadra 석가모니불(釋迦牟尼佛)의 오른쪽에 있는 보살. 왼쪽에 있는 문수보살(文殊菩薩)과 함께 삼존불(三尊佛)을 이룬다. 형상은 크게 흰 코끼리를 탄 모양과 연화대에 앉은 모양 두 가지가 있다. 불교의 진리와 수행의 덕을 맡았으며, 문수보살(文殊菩薩)과 더불어 모든 보살의 으뜸이 되어 언제나 여래의 중생 제도를 돕는다. 늑보현(普賢).

● **복전(福田)** 복을 거두는 밭이라는 뜻으로, 삼보(三寶) · 부모 · 가난한 사람을 비유적으로 이르는 말. 삼보를 공양하고 부모의 은혜에 보답하며 가난한 사람에게 베풀면 복이 생긴다고 한다.

- **부정색(不正色)** 승려들이 입는 법복(法服). 청(靑), 황(黃), 적(赤), 백(白), 흑(黑)의 다섯 가지 정색(正色)이 아닌 색깔로 물들여 이렇게 이른다. ≒가사(袈裟), 간색복(間色服), 괴색(壞色).

- **부촉(付囑)** 불법(佛法)의 보호와 전파를 다른 이에게 맡겨 부탁함.

- **분별공덕론(分別功德論)** 『증일아함경(增一阿含經)』의 앞 4품(品)을 상세히 풀이한 책. 계(戒)와 염불(念佛) 등 10종의 법을 해석하고, 다음은 각 제자품의 제일의 인연을 풀이한 것이다. 작자, 번역자 미상. 총 5권.

- **분신(分身)** 부처가 중생을 교화하기 위하여 여러 가지 몸으로 나타남. 또는 그 몸.

- **불(佛)** 십호(十號)의 하나. 깨달은 사람이다.

- **불사(佛事)** ① 부처가 중생을 교화하는 일. ② 불가에서 행하는 모든 일.

- **불사(沸沙)** ① puṣya 부처의 이름. '별'이라는 의미로 부처의 이름을 삼은 것이다. ② tiṣya 석가모니(釋迦牟尼)가 미륵(彌勒)과 함께 이 앞에서 불도를 수행하였다는 부처의 화상(畫像). 석가(釋迦)는 7일(日) 7야(夜) 동안 열심히 수행하고 나서 바로 9겁을 초월하여 미륵보다 먼저 성불하였다고 한다. ≒저사(底沙/底砂), 저사불(底沙佛).

- **불신(佛身)** 부처의 몸.

- **불안(佛眼)** 오안(五眼)의 하나. 모든 것을 꿰뚫어 보는 부처의 눈이다.

- **불일(佛日)** ① 부처의 빛. 모든 중생을 구제하는 부처의 광명을 해에 비유하여 이르는 말이다. ② 부처님 오신 날을 이르는 말.

- **브라만(Brahman)** 인도 카스트 제도에서 가장 높은 지위인 승려 계급. ≒바라문(婆羅門), 브라흐마나(Brāhmaṇa)①.

- **브라흐마나 Brāhmaṇa** ① 인도 카스트 제도에서 가장 높은 지위인 승려

계급. ≒바라문(婆羅門), 브라만(Brahman). ② 브라만교 베다 경전의 일부. 본문에 수록된 성가, 제문 따위의 기원·의의·용법을 설명한 주석서이다.

● 비구(比丘) bhĭkṣu 출가하여 구족계(具足戒)를 받은 남자 승려. ≒비구승(比丘僧).

● 비구계(比丘戒) 비구와 비구니가 받는 계(戒). 비구에게는 250계, 비구니에게는 348계가 있다. 모든 계율이 완전히 구비되었다 하여 구족계라 하며, 이를 잘 지키면 열반의 경지에 다다를 수 있다고 한다. ≒구(具), 구족계(具足戒).

● 비구승(比丘僧) 출가하여 구족계(具足戒)를 받은 남자 승려. ≒비구(比丘).

● 비내야(毘奈耶) vinaya 석가(釋迦)가 제자를 위하여 마련한 모든 계율(戒律). 출가자가 죄악을 범하지 않기 위해 지켜야 할 규율이다. ≒비니(毘尼), 율(律).

● 비니(毘尼) vinaya 석가(釋迦)가 제자를 위하여 마련한 모든 계율(戒律). 출가자가 죄악을 범하지 않기 위해 지켜야 할 규율이다. ≒비내야(毘奈耶), 율(律).

● 비나야장(毘奈耶藏) vinaya-piṭaka 삼장(三藏)의 하나. 부처가 제정한 계율(戒律)을 기록한 문헌을 통틀어 이른다. ≒비니장(毘尼藏), 율장(律藏).

● 비니장(毘尼藏) vinaya-piṭaka 삼장(三藏)의 하나. 부처가 제정한 계율(戒律)을 기록한 문헌을 통틀어 이른다. ≒비나야장(毘奈耶藏), 율장(律藏).

● 비발라굴(卑鉢羅窟) Vaibhāra 중인도 마갈타국 왕사성 가까운 곳에 있는 굴. 부처가 입멸한 그 해에 대가섭을 상좌로 하여, 부처의 유법(遺法)을 결집(結集)한 곳이다. 굴 위에 필발라나무가 무성하였으므로 '필발라굴'이라 한다고 하며, 또는 대가섭의 본래 이름을 따라서

이름을 붙인 것이라고도 한다. 늑빈발라굴(竇鉢羅窟), 빈파라굴(竇波羅窟), 필발라굴(畢鉢羅堀), 칠엽굴(七葉窟).

● 비사리성(毘舍離城) 중인도에 있던 나라. 갠지스 강을 사이로 남쪽의 마갈타국(摩竭陀國)과 상대한 나라이다.

● 비원(悲願) 중생의 고통을 덜어 주려는 부처나 보살의 기원.

● 비원력(悲願力) 자비(慈悲)에 의한 맹서(盟誓)의 힘.

● 빈두로(賓頭盧) piṇḍola-bharadvāja 석가(釋迦)의 부촉(咐囑)을 받들어 열반(涅槃)에 들지 않고 천축 마라지산(摩利支山)에 살면서 중생을 제도하는 아라한(阿羅漢). 늑빈두로발라타사(賓度羅跋囉惰闍).

● 빈발라굴(竇鉢羅窟) Vaibhāra 중인도 마갈타국 왕사성 가까운 곳에 있는 굴. 부처가 입멸한 그 해에 대가섭을 상좌로 하여, 부처의 유법(遺法)을 결집(結集)한 곳이다. 굴 위에 필발라나무가 무성하였으므로 '필발라굴'이라 한다고 하며, 또는 대가섭의 본래 이름을 따라서 이름을 붙인 것이라고도 한다. 늑비발라굴(卑鉢羅窟), 빈파라굴(竇波羅窟), 필발라굴(畢鉢羅堀), 칠엽굴(七葉窟).

● 빈파라굴(竇波羅窟) Vaibhāra 중인도 마갈타국 왕사성 가까운 곳에 있는 굴. 부처가 입멸한 그 해에 대가섭을 상좌로 하여, 부처의 유법(遺法)을 결집(結集)한 곳이다. 굴 위에 필발라나무가 무성하였으므로 '필발라굴'이라 한다고 하며, 또는 대가섭의 본래 이름을 따라서 이름을 붙인 것이라고도 한다. 늑비발라굴(卑鉢羅窟), 빈발라굴(竇鉢羅窟), 필발라굴(畢鉢羅堀), 칠엽굴(七葉窟).

● 빈두로발라타사(竇度羅跋囉惰闍) piṇḍola-bharadvāja 석가(釋迦)의 부촉(咐囑)을 받들어 열반(涅槃)에 들지 않고 천축 마라지산(摩利支山)에 살면서 중생을 제도하는 아라한(阿羅漢). 늑빈두로(竇度羅).

- 빈두바라(頻頭婆羅) Bimbisāra 중인도 마갈타국(摩竭陀國)의 왕. ≒빈비사라(頻毘婆羅).

- 빈비사라(頻毘婆羅) Bimbisāra 중인도 마갈타국(摩竭陀國)의 왕. ≒빈두바라(頻頭婆羅).

●●● 人

- 사가라(娑伽羅) Sāgara 팔대용왕(八大龍王)의 하나. 바다의 용왕으로 그의 딸이 8세에 성불하였다고 한다. ≒사가라용왕(娑伽羅龍王), 사갈용왕(娑竭龍王).

- 사가라용왕(娑伽羅龍王) Sāgara 팔대용왕(八大龍王)의 하나. 바다의 용왕으로 그의 딸이 8세에 성불하였다고 한다. ≒사가라(娑伽羅), 사갈용왕(娑竭龍王).

- 사갈라용궁 사갈용왕(娑竭龍王)의 궁전.

- 사갈용왕(娑竭龍王) Sāgara 팔대용왕(八大龍王)의 하나. 바다의 용왕으로 그의 딸이 8세에 성불하였다고 한다. ≒사가라(娑伽羅), 사가라용왕(娑伽羅龍王).

- 사겁(四劫) 이 세계가 생겨났다 없어질 때까지의 네 시기. 성겁(成劫), 주겁(住劫), 괴겁(壞劫), 공겁(空劫)이다.

- 사견(邪見) 칠견(七見)의 하나. 인과(因果)의 이치를 부정하는 견해이다.

- 사대주(四大洲) 수미산(須彌山)을 중심으로 한 사방의 세계. 남쪽의 섬부주(贍部洲), 동쪽의 승신주(勝神洲), 서쪽의 우화주(牛貨洲), 북쪽의 구로주(俱盧洲)이다. ≒사주(四洲), 사천하(四天下).

- 사대천왕(四大天王) 수미산(須彌山) 중복(中腹)에 있는 사왕천(四王天)의 주

신(主神). 제석천(帝釋天)을 모시고 불법의 수호를 염원하며, 불법에 귀의하는 사람들을 수호하는 호법신(護法神)이다. 동쪽의 지국천왕(地國天王, Dhṛtarāṣṭra), 남쪽의 증장천왕(增長天王, Virūḍhaka), 서쪽의 광목천왕(廣目天王, Virūpākṣa), 북쪽의 다문천왕(多聞天王, Vaiśravaṇa)이다. 늑사천왕(四天王).

● **사륜(四輪)** 전륜왕(轉輪王)이 가지고 있는 금, 은, 동, 철의 네 가지 윤보(輪寶).

● **사륜왕(四輪王)** 수미 사주(須彌四洲)를 다스리는 왕. 금륜왕(金輪王), 은륜왕(銀輪王), 동륜왕(銅輪王), 철륜왕(鐵輪王)의 네 왕을 이른다.

● **사리(舍利)** Śarīra ① 석가모니(釋迦牟尼)나 성자(聖者)의 유골. 후세에는 화장한 뒤에 나오는 구슬 모양의 것만 이른다. ② 부처의 법신의 자취인 경전.

● **사리불(舍利弗)** Śāriputra 석가의 십대제자(十大弟子) 중 한 사람. 지혜가 가장 뛰어났다고 한다.

● **사명(邪命)** 떳떳하지 못하거나 정당하지 못한 방법으로 생활함.

● **사문(沙門)** śramana 출가(出家)하여 수행하는 사람.

● **사미(沙彌)** śrāmaṇera 출가(出家)하여 10계(戒)를 받아 수행하는 나이 어린 남자 승려.

● **사미니(沙彌尼)** sramanerika 출가(出家)하여 10계(戒)를 받아 수행하는 나이 어린 여자 승려.

● **사병(四兵)** 전륜왕(轉輪王)을 따라다니는 네 종류의 병사. 상병(象兵), 마병(馬兵), 차병(車兵), 보병(步兵)이다.

● **사분(四分)** 4대 계율서의 하나. 석가모니(釋迦牟尼)가 죽은 뒤 100년 후에

담무덕나한(曇無德羅漢)이 상좌부(上座部)의 근본율 가운데 자신의 견해에 맞는 것을 네 번에 걸쳐 뽑아 엮은 율문(律文)에 관한 책으로 소승(小乘)의 계율서이다. 총 60권. 늑사분율(四分律).

• **사분율(四分律)** 4대 계율서의 하나. 석가모니(釋迦牟尼)가 죽은 뒤 100년 후에 담무덕나한(曇無德羅漢)이 상좌부(上座部)의 근본율 가운데 자신의 견해에 맞는 것을 네 번에 걸쳐 뽑아 엮은 율문(律文)에 관한 책으로 소승(小乘)의 계율서이다. 총 60권. 늑사분(四分).

• **사사(四事)** ① 수행하는 승려가 일상생활에 필요한 네 가지 물건. 침구, 의복, 음식, 탕약(湯藥)이다. ② 공양하는 데 쓰는 네 가지 물건. 의복, 음식, 산화(散華), 소향(燒香)이다.

• **사생지력(死生智力)** 십력(十力)의 하나. 중생이 죽어 어디에 태어나는지를 아는 능력이다.

• **사선(四禪)** ① 욕계를 떠나 색계에서 도를 닦는 네 과정. 초선(初禪), 제이선(第二禪), 제삼선(第三禪), 제사선(第四禪)의 네 단계를 통틀어 이르는 말이다. ② 깨달음의 경지에 이르는 네 단계의 선정(禪定).

• **사선천(四禪天)** 사선(四禪)을 닦아 이르게 되는 색계(色界)의 경지.

• **사야(闍耶)** jaya 인계(印契)의 명칭(名稱). 능승인(勝印), 득승인(得勝印).

• **사왕천(四王天)** 육욕천(六欲天)의 첫째 하늘. 사천왕(四天王)과 그 권속(眷屬)들이 사는 곳. 수미산 중턱의 동쪽에 있는 지국천(持國天), 남쪽에 있는 증장천(增長天), 서쪽에 있는 광목천(廣目天), 북쪽에 있는 다문천(多聞天)을 이른다.

• **사위국(舍衛國)** 중인도(中印度) 교살라국(憍薩羅國)의 도성 이름. 석가모니가 25년 동안 설법하여 교화한 땅이다. 도성의 남쪽에 기원정사(祇園精舍)가 있었다.

- **사장일단(四長一短)** 승려의 옷을 지음에 있어서 네 조각은 길고 한 조각
  은 짧은 조를 이름.

- **사주(四洲)** 수미산(須彌山)을 중심으로 한 사방의 세계. 남쪽의 섬부주(瞻
  部洲), 동쪽의 승신주(勝神洲), 서쪽의 우화주(牛貨洲), 북쪽의 구로주
  (俱盧洲)이다. 늑사대주(四大洲), 사천하(四天下).

- **사천왕(四天王)** 수미산(須彌山) 중복(中腹)에 있는 사왕천(四王天)의 주신(主
  神). 제석천(帝釋天)을 모시고 불법의 수호를 염원하며, 불법에 귀의
  하는 사람들을 수호하는 호법신(護法神)이다. 동쪽의 지국천왕(地國
  天王, Dhṛtarāṣṭra), 남쪽의 증장천왕(增長天王, Virūḍhaka), 서쪽의 광목
  천왕(廣目天王, Virūpākṣa), 북쪽의 다문천왕(多聞天王, Vaiśravaṇa)이다.
  늑사대천왕(四大天王).

- **사천하(四天下)** 수미산(須彌山)을 중심으로 한 사방의 세계. 남쪽의 섬부
  주(瞻部洲), 동쪽의 승신주(勝神洲), 서쪽의 우화주(牛貨洲), 북쪽의 구
  로주(俱盧洲)이다. 늑사대주(四大洲), 사주(四洲).

- **산개(傘蓋)** 불좌 또는 높은 좌대를 덮는 장식품. 나무나 쇠붙이로 만들
  어 법회 때 법사의 위를 덮는다. 늑개(蓋).

- **살바다(薩婆多)** 십송률(十誦律)의 비구계(比丘戒)를 해석한 책. 4~5세기경,
  소승 불교(小乘佛教)의 한 분파인 살바다부(薩婆多部)의 견해에서 번
  역되었다. 총 9권. 늑다론(多論), 살바다론(薩婆多論), 살바다비니비바
  사(薩婆多毘尼毘婆沙).

- **살바다론(薩婆多論)** 십송률(十誦律)의 비구계(比丘戒)를 해석한 책. 4~5세
  기경, 소승 불교(小乘佛教)의 한 분파인 살바다부(薩婆多部)의 견해에
  서 번역되었다. 총 9권. 늑다론(多論), 살바다(薩婆多), 살바다비니비
  바사(薩婆多毘尼毘婆沙).

- **살바다비니비바사(薩婆多毘尼毘婆沙)** 십송률(十誦律)의 비구계(比丘戒)를 해석한 책. 4~5세기경, 소승 불교(小乘佛敎)의 한 분파인 살바다부(薩婆多部)의 견해에서 번역되었다. 총 9권. 늑다론(多論), 살바다(薩婆多), 살바다론(薩婆多論).

- **삼겁(三劫)** 과거, 현재, 미래의 세 겁(劫). 과거의 주겁(住劫)을 장엄겁(莊嚴劫)이라 하고, 현재의 주겁(住劫)을 현겁(賢劫)이라 하며, 미래의 주겁(住劫)을 성수겁(星宿劫)이라 한다.

- **삼계(三界)** ① 중생이 생사 왕래하는 세 가지 세계. 욕계(欲界), 색계(色界), 무색계(無色界)이다. ② 전세(前世), 현세(現世), 내세(來世)의 세 가지. 늑삼세(三世).

- **삼계존(三界尊)** '부처'의 다른 이름. 삼계(三界)에서 가장 높다는 뜻이다.

- **삼도(三道)** ① 성문이나 보살의 세 가지 수행 단계. 견도(見道), 수도(修道), 무학도(無學道)이다. ② 중생이 미혹한 생존을 끝없이 되풀이하는 과정을 세 부분으로 나눈 것. 번뇌도(煩惱道), 업도(業道), 고도(苦道)이다.

- **삼도(三道)** 악인이 죽어서 가는 세 가지의 괴로운 세계. 지옥도(地獄道), 축생도(畜生道), 아귀도(餓鬼道)이다. 늑삼악도(三惡道).

- **삼독(三毒)** 열반에 이르는 데 장애가 되는 가장 근본적인 세 가지 번뇌. 탐욕(貪欲), 진에(瞋恚, 분노), 우치(愚癡, 어리석음)을 줄여서 탐(貪), 진(瞋), 치(癡)라고 한다. 즉, 탐내어 그칠 줄 모르는 욕심과 노여움과 어리석음을 이른다.

- **삼매(三昧)** samādhi 잡념을 떠나서 오직 하나의 대상에만 정신을 집중하는 경지. 이 경지에서 바른 지혜를 얻고 대상을 올바르게 파악하게 된다.

- **삼매력(三昧力)** 삼매(三昧)의 힘. 산란한 마음을 한 곳에 모아 움직이지 않게 하며 마음을 바르게 하여 망념에서 벗어나는 것이다.

- **삼바제태자(三波提太子)** 아육왕(阿育王)의 손자(孫子)이자 법익태자(法益太子)의 아들.

- **삼보(三寶)** triranta 불보(佛寶), 법보(法寶), 승보(僧寶)를 이르는 말.

- **삼보리(三菩提)** saṃbodhi ① 바르고 원만한 깨달음. 부처가 체득한 깨달음의 지혜, 경지이다. ≒보리(菩提)①. ② 올바른 깨달음의 지혜를 얻기 위하여 닦는 도. 불과(佛果)에 이르는 길을 이른다. ≒보리(菩提)②. ③ 세 가지 깨달음. 성문이 깨달은 성문보리(聲聞菩提), 연각이 깨달은 연각보리(緣覺菩提), 여러 부처가 깨달은 제불보리(諸佛菩提)이다.

- **삼세(三世)** 전세(前世), 현세(現世), 내세(來世)의 세 가지. ≒삼계(三界)②.

- **삼승(三乘)** tri-yāna 중생을 열반(涅槃)에 이르게 하는 세 가지 교법(教法). 성문승(聲聞乘), 독각승(獨覺乘), 보살승(菩薩乘)이다.

- **삼시(三時)** 부처가 열반(涅槃)한 후 불법(佛法)의 성하고 쇠퇴함을 나타내는 시대 구분. 정법시(正法時), 상법시(像法時), 말법시(末法時)가 있다. 일반적으로 정법(正法)은 500년, 상법(像法)은 1,000년, 말법(末法)은 10,000년이라 한다.

- **삼악도(三惡道)** 악인이 죽어서 가는 세 가지의 괴로운 세계. 지옥도(地獄道), 축생도(畜生道), 아귀도(餓鬼道)이다. ≒삼도(三道).

- **삼업(三業)** 몸, 입, 뜻으로 짓는 세 가지 업. 신업(身業), 구업(口業), 의업(意業)이다.

- **삼의(三衣)** 승려들이 입는 옷 세 가지. 승가리(僧伽梨), 울다라승(鬱多羅僧), 안타회(安陀會)이다.

- **삼장**(三藏) 세 가지 불서(佛書)를 통틀어 이르는 말. 경장(經藏), 율장(律藏), 논장(論藏)이다.

- **삼장교**(三藏教) 경장(經藏), 율장(律藏), 논장(論藏)에 설파된 석가모니(釋迦牟尼)의 교법(教法).

- **삼장일단**(三長一短) 승려의 옷을 지음에 있어서 세 조각은 길고 한 조각은 짧은 구성의 조를 이름.

- **삼존불**(三尊佛) 불당(佛堂)에 본존(本尊)과 두 보살(菩薩)이 본존(本尊)을 양 옆에서 모시는 형식. 또는 그 불상. 아미타불(阿彌陀佛)과 이를 모시는 관세음보살(觀世音菩薩), 대세지보살(大勢至菩薩)을 이르기도 하고 석가모니불(釋迦牟尼佛)과 이를 모시는 문수보살(文殊菩薩), 보현보살(普賢菩薩)을 이르기도 한다.

- **삼천대천세계**(三千大千世界) trisāhasramahāsāhāsro locadhātu 소천(小千), 중천(中千), 대천(大千)의 세 종류의 세계가 이루어진 세계. 이 끝없는 세계가 부처 하나가 교화하는 범위이다. ≒삼천세계(三千世界).

- **삼천세계**(三千世界) trisāhasramahāsāhāsro locadhātu 소천(小千), 중천(中千), 대천(大千)의 세 종류의 세계가 이루어진 세계. 이 끝없는 세계가 부처 하나가 교화하는 범위이다. ≒삼천대천세계(三千大千世界).

- **상견**(常見) 칠견(七見)의 하나. 세간(世間)과 자아(自我)는 사후(死後)에도 없어지지 않는다는 견해이다.

- **상법**(像法) 삼시(三時)의 하나. 가르침과 수행자는 있어도 깨달음을 이루는 자가 없는 시기이다. ≒상법시(像法時).

- **상법시**(像法時) 삼시(三時)의 하나. 가르침과 수행자는 있어도 깨달음을 이루는 자가 없는 시기이다. ≒상법(像法).

- **상왕**(象王) '부처'를 코끼리 가운데 가장 큰 코끼리에 비유하여 이르는 말.

●**상의(上衣)** uttarāsaṅga 삼의(三衣)의 하나. 직사각형의 베 조각들을 세로로 나란히 꿰맨 것을 1조(條)로 하여, 7조를 가로로 나란히 꿰맨 것이다. 늑울다라승(鬱多羅僧), 중가의(中價衣).

●**상자(象子)** 불교의 진리를 알지 못하는 속세의 사람들을 비유하여 이르는 말. <참고>상왕(象王).

●**상좌(上座)** sthavira ① 출가한 지 오래되어 모임에서 맨 윗자리에 앉는 비구(比丘). 수행 기간이 길고 덕이 높은 수행자를 이른다. ② 승려를 높여 이르는 말. ③ 출가한 지 오래되고 덕망이 높아 사원의 승려들을 통솔하는 직책을 맡은 승려.

●**상호(相好)** 부처의 몸에 갖추어진 훌륭한 용모와 형상. 부처의 화신(化身)에는 뚜렷해서 보기 쉬운 32가지의 상과 미세해서 보기 어려운 80가지의 호가 있다.

●**색계(色界)** 삼계(三界)의 하나. 욕계(欲界)에서 벗어난 깨끗한 물질의 세계를 이른다. 선정(禪定)을 닦는 사람이 가는 곳으로, 욕계(欲界)와 무색계(無色界)의 중간 세계이다.

●**서역기(西域記)** 당나라 현장(玄奘)이 인도의 여러 곳을 다니면서 본 풍속, 의복, 지리, 물산 등을 기록한 책. 총 12권. 늑대당서역기(大唐西域記).

●**서원(誓願)** 원(願)을 세우고, 그것을 이루고자 맹세하는 일.

●**석가모니불(釋迦牟尼佛)** 석가모니를 부처로 모시어 이르는 말. 늑모니불(牟尼佛), 석가문불(釋迦文佛), 석가불(釋迦佛).

●**석가문불(釋迦文佛)** 석가모니(釋迦牟尼)를 부처로 모시어 이르는 말. 늑모니불(牟尼佛), 석가모니불(釋迦牟尼佛), 석가불(釋迦佛).

●**석가불(釋迦佛)** 석가모니(釋迦牟尼)를 부처로 모시어 이르는 말. 늑모니불(牟尼佛), 석가모니불(釋迦牟尼佛), 석가문불(釋迦文佛).

- **석문장복의(釋門章服儀)** 당나라 도선스님이 지은 책. ≒장복의(章服儀).

- **석자(釋子)** 석가모니(釋迦牟尼)의 제자. 즉, 출가한 승려를 이른다.

- **석제(釋帝)** 십이천(十二天)의 하나. 수미산 꼭대기에 있는 도리천의 임금
  으로, 사천왕과 삼십이천을 통솔하면서 불법과 불법에 귀의하는
  사람을 보호하고 아수라의 군대를 정벌한다고 한다. ≒도리천왕(忉
  利天王), 제석(帝釋), 제석천왕(帝釋天王), 천제석(天帝釋)①. <참고>도리
  천(忉利天).

- **선도(善道)** 착한 행위를 한 중생이 그 인과응보(因果應報)로 태어나는 곳.
  인간과 천상의 2취(趣) 또는 인간과 천상, 아수라의 3취(趣)를 이른다.

- **선서(善逝)** 십호(十號)의 하나. 깨달음에 잘 이르렀다는 뜻이다.

- **선정(禪定)** dhyāna 십바라밀(十波羅蜜)의 하나. 완전한 선정이다. ≒선정
  바라밀(禪定波羅蜜).

- **선정바라밀(禪定波羅蜜)** dhyāna-pāramitā 십바라밀(十波羅蜜)의 하나. 완
  전한 선정이다. ≒선정(禪定).

- **섬부주(贍部洲)** jambu 사대주(四大洲)의 하나. 잠부(jambu) 나무가 많다고
  하여 이와 같이 이른다. 수미산(須彌山) 남쪽에 있다는 대륙으로, 우
  리 인간들이 사는 곳이라 하며 여러 부처가 나타나는 곳은 사주(四
  洲) 가운데 이곳뿐이라 한다. ≒염부제(閻浮提), 염부주(閻浮洲).

- **성겁(成劫)** 사겁(四劫)의 하나. 세계가 파괴되어 없어진 후 오랜 세월이
  지나 다시 세계가 생기고 인류가 번성해 가는 시기이다.

- **성도(成道)** 깨달아 부처가 되는 일. 특히 석가모니(釋迦牟尼)가 음력 12월
  8일에 보리수(菩提樹) 아래에서 큰 도(道)를 이룬 일을 이른다.

- **성문(聲聞)** 설법을 듣고 사제(四諦)의 이치를 깨달아 아라한(阿羅漢)이 되

고자 하는 불제자.

- **성문승(聲聞乘)** 삼승(三乘)의 하나. 부처의 설법을 듣고 아라한의 깨달음을 얻게 하는 교법을 이른다.

- **성불(成佛)** 모든 번뇌를 소멸하고 진리를 깨달아 부처가 되는 일.

- **성수겁(星宿劫)** 삼겁(三劫)의 하나. 미래의 주겁(住劫)을 이른다. 이 겁 동안 천 명의 부처가 나타나는 것이 하늘의 별과 같다고 하여 이르는 말이다.

- **성승(聖僧)** ① 덕이 높은 승려. ≒고승(高僧). ② 식당의 높은 자리에 두는 고승(高僧)의 상(像).

- **성자(聖者)** 모든 번뇌를 끊고 바른 이치를 깨달은 사람. ≒무학제자(無學弟子), 아라한과(阿羅漢果).

- **세간(世間)** loka 영원하지 않은 것들이 서로 모여 있는 우주 공간.

- **세간해(世間解)** 십호(十號)의 하나. 세간(世間)을 모두 잘 안다는 뜻이다.

- **세속지(世俗智)** 십지(十智)의 하나. 세속(世俗)의 일을 아는 지혜이다.

- **세존(世尊)** 십호(十號)의 하나. 모든 복덕을 갖추고 있어서 세상 사람들의 존경을 받는 자, 세간에서 가장 존귀한 자이다.

- **소천(小千)** 수미산(須彌山)을 중심으로 사방에 네 개의 큰 대륙이 있고, 그 주위를 큰 철위산(鐵圍山)이 둘러싸고 있다고 하는 사천하(四天下)를 천 개 합한 세계. ≒소천세계(小千世界), 소천계(小千界).

- **소천계(小千界)** 수미산(須彌山)을 중심으로 사방에 네 개의 큰 대륙이 있고, 그 주위를 큰 철위산(鐵圍山)이 둘러싸고 있다고 하는 사천하(四天下)를 천 개 합한 세계. ≒소천(小千), 소천계(小千界).

- **소천세계(小千世界)** 수미산(須彌山)을 중심으로 사방에 네 개의 큰 대륙이

있고, 그 주위를 큰 철위산(鐵圍山)이 둘러싸고 있다고 하는 사천하
(四天下)를 천 개 합한 세계. 늑소천(小千), 소천계(小千界).

● **수기(授記)** vyākarana 부처가 제자들에게 미래의 증과(證果)에 대하여 미
리 예언한 교설(敎說). 또는 그런 예언을 주는 것. 늑기(記).

● **수다라(修多羅)** sūtra ① 산문(散文)으로 법의(法義)를 풀이한 경문(經文). ②
삼장(三藏)의 하나. 부처의 가르침을 기록한 불서(佛書)이다. 늑경장
(經藏)①, 수다라장(修多羅藏).

● **수다라장(修多羅藏)** 삼장(三藏)의 하나. 부처의 가르침을 기록한 불서(佛
書)이다. 늑경장(經藏)①, 수다라(修多羅)②.

● **수다원(須陀洹)** srota-āpanna 욕계(欲界), 색계(色界), 무색계(無色界)의 이치
를 깨달음으로써 번뇌(煩惱)와 미혹(迷惑)이 사라진 성자(聖者).

● **수다원도(須陀洹道)** 성자(聖者)로서 최초의 깨달음에 들어선 경지.

● **수달(須達)** Sudatta 석가모니가 살아 있을 때 생존했던 인도 사위성(舍衛
城)의 장자(長者). 자비심이 많아 가난한 사람에게 많은 혜택을 주었
으며, 기타태자(祇陀太子)에게서 황금을 주고 구입한 동산에 기원정
사(祇園精舍)를 지어 부처에게 바쳤다. 늑급고독장자(給孤獨長者), 수
달장자(須達長者).

● **수달장자(須達長者)** Sudatta 석가모니가 살아 있을 때 생존했던 인도 사
위성(舍衛城)의 장자(長者). 자비심이 많아 가난한 사람에게 많은 혜
택을 주었으며, 기타태자(祇陀太子)에게서 황금을 주고 구입한 동산
에 기원정사(祇園精舍)를 지어 부처에게 바쳤다. 늑급고독장자(給孤獨
長者), 수달(須達).

● **수도(修道)** 삼도(三道)의 둘째 단계. 견도(見道)에서 사제(四諦)를 명료하게
주시하여 견혹(見惑)을 끊은 후, 다시 수행을 되풀이하여 수혹(修惑)

을 끊는 단계이다.

● 수사마(修師摩) Susīman 빈바사라왕(頻婆娑羅王)의 장자의 이름.

● 수지(受持) 경전이나 계율을 받아 마음에 새겨 두고 잊지 않음.

● 숙명통(宿命通) 육신통(六神通)의 하나. 나와 다른 사람의 전생을 아는 능력이다.

● 숙주수념지력(宿住隨念智力) 십력(十力)의 하나. 중생의 전생을 기억하는 능력이다.

● 승가라마(僧伽羅摩) Samghārāma 승려가 거주하면서 불도(佛道)를 닦는 곳. 늑가람(伽藍), 승가람(僧伽藍), 승가람마(僧伽藍摩).

● 승가람(僧伽藍) Samghārāma 승려가 거주하면서 불도(佛道)를 닦는 곳. 늑가람(伽藍), 승가라마(僧伽羅摩), 승가람마(僧伽藍摩).

● 승가람마(僧伽藍摩) Samghārāma 승려가 거주하면서 불도(佛道)를 닦는 곳. 늑가람(伽藍), 승가라마(僧伽羅摩), 승가람(僧伽藍).

● 승가리(僧伽梨) samghāti 삼의(三衣)의 하나. 승려가 설법과 탁발을 위해 왕궁과 취락에 들어갈 때에는 반드시 이것을 걸쳤다. 늑대의(大衣), 승가리의(僧伽梨衣), 중의(重衣).

● 승가리의(僧伽梨衣) samghāti 삼의(三衣)의 하나. 승려가 설법과 탁발을 위해 왕궁과 취락에 들어갈 때에는 반드시 이것을 걸쳤다. 늑대의(大衣), 승가리(僧伽梨), 중의(重衣).

● 승기(僧祇) 비구(比丘)와 비구니(比丘尼)의 계율(戒律)을 정한 경전. 불타발타라(佛陀跋陀羅)와 법현(法顯)이 번역하였다. 제1권부터 제35권까지는 비구와 비구니 모두에 해당하며, 제36권부터 제40권까지는 비구니에게만 해당하는 계율이다. 총 40권. 늑마하승기율(摩訶僧祇律),

승기율(僧祇律).

● **승기율(僧祇律)** 비구(比丘)와 비구니(比丘尼)의 계율(戒律)을 정한 경전. 불타발타라(佛陀跋陀羅)와 법현(法顯)이 번역하였다. 제1권부터 제35권까지는 비구와 비구니 모두에 해당하며, 제36권부터 제40권까지는 비구니에게만 해당하는 계율이다. 총 40권. 늑마하승기율(摩訶僧祇律), 승율(僧律).

● **승니(僧尼)** 비구(比丘)와 비구니(比丘尼)를 아울러 이르는 말.

● **승력(乘力)** 십력(十力)의 하나. 중생에게 가르침을 설(說)하여 깨달음에 이르게 하는 능력이다.

● **승신주(勝神洲)** 사대주(四大洲)의 하나. 수미산(須彌山) 동쪽에 있다는 대륙으로, 이곳에 있는 인간들은 신장이 뛰어나다고 하여 승신(勝身)이라 이른다.

● **승인(勝印)** 인계(印契)의 명칭(名稱). 늑사야(闍耶), 득승인(得勝印).

● **시리사수(尸利沙樹)** śirīṣa 인도 전역에서 자라는 교목. 나무에서 나오는 진은 향료로 쓰인다.

● **시무외인(施無畏印)** 부처가 중생의 두려움을 없애 주기 위하여 나타내는 형상. 팔을 들고 다섯 손가락을 펴 손바닥을 밖으로 향하여 물건을 주는 모습이다.

● **시방(十方)** 동서남북(東西南北)의 사방(四方)과 동북(東北), 동남(東南), 서남(西南), 서북(西北)의 사유(四維)와 상하(上下)를 통틀어 이르는 말.

● **시방불(十方佛)** 모든 곳의 부처들.

● **시자(侍者)** 스승이나 장로(長老)의 시중의 드는 사람.

● **식차마나(式叉摩那)** śikṣamāṇā 비구니(比丘尼)가 되기 위한 구족계(具足戒)

를 받기 전에, 2년 동안 육법(六法)을 지키며 수행하는 여승(女僧).

• **신족**(神足) 육신통(六神通)의 하나. 어디든지 마음대로 갈 수 있고 무엇으로든 변할 수 있는 능력이다. ≒신족통(神足通).

• **신족통**(神足通) 육신통(六神通)의 하나. 어디든지 마음대로 갈 수 있고 무엇으로든 변할 수 있는 능력이다. ≒신족(神足).

• **신통**(神通) abhijñā 수행으로 갖추게 되는 불가사의하고 자유자재로 부릴 수 있는 능력. ≒신통력(神通力).

• **신통력**(神通力) abhijñā 수행으로 갖추게 되는 불가사의하고 자유자재로 부릴 수 있는 능력. ≒신통(神通).

• **신통상**(神通相) 불가사의하고 자유로운 위력의 모습.

• **실달**(悉達) Siddhārtha 석가모니가(釋迦牟尼)가 출가하기 전 정반왕(淨飯王) 태자(太子) 때의 이름. ≒실달다(悉達多), 실달태자(悉達太子).

• **실달다**(悉達多) Siddhārtha 석가모니가(釋迦牟尼)가 출가하기 전 정반왕(淨飯王) 태자(太子) 때의 이름. ≒실달(悉達), 실달태자(悉達太子).

• **실달태자**(悉達太子) Siddhārtha 석가모니가(釋迦牟尼)가 출가하기 전 정반왕(淨飯王) 태자(太子) 때의 이름. ≒실달(悉達), 실달다(悉達多).

• **심심력**(深心力) 십력(十力)의 하나. 부처의 가르침을 깨뜨리지 않는 능력이다.

• **십대제자**(十大弟子) 석가(釋迦)의 뛰어난 열 명의 제자. 사리불(舍利弗), 목건련(目犍連), 가섭(迦葉), 수보리(須菩提), 부루나(富樓那), 아나율(阿那律), 가전연(迦旃延), 우바리(優波離/優婆離), 라후라(羅睺羅), 아난(阿難)이다. ≒대제자(大弟子).

• **십력**(十力) ①부처가 지니고 있는 열 가지 지혜의 힘. 처비처지력(處非處

智力), 업이숙지력(業異熟智力), 정려해탈등지등지력(靜慮解脫等持等至
智力), 근상하지력(根上下智力), 종종승해지력(種種勝解智力), 종종계지
력(種種界智力), 편취행지력(遍趣行智力), 숙주수념지력(宿住隨念智力), 사
생지력(死生智力), 누진지력(漏盡智力)이다. ②보살이 지니고 있는 열
가지 지혜의 힘. 직심력(直心力), 심심력(深心力), 방편력(方便力), 지혜
력(智慧力), 원력(願力), 행력(行力), 승력(乘力), 유희신통력(遊戲神通力),
보리력(菩提力), 전법륜력(轉法輪力)이다.

- **십바라밀(十波羅蜜)** 보살이 이루어야 할 열 가지 완전한 성취. 보시바라
  밀(布施波羅蜜), 지계바라밀(持戒波羅蜜), 인욕바라밀(忍辱波羅蜜), 정진
  바라밀(精進波羅蜜), 선정바라밀(禪定波羅蜜), 지혜바라밀(智慧波羅蜜),
  방편바라밀(方便波羅蜜), 원바라밀(願波羅蜜), 역바라밀(力波羅蜜), 지바
  라밀(智波羅蜜)이다.

- **십송(十誦)** 출가자가 지켜야 할 행동 규범과 의식 절차, 그에 관련되는
  기타 문제들에 관해서 상세히 설명하고 있는 책. 총 61권. 늑십송
  률(十誦律).

- **십송률(十誦律)** 출가자가 지켜야 할 행동 규범과 의식 절차, 그에 관련
  되는 기타 문제들에 관해서 상세히 설명하고 있는 책. 총 61권. 늑
  십송(十誦).

- **십지(十智)** dasabhūmi 모든 지혜를 열 가지로 나눈 것. 세속지(世俗智),
  법지(法智), 유지(類智), 고지(苦智), 집지(集智), 멸지(滅智), 도지(道智),
  타심지(他心智), 진지(盡智), 무생지(無生智)이다.

- **십지보살(十地菩薩)** 보살의 수행 단계 52위 중 제41위에서 52위 사이에
  있는 보살. 보살로서 최고의 경지에 도달한 자이다.

- **십호(十號)** 부처의 열 가지 호칭. 여래(如來), 응공(應供), 정변지(正遍知),
  명행족(明行足), 선서(善逝), 세간해(世間解), 무상사(無上士), 조어장부(調

御丈夫), 천인사(天人師), 불(佛), 세존(世尊)이다.

●●● ○

● **아견**(我見) 칠견(七見)의 하나. 자아(自我)에 변하지 않는 고유한 실체가 있다는 견해이다.

● **아귀도**(餓鬼道) 삼악도(三惡道)의 하나. 아귀들이 모여 사는 세계이다. 이 곳에서 아귀들이 먹으려는 음식은 불로 변하여 늘 굶주리고 항상 매를 맞는다고 한다.

● **아나율**(阿那律) Aniruddha 석가(釋迦)의 십대제자(十大弟子) 중 한 사람. 석가(釋迦)의 사촌 동생으로, 석가(釋迦)가 깨달음을 성취한 후 고향에 왔을 때 아난(阿難), 난타(難陀) 등과 함께 출가하였다. ≒아누루타(阿㝹樓陀), 아니로두(阿泥盧豆).

● **아나파달다**(阿那婆達多) Anavatapta 팔대용왕(八大龍王)의 하나. 향취산(香醉山)의 남쪽, 대설산(大雪山)의 북쪽에 있다는 아뇩달지(阿耨達池)에 살며, 맑은 물을 흘러내려 섬부주(瞻部洲)를 비옥하게 한다고 한다.

● **아난**(阿難) Ānanda 석가(釋迦)의 십대제자(十大弟子) 중 한 사람. 석가(釋迦)의 사촌 동생으로, 석가(釋迦)가 깨달음을 성취한 후 고향에 왔을 때 난타(難陀), 아나율(阿那律) 등과 함께 출가하였다. ≒아난타(阿難陀).

● **아난타**(阿難陀) Ānanda 석가(釋迦)의 십대제자(十大弟子) 중 한 사람. 석가(釋迦)의 사촌 동생으로, 석가(釋迦)가 깨달음을 성취한 후 고향에 왔을 때 난타(難陀), 아나율(阿那律) 등과 함께 출가하였다. ≒아난(阿難).

● **아뇩다라삼먁삼보리**(阿耨多羅三藐三菩提) anuttarā-samyak-saṃbodhi 부처의 깨달음의 경지를 나타내는 말. ≒무상정각(無上正覺), 무상정등각

(無上正等覺), 무상정등정각(無上正等正覺), 무상정변지(無上正遍知), 아누다라삼막삼보리(阿耨多羅三藐三菩提).

● **아뇩달지(阿耨達池)** Anavatapta 향취산(香醉山)의 남쪽, 대설산(大雪山)의 북쪽에 있다는 상상의 연못. 여기에 용왕이 살며, 맑은 물이 흘러 내려 섬부주(瞻部州)를 비옥하게 한다고 한다. ≒무열지(無熱池).

● **아누다라삼막삼보리(阿耨多羅三藐三菩提)** anuttarā-samyak-saṃbodhi 부처의 깨달음의 경지를 나타내는 말. ≒무상정각(無上正覺), 무상정등각(無上正等覺), 무상정등정각(無上正等正覺), 무상정변지(無上正遍知), 아뇩다라라삼막삼보리(阿耨多羅三藐三菩提).

● **아누루타(阿㝹樓陁)** Aniruddha 석가(釋迦)의 십대제자(十大弟子) 중 한 사람. 석가(釋迦)의 사촌 동생으로, 석가(釋迦)가 깨달음을 성취한 후 고향에 왔을 때 아난(阿難), 난타(難陀) 등과 함께 출가하였다. ≒아나율(阿那律), 아니로두(阿泥盧豆).

● **아니로두(阿泥盧豆)** Aniruddha 석가(釋迦)의 십대제자(十大弟子) 중 한 사람. 석가(釋迦)의 사촌 동생으로, 석가(釋迦)가 깨달음을 성취한 후 고향에 왔을 때 아난(阿難), 난타(難陀) 등과 함께 출가하였다. ≒아나율(阿那律), 아누루타(阿㝹樓陁).

● **아도세왕(阿闍世王)** Ajātaśatru 중인도 마갈타국의 국왕. ≒미생원(未生怨/未生寃), 아사세왕(阿闍世王).

● **아라한(阿羅漢)** arahan ① 소승 불교(小乘佛敎)의 수행자 가운데서 가장 높은 경지에 오른 이. 온갖 번뇌를 끊고, 사제(四諦)의 이치를 바로 깨달아 세상 사람들의 존경을 받을 만한 공덕을 갖춘 성자를 이른다. ② 생사를 이미 초월하여 배울 만한 법도가 없게 된 경지의 부처. ≒나한(羅漢).

● 아라한과(阿羅漢果) 부처의 제자 가운데 이미 다 배워서 이제는 배워야 할 것을 남기지 않은 경지에 이른 사람. 늑무학제자(無學弟子), 성자(聖者).

● 아미타(阿彌陀) Amitāyus/Amitābha 서방정토(極樂淨土)에 있는 부처. 수행 중에 모든 중생을 제도하겠다는 큰 소원을 품고 성불하여 극락에서 교화하고 있으며, 이 부처를 염(念)하면 죽은 뒤에 극락에 간다고 한다. 늑무량광(無量光), 무량수(無量壽), 무타(彌陀), 아미타불(阿彌陀佛), 아미타여래(阿彌陀如來).

● 아미타불(阿彌陀佛) Amitāyus/Amitābha 서방정토(極樂淨土)에 있는 부처. 수행 중에 모든 중생을 제도하겠다는 큰 소원을 품고 성불하여 극락에서 교화하고 있으며, 이 부처를 염(念)하면 죽은 뒤에 극락에 간다고 한다. 늑무량광(無量光), 무량수(無量壽), 무타(彌陀), 아미타(阿彌陀), 아미타여래(阿彌陀如來).

● 아미타여래(阿彌陀如來) Amitāyus/Amitābha 서방정토(極樂淨土)에 있는 부처. 수행 중에 모든 중생을 제도하겠다는 큰 소원을 품고 성불하여 극락에서 교화하고 있으며, 이 부처를 염(念)하면 죽은 뒤에 극락에 간다고 한다. 늑무량광(無量光), 무량수(無量壽), 무타(彌陀), 아미타(阿彌陀), 아미타불(阿彌陀佛).

● 아비지옥(阿鼻地獄) 팔열지옥(八熱地獄) 중의 여덟째. 아비를 죽인 자, 어머니를 죽인 자, 아라한을 죽인 자, 승가의 화합을 깨뜨린 자, 부처의 몸에 피를 나게 한 자 등 지극히 무거운 죄를 지은 자가 죽어서 가게 된다는 지옥이다. 살가죽을 벗겨 불 속에 집어넣거나 쇠매(鐵鷹)가 눈을 파먹는 따위의 고통을 끊임없이 받는다고 한다. 늑무간지옥(無間地獄).

● 아사세왕(阿闍世王) Ajātaśatru 중인도 마갈타국의 국왕. 늑미생원(未生怨/

未生寃), 아도세왕(阿闍世王).

• 아설타(阿說他) aśvattha 뽕나뭇과에 속하는 상록 활엽 교목(常綠闊葉喬木). 석가모니가 그 아래에서 변함없이 진리를 깨달아 불도(佛道)를 이루었다고 한다. ≒도수(道樹), 보리수(菩提樹), 필발라수(畢鉢羅樹).

• 아수가(阿輸迦) Aśoka 마우리야(maurya) 왕조의 제3대 왕. 인도 남단부를 제외한 전 인도를 통일하였다. ≒무우(無憂), 아수가왕(阿輸伽王), 아육(阿育), 아육왕(阿育王).

• 아수가왕(阿輸伽王) Aśoka 마우리야(maurya) 왕조의 제3대 왕. 인도 남단부를 제외한 전 인도를 통일하였다. ≒무우(無憂), 아수가(阿輸迦), 아육(阿育), 아육왕(阿育王).

• 아승가(阿僧伽) Asaṅga 인도의 불교론자(?310~?390). 미륵에게 대승 공관을 받아 법상(法相) 대승(大乘)의 교리를 선양하고, 많은 논소(論疏)를 지어 여러 대승경(大乘經)을 해석했다. 저서로는 『섭대승론(攝大乘論)』, 『현양성교론(顯揚聖敎論)』 등이 있다. ≒무집(無執)②, 무착(無着)②.

• 아승기겁(阿僧祇劫) 헤아릴 수 없는 무한히 긴 시간. ≒무량겁(無量劫).

• 아야교진여(阿若憍陳如) Ājñāta-kauṇḍinya 석가모니의 첫 제자였던 다섯 비구 중의 한 사람. ≒교진여(憍陳如).

• 아육(阿育) Aśoka 마우리야(maurya) 왕조의 제3대 왕. 인도 남단부를 제외한 전 인도를 통일하였다. ≒무우(無憂), 아수가(阿輸伽), 아수가왕(阿輸伽王), 아육왕(阿育王).

• 아육왕(阿育王) Aśoka 마우리야(maurya) 왕조의 제3대 왕. 인도 남단부를 제외한 전 인도를 통일하였다. ≒무우(無憂), 아수가(阿輸伽), 아수가왕(阿輸伽王), 아육(阿育).

• 아탑(牙塔) 부처가 열반한 후 다비(茶毘)에서 나온 어금니를 공양하기 위

해 세운 탑.

- **악견(惡見)** 육번뇌(六煩惱)의 하나. 모든 법의 진리에 대하여 잘못된 견해를 가지는 번뇌이다.

- **안왕(鴈王)** '석가모니(釋迦牟尼)'의 다른 이름.

- **안타회(安陀會)** antaravāsa 삼의(三衣)의 하나. 직사각형의 베 조각들을 세로로 나란히 꿰맨 것을 1조(條)로 하여, 5조를 가로로 나란히 꿰맨 것으로, 작업을 할 때나 잠을 잘 때 입는다. 늑중의(中衣), 하의(下衣).

- **야마천(夜摩天)** yāma 육욕천(六欲天)의 셋째 하늘. 밤낮의 구분이 없고 시간에 따라 여러 가지의 환락(歡樂)을 누리는 곳으로, 여기서의 하루는 인간 세상의 200년에 맞먹는다. 염라대왕은 이 하늘이 바뀌어 달라진 것이다.

- **야사(耶舍)** yaśas ① 중인도 바라날(婆羅捺)의 바이샤(vaiśya) 출신의 비구(比丘). 녹야원(鹿野苑)에서 처음으로 석가(釋迦)의 제자가 된 다섯 비구(比丘) 다음으로 그의 제자가 되었다. 야사를 찾으러 왔던 그의 부모와 아내는 석가(釋迦)의 설법을 듣고 불문(佛門)에 귀의함으로써 최초의 우바새(優婆塞), 우바이(優婆夷)가 되었다. ② 중인도 바라문 출신의 승려. 바이샬리(vaiśālī)에 거주하는 비구들이 내세운 계율에 대한 열 가지 새로운 주장을 비법(非法)이라 강력하게 주장하고, 700여 명의 비구들을 모집하여 제2차 결집(結集)을 주도하였다.

- **야차(夜叉)** yakṣa 팔부중(八部衆)의 하나. 사람을 괴롭히거나 해친다는 사나운 귀신이다.

- **양장일단(兩長一短)** 승려의 옷을 지음에 있어서 두 조각은 길고 한 조각은 짧은 구성의 조를 이름.

● **업도(業道)** 삼도(三道)의 하나. 이치와 현상에 대한 미혹(迷惑)으로 일으키는 그릇된 행위와 말과 생각이다.

● **업소(業疏)** 당나라 도선스님이 지은 책. ≒갈마소(羯摩疏).

● **업이숙지력(業異熟智力)** 십력(十力)의 하나. 선악의 행위와 그 과보를 아는 능력이다.

● **여래(如來)** tathāgata 십호(十號)의 하나. 진리에서 온 자, 진리에 이른 자, 진리에 머무는 자이다.

● **역(力)** bala 십바라밀(十波羅蜜)의 하나. 바르게 판단하고 수행하는 완전한 힘을 성취하는 것이다. ≒역바라밀(力波羅蜜).

● **역바라밀(力波羅蜜)** bala-pāramitā 십바라밀(十波羅蜜)의 하나. 바르게 판단하고 수행하는 완전한 힘을 성취하는 것이다. ≒역(力).

● **연각(緣覺)** pratyeka-buddha 부처의 가르침에 기대지 않고 스스로 도를 깨달은 성자(聖者). 그 지위는 보살의 아래, 성문(聲聞)의 위이다. ≒벽지불(辟支佛), 지불(支佛).

● **연각승(緣覺乘)** 삼승(三乘)의 하나. 홀로 수행하여 깨달음의 경지에 이르는 교법을 이른다. ≒독각승(獨覺乘).

● **열반(涅槃)** nirvāṇa ① 수행에 의해 진리를 체득하여 미혹(迷惑)과 집착(執着)을 끊고 일체의 속박에서 해탈(解脫)한 최고의 경지. 불교의 궁극적인 실천 목적이다. ≒멸(滅), 멸도(滅度)①, 적(寂), 적멸(寂滅). ② 승려가 죽음. ≒멸도(滅度)②, 입열반(入涅槃), 입적(入寂), 입정(入定)③.

● **열반락(涅槃樂)** 세상의 고통을 떠나 열반을 얻은 기쁨.

● **염부제(閻浮提)** jambu-dvīpa 사대주(四大洲)의 하나. 잠부(jambu) 나무가 많다고 하여 이와 같이 이른다. 수미산(須彌山) 남쪽에 있다는 대륙

으로, 우리 인간들이 사는 곳이라 하며 여러 부처가 나타나는 곳
은 사주(四洲) 가운데 이곳뿐이라 한다. ≒섬부주(瞻部洲), 염부주(閻
浮洲).

• **염부주(閻浮洲)** jambu-dvīpa 사대주(四大洲)의 하나. 잠부(jambu) 나무가
많다고 하여 이와 같이 이른다. 수미산(須彌山) 남쪽에 있다는 대륙
으로, 우리 인간들이 사는 곳이라 하며 여러 부처가 나타나는 곳
은 사주(四洲) 가운데 이곳뿐이라 한다. ≒섬부주(瞻部洲), 염부제(閻
浮提).

• **염불(念佛)** buddha-manasikāra/budd ha-anusmṛti ① 부처의 모습과 공덕
을 생각하면서 아미타불(阿彌陀佛)을 부르는 일. ② 불경을 외는 일.

• **오계(五戒)** pauca śīlāi 불교도이면 모두가 지켜야 하는 가장 기본적인
다섯 가지 생활 규범. '살생하지 말라(不殺生)', '도둑질하지 말라(不
偸盜)', '음행하지 말라(不邪淫)', '거짓말하지 말라(不妄語)', '술을 마
시지 말라(不飮酒)'이다.

• **오분(五分)** 불타집(佛陀什)과 축도생(竺道生)이 번역한 화지부(化地部)의 율
장(律藏). 전체 내용은 다섯 부분으로, 제1분에는 비구의 251계, 제2
분에는 비구니의 370계, 제3분에는 수계법(受戒法), 포살법(布薩法),
안거법(安居法), 자자법(自恣法) 등, 제4분에는 멸쟁법(滅諍法), 갈마법
(羯磨法), 제5분에는 파승법(破僧法), 와구법(臥具法), 잡법(雜法), 차포살
법(遮布薩法), 별주법(別住法) 등으로 구성되어 있다. 총 30권. ≒미사
색부율(彌沙塞部律), 미사색부화혜오분율(彌沙塞部和醯五分律), 오분율
(五分律).

• **오분율(五分律)** 불타집(佛陀什)과 축도생(竺道生)이 번역한 화지부(化地部)의
율장(律藏). 전체 내용은 다섯 부분으로, 제1분에는 비구의 251계,
제2분에는 비구니의 370계, 제3분에는 수계법(受戒法), 포살법(布薩

法), 안거법(安居法), 자자법(自恣法) 등, 제4분에는 멸쟁법(滅諍法), 갈마법(羯磨法), 제5분에는 파승법(破僧法), 와구법(臥具法), 잡법(雜法), 차포살법(遮布薩法), 별주법(別住法) 등으로 구성되어 있다. 총 30권. ≒미사색부율(彌沙塞部律), 미사색부화혜오분율(彌沙塞部和醯五分律), 오분(五分).

- **오세대회(五歲大會)** 왕자 등이 5년에 한 번 여러 승려들에게 보시하는 큰 집회.

- **오안(五眼)** 수행의 정도에 따라 갖추게 되는 다섯 가지 눈. 육안(肉眼), 천안(天眼), 혜안(慧眼), 법안(法眼), 불안(佛眼)이다.

- **오온(五蘊)** 생멸(生滅)하고 변화하는 모든 것을 구성하는 다섯 요소. 물질인 색온(色蘊), 감각 인상인 수온(受蘊), 지각 또는 표상인 상온(想蘊), 마음의 작용인 행온(行蘊), 마음인 식온(識蘊)이다. ≒오중(五衆)①.

- **오중(五衆)** ① 생멸(生滅)하고 변화하는 모든 것을 구성하는 다섯 요소. 물질인 색온(色蘊), 감각 인상인 수온(受蘊), 지각 또는 표상인 상온(想蘊), 마음의 작용인 행온(行蘊), 마음인 식온(識蘊)이다. ≒오온(五蘊). ② 다섯 종류의 출가자. 비구(比丘), 비구니(比丘尼), 식차마나(式叉摩那), 사미(沙彌), 사미니(沙彌尼)이다.

- **오탁(五濁)** 말세(末世)에 나타나는 세상의 다섯 가지 더러움. 명탁(命濁), 중생탁(衆生濁), 번뇌탁(煩惱濁), 견탁(見濁), 겁탁(劫濁)이다.

- **오탁악세(五濁惡世)** 오탁(五濁)으로 가득 찬 죄악의 세상.

- **왕사성(王舍城)** 중인도(中印度) 마갈타국(摩竭陀國)의 수도. 석가모니가 중생을 제도한 중심지로, 불교에 관한 유적이 많다. ≒라자그리하.

- **외도(外道)** 불교 이외의 종교. 또는 그 종교를 받드는 사람.

- **외호(外護)** 승려 이외의 속인(俗人)이 수행을 도와 불법을 세상에 널리

퍼뜨리는 데에 힘이 되도록 원호(援護)하는 것.

● **외호자(外護者)** 외호(外護)의 일을 하는 사람.

● **욕계(欲界/慾界)** 삼계(三界)의 하나. 유정(有情)이 사는 세계로, 지옥(地獄)
　　·악귀(惡鬼)·축생(畜生)·아수라(阿修羅)·인간(人間)·육욕천(六欲天)
　　을 함께 이르는 말이다. 여기에 있는 유정에게는 식욕(食慾), 음욕
　　(淫慾), 수면욕(睡眠慾)이 있어 이렇게 이른다.

● **욕계육천(欲界六天)** 욕계에 있는 여섯 하늘. 사왕천(四王天), 도리천(忉利
　　天), 야마천(夜摩天), 도솔천(兜率天), 낙변화천(樂變化天), 타화자재천(他
　　化自在天)이다. ≒육욕천(六欲天), 육천(六天).

● **우류만도산(優留蔓荼山)** 마투라국(摩偸羅國)에 있는 산. ≒우류만타산(優留蔓
　　荼山).

● **우류만타산(優留蔓荼山)** 마투라국(摩偸羅國)에 있는 산. ≒우류만도산(優留蔓
　　荼山).

● **우바리(優波離/優婆離)** 석가의 십대제자(十大弟子) 중의 한 사람.

● **우발라(優鉢羅)** Utpala 팔대용왕(八大龍王)의 하나. 수련이 자라는 거대한
　　연못에 산다고 한다.

● **우파국다(優波鞠多/優波麴多)** Upakupta 아육왕(阿育王)의 스승. ≒우파굴
　　다(優波崛多).

● **우파굴다(優波崛多)** Upakupta 아육왕(阿育王)의 스승. ≒우파국다(優波鞠多/
　　優波麴多).

● **우화주(牛貨洲)** 사대주(四大洲)의 하나. 수미산(須彌山) 서쪽에 있다는 대륙
　　으로, 여기에서는 소를 화폐로 사용한다고 하여 우화(牛貨)라고 이
　　른다.

● 울다라승(鬱多羅僧) uttarāsaṅga 삼의(三衣)의 하나. 직사각형의 베 조각들을 세로로 나란히 꿰맨 것을 1조(條)로 하여, 7조를 가로로 나란히 꿰맨 것이다. ≒상의(上衣), 중가의(中價衣).

● 원(願) praṇidhāna 십바라밀(十波羅蜜)의 하나. 중생을 구제하려는 완전한 원(願)을 성취하는 것이다. ≒원바라밀(願波羅蜜).

● 원력(願力) 십력(十力)의 하나. 중생의 소원을 이루게 해 주는 능력이다.

● 원바라밀(願波羅蜜) praṇidhāna-pāramitā 십바라밀(十波羅蜜)의 하나. 중생을 구제하려는 완전한 원(願)을 성취하는 것이다. ≒원(願).

● 유교(遺敎) 석가모니(釋迦牟尼)나 조사(祖師)가 후인을 위하여 남긴 교법(敎法). 특히 임종 때에 한 설교이다. ≒유법(遺法).

● 유법(遺法) 석가모니(釋迦牟尼)나 조사(祖師)가 후인을 위하여 남긴 교법(敎法). 특히 임종 때에 한 설교이다. ≒유교(遺敎).

● 유순(由旬) yojana 고대 인도의 거리의 단위. 소달구지가 하루에 갈 수 있는 거리로서 80리인 대유순, 60리인 중유순, 40리인 소유순의 세 가지가 있다.

● 유지(類智) 십지(十智)의 하나. 색계(色界), 무색계(無色界)의 사제(四諦)를 체득한 지혜이다.

● 유희신통력(遊戱神通力) 십력(十力)의 하나. 자유자재로 중생을 구제하는 능력이다.

● 육물(六物) 비구들이 항상 지니고 다니는 여섯 가지 용구(用具). 승가리(僧伽梨), 울다라승(鬱多羅昇), 안타회(安陀會), 발달라(鉢呾羅), 니사단나(尼師但那, 尼師壇), 발리살리벌나(鉢哩薩哩伐拏, 鹿水囊)이다.

● 육번뇌(六煩惱) 여섯 가지 근본 번뇌. 탐(貪), 진(瞋), 치(癡), 만(慢), 의(疑),

악견(惡見)을 이른다.

- **육법(六法)** 식차마나(式叉摩那)가 지켜야 할 여섯 가지 계율. 음란한 마음으로 남자의 몸에 접촉하지 않는 것, 남의 돈을 훔치지 않는 것, 축생을 죽이지 않는 것, 거짓말을 하지 않는 것, 때 아닌 때 먹지 않는 것, 술을 마시지 않는 것이다.

- **육신통(六神通)** 수행으로 갖추게 되는 여섯 가지 불가사의하고 자유자재로 부릴 수 있는 여섯 가지 능력. 천안통(天眼通), 천이통(天耳通), 타심통(他心通), 숙명통(宿命通), 신족통(神足通), 누진통(漏盡通) ≒육통(六通).

- **육안(肉眼)** 오안(五眼)의 하나. 가려져 있는 것은 보지 못하는, 범부의 육신에 갖추어져 있는 눈이다.

- **육욕천(六欲天)** 욕계에 있는 여섯 하늘. 사왕천(四王天), 도리천(忉利天), 야마천(夜摩天), 도솔천(兜率天), 낙변화천(樂變化天), 타화자재천(他化自在天)이다. ≒욕계육천(欲界六天), 육천(六天).

- **육재일(六齋日)** 한 달 가운데서 몸을 조심하고 마음을 깨끗이 하여 재계(齋戒)하는 여섯 날. 음력 8·14·15·23·29·30일로 이날에는 사천왕이 천하를 돌아다니며 사람의 선악을 살피는 날이라고 한다.

- **육종(六種)** 세상에 상서로움이 있을 때에 대지(大地)가 진동하는 여섯 가지 모양. 흔들려서 불안한 동(動), 아래로부터 위로 오르는 기(起), 솟아오르고 꺼져 내려가 육방(六方)으로 출몰(出沒)하는 용(湧), 은은한 소리가 울리는 진(震), 꽝 하는 소리가 나는 후(吼), 물건을 깨닫게 하는 각(覺)이다. ≒육종진동(六種震動), 육진(六震).

- **육종진동(六種震動)** 세상에 상서로움이 있을 때에 대지(大地)가 진동하는 여섯 가지 모양. 흔들려서 불안한 동(動), 아래로부터 위로 오르는

기(起), 솟아오르고 꺼져 내려가 육방(六方)으로 출몰(出沒)하는 용(湧), 은은한 소리가 울리는 진(震), 꽝 하는 소리가 나는 후(吼), 물건을 깨닫게 하는 각(覺)이다. ≒육종(六種), 육진(六震).

● **육진(六震)** 세상에 상서로움이 있을 때에 대지(大地)가 진동하는 여섯 가지 모양. 흔들려서 불안한 동(動), 아래로부터 위로 오르는 기(起), 솟아오르고 꺼져 내려가 육방(六方)으로 출몰(出沒)하는 용(湧), 은은한 소리가 울리는 진(震), 꽝 하는 소리가 나는 후(吼), 물건을 깨닫게 하는 각(覺)이다. ≒육종(六種), 육종진동(六種震動).

● **육천(六天)** 욕계에 있는 여섯 하늘. 사왕천(四王天), 도리천(忉利天), 야마천(夜摩天), 도솔천(兜率天), 낙변화천(樂變化天), 타화자재천(他化自在天)이다. ≒욕계육천(欲界六天), 육욕천(六欲天).

● **육통(六通)** 수행으로 갖추게 되는 여섯 가지 불가사의하고 자유자재로 부릴 수 있는 여섯 가지 능력. 천안통(天眼通), 천이통(天耳通), 타심통(他心通), 숙명통(宿命通), 신족통(神足通), 누진통(漏盡通) ≒육신통(六神通).

● **윤보(輪寶)** 전륜왕(轉輪王)이 지니고 있다는 칠보(七寶)의 하나. 수레바퀴로, 지상을 내려다보며 지배하는 태양의 상징이라고 한다. 팔방(八方)에 봉단(鋒端)이 나와 있다.

● **윤왕(輪王)** Cakravartirāja 인도 신화 속의 임금. 정법(正法)으로 온 세계를 통솔한다고 한다. 여래의 32상(相)을 갖추고 칠보(七寶)를 가지고 있으며 하늘로부터 금, 은, 동, 철의 네 윤보(輪寶)를 얻어 이를 굴리면서 사방(四方)을 위엄(威嚴)으로 굴복(屈服)시켜 천하(天下)를 다스린다. ≒전륜(轉輪), 전륜왕(轉輪王), 전륜성왕(轉輪聖王).

● **율(律)** vinaya 석가(釋迦)가 제자를 위하여 마련한 모든 계율(戒律). 출가자가 죄악을 범하지 않기 위해 지켜야 할 규율이다. ≒비내야(毘奈

耶), 비니(毘尼).

- **율장(律藏)** vinaya-piṭaka 삼장(三藏)의 하나. 부처가 제정한 계율(戒律)을 기록한 문헌을 통틀어 이른다. ≒비나야장(毘奈耶藏), 비니장(毗尼藏).

- **은륜왕(銀輪王)** 사륜왕(四輪王)의 하나. 수미 사주(須彌四洲))인 네 천하(四天下) 중에서 동녘의 불바제(弗婆提), 남녘의 염부제(閻浮提), 서녘의 구타니(瞿陁尼)의 세 천하를 다스린 전륜왕(轉輪王)이다.

- **은애(恩愛)** 어버이와 자식, 또는 부부의 은정(恩情)에 집착하여 떨어지기 어려운 일.

- **음광(飮光)** 석가의 십대제자(十大弟子) 중 한 사람. ≒가섭(迦葉), 대가섭(大迦葉), 대구씨(大龜氏), 대음광(大飮光), 마하가섭(摩訶迦葉).

- **음광불(飮光佛)** 석가모니불(釋迦牟尼佛)에 앞서 과거 세상의 7불(佛) 가운데 6번째 부처. ≒가섭불(迦葉佛). <참고>음광(飮光).

- **음마장(陰馬藏)** 부처의 32상(相)의 하나. 음경이 몸 안에 감추어져 있어 보이지 않는다. ≒마음장(馬陰藏), 음장상(陰藏相).

- **음장상(陰藏相)** 부처의 32상(相)의 하나. 음경이 몸 안에 감추어져 있어 보이지 않는다. ≒마음장(馬陰藏), 음마장(陰馬藏).

- **응기(應器)** pātra 절에서 쓰는 승려의 공양 그릇. ≒바리때, 발다라(鉢多羅), 응량기(應量器).

- **응공(應供)** 십호(十號)의 하나. 마땅히 공양을 받아야 할 자이다.

- **응량기(應量器)** pātra 절에서 쓰는 승려의 공양 그릇. ≒바리때, 발다라(鉢多羅), 응기(應器).

- **의(疑)** 육번뇌(六煩惱)의 하나. 대상에 대하여 마음이 주저하고 결정하지 못하는 데서 생기는 번뇌이다.

- **의견**(疑見) 칠견(七見)의 하나. 부처의 가르침을 의심하는 견해이다.

- **이근**(利根) 교법(教法)을 받을 수 있는 총명한 중생의 능력.

- **이련선하**(尼連禪河) nairañjanā 갠지스 강의 지류(支流). 벵갈 지방에서 발원하여 북쪽으로 흘러 붓다가야(buddhagayā)을 거쳐 화씨성(華氏城) 부근에서 본류와 합류한다. ≒이련하(尼連河).

- **이련하**(尼連河) nairañjanā 갠지스 강의 지류(支流). 벵갈 지방에서 발원하여 북쪽으로 흘러 붓다가야(buddhagayā)을 거쳐 화씨성(華氏城) 부근에서 본류와 합류한다. ≒이련선하(尼連禪河).

- **이십오유**(二十五有) 욕계(欲界) 14유(有), 색계(色界) 7유(有), 무색계(無色界) 4유(有)의 합으로 모든 미혹의 경계를 이름.

- **인계**(印契) 부처가 자기의 내심(內心)의 깨달음을 나타내기 위하여 열 손가락으로 만든 갖가지 표상(表象). 시무외인(施無畏印), 법계정인(法界定印), 미타정인(彌陀定印) 등이다.

- **인신**(人神) 사람들과 부처의 가르침을 수호하는 팔부중(八部衆)의 신. 천(天), 용(龍), 야차(野次), 건달바(乾達婆), 아수라(阿修羅), 가루라(迦樓羅), 긴나라(緊那羅), 마후라가(摩喉羅伽)이다.

- **인욕**(忍辱) kṣāti 십바라밀(十波羅蜜)의 하나. 인욕을 완전하게 성취하는 것이다. ≒인욕바라밀(忍辱波羅蜜).

- **인욕바라밀**(忍辱波羅蜜) kṣāti-pāramitā 십바라밀(十波羅蜜)의 하나. 인욕을 완전하게 성취하는 것이다. ≒인욕(忍辱).

- **일장일단**(一長一短) 승려의 옷을 지음에 있어서 '조'는 세로로 이어 붙인 천을 가리키는데, 그 천의 길이가 긴 것 한 조각과 길이가 짧은 한 조각을 이름.

- **입열반(入涅槃)** 승려가 죽음. ≒멸도(滅度)②, 열반(涅槃)②, 입적(入寂), 입정(入定)③.

- **입적(入寂)** 승려가 죽음. ≒멸도(滅度)②, 열반(涅槃)②, 입열반(入涅槃), 입정(入定)③.

- **입정(入定)** ① 삼업(三業)을 그치게 하고 선정(禪定)에 들어가는 일. ② 수행하기 위하여 방 안에 들어앉는 일. ③ 승려가 죽음. ≒멸도(滅度)②, 열반(涅槃)②, 입열반(入涅槃), 입적(入寂).

●●● ㅈ

- **자씨(慈氏)** Maitreya 대승 불교(大乘佛教)의 대표적인 보살 가운데 하나. 내세(來世)에 성불(成佛)하여 사바세계(娑婆世界)에 나타나서 중생을 제도할 것이라는 보살이다. ≒미륵(彌勒), 미륵보살(彌勒菩薩), 미륵불(彌勒佛), 자씨보살(慈氏菩薩).

- **자씨보살(慈氏菩薩)** Maitreya 대승 불교(大乘佛教)의 대표적인 보살 가운데 하나. 내세(來世)에 성불(成佛)하여 사바세계(娑婆世界)에 나타나서 중생을 제도할 것이라는 보살이다. ≒미륵(彌勒), 미륵보살(彌勒菩薩), 미륵불(彌勒佛), 자씨(慈氏).

- **장로(長老)** sthavira 수행 기간이 길고 덕이 높은 승려를 이르는 말.

- **장복의(章服儀)** 당나라 도선스님이 지은 책. ≒석문장복의(釋門章服儀).

- **장엄(莊嚴)** vyūha ① 좋고 아름다운 것으로 국토를 꾸미고, 훌륭한 공덕을 쌓아 몸을 장식하고, 향이나 꽃 따위를 부처에게 올려 장식하는 일. ② 악한 것으로부터 몸을 삼가는 일.

- **장엄겁(莊嚴劫)** 삼겁(三劫)의 하나. 과거의 대겁(大劫)을 이른다.

- **저사**(底沙/底砂) tiṣya 석가모니(釋迦牟尼)가 미륵(彌勒)과 함께 이 앞에서 불도를 수행하였다는 부처의 화상(畵像). 석가(釋迦)는 7일(日) 7야(夜) 동안 열심히 수행하고 나서 바로 9겁을 초월하여 미륵보다 먼저 성불하였다고 한다. 늑불사(沸沙)②, 저사불(底沙佛).

- **저사불**(底沙佛) tiṣya 석가모니(釋迦牟尼)가 미륵(彌勒)과 함께 이 앞에서 불도를 수행하였다는 부처의 화상(畵像). 석가(釋迦)는 7일(日) 7야(夜) 동안 열심히 수행하고 나서 바로 9겁을 초월하여 미륵보다 먼저 성불하였다고 한다. 늑불사(沸沙)②, 저사(底沙/底砂).

- **적**(寂) 수행에 의해 진리를 체득하여 미혹(迷惑)과 집착(執着)을 끊고 일체의 속박에서 해탈(解脫)한 최고의 경지. 불교의 궁극적인 실천 목적이다. 늑멸(滅), 멸도(滅度)①, 열반(涅槃)①, 적멸(寂滅).

- **적멸**(寂滅) 수행에 의해 진리를 체득하여 미혹(迷惑)과 집착(執着)을 끊고 일체의 속박에서 해탈(解脫)한 최고의 경지. 불교의 궁극적인 실천 목적이다. 늑멸(滅), 멸도(滅度)①, 열반(涅槃)①, 적(寂).

- **적멸장**(寂滅場) 열반(涅槃)에 드는 곳.

- **적정**(寂靜) 몸과 마음이 아주 고요함. 번뇌(煩惱)를 떠나 괴로움이 사라진 해탈(解脫), 열반(涅槃)의 경지이다.

- **전륜**(轉輪) Cakravartirāja 인도 신화 속의 임금. 정법(正法)으로 온 세계를 통솔한다고 한다. 여래의 32상(相)을 갖추고 칠보(七寶)를 가지고 있으며 하늘로부터 금, 은, 동, 철의 네 윤보(輪寶)를 얻어 이를 굴리면서 사방(四方)을 위엄(威嚴)으로 굴복(屈服)시켜 천하(天下)를 다스린다. 늑윤왕(輪王), 전륜왕(轉輪王), 전륜성왕(轉輪聖王).

- **전륜성왕**(轉輪聖王) Cakravartirāja 인도 신화 속의 임금. 정법(正法)으로 온 세계를 통솔한다고 한다. 여래의 32상(相)을 갖추고 칠보(七寶)를

가지고 있으며 하늘로부터 금, 은, 동, 철의 네 윤보(輪寶)를 얻어 이를 굴리면서 사방(四方)을 위엄(威嚴)으로 굴복(屈服)시켜 천하(天下)를 다스린다. 늑윤왕(輪王), 전륜(轉輪), 전륜왕(轉輪王).

- 전륜왕(轉輪王) Cakravartirāja 인도 신화 속의 임금. 정법(正法)으로 온 세계를 통솔한다고 한다. 여래의 32상(相)을 갖추고 칠보(七寶)를 가지고 있으며 하늘로부터 금, 은, 동, 철의 네 윤보(輪寶)를 얻어 이를 굴리면서 사방(四方)을 위엄(威嚴)으로 굴복(屈服)시켜 천하(天下)를 다스린다. 늑윤왕(輪王), 전륜(轉輪), 전륜성왕(轉輪聖王).

- 전법(傳法) ① 불법(佛法)을 널리 폄. ② 깊은 법(法)을 스승이 제자에게 전하여 줌.

- 전법륜(轉法輪) 부처님의 교법(敎法)을 이야기함. 바퀴를 굴려 수레를 전진시키는 것과 같이 석가가 가르침의 바퀴를 돌리는 일을 가리킨다.

- 전법륜력(轉法輪力) 십력(十力)의 하나. 번뇌를 부수는 가르침을 설(說)할 수 있는 능력이다.

- 전지(傳持) 교법(敎法)을 전하여 받아 지님. 또는 그런 일.

- 전탑(箭塔) 부처님이 태자 시절에 허리에 찼던 화살(통)을 공양하기 위해 세운 탑.

- 정각(正覺) samyak-saṃbodhi ① '부처'를 달리 이르는 말. 모든 부처의 깨달음은 한결같이 평등하다는 데서 나온 말이다. 늑등각(等覺)①. ② 보살이 수행하는 오십이위(五十二位) 단계 가운데 제51위 단계. 보살(菩薩)의 가장 높은 자리로, 수행이 꽉 차서 지혜와 공덕이 부처의 묘각과 같아지려는 지위이다. 늑등각(等覺)②, 등정각(等正覺), 정등각(正等覺).

- 정등각(正等覺) samyak-saṃbodhi 보살이 수행하는 오십이위(五十二位)

단계 가운데 제51위 단계. 보살(菩薩)의 가장 높은 자리로, 수행이
꽉 차서 지혜와 공덕이 부처의 묘각과 같아지려는 지위이다. 늑등
각(等覺)②, 등정각(等正覺), 정각(正覺).

- **정려해탈등지등지지력(靜慮解脫等持等至智力)** 십력(十力)의 하나. 모든 선
  정(禪定)에 능숙한 것이다.

- **정반왕(淨飯王)** Śuddhodana 고대 중인도 가비라위국(迦毘羅衛國)의 왕.
  석가모니(釋迦牟尼)의 아버지이다.

- **정법(正法)** 삼시(三時)의 하나. 불법(佛法)이 바르게 행해져 가르침과 수행
  자와 깨달음을 이루는 자가 있는 시기이다. 늑정법시(正法時).

- **정법시(正法時)** 삼시(三時)의 하나. 불법(佛法)이 바르게 행해져 가르침과
  수행자와 깨달음을 이루는 자가 있는 시기이다. 늑정법(正法).

- **정법안(正法眼)** 정법(正法)을 깨달은 지혜.

- **정법안장(正法眼藏)** 모든 것을 꿰뚫어 보고, 모든 것을 간직하는, 스스로
  체득한 깨달음을 이르는 말. 진리를 볼 수 있는 지혜의 눈으로 깨
  달은 비밀의 법이라는 뜻이다.

- **정변지(正遍知)** 십호(十號)의 하나. 바르고 원만하게 깨달았다는 뜻이다.

- **정진(精進)** vīrya 십바라밀(十波羅蜜)의 하나. 진여(眞如)의 마음으로 불도
  를 닦아 게을리하지 않는 것이다. 늑정진바라밀(精進波羅蜜).

- **정진바라밀(精進波羅蜜)** vīrya-pāramitā 십바라밀(十波羅蜜)의 하나. 진여
  (眞如)의 마음으로 불도를 닦아 게을리하지 않는 것이다. 늑정진(精進).

- **제사선(第四禪)** 색계(色界) 사선천(四禪天) 가운데 제사천(第四禪天)으로 가
  장 높은 곳. 즐거움과 괴로움이 소멸되어 괴롭지도 즐겁지도 않으
  며, 마음이 평온하여 생각이 청정한 선정(禪定)이다.

- **제삼선(第三禪)** 색계(色界) 사선천(四禪天) 가운데 제삼선천(第三禪天). 기쁨을 소멸하여 마음이 평온하고 몸으로 즐거움을 느끼는 선정(禪定)이다. ≒제삼선락(第三禪樂).

- **제삼선락(第三禪樂)** 색계(色界) 사선천(四禪天) 가운데 제삼선천(第三禪天). 기쁨을 소멸하여 마음이 평온하고 몸으로 즐거움을 느끼는 선정(禪定)이다. ≒제삼선(第三禪).

- **제석(帝釋)** 십이천(十二天)의 하나. 수미산 꼭대기에 있는 도리천의 임금으로, 사천왕과 삼십이천을 통솔하면서 불법과 불법에 귀의하는 사람을 보호하고 아수라의 군대를 정벌한다고 한다. ≒도리천왕(忉利天王), 석제(釋帝), 제석천왕(帝釋天王), 천제석(天帝釋)①.

- **제석천왕(帝釋天王)** 십이천(十二天)의 하나. 수미산 꼭대기에 있는 도리천의 임금으로, 사천왕과 삼십이천을 통솔하면서 불법과 불법에 귀의하는 사람을 보호하고 아수라의 군대를 정벌한다고 한다. ≒도리천왕(忉利天王), 석제(釋帝), 제석(帝釋), 천제석(天帝釋)①. <참고>도리천(忉利天).

- **제이선(第二禪)** 색계(色界) 사선천(四禪天) 가운데 제이선천(第二禪天). 여러 가지 일에 대해 깊게 생각하는 마음이 소멸되고, 기쁨과 즐거움을 느끼는 선정(禪定)이다.

- **조어장부(調御丈夫)** 십호(十號)의 하나. 모든 사람을 잘 다루어 깨달음에 들게 한다는 뜻이다.

- **존자(尊者)** ārya 학문과 덕행이 뛰어난 부처의 제자를 높여 이르는 말.

- **종종계지력(種種界智力)** 십력(十力)의 하나. 중생의 여러 가지 근성을 아는 능력이다.

- **종종승해지력(種種勝解智力)** 십력(十力)의 하나. 중생의 여러 가지 뛰어난

판단을 아는 능력이다.

- **좌선(坐禪)** dhyana 고요히 앉아서 선(禪)을 닦음.

- **주겁(住劫)** 사겁(四劫)의 하나. 인류가 세계에 안주하는 기간이다.

- **주지(住持)** ① 세상에 머무르면서 교법(敎法)을 보존하고 유지함. ② 절을 주관하는 승려.

- **중가의(中價衣)** uttarāsaṅga 삼의(三衣)의 하나. 직사각형의 베 조각들을 세로로 나란히 꿰맨 것을 1조(條)로 하여, 7조를 가로로 나란히 꿰맨 것이다. ≒상의(上衣), 울다라승(鬱多羅僧).

- **중도(中道)** 치우치지 아니하는 바른 도리. 불교의 근본 입장으로, 대승과 소승에 걸쳐 중요시되고 있다.

- **중생탁(衆生濁)** 오탁(五濁)의 하나. 악한 중생이 마구 날뛰는 것이다.

- **중의(中衣)** antaravāsa 삼의(三衣)의 하나. 직사각형의 베 조각들을 세로로 나란히 꿰맨 것을 1조(條)로 하여, 5조를 가로로 나란히 꿰맨 것으로, 작업을 할 때나 잠을 잘 때 입는다. ≒안타회(安陀會), 하의(下衣).

- **중의(重衣)** saṃghāti 삼의(三衣)의 하나. 승려가 설법과 탁발을 위해 왕궁과 취락에 들어갈 때에는 반드시 이것을 걸쳤다. ≒대의(大衣), 승가리(僧伽梨), 승가리의(僧伽梨衣).

- **중천(中千)** 소천세계(小千世界)를 천 개 합한 세계. ≒중천계(中千界), 중천세계(中千世界).

- **중천계(中千界)** 소천세계(小千世界)를 천 개 합한 세계. ≒중천(中千), 중천세계(中千世界).

- **중천세계(中千世界)** 소천세계(小千世界)를 천 개 합한 세계. ≒중천(中千), 중천계(中千界).

- **중합지옥(衆合地獄)** 팔열지옥(八熱地獄) 중의 셋째. 살생하고 도둑질하고 음란한 짓을 한 죄인이 죽어서 가게 된다는 지옥으로, 뜨거운 쇠로 된 구유 속에서 고통을 받는다고 한다.

- **증(證)** 수행으로 진리를 깨달음. 늑증득(證得).

- **증득(證得)** 수행으로 진리를 깨달음. 늑증(證).

- **지(智)** jñāna 십바라밀(十波羅蜜)의 하나. 중생을 깨달음으로 인도하는 완전한 지혜를 성취하는 것이다. 늑지바라밀(智波羅蜜).

- **진(瞋)** dveṣa 육번뇌(六煩惱)의 하나. 자기의 마음에 맞지 않는 것에 대하여 분하게 여겨 몸과 마음이 편안하지 못하게 되는 번뇌이다. 탐(貪), 치(癡)와 함께 삼독(三毒)이라고도 한다.

- **지계(持戒)** śīla 십바라밀(十波羅蜜)의 하나. 계(戒)를 받은 사람이 계법(戒法)을 지키는 것이다. 늑지계바라밀(持戒波羅蜜).

- **지계바라밀(持戒波羅蜜)** śīla-pāramitā 십바라밀(十波羅蜜)의 하나. 계(戒)를 받은 사람이 계법(戒法)을 지키는 것이다. 늑지계(持戒).

- **지도론(智度論)** 『마하반야바라밀경(摩訶般若波羅蜜經)』을 자세히 풀이한 책. 용수(龍樹)보살이 짓고 구마라습(鳩摩羅什)이 번역하였다. 늑대지도론(大智度論), 지론(智論).

- **지론(智論)** 『마하반야바라밀경(摩訶般若波羅蜜經)』을 자세히 풀이한 책. 용수(龍樹)보살이 짓고 구마라습(鳩摩羅什)이 번역하였다. 늑대지도론(大智度論), 지도론(智度論).

- **지바라밀(智波羅蜜)** jñāna-pāramitā 십바라밀(十波羅蜜)의 하나. 중생을 깨달음으로 인도하는 완전한 지혜를 성취하는 것이다. 늑지(智).

- **지불(支佛)** pratyeka-buddha 부처의 가르침에 기대지 않고 스스로 도를

깨달은 성자(聖者). 그 지위는 보살의 아래, 성문(聲聞)의 위이다. 늑벽지불(辟支佛), 연각(緣覺).

- **지옥도(地獄道)** 삼악도(三惡道)의 하나. 죄를 지은 중생이 죽은 뒤에 태어나는 지옥의 세계이다.

- **지혜(智慧)** prajñā 십바라밀(十波羅蜜)의 하나. 분별과 집착이 끊어진 완전한 지혜를 성취하는 것이다. 늑지혜바라밀(智慧波羅蜜).

- **지혜력(智慧力)** 십력(十力)의 하나. 중생의 마음과 행위를 아는 능력이다.

- **지혜바라밀(智慧波羅蜜)** prajñā-pāramitā 십바라밀(十波羅蜜)의 하나. 분별과 집착이 끊어진 완전한 지혜를 성취하는 것이다. 늑지혜(智慧).

- **직심력(直心力)** 십력(十力)의 하나. 모든 현상에 물들지 않는 능력이다.

- **진단(震旦)** cina 인도에서 중국을 부르는 이름. '진단(眞丹), 진단(振旦), 신단(神丹)'으로도 쓰인다. 늑진단국(震旦國).

- **진단국(震旦國)** cina 인도에서 중국을 부르는 이름. '진단(眞丹國), 진단(振旦國), 신단(神丹國)'으로도 쓰인다. 늑진단(震旦).

- **진여(眞如)** tathatā 모든 현상의 있는 그대로의 모습. 우주 만유(萬有)의 본체인 평등하고 차별이 없는 절대의 진리를 이르는 말이다.

- **진제(眞諦)** Guṇarata 남조 진(陳)나라 때의 승려. 삼장(三藏)에 정통한 서천축(西天竺) 우선니국(優禪尼國) 사람이다. 번역한 책으로는 『섭대승론(攝大乘論)』, 『유식론(唯識論)』 등이 있다. 늑구나라타(拘那羅陀).

- **진지(盡智)** 십지(十智)의 하나. 자신은 이미 고(苦)를 알았고, 집(集)을 끊었고, 멸(滅)을 체득했고, 도(道)를 닦았다고 아는 지혜이다.

- **집지(集智)** 십지(十智)의 하나. 욕계(欲界), 색계(色界), 무색계(無色界)의 집제(集諦)를 체득한 지혜이다.

• **처비처지력**(處非處智力) 십력(十力)의 하나. 이치에 맞는 것과 맞지 않는 것을 분명히 구별하는 능력이다.

• **채녀**(婇女) ① nāri 궁중에서 왕의 시중을 드는 여자. ② apsaras 하늘을 날아다니며 하계 사람과 왕래한다는 여자 선인(仙人).

• **천궁**(天宮) devapura 천인(天人)의 궁전(宮殿).

• **천룡팔부**(天龍八部) 불법을 지키는 여덟 신장(神將). 천(天), 용(龍), 야차(夜叉), 건달바(乾闥婆), 아수라(阿修羅), 가루라(迦樓羅), 긴나라(緊那羅), 마후라가(摩睺羅迦)이다. ≒팔부중(八部衆).

• **천마외도**(天魔外道) 천마와 외도. 불도를 방해하는 것을 이르는 말이다.

• **천악**(天樂) 천상(天上)의 음악.

• **천안**(天眼) 오안(五眼)의 하나. 겉모습만 보고 그 본성은 보지 못하는, 욕계(欲界)와 색계(色界)의 천인(天人)이 갖추고 있는 눈이다.

• **천안통**(天眼通) 육신통(六神通)의 하나. 모든 것을 막힘없이 꿰뚫어 환히 볼 수 있는 능력이다.

• **천이통**(天耳通) 육신통(六神通)의 하나. 모든 소리를 마음대로 들을 수 있는 능력이다.

• **천인사**(天人師) 십호(十號)의 하나. 신(神)과 인간의 스승이다.

• **천제석**(天帝釋) ① 십이천(十二天)의 하나. 수미산 꼭대기에 있는 도리천의 임금으로, 사천왕과 삼십이천을 통솔하면서 불법과 불법에 귀의하는 사람을 보호하고 아수라의 군대를 정벌한다고 한다. ≒도리천왕(忉利天王), 석제(釋帝), 제석(帝釋), 제석천왕(帝釋天王). ② 팔방천의 하나. 동쪽 하늘을 이른다.

- **천중(天衆)** 욕계(欲界), 색계(色界), 무색계(無色界)에 살고 있는 하늘의 모든, 마음을 가진 살아 있는 중생.

- **철륜(鐵輪)** ① 사륜(四輪) 가운데 하나. 철로 된 윤보(輪寶)를 이르는 말이다. ② 사륜왕(四輪王)의 하나. 남녘의 염부제(閻浮提) 한 천하를 다스린 전륜왕(轉輪王)이다. ≒철륜성왕(鐵輪聖王), 철륜왕(鐵輪王).

- **철륜성왕(鐵輪聖王)** 사륜왕(四輪王)의 하나. 남녘의 염부제(閻浮提) 한 천하를 다스린 전륜왕(轉輪王)이다. ≒철륜(鐵輪)②, 철륜왕(鐵輪王).

- **철륜왕(鐵輪王)** 사륜왕(四輪王)의 하나. 남녘의 염부제(閻浮提) 한 천하를 다스린 전륜왕(轉輪王)이다. ≒철륜성왕(鐵輪聖王), 철륜(鐵輪)②.

- **첨파(瞻婆)** ① campaka 나무 이름. 나무가 높고 크며, 꽃향기는 멀리 퍼지고, 금시조(金翅鳥)가 오면 그 위에 앉는다고 한다. ≒황화수(黃花樹), 금색화수(金色花樹). ② campā 중인도의 동부, 지금의 비하르(Bihar) 지역 동쪽 인접에 있던 앙가국(aṅga國)의 도읍지. 인도의 여러 도성 가운데 가장 옛적에 생긴 것이다.

- **첨파국(瞻婆國)** campā 고대 인도의 나라 이름. 나무 이름인 첨파(瞻婆)를 나라 이름으로 삼았다.

- **청량산(淸涼山)** 중국 산서성(山西省) '오대산(五臺山)'의 다른 이름. 불교 삼대 영장(靈場)의 하나로 다탑사(大塔寺), 청량사(淸涼寺), 금각사(金閣寺), 북산사(北山寺) 등의 유명한 절이 있다.

- **초(鈔)** 당나라 도선스님이 지은 『사분율산번보궐행사초(四分律刪繁補闕行事鈔)』 13권을 이르는 말. 『사분율』 중에서 번잡한 것은 빼고 빠진 것을 보충하여 제율(諸律), 제종(諸宗)의 중요한 것을 기록하였다.

- **초선(初禪)** 색계(色界) 사선천(四禪天) 가운데 첫째 단계. 모든 탐욕과 악을 여의고 개괄적으로 사유하는 마음 작용과 세밀하게 고찰하는 마

음 작용이 있고, 욕계를 떠난 기쁨과 즐거움이 있는 선정(禪定)이다.

● 초열지옥(焦熱地獄) 팔열지옥(八熱地獄) 중의 여섯째. 살생하고 도둑질하고 음란한 짓을 하고 술을 마시고 거짓말하고 그릇된 견해를 일으킨 죄인이 죽어서 가게 된다는 지옥으로, 뜨거운 철판 위에 누워서 뜨거운 쇠방망이로 두들겨 맞는 고통을 받는다고 한다.

● 총림(叢林) 많은 승려가 모여 수행하는 곳을 통틀어 이르는 말. 선원(禪院), 강원(講院), 율원(律院) 따위가 이에 속한다.

● 총지(總持) ① 가르침을 마음에 간직하여 많은 것을 기억하며 잊지 않음. ≒다라니①. ② 부처나 보살 등의 서원(誓願)이나 덕(德), 또는 가르침이나 지혜를 나타내는 주문. 이 주문에는 불가사의한 힘이 있어서 이것을 외면 한량없는 가르침을 들어도 잊지 아니하고 모든 장애를 벗어나는 공덕을 얻는다고 한다. 보통 비교적 긴 주문을 다라니, 짧은 주문을 진언(眞言)이라 하지만 엄밀하게 구별하지는 않는다. ≒다라니②.

● 축생도(畜生道) 삼악도(三惡道)의 하나. 죄업 때문에 죽은 뒤에 짐승으로 태어나 괴로움을 받는 세계이다.

● 출가(出家) 번뇌에 얽매인 세속의 인연을 버리고 성자(聖者)의 수행 생활에 들어감. ≒출세(出世)②.

● 출세(出世) ① 불보살이 중생을 제도하려고 중생의 세계에 나타남. ② 번뇌에 얽매인 세속의 인연을 버리고 성자(聖者)의 수행 생활에 들어감. ≒출가(出家).

● 출세복(出世服) 속가(俗家)를 떠나 불문(佛門)에 든 승려들이 입는 옷.

● 치(癡/痴) moha 육번뇌(六煩惱)의 하나. 현상이나 사물의 도리를 이해하지 못하여 올바른 판단을 하지 못하는 번뇌이다. 진(瞋), 탐(貪)과 함

께 삼독(三毒)이라고도 한다.

● **칠견(七見)** 일곱 가지 그릇된 견해. 사견(邪見), 아견(我見), 상견(常見), 단견(斷見), 계도견(戒盜見), 과도견(果盜見), 의견(疑見)이 있다.

● **칠엽굴(七葉窟)** Vaibhāra 중인도 마갈타국 왕사성 가까운 곳에 있는 굴. 부처가 입멸한 그 해에 대가섭을 상좌로 하여, 부처의 유법(遺法)을 결집(結集)한 곳이다. 굴 위에 필발라나무가 무성하였으므로 '필발라굴'이라 한다고 하며, 또는 대가섭의 본래 이름을 따라서 이름을 붙인 것이라고도 한다. 늑비발라굴(卑鉢羅窟), 빈발라굴(賓鉢羅窟), 빈파라굴(賓波羅窟), 필발라굴(畢鉢羅堀).

● **칠조(七條)** 2장 1단의 조(條)가 일곱 줄기인 승려의 옷. 대중과 함께 수행할 때 입는다.

●●● **E**

● **타심지(他心智)** 십지(十智)의 하나. 다른 사람의 마음을 아는 지혜이다.

● **타심통(他心通)** 육신통(六神通)의 하나. 다른 사람의 마음속을 아는 능력이다.

● **탄지(彈指)** 손가락을 튕길 동안의 아주 짧은 시간. 늑탄지경(彈指頃).

● **탄지경(彈指頃)** 손가락을 튕길 동안의 아주 짧은 시간. 늑탄지(彈指).

● **탐(貪)** rāga 육번뇌(六煩惱)의 하나. 자기의 뜻에 잘 맞는 사물에 집착하는 번뇌이다. 진(瞋), 치(癡)와 함께 삼독(三毒)이라고도 한다.

● **탐착(貪着)** 만족할 줄 모르고 사물에 더욱 집착함.

● **타화자재천(他化自在天)** 육욕천(六欲天)의 여섯째 하늘. 욕계(欲界)에서 가장 높은 하늘로 마왕(魔王)이 살며, 여기에 태어난 이는 다른 이의 즐

거움을 자유로이 자기의 즐거움으로 만들어 즐길 수 있다고 한다.

●●● ㅍ

● **팔대용왕**(八大龍王) 불법(佛法)을 수호하는 여덟 용왕. 난타(難陀), 발난타
(跋難陀), 사가라(娑伽羅), 화수길(和脩吉), 덕차가(德叉迦), 아나파달다(阿
那婆達多), 마나사(摩那斯), 우발라(優鉢羅)가 있다.

● **팔대지옥**(八大地獄) ① 팔한지옥(八寒地獄)과 팔열지옥(八熱地獄)을 통틀어
이르는 말. ② 뜨거운 열로 고통을 받는 여덟 지옥. 위에서부터 등
활지옥(等活地獄), 흑승지옥(黑繩地獄), 중합지옥(衆合地獄), 규환지옥(叫
喚地獄), 대규환지옥(大叫喚地獄), 초열지옥(焦熱地獄), 대초열지옥(大焦熱
地獄), 아비지옥(阿鼻地獄)이다. ≒팔열지옥(八熱地獄).

● **팔부중**(八部衆) 불법을 지키는 여덟 신장(神將). 천(天), 용(龍), 야차(夜叉),
건달바(乾闥婆), 아수라(阿修羅), 가루라(迦樓羅), 긴나라(緊那羅), 마후라
가(摩睺羅迦)이다. ≒천룡팔부(天龍八部).

● **파련불**(巴蓮佛) Pāṭaliptra 중인도 마갈타국의 수도. 지금의 갠지스 강 남
쪽 언덕에 있는 파트나(patna) 시가(市街)가 그 옛터이다. ≒파련불읍
(巴蓮佛邑), 화씨성(華氏城).

● **파련불읍**(巴蓮佛邑) Pāṭaliptra 중인도 마갈타국의 수도. 지금의 갠지스
강 남쪽 언덕에 있는 파트나(patna) 시가(市街)가 그 옛터이다. ≒파
련불(巴蓮佛), 화씨성(華氏城).

● **팔계**(八戒) 속세에 있으면서 불교를 믿는 남자와 여자가 육재일(六齋日)
에 지켜야 하는 여덟 가지 계행(戒行). 중생을 죽이지 말 것, 훔치지
말 것, 음행(淫行)하지 말 것, 거짓말하지 말 것, 술 먹지 말 것, 꽃
다발을 쓰거나 몸에 향을 바르고 구슬로 된 장식물을 하지 말며

노래하고 춤추지 말 것, 높고 넓으며 잘 꾸민 평상에 앉지 말 것, 때가 아니면 먹지 말 것이다. ≒팔관재계(八關齋戒), 팔재계(八齋戒), 팔지재(八支齋), 팔지재법(八支齋法)

● **팔열지옥(八熱地獄)** 뜨거운 열로 고통을 받는 여덟 지옥. 위에서부터 등활지옥(等活地獄), 흑승지옥(黑繩地獄), 중합지옥(衆合地獄), 규환지옥(叫喚地獄), 대규환지옥(大叫喚地獄), 초열지옥(焦熱地獄), 대초열지옥(大焦熱地獄), 아비지옥(阿鼻地獄)이다. ≒팔대 지옥(八大地獄)②.

● **팔지재(八支齋)** 속세에 있으면서 불교를 믿는 남자와 여자가 육재일(六齋日)에 지켜야 하는 여덟 가지 계행(戒行). 중생을 죽이지 말 것, 훔치지 말 것, 음행(淫行)하지 말 것, 거짓말하지 말 것, 술 먹지 말 것, 꽃다발을 쓰거나 몸에 향을 바르고 구슬로 된 장식물을 하지 말며 노래하고 춤추지 말 것, 높고 넓으며 잘 꾸민 평상에 앉지 말 것, 때가 아니면 먹지 말 것이다. ≒팔계(八戒), 팔관재계(八關齋戒), 팔재계(八齋戒), 팔지재법(八支齋法).

● **팔한지옥(八寒地獄)** 매우 심한 추위로 고통을 받는 여덟 지옥. 염부제(閻浮提) 밑의 5백 유순(由旬) 되는 곳에 있다고 한다. 알부타지옥(頞浮陀地獄), 이라부타지옥(尼剌▽部陀地獄), 알찰타지옥(頞哳陀地獄), 확확파지옥(臛臛婆地獄), 올발라지옥(嗢鉢羅地獄), 발특마지옥(鉢特摩地獄), 마하발특마지옥(摩訶鉢特摩地獄)이다.

● **편취행지력(遍趣行智力)** 십력(十力)의 하나. 어떠한 수행으로 어떠한 상태에 이르게 되는지를 아는 능력이다.

● **포살(布薩)** poṣadha ① 같은 지역의 승려들이 보름(15일과 29일, 30일)마다 모여서 행하는 의식. 지나간 반 달 동안의 일을 반성하고 죄가 있으면 고백하고 참회한다. ② 재가(在家)에서, 일정한 날에 팔계(八戒)를 베풀어 선을 기르고 악을 없앰.

- 풍분신삼매(風奮迅三昧) 맹렬한 바람을 일으켜 신체의 각 부분을 분산시 키는 삼매(三昧).

- 필발라굴(畢鉢羅堀) Vaibhāra 중인도 마갈타국 왕사성 가까운 곳에 있는 굴. 부처가 입멸한 그 해에 대가섭을 상좌로 하여, 부님의 유법(遺 法)을 결집(結集)한 곳이다. 굴 위에 필발라나무가 무성하였으므로 '필발라굴'이라 한다고 하며, 또는 대가섭의 본래 이름을 따라서 이름을 붙인 것이라고도 한다. ≒비발라굴(卑鉢羅窟), 빈발라굴(賓鉢 羅窟), 빈파라굴(賓波羅窟), 칠엽굴(七葉窟).

- 필발라수(畢鉢羅樹) pippala 뽕나뭇과에 속하는 상록 활엽 교목(常綠闊葉 喬木). 석가모니가 그 아래에서 변함없이 진리를 깨달아 불도(佛道) 를 이루었다고 한다. ≒도수(道樹), 보리수(菩提樹), 아설타(阿說他).

●●● ㅎ

- 하생(下生) 부처와 보살이 천상계(天上界)로부터 하계(下界)로 태어남.

- 하의(下衣) antaravāsa 삼의(三衣)의 하나. 직사각형의 베 조각들을 세로 로 나란히 꿰맨 것을 1조(條)로 하여, 5조를 가로로 나란히 꿰맨 것으 로, 작업을 할 때나 잠을 잘 때 입는다. ≒중의(中衣), 안타회(安陀會).

- 학인(學人) 도(道)를 배우는 사람.

- 항가(恒伽) 인도의 갠지스 강. ≒긍가하(殑伽河), 항하(恒河).

- 항하(恒河) 인도의 갠지스 강. ≒긍가하(殑伽河), 항가(恒伽).

- 해탈(解脫) vimokṣa/vimukti 번뇌의 얽매임에서 풀리고 미혹의 괴로움 에서 벗어나는 것으로, 본디 열반과 같이 불교의 궁극적인 실천 목적이다. ≒도탈(度脫).

- **행력**(行力) 십력(十力)의 하나. 끊임없이 실천하는 능력이다.

- **향산**(香山) Gandhamādna 염부제주(閻浮提洲)의 중심인 설산(雪山). 무열지(無熱池)의 북쪽에 있다. ≒건타마라산(楗陁摩羅山), 향취산(香醉山).

- **향취산**(香醉山) Gandhamādna 염부제주(閻浮提洲)의 중심인 설산(雪山). 무열지(無熱池)의 북쪽에 있다. ≒건타마라산(楗陁摩羅山), 향산(香山).

- **허공계**(虛空界) ① 우리의 눈에 보이는 허공인 대공(大空). ② '진여(眞如)'를 허공에 비유하여 이르는 말. 진여는 허공과 같이 빛도 없고, 모양도 없으면서 만유(萬有)를 온통 휩싸고 있다 하여 이르는 말이다. ≒공계(空界).

- **현겁**(賢劫) bhadrakalpa 삼겁(三劫)의 하나. 현세(現世)의 대겁(大劫)을 이른다. 이 시기에는 많은 부처가 나타나 중생을 구제한다고 한다.

- **현성**(賢聖) '현인(賢人)'과 '성자(聖者)'를 아울러 이르는 말. 불도를 수행하는 사람 가운데 견도(見道) 이상에 이른 사람이 '성자(聖者)'이며, 견도(見道)에 이르지는 않았으나 악(惡)에서 벗어난 사람이 '현인(賢人)'이다. 소승에서는 칠현 칠성(七賢七聖)을 말하고, 대승에서는 칠현 십성(七賢十聖)을 말한다.

- **현우경**(賢愚經) 위(魏)나라 혜각(慧覺), 담학(曇學), 위덕(威德) 등 8명이 우진국에 가서 여러 법사(法師)들로부터 들은 설법을 445년에 번역하여 엮은 책. 총 13권. ≒현우인연경(賢愚因緣經).

- **현우인연경**(賢愚因緣經) 위(魏)나라 혜각(慧覺), 담학(曇學), 위덕(威德) 등 8명이 우진국에 가서 여러 법사(法師)들로부터 들은 설법을 445년에 번역하여 엮은 책. 총 13권. ≒현우경(賢愚經).

- **혜안**(慧眼) 오안(五眼)의 하나. 현상의 이치는 보지만 중생을 구제하는 방법을 알지 못하는 성문(聲聞)과 연각(緣覺)의 눈이다.

- 호규지옥(號叫地獄) rauravaḥ(narakaḥ) 팔열지옥(八熱地獄) 중의 넷째. 살생하고 도둑질하고 음란한 짓을 하고 술을 마신 죄인이 죽어서 가게 된다는 지옥으로, 끓는 가마솥이나 불 속에서 고통을 받는다고 한다. ≒규환지옥(叫喚地獄).

- 화녀(化女) 부처나 보살이 자신의 모습을 여성으로 바꿈.

- 화만(華鬘) kusúruamāla 꽃 장식. 본래 인도 풍속으로 하와이(Hawaii)에서 사용하는 화환과 같이 목에 걸거나 몸을 장식하는 생화로 된 화환을 이르던 것이다. 절이나 불전(佛前)을 장식하는 데에 쓰인다.

- 화상(和尙/和上) upādhyāya ① 수행을 많이 한 승려. ② '승려'를 높여 이르는 말.

- 화상대사(和上大師) '부처'를 이르는 말. 화상(和上)에 부처의 존칭인 대사(大師)를 결합한 것이다.

- 화수길(和脩吉) Vāsuki 팔대용왕(八大龍王)의 하나. 머리가 아홉 개이며 수미산 주위를 돌면서 작은 용을 잡아먹는다고 한다.

- 화씨성(華氏城) Pāṭaliptra 중인도 마갈타국의 수도. 지금의 갠지스 강 남쪽 언덕에 있는 파트나(patna) 시가(市街)가 그 옛터이다. ≒파련불(巴蓮佛), 파련불읍(巴蓮佛邑).

- 화아(和雅) 그윽하고 우아하며 품위가 있는 것.

- 화익(化盆) 중생을 도(道)의 길로 이끌어 이롭게 함.

- 화지부(化地部) mahīśāsaka 석가(釋迦)가 입멸(入滅)한 후 300년경에 설일체유부(說一切有部)에서 갈라져 나온 파(派). 이 부(部)에서 다시 법장부(法藏部)가 갈라져 나왔다. ≒미사색부(彌沙塞部).

- 흑승지옥(黑繩地獄) 팔열지옥(八熱地獄) 중의 둘째. 살생하고 도둑질한 죄

인이 죽어서 가게 된다는 지옥으로, 뜨거운 쇠사슬에 묶여 톱으로
잘리는 고통을 받는다고 한다.

찾아보기

나다날씨라 405

나라[國]

　나라 200

　나라둘햇 189

　나라둘히 174

　나라해 188, 210, 231, 242, 364,
　365, 369, 405

　나라히 200, 201

　나라홀 174, 188, 189, 200

　나랏 94, 140, 148, 187, 410

나못가지[枝]

　나못가지롤 307

나못닙[葉]

　나못닙도 267, 383

-나몬[餘]

　二千나몬 422

　二萬나몬 250

　셜흔나모니러니 231

　스므나몬 48

나삭가다[進]

　나삭가 97, 389

　나삭가리러라 410

나오다[出]

　나오려 214

　나오려커늘 229

　나와 74, 245

나태[生]

　나콰라 406

　나하 195

　나흐니 195, 196

난[簡]

　나튼로 336

낱 393

남다[越]

　나마 127, 136, 152

　나모몰 152

　나몷 151

남다[餘]

　나몬 60, 148, 307

남죽ᄒ다[許]

　남죽ᄒ거늘 410

내[臭]

　내 410

내다[使出]

　내노라 379

　내니 378, 397

　내니라 222

　내논 80

　내다 379

　내도소니 385

　내디 374

　내리니 80

　내며 214

　내면 122

　내샤 132

　내ᅀᆞᄫᅡ 226, 257

　내ᅀᆞᄫᆞ려커늘 258

　내ᅀᆞᆸ고 257, 258

　내야 110, 112, 127, 142, 156, 188,
　222, 280, 299, 307, 308, 313, 332,
　333, 341, 358, 365, 369, 376, 393,
　401, 417

　내야놀 94, 188, 189

　내야도 122

●●● ᄃ

● ● ● ㅈ

● 장요한

서강대학교 대학원 졸업

서강대학교 대우교수

(현재) 계명대학교 한국어문학과 조교수

● 조지연

서강대학교 대학원 박사 수료

(현재) 고려대학교 민족문화연구원 사전편찬실 연구원

● 정혜선

서강대학교 대학원 졸업

(현재) 국립국어원 학예연구사

● 박미영

서강대학교 대학원 박사 수료

(현재) 신안산대학교 강사

● 정한데로

서강대학교 대학원 박사 수료

(현재) 홍익대학교 강사

● 김한별

서강대학교 대학원 박사 수료

(현재) 신안산대학교 강사

언어와 정보사회 학술 총서 01

● 『석보상절』 권24와 『월인석보』 권25의 역주 및 비교 연구

인　쇄 2014년 1월 21일
발　행 2014년 1월 29일
편　자 장요한 조지연 정혜선 박미영 정한데로 김한별
펴낸이 이대현
편　집 박선주
디자인 이홍주
펴낸곳 도서출판 역락
　　　 서울시 서초구 동광로 46길 6-6(문창빌딩 2F)
　　　 전화 02-3409-2058(영업부), 3409-2060(편집부)
　　　 팩시밀리 02-3409-2059
　　　 이메일 youkrack@hanmail.net
　　　 등록 1999년 4월 19일 제303-2002-000014호
ISBN 979-11-85530-02-4　94710
　　　 979-11-85530-81-9　세트

정 가 38,000원